Gerd-Klaus Kaltenbrunner

VOM GEIST EUROPAS

Gerd-Klaus Kaltenbrunner

Vom Geist Europas

Landschaften · Gestalten · Ideen

MUT-Verlag ASENDORF

Schutzumschlag:

Gemälde von Friedrich Overbeck: „Italia und Germania" (1828); München, Neue Pinakothek.

Foto: Artothek (München) mit freundlicher Genehmigung des Wittelsbacher Ausgleichsfonds, Inventarverwaltung.

1987

Satz und Gestaltung: Wintzek-Offsetdruck
Druck und Bindearbeit:
Adam Prettenhofer GmbH + CoKG, Eystrup/Weser
Printed in Germany
ISBN 3-89182-027-5

Inhalt

Vorwort

Was auch als Wahrheit oder Fabel
In tausend Büchern dir erscheint,
Das alles ist ein Turm zu Babel,
Wenn es die Liebe nicht vereint.
Goethe: Zahme Xenien

Die Katze läßt das Mausen nicht. Ich aber kann der altgewohnten und schon früh geübten Lust am Abenteuer geistesgeschichtlicher Essayistik nicht untreu werden. „Es ist ein leichtes, stillzustehen und keine Spuren zu hinterlassen", bemerkte vor mehr als zweitausend Jahren der chinesische Dichter-Philosoph Tschuang Tse, „doch es ist schwer, seine Wege zu gehen, ohne den Boden zu berühren." Die schriftlich festgehaltenen Spuren meiner Gedankengänge und Erkundungsfahrten ergaben, schneller als gedacht und auch zu meiner eigenen Überraschung, ein Bündel von Manuskripten, das ich hiermit, überarbeitet und gesichtet, in Buchform vorlege. Herrn *Bernhard C. Wintzek* vom MUT-Verlag danke ich für die spontane Bereitschaft, den Band in sein von Jahr zu Jahr respektabler werdendes Bücherangebot aufzunehmen, und für seine besonderen Bemühungen um eine ansprechende typographische Gestaltung. Er hat mein Vertrauen zu deutschen Verlegern, das erheblich gelitten hatte, in angenehmster Weise wiederhergestellt.

Der Band „Vom Geist Europas" bildet, wie leicht zu bemerken ist, eine etwas abgewandelte und, wie ich hoffe, eingängigere Fortsetzung der zwischen 1981 und 1985 erschienenen Trilogie „Europa, seine geistigen Quellen in Porträts". Wenngleich die allermeisten Essays in den jüngsten Jahren entstanden sind, so fühle ich dennoch, daß deren Wurzeln in viel frühere Stufen meines Lebens zurückreichen. Das kann der Leser auch daran erkennen, daß ich manche Gestalten wieder behandle, die ich in anderer Form schon vor fünfzehn oder zwanzig Jahren dargestellt habe. Es ist dies ein Zeichen dafür, daß mich gewisse Protagonisten der gesamteuropäischen Geistesszene ständig aufs neue beschäftigen, daß ich zu bestimmten Werken vorzugsweise zurückkehre. Das gilt für so unterschiedliche, ja einander zu widersprechen scheinende Genien wie Novalis, Pareto und Whitehead, die ich, ebenso wie Herder und Schelling, in diesem Band erneut vorstelle, obwohl ich ihnen allen bereits in meinen früheren „Europa"-Büchern eigene Essays gewidmet habe. Im Grunde schreibe ich noch immer Variationen und Ableger jenes Buches, von dem ich bereits in meinen Wiener Jugendjahren träumte und von dem nur einige Kapitel vorliegen, die gottlob unveröffentlicht sind. Und im Grunde schreibe ich immer noch für die Freundin längst vergangener Tage, der ich alles, was ich entdeckt oder mir ausgedacht hatte, zuerst erzählen mußte. Wenn sie mir verstehend folgte, wenn es gar ihre lächelnde Phantasie erregte, dann konnte das, was ich gesagt hatte, nicht völlig falsch und verfehlt sein. Noch immer komme ich auf Einfälle und Gegenstände zurück, die ich schon damals mit ihr erörtert habe, aber erst heute zipfelweise zu fassen vermag. Auch wenn sie selbst dieses Buch nicht mehr lesen kann, so ist es dennoch nie zu spät, um sich dankbar an *le souffle pur de l'inspiration*, der ursprünglichen Quelle zu erinnern, aus der ich unvermindert schöpfe. Andere sind ihr gefolgt, in der Nachbarschaft, in der Ferne und in der nächsten Ferne. Diesen Leserinnen und Lesern danke ich besonders herzlich. Denn sie haben mich zu einer Fortsetzung der bislang erschienenen geistesgeschichtlich-biographischen Essays liebenswürdig ermuntert, obwohl sie damit das Risiko eingingen, daß ich infolge der damit verbundenen Arbeit in einem stillen Winkel des Schwarzwalds weniger Zeit für Briefe, Gespräche und Besuche erübrigen konnte, als ihnen wohl angenehm war.

Für die hiermit vorliegende Essaysammlung, die, wie gesagt, eine Art Kontinuation der drei „Europa"-Bände darstellt, gilt deshalb sinngemäß, was ich bereits vor Jahren gesagt habe. Auch

„Vom Geist Europas" kann und will keine Vollständigkeit beanspruchende Kulturgeschichte des Abendlandes anbieten. Wiederum wird unvermeidlich der eine Leser diese Gestalt, Epoche oder Landschaft schmerzlich vermissen, ein anderer jene. Stets wird auch der wohlwollendste Leser fragen können, warum ich statt mancher Persönlichkeiten, die ich behandle, nicht andere vorgestellt habe. Immer wird jemand das Fehlen dessen bedauern, das ihm besonders am Herzen liegt, und es ist sinnlos, darüber streiten zu wollen. Liebe, die das ihr Gemäße und Vertraute vergeblich sucht, wäre keine, wenn sie sich auf Gegengründe einließe. Was mich betrifft, so kann ich mögliche Einwände solcher Art um so mehr verstehen, als ich selbst, wie bereits in den drei vorangegangenen „Europa"-Büchern, auch in diesem Band viele mir aus den verschiedensten Gründen seit langem ans Herz gewachsene Gestalten okzidentaler Dichtung, Philosophie, Forschung, Staatskunst und Frömmigkeit vermisse. Doch würde ich alle berücksichtigt haben, dann hätte sich nicht nur das Erscheinen des Buches unabsehbar verzögert, sondern auch sein Umfang wäre in unzumutbarer Weise massiv angeschwollen. Hinzu kommt die wohl jedem vertraute Eigentümlichkeit, daß man manchmal zögert, über das, was einem besonders nahesteht, vorzeitig zu sprechen; bisweilen setzt man sich dadurch der Gefahr aus, für ausdrucksunwillig oder gefühllos zu gelten. Das trifft, wie bei gewissen persönlichen Begegnungen, auch im Umgang mit einigen Dichtern und Denkern zu, die mir seit vielen Jahren, teilweise seit meiner Jugend, unendlich viel bedeuten und immer wieder durch meine Gedanken und Träume geistern, ohne daß ich über sie bislang mehr als bloß gesprächsweise etwas gesagt hätte. Stellvertretend für manche andere nenne ich aus dem Pantheon der von mir verschwiegenen, aber keineswegs danklos vergessenen Gefährten: die Philosophen Heraklit, Giordano Bruno und Nietzsche, die Lyriker Ludwig Derleth, Alfred Mombert und Saint-John Perse, die Mystikerinnen Mechthild von Magdeburg, Katharina von Siena und Catharina Regina von Greiffenberg, die Maler Johann Baptist Zimmermann, Moritz von Schwind und Hans von Marées, die Dramatiker Calderon, Grillparzer und Raimund. Aber ich hoffe, daß ich im Laufe der mir vergönnten Zeit noch dazu komme, einige der hier bloß auszugsweise Genannten vorzustellen. Doch auch ein möglicher Folgeband bliebe notgedrungen unvollständig und ließe andere Wünsche offen.

Gleichwohl hoffe ich, daß trotz der unaufhebbaren Ergänzungsbedürftigkeit dieser ideengeschichtlichen, kulturmorphologischen und biographischen Essays jeder Leser des nun vorliegenden Bandes einige ihm willkommene Figuren antrifft und sie sozusagen als *personae gratae,* als ihm genehme Botschafter europäischen Geistes begrüßt. Trotz gewisser Vorlieben für manche Gestalten und Zeitalter, ließ ich mich bei der Auswahl der Themen und der Niederschrift der einzelnen Versuche von keinen bewußten Vorurteilen lenken. Jedenfalls fühle ich mich von nationalistischen Voreingenommenheiten frei. Der Bogen der von mir berücksichtigten Völker und Länder reicht von Griechenland bis Spanien, von Schweden bis Italien und von England bis Rumänien. Neben Don Juan d'Austria und Prinz Eugen, den beiden Türkenbesiegern, stehen der französische Dichter Gérard de Nerval, der sich von der inzwischen untergegangenen Welt der Sultane am Bosporus romantisch angezogen fühlte; der zum Islam übergewechselte Katholik René Guénon, der jahrzehntelang unter arabischem Namen in Kairo lebte und dort auch begraben ist; und schließlich der österreichische Architekt Clemens Holzmeister, dem die moderne Türkei einige ihrer repräsentativsten Bauwerke verdankt. Bei einigen Gestalten ist es ohnehin unmöglich, sie einer bestimmten Nation zuzuordnen. War Prinz Eugen ein Franzose, Italiener, Österreicher oder „Großdeutscher"? Gehört der Fürst de Ligne den Belgiern, Franzosen oder nur den Wienern? Ist der aus Dubrovnik — dem alten Ragusa — stammende Universalgelehrte Boscovich, der den größten Teil seines Lebens in Frankreich und Italien verbrachte, ein Jugoslawe, Italiener oder Franzose? Hatte der Dalmatiner selbst an dieses Problem, das erst seit dem neunzehnten Jahrhundert oft so unangemessen aufgebauscht wurde, überhaupt den geringsten Gedanken verschwendet — er, der als seinen Vornamen abwechselnd angab: Rudjer Josip, Roger Joseph und Ruggero Giuseppe? Wo soll man den alexandrinischen Dichter Kavafis einordnen, der sich weder als Ägypter noch als moderner Grieche fühlte, sondern geistig ganz in der mittelmeerischen Oikumene des Hellenismus beheimatet war? Schon der bloße Versuch erscheint als sinnloses Unterfangen, erst später aufgetauchte Unterscheidungen in unhistorisch erbschleicherischer Weise zurückdatieren zu wollen. Dennoch glaube ich, daß keiner der eben genannten Europäer ein „vaterlandsloser Geselle" war; sie konnten es nicht sein, wenn das Dichterwort gilt: „Da wo wir lieben, ist Vaterland!" In diesem Sinne stellen auch nationale Verbundenheit und europäische Gesinnung, Weltoffenheit und Patriotismus keine einander ausschließenden Gegensätze, sondern eine, wie Ovid sagt (Metamorphosen I, 433), *discors concordia* dar: zwieträchtige Eintracht oder Freundschaft des Verschiedenen. In diesem Sinne gebe ich der Fortsetzung meiner „Europa"-Trilogie das Wort Goethes als Leitspruch mit auf den Weg:

„Wenn ein Dichter lebenslänglich bemüht gewesen ist, schädliche Vorurteile zu bekämpfen, engherzige Ansichten zu beseitigen, den Geist seines Volkes aufzuklären, dessen Geschmack zu reinigen und dessen Gesinnungs- und Denkweise zu veredeln, was soll er denn da Besseres tun? Und wie soll er denn da patriotischer wirken?"

Kandern im Schwarzwald, 15. August 1987

Gerd-Klaus Kaltenbrunner

Sparta

Eine weltgeschichtliche Betrachtung

So wie Brandenburg-Preußen der „Nordpol", das alte Österreich der „Südpol" der deutschen Geschichte in der Neuzeit war, so prägte der Gegensatz zwischen Sparta und Athen jahrhundertelang die griechische Politik und Kultur. Ähnlich wie Preußen und Österreich nicht nur staatliche Gebilde darstellen, sondern auch Lebensformen, Geistesarten und ethische Stile, so auch Sparta und Athen. Der Dualismus wirkte noch prägend, als beide griechische Stadtstaaten längst ihre einstige Macht und schließlich auch ihre Unabhängigkeit verloren hatten. Ähnlich wie es im alten Reich der Deutschen viele Staaten gab, darunter etliche von winzigsten Ausmaßen, so bildete auch das antike Griechenland keine politische Einheit. Es stellte einen buntscheckigen Teppich von Städten und Dorfkonföderationen dar, die eifersüchtig auf ihre Unabhängigkeit bedacht waren. Etliche dieser „Poleis" haben zeitweise sowohl in politischer als auch in kultureller Hinsicht eine bedeutende Rolle gespielt. Ich erwähne als Beispiele die kleinasiatischen Griechenstädte Ephesos, Milet und Smyrna, die griechischen „Kolonien" am Schwarzen Meer und in Sizilien sowie Unteritalien; ich erwähne auf dem hellenischen Festland Korinth und Theben, Argos und Nemea, Eleusis und Delphi; und schließlich die vielen ägäischen Inselstaaten wie Kreta, Zypern, Rhodos, Samos, Lesbos, Delos, Chios, Kos und so weiter. Jeder dieser Namen steht für eine Facette des Griechentums, jeder bezeichnet einen unverwechselbaren Aspekt hellenischer Kultur. Doch einzig Sparta und Athen haben den Rang weltgeschichtlicher Symbole erlangt. Nur sie sind Denkmäler und Marksteine von epochaler Bedeutung, Chiffren und Modelle von Lebenshaltungen und Ethosformen, die, grundsätzlich nicht an einen bestimmten Ort oder Stamm gebunden, menschheitliche Grundmöglichkeiten repräsentieren und deshalb immer wiederkehren können. Sie sind, platonisch gesprochen, „Ideen", die sich unter bestimmten Bedingungen stets von neuem verkörpern können. Sie sind keine blutleeren Abstraktionen, sondern realitätsgesättigte und jederzeit in das wirkliche Geschehen hineinwirkende Modelle geschichtlicher Existenz. Sie repräsentieren entgegengesetzte Urformen politischer Verfassung, aber darüber hinaus auch metapolitische Entwürfe von treffender Evidenz. Der Peloponnesische Krieg, der „Griechische Weltkrieg", wie ihn Thukydides meisterhaft darstellt, ist die höchste Epiphanie dieses Gegensatzes, die Agonie der unschlichtbaren Zwist-Zweiheit Sparta-Athen.

Sparta, für Platon, aber auch Rousseau und zuletzt noch Maurice Barrès, ein Gemeinwesen von normativer Größe, ja geradezu das Musterbild eines „wahren Staates", gilt nun schon seit langem als Popanz einer modischen Politologie, die sich freiwillig zur „zeitgeistlich" engagierten Modewissenschaft erniedrigt hat.

„Spartakist" darf man sein, natürlich, das ist ja keine rechtsradikale, sondern eine kommunistische Kadergruppe. Kommunismus gilt inzwischen schon als eine Art von Demokratie. Spartakist zu sein, hat heute nichts Anrüchiges mehr. Man kann sich dabei mit reinem Gewissen auf die linksradikale Heroine Rosa Luxemburg berufen, die von der Bundesrepublik Deutschland vor einigen Jahren mit einer Briefmarke geehrt wurde; und 1986 sprach sich auch die christdemokratische Politikerin Hanna-Renate Laurien für ein Denkmal zu Ehren der beiden Spartakusbündler Rosa Luxemburg und Karl Liebknecht aus. Spartakismus ist links, also nett; denn er erinnert an den Sklaven Spartakus, der nicht aus Sparta, sondern aus Thrakien stammte und einen Aufstand gegen die römischen Herren organisierte. Sparta hingegen ist der wahre Gottseibeiuns, Hitler als Hellene; Spartanertum gleichbedeutend mit Schroffheit, Schinderei und Strenge, ja Gasgeruch. Was immer man zugunsten Spartas einwenden mag, die pfäffische Antwort der Hohenpriester der Göttin Demokratie wird eintönig lauten: „Tut nichts! Der Spartaner wird verbrannt!"

Was sind jedoch schöngeistige Demokratielehren im Ernstfall wert, in dem Augenblick, in dem es nicht um das Ferienproblem geht, ob man mehr oder weniger demokratischen Komfort sich gestatten will, sondern um die existentielle Herausforderung: entschlossener Kampf oder Untergang? Welches Gewicht werden auf der Waagschale weltgeschichtlicher Nemesis die demokratischen Sophismen haben an dem Tage, an dem die Armeen des Feindes die Grenzen des Landes überschritten haben, begrüßt von der fünften Kolonne im Innern, die sich, die fremde Fahne frenetisch entrollend, auf die folgende Kollaboration einzustellen beginnt? Ist dann nicht der gnadenlose Moment gekommen, in dem es nur noch diese Alternative gibt: *Aut Spartiates aut Spartacus?* Entweder Spartanertum oder Spartakismus? Entweder militärisches Regiment oder Versklavung? Darauf werde ich noch im folgenden zurückkommen.

Fällt heute der Name Sparta, dann entsinnt sich kaum jemand des Mythos, demzufolge Helena, die schönste Frau der Welt, und das unzertrennliche Heldenbrüderpaar Kastor und Pollux, die postum im Sternbild der Zwillinge mit himmlischem Heimatrecht ausgezeichneten Dioskuren, spartanischer Abkunft waren und in Sparta am meisten verehrt wurden. Niemand denkt daran, daß Kythera, die der Liebesgöttin Aphrodite geweihte Insel der Seligen, zum Bereich Spartas gehört hat. Vorbei sind die Zeiten, da sich ein die Sagen des klassischen Altertums mit klopfendem Herzen lesender Schuljunge daran begeistern konnte, daß Sparta, obwohl mitten in der Ebene des Eurotas gelegen, bis in hellenistische Zeiten hinein auf eine Stadtmauer verzichtete. Künstliche Befestigungen und Bollwerke ersparten sich die Spartaner, weil hier die Männer selbst der Staat waren, auf die Kraft ihrer Fäuste und Waffen bauende Hopliten, jeder ein Stein in der lebendigen Trutzmauer wachsam wehrhaften Republikanertums. Vergessen ist die von Aristoteles, Plutarch und anderen antiken Autoren bezeugte Tatsache, daß in keinem griechischen Staat die Frauen staatsbürgerlich so gut gestellt waren wie in dieser extrem männerbündischen Polis. Keine Feministin hat dankbar daran erinnert, daß mitten im patriarchalischen Griechenland ausgerechnet das als militaristisch verschrieene Sparta geradezu eine „mutterrechtliche" Oase darstellte.

Ebensowenig bekannt scheint zu sein, daß Sparta als erster Staat der Welt eine Art von Verfassungsgerichtsbarkeit kannte. Ich meine damit die fünf Ephoren, die „Aufseher über die Gesetze", denen sogar die Befugnis zustand, die Könige — es standen stets zwei zugleich an der Spitze der Polis — vor ihr Tribunal zu ziehen. Niemand bedenkt, daß Sparta, eben weil seine Verfassung so „spartanisch" war, das Aufkommen populärer Tyrannen, wie sie in jedem andern griechischen Stadtstaat zeitweilig zur Macht gelangten, bis zuletzt im Keim erstickt hat. Verdrängt ist nicht minder die weise Einrichtung der Spartaner, Besonnenheit, Lebenserfahrung und Klugheit der alten Menschen in Gestalt der „Gerusia" politisch fruchtbar zu machen. Keine wichtige Staatsangelegenheit konnte beschlossen werden ohne vorherige Zustimmung dieses Ältestenrates, der, mit den das mythische Zwillingspaar Kastor und Pollux repräsentierenden gedoppelten Königen, insgesamt dreißig Mitglieder umfaßte. Mitglied der Gerusia konnte nur jemand werden, der über sechzig Jahre alt war. Die Zugehörigkeit zur Körperschaft, die das Senioritätsprinzip in der Politik verkörperte, galt ein für allemal: lebenslang. Zweifellos hängt Spartas jahrhundertelange Stabilität auch mit dieser Institution zusammen, die manches voreilige, unbedachte und unausgegorene Vorhaben rechtzeitig vereiteln konnte.

Aber weder die schöne Helena noch die zum gestirnten Himmel entrückten Dioskuren noch der weise Rat der Alten gelten als Einwand, wenn heute von Sparta die Rede ist. Schon gar nicht darf man auf den Dichter Tyrtaios verweisen, der im siebenten Jahrhundert vor Christus lebte und sehr vieles zum Lobe Spartas gesungen hat. Dabei war Tyrtaios von Geburt Athener; es heißt, er habe gehinkt und sei ursprünglich Schulmeister gewesen. Erst später sei er Hymniker Lakedaimons und spartanischer Bürger geworden. Ähnlich ist nach mehr als zwei Jahrtausenden der Schwabe Hegel nach Berlin gegangen und dort zum preußischen Staatsphilosophen avanciert. Im Kriege zeige sich die Kraft des Zusammenhangs aller mit dem Ganzen; er sei der Geist und die

Form, worin das wesentliche Moment der sittlichen Substanz vorhanden sei, lehrte wörtlich Hegel. Deshalb gilt ja auch Hegel, sofern er nicht marxistisch-dialektischer Mohrenwäsche unterzogen wurde, nachgerade als Protofaschist und „Vorläufer Hitlers". Tyrtaios zögere ich zu zitieren, weil sein Lobpreis spartanischen Heldenmutes ihm, lebte er heute, unvermeidlich das Kainsmal „rechtsradikaler" Verfassungsfeindlichkeit einbrächte. Eine seiner Elegien, gewidmet den Helden des zweiten Messenischen Krieges, muß liberal-pazifistischen Ohren so obszön klingen wie das prahlerische Gerülpse eines neonazistischen Stammtischpolitikers oder Horaz' berühmter Vers, daß es süß und ehrenvoll sei, fürs Vaterland zu sterben (Carmina III, 2,13), oder auch die Zeilen des vergeblich zum geheimen Jakobiner umgedeuteten Hölderlin:

... Lebe droben, o Vaterland,
Und zähle nicht die Toten! Dir ist,
Liebes! nicht Einer zu viel gefallen.

Aber der Römer Horaz und der Deutsche Hölderlin sind ja auch nur nachgeborene Söhne des Wahlspartaners Tyrtaios, der bereits im siebenten vorchristlichen Jahrhundert einen sonst noch so bedeutenden und fähigen Mann für verächtlich hielt, wenn er sich nicht als Kämpfer im Felde bewährte. Ich zitiere, in der Übersetzung von Walter F. Otto, die ersten Verse der Elegie, auf die sich auch Platon in seinem Dialog „Nomoi" (629 a-e) ausdrücklich bezieht:

Nicht gedenken will ich des Manns und seiner nicht achten,
Ob er im Laufe den Preis oder im Ringkampf gewinnt,
Wär' er auch den Kyklopen an Größe gleich und an Stärke
Und überholte im Lauf selber den thrakischen Wind;
Wär' er auch dem Tithonos an Schönheit des Leibs überlegen
Und noch reicher als einst Midas und Kinyras war;
Wär' er auch edler als Pelops, des Tantalos Sohn, von Geblüte
Und besäße Adrasts zauberisch redenden Mund;
Wär' er in allem groß, nur nicht im Sturme der Wehrkraft!
Denn nicht wird er als Mann wacher sich zeigen im Krieg,
Wenn er es nicht erträgt, das blutige Morden zu sehen,

Und mit der Waffe dem Feinde kühn vor das Angesicht tritt.
Das ist die wahre Tugend, der beste und schönste der Preise,
Den das junge Blut sich zu erringen vermag.

Tyrtaios', des Wahlspartaners, Gedicht erinnert mit unüberbietbarer Deutlichkeit daran, daß Sparta ein Kriegerstaat im wahrsten Sinne des Wortes war. Ein Staat der Strategen und Hopliten, dessen wehrkräftige Männer eine lebendige Mauer bildeten. Ein Kasernenstaat mit kriegskommunistischen und elitär-eugenetischen Zügen. Das Vorbild der Politeia des spartanophilen athenischen Aristokraten Platon. Das Schreckbild aller Liberalen von Wilhelm von Humboldt bis Karl R. Popper und Henri I. Marrou. Die pervers scheinende Synthese von Preußentum und Sozialismus.

Machen wir uns nichts vor! All diese Charakterisierungen, so sehr sie im Detail übertrieben, ja zerrbildlich karikierend und polemisch sein mögen, haben eine Grundlage in der Sache selbst. Wir wissen, von Athen abgesehen, über keinen antiken Staat so genau Bescheid wie über den der Spartaner, die sich selbst Lakedaimonier nannten (die Vollbürger hießen *„Spartiaten").* Die haarsträubendsten Nachrichten sind gut bezeugt. Kein Zweifel ist daran möglich, daß Sparta auch noch in geschichtlich fortgeschrittener Zeit, ja gerade erst dann, im Vergleich zu Athen ein ausgesprochen archaischer, kantiger und ausländerfeindlicher Staat war. Nicht leugnen läßt sich, daß er bis zuletzt trotzig schroff auf seiner herben Andersartigkeit beharrte. Es ist zwecklos, den herausfordernden Hochmut und die dünkelhafte Überheblichkeit auch des durchschnittlichen Spartiaten zu beschönigen. Jeder von ihnen benahm sich halb wie ein König, halb wie ein Gauner, wirkte wie ein Kentaur: zur Hälfte Löwe, zur Hälfte Fuchs. Jeder Verniedlichung widersetzen sich die authentischen Aussagen des Tyrtaios. Sie zeigen uns unzweifelhaft einen Staat, in dem der Legionär über dem Schöngeist und Kaufmann stand. Der Feldwebel genoß weit mehr Ansehen als ein noch so hochkarätiger Dialektiker oder Belletrist. Das Ideal war der aktive Unteroffizier, die ganze Ausrichtung der Kultur durchaus militärisch. Wenn eine Mutter ihren Sohn im Krieg verloren hatte, wies sie jede Beileidsbezeigung lakonisch zurück: „Ich habe gewußt, daß er sterblich ist." Was der zum Theaterklassiker erhobene Dramatiker Friedrich Schiller (Die Braut von Messina, 4. Aufzug, 10. Auftritt) chorisch donnernd sagt: „Das Leben ist der Güter höchstes nicht", gehörte in Sparta zum Einmaleins politischer Bildung des simpelsten Rekruten, ja bereits des Pimpfes. Das berühmte Epigramm des feinfühligen Lyrikers Simonides auf die bei den Thermopylen gefallenen Spartaner sagt lapidar, was dem Mann zugemutet wurde:

Wandrer, kommst du nach Sparta, verkünde dorten, du habest
Uns hier liegen gesehn, wie das Gesetz es befahl.

Es hilft nichts, die granitene Härte Spartas nachträglich zu mildern. Die Quellen sprechen eindeutig gegen jede bagatellisierende Beschönigung. Die lakedaimonische Kultur war wenig literarisch, dafür aber ausgesprochen athletisch. Poesie wurde, wie die drei Dichter Tyrtaios, Terpandros und Thaletas beweisen, aus dem Ausland eingeführt: der erste kam aus Athen, der zweite aus Antissa auf der Insel Lesbos, der dritte aus Kreta. Sie wurden als Staatssänger nach Sparta berufen, so wie Preußen die Schwaben Hegel und Schelling, den Nassauer Freiherrn vom Stein, den Hessen Savigny und den Sachsen Ranke in seine Dienste nahm. Die Küche war frugal, für jeden korinthischen, kretischen oder gar sybaritischen Gourmet ein Greuel, die kollektiv verabreichte Blutsuppe galt auswärts fast als Brechmittel. Ab dem vollendeten siebenten Jahr gehörten die Kinder dem Staat. Ihre Erziehung unterlag staatlicher Lenkung. Stufe für Stufe mußte vor allem der Knabe die Formationen der hierarchisch organisierten Staatsjugend durchlaufen. Ihr Zuschnitt hatte paramilitärischen Charakter. Musik und Dichtung galten als Instrumente staatlicher Pädagogik; ästhetische Autonomie kam ihnen nicht zu. Tanz reduziert auf eine turnerische Übung, Poesie als Magd politischer Unterweisung, Musik als Mittel zu Drill und Dressur, außer Chorgesang überwiegend Militärmusik und Marschlieder, begleitet von der Flöte, die im Altertum, wie bekannt, die Rolle unserer Trommeln und Trompeten spielte — das war der spartanische Parnaß. Patriotismus bis zum totalen Selbstopfer, Unterordnung privater Interessen unter das Heil des Staates war die höchste Tugend. Gehorsam, Abhärtung, Genügsamkeit und Disziplin gehörten zu den selbstverständlichen Lebensregeln. Allbeherrschend waltete der kategorische Imperativ asketischer Zucht. Zucht prägte und durchformte alles. Kinderzucht und Manneszucht, Lehrzucht und Tischzucht, Zucht und Tucht der Körper und Seelen von der Zeugung bis zum Tod gehörten zu den Elementen spartanischer Staatskunst. Daß in dieser dorischen Polis, die sich als formiertes Kriegslager in Permanenz verstand, der Päderastie, der mannmännlich invertierten Liebe im Sinne Hans Blühers eine bestimmende Rolle zukam, muß kaum eigens hervorgehoben werden. Sie verstand sich auf der Grundlage des militärischen Lebensstils von selbst. Wir müssen sie geradezu als spezifische *devotio lacedaemonia* des männerbündisch eingerichteten Staates betrachten. Auch hier ist nichts zu bestreiten, nichts zu beschönigen, nichts zu idealisieren. Ein gleiches gilt von der Vorschrift, die Plutarch auf Lykurgos, den halblegendären Gesetzgeber Lakedaimons, zurückführt: Kaum geboren, mußte das Kind von den Ältesten der Gemeinde untersucht werden. Wenn es für gesund, wohlgebaut und kräftig befunden wurde, galt es als aufzuchtwürdig. Hielt jedoch der Rat der Alten das Kleine für schwächlich und mißgestaltet, so gebot er dessen Aussetzung. Es wurde zu der sogenannten Ablage (*Apothetai*) gebracht, einem Felsabgrund am Taygetos, und dort weggeworfen: „Denn sie meinten, für ein Wesen, das von Anfang an nicht fähig sei, gesund und kräftig heranzuwachsen, sei es besser, nicht zu leben, sowohl um seiner selbst wie um des Staates willen" (Lykurgos 16).

Diese Bestimmung, so will es mich bedünken, ist die einzige aus der Verfassung Spartas, mit der sich die Nutznießer der freiheitlichen demokratischen Grundordnung prinzipiell anfreunden könnten, wenngleich aus entgegengesetzten Motiven. Die von Lykurg belehrten Lakedaimonier dachten menschenzüchterisch-eugenisch, die Grundgesetzschmarotzer sind hingegen primär individualistisch-hedonistisch gesinnt. Nicht um willen rassischer Aufartung, sondern zwecks Verbesserung privater Selbstverwirklichungschancen sind sie prinzipiell bereit, die

Maxime zu billigen, daß bloßes Geborensein noch kein automatisches Recht auf Leben begründe. Im Sinne der mittlerweile fortgeschrittenen Mündigkeit des freiheitlichen demokratischen Bürgers läßt er sich, wie sich von selbst versteht, von keiner Behörde mehr vorschreiben, ob das zur Welt kommende Kind am Leben bleiben soll oder nicht. An die Stelle des reaktionär-obrigkeitsstaatlichen Rates der Alten ist in Kleinstkindes- und Fetusbelangen das Selbstbestimmungsrecht des Rates der Eltern getreten, im Ernstfall natürlich jener der Mutter, in deren Bauch, der unbestritten ihr gehört, die Leibesfrucht geschwürartig wuchert.

Das ist, wie jeder geschichtsbewußte Kritiker zugeben muß, ein außerordentlicher Fortschritt. Der Fortschritt besteht zum einen in der für die Antike noch undenkbar gewesenen Rationalisierung des Kindesaussetzungsverfahrens, also in der erstaunlichen Fristverkürzung. Um die heutige Virtuosität des pränatalen Timings würde uns ein alter Spartaner baß beneiden. Zum andern besteht der Fortschritt in der die natürliche Umwelt möglichst wenig beeinträchtigenden Arbeitsweise. Auch die soziale Praktikabilität der in den Mutterleib vorverlegten Kindesaussetzung hebt sich erfreulich von den barbarischen Methoden Spartas ab, wo die Tötung des Kleinen noch nicht intrauterin erfolgte. Bei den Lakedaimoniern genügte, wenn wir Plutarch Glauben schenken, eine einzige Felsenkluft, um die mißliebige Brut los zu werden. Bergsteiger und Waldgänger konnten das Wimmern der ausgesetzten Säuglinge hören. Manchen rührte der Notschrei. Fremden und den staatsbürgerlich zurückgestellten Perioiken („Umwohnern") war es nämlich unbenommen, von Mitleid überfließen zu dürfen. Durch dieses Privileg, dessen sich die Nicht-Spartiaten erfreuten, wurde manches Findelkind, ähnlich dem mythischen Prinzen Oidipus, barmherzig gerettet.

Jedem einsichtigen Beobachter leuchtet ein, daß derartige irrationale Maßnahmen unter den Bedingungen des perfekten individual-sozialistischen Wohlfahrtsstaates der technisch-industriellen Gesellschaft schlechthin systemwidrig und dysfunktional wären. Zwischen notorischen Kindesaussetzern und professionellen Kinderrettern würden möglicherweise explosive Spannungen entstehen, die zu besänftigen sowohl Justiz als auch Polizei außerstande wären. Ebenso würden die dem Landschaftsschutz verschworenen Verbände gegen die durch willkürliche Aussetzung neugeborener Kinder bewirkte Verschandelung der freien Natur erbittert Sturm laufen. Schließlich darf man ja auch den normalen Hausmüll nicht mehr beliebig ablagern; um so weniger können im Zeitalter behördlich geregelter Abfallentsorgung wilde Baby-Deponien in den ganz wenigen Forsten geduldet werden, wo noch ökologisch einigermaßen ordentliche Bestände gedeihen. Aussetzung in der Nähe menschlicher Siedlungen scheidet von vornherein wegen der damit unvermeidlich verbundenen Lärmbelästigung aus. Lakedaimon mit seiner erheblich geringeren Bevölkerungsdichte kannte diese Probleme noch nicht. Außerdem scheinen die Spartaner durch die beständige Berieselung mit Militärmusik ohnehin schwerhöriger als wir sensibler gewordenen Modernen gewesen zu sein. Unsere empfindsameren Nerven sind eben schon so verzärtelt, daß uns ein Kindermord im zehnten Monat, also die Methode Lykurg-Herodes, unter normalen Bedingungen nicht mehr zumutbar ist. Die progressive Vorverlegung der lautlosen Tötung in den ersten bis dritten Monat und deren euphemistisch zärtliche Umbenennung in „Schwangerschaftsunterbrechung" sind somit Errungenschaften einer Zivilisation, die Sparta endgültig überwunden zu haben scheint. Als Fortschritt ist auch zu betrachten, daß in der Bundesrepublik Deutschland in einem einzigen Jahr dem mörderischen Gebärstreik werdender Mütter weit mehr Kinder zum Opfer fallen als in sieben Jahrhunderten spartanischer Geschichte am Taygetos „abgelegt" wurden.

Jeder aufrechte Demokrat fühlt sich von jeher zu Athen hingezogen, nicht zu Sparta. Ein Perikles, wenigstens im Taschenformat, möchte jeder freiheitlich-demokratisch grundordentliche Partei- und Biedermann sein, der etwas auf sich hält. Niemand möchte als Nachfolger oder Schüler Lykurgs gelten. Athen — das bedeutet bekanntlich Licht, Freiheit, Kultur und Demokratie, und Perikles ist der Superstar dieser erhabenen Gottheiten. Das lykurgische Sparta hingegen gilt für schlimmer als das friderizianische Preußen, ja geradezu als antike Präfiguration des NS-Staates.

„Gelobt sei, was uns schwächt und entwaffnet! Mißtraut jedem, der von Einigkeit, Kraft, Größe, Disziplin und Geschlossenheit zu sprechen wagt! Andernfalls lauft ihr Gefahr, daß ihr in den ‚Faschismus' schlittert und Hitler wiederkommt!" So lautet doch, Hand aufs Herz, der unausgesprochene, sehr oft aber auch mit massenmedialer Stentorstimme hinausposaunte Rat westdemokratischer Wohlanständigkeit. Es gibt einen anti-spartanischen Affekt. Aus ihm nährt sich jener Kampf gegen alles, was auch nur von ferne an Askese, Heroismus und Zucht erinnert. Zu Sparta sich zu bekennen, Sparta als Paradigma strenger, aber auch potenter Staatlichkeit zu bewundern, das ist heute so schockierend, wie es etwa vor fünfhundert Jahren die Leugnung der Dreifaltigkeit Gottes oder der Menschwerdung Christi gewesen wäre. Natürlich sind es vor allem die schöngeistigen Neo-Athenienser, die „liberalen" Perikles-Fans und demo-attizistischen Amazonen, die jeden Sparta-Sympathisanten als potentiellen Verfassungsfeind anzeigen. Was immer man zugunsten Spartas vorbringen mag, die Antwort der Hohenpriester und Inquisitoren der Göttin Demokratie wird pfäffisch eintönig lauten: „Tut nichts! Der Spartaner wird verbrannt!"

Nun, ich habe trotzdem, Plutarch und Platon folgend, im vorstehenden schon einige Pluspunkte für Sparta eingetragen; ich möchte nur noch hinzufügen, daß die Frauen im streng „konservativen" Sparta fast alles tun durften, was ihnen im „liberalen" Athen drakonisch untersagt war. Sie genossen in Lakedaimon weit größere Freiheiten als die Männer. Nicht nur in der Liebe, sondern auch im Geschäftsleben standen ihnen anderswo unbekannte Rechte zu. Im dritten Jahrhundert besaßen die Frauen Spartas mehr Reichtümer, einschließlich weitausgedehnter Ländereien, als ihre Männer, Brüder oder Liebhaber (vgl. Plutarch: Agis 5, 23, 29). Bereits Aristoteles hatte dem Lykurg vorgeworfen, die „Zügellosigkeit und Weiberherrschaft" der Spartanerinnen nicht ausgerottet zu haben (Politik 2, 1270 a 6). Den an exklusives Patriarchat gewöhnten Fremden bot die Stadt geradezu den Anblick eines exotischen Frauenstaates (vgl. Plutarch: Numa 25, 3): „Die Spartanerinnen sollen auch ziemlich frech gewesen sein und sich, vorzüglich gegen ihre Männer, selbst höchst männlich benommen haben, da sie ja in den Häusern die unbeschränkte Herrschaftsgewalt ausübten und dann auch noch in den wichtigsten Staatsangelegenheiten mit größter Freiheit mitredeten." Dessenungeachtet sahen sie keineswegs wie zottige Musketiere aus. Ihre herbe Anmut war in ganz Hellas sprichwörtlich. Die weibliche Freizügigkeit ging sogar den progressivsten und aufgeklärtesten Athenern zu weit. Zucht und Schroffheit des betont maskulinen Kriegerstaates wurde überglänzt von der lächelnden Grazie, schelmischen Geistesart und tänzerischen Eleganz seiner jungen Frauen, die, anders als in Athen, Zutritt zu den sportlich-gymnastischen Übungen hatten. Die schöne Helena, derenthalben der Trojanische Krieg geführt wurde, stammte ja aus Sparta, wie auch Menelaos, der „schönhaarige", uns als spartanischer König vorgestellt wird. Wie ihre Männer, so waren auch die Spartanerinnen berühmt für ihre Schlagfertigkeit und Knappheit im Ausdruck. Unser Wort *„lakonisch"* erinnert daran. Sparta bildete das Zentrum der Landschaft Lakonien. Viele Anekdoten bezeugen in gleichsam molekularer Form die witzige Kürze der Spartaner. Als eine Ausländerin zu Gorgo, der Gemahlin des Spartanerkönigs Leonidas sagte: „Ihr Lakonerinnen allein beherrscht eure Männer", erwiderte sie hoheitsvoll: „Wir allein bringen auch Männer zur Welt!" (Plutarch: Lykurgos 14, Schluß).

Damit komme ich zum Schluß. Der Name des Feldherrn Leonidas ist soeben gefallen. Vorhin habe ich den Zweizeiler des Simonides auf die bei den Thermopylen durch persische Übermacht gefallenen Lakedaimonier zitiert: „Wandrer kommst du nach Sparta ..." Ich versuche es lakonisch kurz zu sagen: Wer von griechischer Kultur als der dauernden Grundlage der europäischen spricht, der darf Sparta nicht verschweigen! Die ganze griechische Kultur der Klassik, die man so gerne mit Athen gleichsetzt, wäre nie zur Blüte und Reife gelangt, wenn nicht ein verhältnismäßig amusisches, diszipliniertes und im Geruche halber Barbarei stehendes Kriegervolk bei den Thermopylen, vor Salamis und bei Plataiai todentschlossen für die Sache Griechenlands gekämpft hätte. Die nur durch Spartas Beistand möglichen militärischen Siege haben jenen Raum erobert, gesichert und erweitert, in dem sich griechisches Drama, griechische Philosophie, griechische Naturwissenschaft und auch griechische „Demokratie" überhaupt erst maßgebend entfalten konnten. Wer Aischylos und Sophokles, wer Platon und Aristoteles, wer Demokrit und Thukydides sagt, der muß recht und billig auch an Leonidas und Pausanias und an die unbekannten Soldaten Spartas denken, die in den Perserkriegen fielen, „wie das Gesetz es befahl".

Schroff und fremd steht Sparta vor uns. Mit einer gnadenlosen Einseitigkeit hat dieses Gemeinwesen gewisse Züge ins Monströse verzeichnet, die *jede* griechische Polis in minderem Maße aufwies. Sparta als potenzierte Polis zeigt uns brutal, wie fremd uns die Antike insgesamt erscheinen müßte, wenn wir sie völlig unbefangen von humanistischen Projektionen erschauten. Sparta mag uns aber auch ahnen lassen, was Staatlichkeit in Hochform, sozusagen chemisch reine Politeia, bedeutet: der Staat als „das kälteste aller kalten Ungeheuer", wie Nietzsches Zarathustra ihn nennt. Wir können Sparta nicht lieben. Aber wer sich dem griechischen Erbe zugeneigt fühlt, der sollte dessen eingedenk sein, daß all dies Wunderbare, Schöne und Begeisternde sich nur in einer Welt entfalten konnte, die der Bedrohung orientalischer Zwingherrschaft durch das Opfer des Lebens Tausender, Zehntausender Menschenleben abgerungen worden war.

Wir können Sparta nicht lieben. Aber ohne Sparta gäbe es auch kein Athen, jenes Athen, das, von den Persern bereits zerstört, nach den Siegen von 480 und 479 wieder aufgebaut wurde. Ohne Athen wäre Europa nie geboren worden. Sparta erinnert an die heute gern verschwiegenen, an die vielfach geächteten Voraussetzungen europäischer Kultur. Der Raum, in dem sie erblühte, wurde nicht von Kriegsdienstverweigerern und Deserteuren gesichert, sondern von gegen einen überwältigenden Feind entschlossen kämpfenden Soldaten. Die besten Krieger und die bei weitem überlegenste Heereszucht aber hatte damals Sparta. Es war vielleicht eine Tragödie, daß nach dem Sieg über die Perser kein dauernder Ausgleich zwischen den beiden griechischen Lebensformen zustande kam, die Athen und Sparta verkörperten. Sparta war kulturell eine Sackgasse. Doch möglicherweise ist, wie uns heute manchmal ahnt, auch Athen ein Weg, der sich nicht geradlinig fortsetzen läßt. Vielleicht ist Kultur bloß ein Zwischenspiel, eine unfruchtbare Verschwendung vor dem Hintergrund grenzenloser kosmischer Räume. Ein gewisser Defätismus macht sich breit. Er räsoniert öffentlich, daß eine möglichst frühe Orientalisierung Europas uns viel Unglück erspart hätte. Die griechischen Siege über die Perser bedeuten ihm nichts. Doch das ist bereits der Beginn eines anderen Kapitels. Halten wir am Ende dieses Nachtgesprächs nur noch fest, daß Sparta uns eindringlich an das gemahnt, was heute in hohem Maße tabuiert ist. Ohne ein gewisses Spartanertum ist nicht nur kein Staat zu machen, sondern auch keine Kultur lebens- und überlebensfähig. Das lakedaimonische Erbe ist insofern zu prüfen.

Honny soit qui mal y pense.

(1987)

Pythagoras

Himmelsmusik und Harmonie der Seelen
Idee und Wirkung eines Ordens

Wetteifer aller Ichs, den Gedanken zu finden, der über der Menschheit stehen bleibt als ihr Stern.

Nietzsche

Am Ursprung der griechischen — und damit der europäischen — Philosophie stehen keine Universitäten, Kongresse und Seminare, sondern Tempelweistümer, Theophanien und mystische Bruderschaften. *Thales,* dem die Ansicht zugeschrieben wird, daß der Urgrund der Dinge im Wasser bestehe, hat auch gesagt, „daß alles von Göttern voll" sei. *Heraklit* war der Sohn eines Hohenpriesters, dem das Vorrecht zustand, sich mit königlichem Purpur kleiden zu dürfen. Seine Schrift über das Wesen der Welt hinterlegte Heraklit im Tempel der Göttin Diana zu Ephesos. *Empedokles* wirkte als von den orphischen Mysterien beeinflußter Sühnepriester und Seelenwanderungsprophet. *Parmenides* aus Elea (heute Castellamare di Veglia) in Unteritalien schildert zu Beginn seines Lehrgedichts, wie er, von „Sonnenmädchen" geleitet, auf fliegendem Rossegespann aus der Welt des Dunkels in ein Lichtreich entrückt wurde, wo die ihn die Wahrheit lehrende Göttin wohnt. *Pythagoras,* von der Insel Samos stammend, ließ sich in ägyptische, babylonische, iranische und, wie sich von selbst versteht, auch in griechische Mysterien einweihen. Wie Buddha, Sokrates und Jesus keine Schriften hinterlassend, übereignete er seine Lehre treuhänderisch einem ordensähnlichen Geheimbund, dessen Zentrum die griechische Pflanzstadt Kroton an der östlichen Küste Süditaliens war. Von Pythagoras ließ sich vor allem auch *Platon* beeinflussen. Die platonische Akademie wie die meisten späteren Philosophenschulen der Antike waren mehr als bloße Wissensvermittlungsanstalten. Sie stellen fast durchweg kultische Verbände mit eigenen Altären, Opfern und Heiligtümern dar, um einen Gott, Heros oder vergöttlichten Meister gescharte Gemeinden mit esoterischer Disziplin, Liturgie und Kalendarium. Der Streit um den Kern der nur mündlich einer eingeweihten Elite von Adepten als Geheimwissen anvertrauten Lehre Platons bewegt noch immer die Philosophiehistoriker. Die grandiose Kosmologie, die Platon in seinem dialogischen Alterswerk „Timaios" entwirft, hat in unserm Jahrhundert fortgeschrittener Naturwissenschaft wieder die Bewunderung philosophierender Physiker erregt; die namhaftesten unter ihnen sind der Brite Alfred North Whitehead und der Deutsche Werner Heisenberg.

Den Hauptteil des erdachten oder, wie ich mit guten Gründen vermute, weitgehend auf einer wirklichen Unterredung beruhenden philosophischen Gesprächs bildet der Vortrag des als Gast in Athen weilenden Pythagoreers *Timaios.*

Er stammt aus der von Lokrern an der Ostküste Unteritaliens gegründeten Kolonie Lokroi (heute Locri), also aus „Großgriechenland", *Magna Graecia,* der *Megále Hellás.* Es ist dies jenes Gebiet im Süden der Apenninenhalbinsel, das von Kyme (Cumae) bei Neapel und Poseidonia (Paestum) in Lukanien bis Tarent (Taranto), und von Tarent bis Rhegion (Reggio di Calabria) und Terina (San Eufemia) reicht und auch die Insel Sikelia (Sizilien) mit den Städten Akragas (Agrigent), Syrakusai (Siracusa), Katane (Catania), Tauromenion (Taormina) und Messene (Messina) umfaßt. Es war seit dem achten vorchristlichen Jahrhundert von Griechenland aus besiedelt und „kolonisiert" worden und wurde kulturgeschichtlich zum strategischen Brückenkopf hellenischen Geistes in Italien und damit zum Vermittler griechischer Mythologie, Kunst, Wissenschaft und Philosophie an die römische Welt.

In diesem jahrhundertelangen Prozeß kommt dem Pythagoreismus eine überragende Rolle zu. Ohne zu übertreiben, kann man sagen, daß am Ursprung italischer Philosophie und Naturforschung, einschließlich Mathematik und Medizin, der von Samos nach Kroton ausgewanderte Inselgrieche Pythagoras steht. Ihm folgen dann Xenophanes, Parmenides, Empedokles und eben auch der im gleichnamigen platonischen Dialog auftretende Philosoph Timaios, der den Athenern die pythagoreische Lehre vom Ursprung des Kosmos, von der Weltseele und Harmonie der Sphären vortrug. Es ist zwar heute üblich, diesen aus Lokroi stammenden Timaios für eine von Platon erfundene Figur zu halten, was ich für ungefähr ebenso sinnvoll und aufschlußreich halte wie die historisch-kritische Behauptung, daß der Sänger der Odyssee nicht Homer, der Verfasser des Johannesevangeliums nicht Johannes und der Schöpfer der Shakespeareschen Dramen nicht Shakespeare hieß. Meinetwegen mögen sie anders geheißen haben, was tut es schon zur Sache? Wenn es um Werke dieser Art geht, gilt ewig nicht die Nörgelei geistblinder Pedanten, sondern der mitternächtliche Jubel der liebeentzückten Julia:

Was ist ein Name? Was uns Rose heißt,
Wie es auch hieße, würde lieblich duften;
So Romeo, wenn er auch anders hieße,
Ihm bliebe doch der köstliche Gehalt,
Der einmal sein ist, auch ohne jenes Wort.

Mag nun der Überbringer pythagoreischer Kosmologie Timaios oder anders geheißen haben, was eine drittrangige Frage ist, so steht jedenfalls fest, daß der Platonismus neben dem sokratischen und morgenländischen Element auch einen mindestens ebenso schwerwiegenden Bestandteil von Pythagoreismus enthält. Dieses drittgenannte Ingrediens hat um so mehr Gewicht, als vieles, was man als den „Orientalismus" Platons bezeichnen kann, ihm über die Schule des Pythagoras zugekommen ist oder zumindest von Quellen abstammt, aus denen auch der Stammvater des Pythagoreismus geschöpft hat.

Sowenig an der geschichtlichen Wirklichkeit der Gestalt des Pythagoras zu zweifeln ist, so dürftig sind die im Sinne moderner

Historiographie zuverlässigen Nachrichten über sein Leben und seine Philosophie. Das erklärt sich daraus, daß, wie schon gesagt, Pythagoras keine Schriften verfaßt hat oder daß zumindest keine von ihm bekannt geworden sind. Wir besitzen keine einzige Zeile von seiner Hand. Wenn er Bücher geschrieben hatte, dann mußten sie jedenfalls zu den bestgehüteten und nur wenigen Auserwählten zugänglichen Schätzen seines Geheimbundes gezählt haben. Was wir über ihn und seine Lehre mit Sicherheit wissen, geht auf einige Abtrünnige zurück, dann auf vereinzelte Anekdoten in den Fragmenten anderer Vorsokratiker und schließlich auf Herodot und Platon; hinzu kommen noch etliche stark wahrscheinliche, vielleicht aber auch von ihm nicht mehr recht verstandene Nachrichten bei Aristoteles. Jamblichos' Buch über das Leben des Pythagoras ist erst ungefähr achthundert Jahre nach dem Tode des Philosophen verfaßt worden; sein Autor hat allerdings viele ältere Quellen ausgewertet. Der sogenannte Pythagoreische Lehrsatz, demzufolge bei einem rechtwinkeligen Dreieck der Flächeninhalt des Quadrates über der Hypotenuse *c* gleich der Summe der Flächeninhalte der Quadrate über den Katheten *a* und *b* ist ($a^2 + b^2 = c^2$), war schon vor ihm den Babyloniern bekannt; und zum Beweis für die Richtigkeit des Satzes fehlten Pythagoras die dafür notwendigen mathematischen Grundlagen.

Pythagoras war der Sohn des auf der Insel Samos ansässigen Goldschmiedes und Kaufherrn Mnesarchos. Ob er auf Samos oder in Tyros geboren wurde, wohin seine Mutter den Vater auf einer Geschäftsreise begleitet hatte, ist strittig. Als sein Geburtsjahr kann man 570 annehmen; manche Berechnungen lassen ihn früher (um 580), andere später (um 560) geboren sein. Doch sei dem wie immer, die jonische Insel Samos, auf der Pythagoras aufwuchs und — abgesehen von ausgedehnten Reisen nach Babylon und Ägypten — bis in seine reifen Mannesjahre blieb, zeichnete sich damals bereits durch eine hohe, teilweise schon sehr verfeinerte Kultur aus. Samier hatten an der Kolonisation in Perinthos, Amorgos und Naukratis teilgenommen, und bereits um 660 war Kolaios von Samos als erster Grieche bis zum Atlantischen Ozean vorgestoßen. Für den Wohlstand der Stadt zeugen der Ausbau des großen, von einer doppelten Säulenreihe umgebenen Tempels zu Ehren der Hera, die auf der Insel dreihundert Jahre lang in geheimer Ehe mit Zeus gelebt haben soll, die Stadtmauern, Hafenmolen und die berühmte Wasserleitung, die in einem etwa tausend Meter langen Tunnel durch den Stadtberg geführt war. Das Heraion auf Samos, das bedeutendste Heiligtum der Gemahlin des Göttervaters neben dem zu Olympia, galt als eines der sieben Weltwunder. Es besaß zahlreiche Nebenbauten, Altäre, Hallen, Badehäuser und Hunderte von kostbaren Weihegeschenken, darunter vor allem große Bronzekessel und Standbilder aus Marmor. An den Hof des reichen und luxusliebenden Tyrannen Polykrates, der von 538 (seit 532 allein) bis 522 regierte und, gestützt auf Söldner und eine starke Flotte, auch über viele Inseln und Küstenstädte Kleinasiens herrschte, kamen neben dem berühmten Arzt Demokedes die Dichter Anakreon und Ibykos.

In dieser Welt also wuchs der reiche Kaufmannssohn Pythagoras auf, der sich schon früh für religiöse und kosmogonische Fragen interessiert zu haben scheint. Er soll nämlich, so wird berichtet, sich mit achtzehn Jahren zunächst zu seinem Onkel auf die Insel Lesbos begeben haben, um dort die Unterweisung durch den von der kleinen Insel Syros stammenden Pherekydes zu genießen, der eine noch stark mythische Weltentstehungslehre darlegte, die mehr an die der Orphiker als die des Hesiod erinnert. Pherekydes hat als erster die Ansicht vertreten, daß die menschliche Seele unsterblich sei und immer wieder auf die Erde zurückkehre, um sich erneut zu verkörpern. (Cicero: Tusculanische Gespräche I 38). Diese Lehre, die damals nur in Indien ausdrücklich und systematisch formuliert war, wurde für Pythagoras von bestimmendem Einfluß. Zwei Jahre später besuchte Pythagoras in Milet auch den greisen Philosophen Thales. Auf dessen Rat hin, heißt es bei Jamblichos, sei er nach Sidon in Phönikien und dann weiter nach Ägypten gesegelt:

„In Sidon begegnete er den Nachkommen des Philosophen und Propheten Mochos und den übrigen phönikischen Hierophanten. Er ließ sich in alle Mysterien einweihen, die in Byblos, Tyros und in vielen Teilen Syriens in besonderer Weise begangen wurden."

Bereits damals war Pythagoras mit einer ganzen Reihe von kultischen Geheimbünden in enge Verbindung getreten; ja es gelang ihm sogar, in sie als Myste aufgenommen zu werden. Doch die phönikisch-syrische Esoterik genügte ihm nicht. Sie erschien ihm bloß als Ableger viel älterer und ehrwürdigerer Geheimlehren und Mysterien, die von mächtigen Kollegien eifersüchtig bewahrt und nur wenigen Auserwählten nach langen Prüfungen zugänglich gemacht wurden: der ägyptischen Priesterweisheit, wie sie in Heliopolis, Memphis und Theben blühte. Jamblichos berichtet, zweiundzwanzig Jahre lang habe Pythagoras in engstem Umgang mit der ägyptischen Priesterschaft in Theben verbracht. Unter strengsten Bedingungen zu ihren Kulten zugelassen, sei er Stufe für Stufe in immer tiefere Geheimnisse eingeweiht worden. Als im Jahre 526 der Perserkönig Kambyses das Land der Pharaonen eroberte, wurde er, wenn wir Jamblichos glauben dürfen, mit Tausenden der angesehensten Ägypter, darunter auch zahlreichen Priestern, als Gefangener nach Babylon abgeführt. Doch kaum war er dort angekommen, gelang es dem mysteriendurstigen Griechen abermals, zu den nicht nur die Götterverehrung, sondern auch Mathematik, Musik und andere Wissenschaften pflegenden Priestern des fremden Landes Zugang zu finden. Er verkehrte dort, wie Jamblichos ausdrücklich sagt, mit den „Magiern, die an ihm dasselbe Wohlgefallen fanden wie er an ihnen."

Diese „Magier", mit denen er in Babylon verkehrte, bildeten eine Art Erbkaste von Priestern, vergleichbar den indischen Brahmanen und den israelitischen Leviten. Wenngleich ihre Beziehungen zur Religion Zarathustras noch immer nicht ganz geklärt sind, so steht jedenfalls fest, daß sie viele zarathustrische Riten und Gebräuche übernommen hatten und schließlich als Jünger des iranischen Propheten galten. Wie Herodot berichtet, deuteten sie Träume, prophezeiten durch Opferung weißer Rosse und sangen während der gottesdienstlichen Feiern religiöse Hymnen. Das Christentum lehnt zwar die Magie als heidnische Zauberei oder sogar als Teufelsblendwerk ab, doch im Evangelium nach Matthäus (2, 1-12) huldigen gottesfürchtige und sternkundige „Magier" (*Magoi*) dem vor kurzem geborenen Jesusknaben. Die im deutschen Raum meist „Heilige drei Könige" oder auch „Weise aus dem Morgenlande" genannten Besucher aus dem Osten waren Nachkommen jener Magier, von denen Pythagoras mehr als ein halbes Jahrtausend vor Christi Geburt Unterricht und Einweihung erhalten hatte. Trotz der stark legendenhaften Züge des Besuchs der Magier in Bethlehem, wo über dem Hause, in dem sich Maria mit dem Kinde befand, der Stern aus dem Osten stehenblieb, ist es nicht unwahrscheinlich, daß um die Zeitenwende auch die persische Priesterkaste der Magier davon gehört hatte, wie sehnsüchtig im Judentum ein Messiaskönig erwartet wurde. Es ist sogar möglich, daß sie ihn mit dem zarathustrischen Helfer (*sausbyant*) im Kampf zwischen Licht und Finsternis gleichsetzten und deshalb einige ihrer Mitglieder in die Fremde aufbrachen, um diesem Heilbringer zu begegnen.

Doch wie immer es um den geschichtlichen Kern des Evangelienberichts bestellt sein mag, sicher ist zumindest eines: die volkstümlichen „Heiligen drei Könige", die seit dem neunten Jahrhundert die Namen Kaspar, Melchior und Balthasar tragen, waren „Magier", also Träger uralten Geheimwissens und Abkömmlinge jener sternkundigen Priesterkaste, die den aus Ägypten nach Persien verschleppten Griechen Pythagoras zwölf Jahre lang unterwiesen hatte. In den romanischen Sprachen ist, anders als im Deutschen, die Erinnerung an ihr Magiertum deutlich aufbewahrt. Im Italienischen heißen sie *Re Maghi,* im Französischen *Rois Mages,* im Spanischen *Reyes Magos.* Magier gehörten neben Engeln, Hirten und Tieren zu den allerersten Verehrern des neugeborenen Christusknaben.

Pythagoras hat also weite Reisen unternommen und in Phönikien, insbesondere aber in Ägypten und Babylon (das seit 539 zum Persischen Reich gehörte), mit religiösen Geheimbünden, Kultgemeinden und Priesterkasten intensive Beziehungen unterhalten. Mögen auch die Zeitangaben bei Jamblichos — 22 Jahre in Ägypten und 12 Jahre in Babylon — unglaubwürdig sein, so sind die Aufenthalte des Samiers in den beiden Ländern bereits durch Nachrichten aus dem vierten vorchristlichen Jahrhundert gut bezeugt. Der Redner Isokrates erwähnt die Ägyptenfahrt des Pythagoras; und der Pythagoreer Aristoxenos, der sich später Aristoteles anschloß, berichtet, daß Pythagoras mit *Zaratos*, das heißt Zarathustra (Zoroastres) zusammengekommen ist (vgl. B. L. van der Waerden: Die Pythagoreer. Religiöse Bruderschaft und Schule der Wissenschaft. Zürich 1979). Herodot (Historien, II 123; IV 95) erwähnt, daß „einige Griechen" die altägyptischen Lehren vom Schicksal der Seele nach dem Tode übernommen hätten; daß er damit auch Pythagoras meint, kann aufgrund anderer Stellen seines eigenen Werkes (vgl. II 81) nicht bezweifelt werden.

Was aber hat Pythagoras in Ägypten und Babylon an Lehren und Kenntnissen empfangen? Jamblichos erwähnt Astronomie, Geometrie, Zahlenlehre und Musik, somit die vier typischen Wissenschaften der Pythagoreer. Doch mehr als die Unterweisung in Mathematik und Sternkunde, in welchen Disziplinen die Babylonier damals bereits weit fortgeschritten waren, betont Jamblichos das religiöse und mystagogische Element in den Studien des Meisters aus Samos. Er sagt, Pythagoras wurde in Ägypten „in alle Mysterien und Geheimkulte eingeweiht"; er genoß die „Sympathie der Priester und Propheten"; er durfte „in den allerheiligsten Gemächern" der Tempel weilen; er wurde von den Magiern genau unterrichtet „in allem, was heilig war".

Dies sind aufschlußreiche Auskünfte, die zu der Vermutung berechtigen, daß sich Pythagoras — weit mehr als für naturwissenschaftliche Fragen — für die überlieferten Geheimlehren und das „heilige Wissen" priesterlicher Kasten und ähnlicher Kultverbände interessierte. Hier fand er so vieles, was schließlich in seine eigenen Lehren und in die Ordnung seines Bundes einging.

Zurückgekehrt nach Samos, wo der einst für so glücklich gepriesene Polykrates durch die Perser gestürzt und ans Kreuz geschlagen worden war (522 vor Christus), fühlte sich Pythagoras unter den völlig veränderten öffentlichen Verhältnissen seiner nunmehr unter iranischer Oberhoheit stehenden Inselheimat nicht mehr wohl. Wahrscheinlich litt er auch darunter, daß er mit seinen im Orient gewonnenen Lehren zu Hause nur wenig Anklang fand, als er, wie Jamblichos sagt, versuchte, „seine Unterweisung auf symbolischem Weg zu vollbringen, ganz wie er selbst in Ägypten ausgebildet worden war." So verließ denn Pythagoras um 510 — nach anderen Berichten, darunter auch dem von Cicero (De re publica 2, 28), allerdings schon um 530, also noch unter dem Tyrannen Polykrates — wieder und diesmal endgültig sein Vaterland und fuhr über Kreta und Griechenland, wo er neben anderen Orten auch das Apollonheiligtum zu Delphi und Sparta besuchte, nach Unteritalien, wo es eine Reihe blühender Griechenstädte gab. Pythagoras war damals also entweder schon fast sechzig oder erst etwa vierzig Jahre alt, als er in der achaiischen Kolonie Kroton landete und sich dort niederließ. Kroton, das mächtigste Gemeinwesen der Magna Graecia, wurde zur Schicksalsstadt des ausgewanderten Inselgriechen. Erst hier fand er völlig den ihm wesensgemäßen Weg. Hier gelangte er dazu, all das, was er auf seinen Reisen an Lehren empfangen hatte, geistig wie politisch fruchtbar zu machen und selber vom Adepten morgenländischer Priesterweisheit zum Stifter eines eigenen staatsübergreifenden religiös-ethischen Ordens zu werden.

Als Pythagoras in Großgriechenland ankam, befanden sich zahlreiche der süditalischen Griechenstädte miteinander in Kriegszustand. Um 540 hatten die Stadtstaaten Kroton, Sybaris und Metapontion als Verbündete die kleine Stadt Siris besiegt und völlig zerstört. Anschließend griff Kroton die mit Siris verbündet gewesene Stadt Lokri an. Trotz der militärischen Übermacht der Krotoniaten gewannen die Lokrer die Schlacht. Die Niedergeschlagenheit der Besiegten war allgemein; man führte den Mißerfolg des Kriegszuges auf Zuchtlosigkeit, Verweichlichung und schlechte Führung zurück.

In dieser Situation ging Pythagoras in Süditalien an Land. Nach einem kurzen Aufenthalt in Sybaris am Golf von Tarent ließ er sich in dem südlicher gelegenen Kroton nieder. Er hielt

Hiermit bestelle ich . . . . Exemplar (e)

Vom Geist Europas

Landschaften · Gestalten · Ideen

zum Stückpreis von 54,- DM (öS 390,-). Der Rechnungsbetrag liegt bar/ als Scheck bei*, wird sofort nach Eingang der Rechnung überwiesen.*

Meine Adresse (bitte gut leserlich): ....

....

* * *

Senden Sie auf meine Rechnung (meine Adresse habe ich oben angegeben) an folgende Personen je ein Exemplar **„Vom Geist Europas"**.
Mein Name soll/ soll nicht genannt werden.* *Unzutreffendes streichen!

1.) ....

2.) ....

3.) ....

4.) ....

5.) ....

Bitte informieren Sie mich zukünftig über die Neuerscheinungen des MUT-Verlages.

Meine Adresse:

....

....

....

....

....

Postkarte

MUT-Buchdienst
Postfach 1

D-2811 Asendorf

dort, wie Jamblichos berichtet, vier große Reden, mit denen er sich zuerst an die jungen Männer, dann an den Senat, schließlich an die Knaben und zuletzt an die Frauen der Stadt wandte.

Die jungen Männer ermahnte er zur Ehrfurcht vor dem Alter, indem er darlegte, daß auch im „*Kosmos*" dem Früheren höherer Rang zukomme als dem Späteren. Kosmos bedeutete damals allgemein „Schmuck", „Ordnung". Pythagoras scheint der erste Grieche gewesen zu sein, der mit diesem Wort das Weltall bezeichnete: das Universum als eine harmonie-erfüllte Ordnung, als ein von göttlicher Schönheit strahlendes Schmuckstück oder Juwel. Es ist bemerkenswert, daß er bereits in seiner allerersten Rede auf italischem Boden nicht nur das Weltall einen Kosmos nannte, sondern auch seine ethischen Gebote mit einer kosmologischen Begründung versah, indem er Sittlichkeit sozusagen als angewandte Astronomie lehrte: so wie im Kosmos das Frühere höher geehrt werde als das Nachfolgende, so wie der Aufgang würdevoller sei als der Untergang, die Morgenröte höher als der Abend, der Ursprung heiliger als das Ende, so sollen auch die später Geborenen zu den früher Geborenen ehrerbietig sein. Pythagoreismus ist, halten wir dies schon jetzt fest, eine das Weltall bedenkende und als normatives Vorbild menschlicher Wohlordnung anerkennende Philosophie oder „*Kosmosophie*". Auch ein zweiter allgemeinpythagoreischer Grundgedanke klingt in der ersten Rede, die der Samiote im Gymnasion von Kroton hielt, schon rätselhaft an:

„Ihr schuldet den Eltern so großen Dank, wie ein Verstorbener dem abstatten möchte, der ihn ins Leben zurückbringen könnte."

Der geheimnisvolle, wie raunend gesagte Ausspruch wird nur dann verständlich, wenn wir ihn als eine Anspielung auf die *Seelenwanderungslehre* der Pythagoreer auffassen: alle, die jetzt leben, waren schon einmal gestorben und sind insofern durch ihre Eltern wieder mit dem Leben versehen worden.

Daß Pythagoras jedoch nicht bloß als einzig der ekstatischen Schau des Kosmos und der Meditation des vor- und nachgeburtlichen Seelenschicksals lebender Esoteriker spricht, sondern von allem Anfang an die Statur eines Politikers, ja Staatsmannes aufweist, zeigt ein Satz aus der Rede an die Jünglinge, der gewiß über die privaten Beziehungen hinaus auch auf die öffentlichen Verhältnisse der Stadt zielte:

„Begegnet einander im wechselseitigen Verkehr am besten so, daß ihr den Freunden nicht zu Feinden und den Feinden so schnell wie möglich zu Freunden werdet."

Dies war die erste Rede des Pythagoras in Kroton. Sie hatte die jungen Männer so stark beeindruckt, daß sie ihren Vätern davon begeistert erzählten. Daraufhin lud der „Rat der Tausend" — der Senat — den fremden „Weisheitsfreund", wie er sich selbst im Gegensatz zu den „Sieben Weisen" der älteren Zeit nannte, ins Rathaus zu einer weiteren Ansprache ein. Pythagoras folgte der Einladung, den führenden Männern des Staates nützliche Ratschläge zu unterbreiten. Jamblichos berichtet darüber:

„Er riet ihnen zunächst, einen *Musentempel* zu errichten, um die *Eintracht* unter ihnen zu erhalten. Denn diese Göttinnen haben allesamt denselben Namen, man kennt sie in der Überlieferung nur als Gemeinschaft, sie freuen sich am meisten über gemeinsame Ehrungen, und überhaupt ist der Chor der Musen immer ein und derselbe. Außerdem umfaßt er *Einklang, Harmonie, rhythmische Ordnung* und alles, was *Eintracht* schafft. Auch erstreckt sich die Macht der Musen nicht nur auf die schönsten Gegenstände der Betrachtung, sondern auch auf die *Symphonie und Harmonie des Seienden.*"

Wieder ein Rätselwort, das den Kosmosophen Pythagoras verrät, der vom musisch-musikalischen Zusammenklang des Weltalls überzeugt ist: eine Anspielung auf die berühmt gewordene, durch die gesamte europäische Geistes- und Seelengeschichte fruchtbar nachwirkende, noch in den Werken Giordano Brunos, Johannes Keplers, Gottfried Wilhelm Leibniz', Goethes, Hölderlins und Gustav Theodor Fechners widerhallende Lehre von der Harmonie des Kosmos und der *Musik der Sphären,* die nur begnadeten Eingeweihten vernehmlich ist. Dieser Gedanke wird bereits von Aristoteles dem Pythagoras zugeschrieben.

In seiner Rede vor dem Senat erläutert der aus der Ferne gekommene Philosoph seine Idee von der „Symphonie und Harmonie des Seienden" nicht näher. Ihre in alle Einzelheiten gehende Darlegung behielt er einem Kreis von ihm ergebenen Esoterikern vor. Sie war geistiges Krongut seines geheimen Bundes. Er erörtert desgleichen auch mit keinem Wort die mathematischen Beweise für diese Lehre von der Harmonie der Sphären, die im Denken der Pythagoreer eine so bedeutende Rolle spielte. Pythagoras begnügt sich mit einem allgemeinen Hinweis auf den kosmischen Ursprung jeglicher Ordnung und Harmonie, die, wie er ausdrücklich sagt, durch den Chor der Musen gestiftet und verbürgt werden. Ihnen sollen deshalb auch die Bürger einen Tempel weihen. Politik wird von Pythagoras im Kult der Musen begründet. Er rät den Krotoniaten, „einen Musentempel zu errichten, um die Eintracht zu erhalten", denn der Chor der Musen, wie er hinzufügt, umfaßt „Einklang, Harmonie, rhythmische Ordnung und alles, was Eintracht schafft." Der Oberhoheit der Musen unterliegen nicht nur „die schönsten Gegenstände der Betrachtung", etwa die vom Geist des Dichters oder Philosophen geschauten und zur Sprache gebrachten Dinge, sondern auch „die Symphonie und Harmonie des Seienden". Diese Worte des Pythagoras spielen deutlich auf seine in höchstem Maße „musische" Kosmologie an. So wie die irdische Musik eine Nachahmung der himmlischen Sphärenharmonie ist, so soll die Politik der Menschen nach den Gesetzen des von den Musen vollendeten Kosmos sich ausrichten.

Politik ist bei Pythagoras kosmisch fundiert. Der Kult der die Harmonie des Weltalls zum Tönen bringenden Zeus-Töchter soll auch der Polis, der Stadt als menschlichem Mikrokosmos, zur Eintracht verhelfen. Der Kosmos als wohlgeordnetes Gebilde erscheint als Urbild wohlgeordneter Staatlichkeit, und die mimetische Übereinstimmung beider Bereiche wird durch die Musen gewährleistet. In diesem Sinne steht Pythagoras, der auch eine Art von Musagetes ist, als mit Orpheus verwandte Gestalt vor uns. Orpheus, für alle Zeiten die Symbolfigur der friedenstiftenden Macht des Gesanges, war Sohn einer Muse; als seine Mutter wird Kalliope genannt, die vornehmste der neun Musen (Hesiod: Theogonie 79), als sein Vater Apollon. Wie Pindar (Pythische Oden 1,10) von den Musen sagt, ihre Macht sei so groß, daß bei ihrem Ertönen sogar der gewaltsame Kriegsgott Ares die Waffen fallen läßt, um in friedlichen Schlummer zu versinken, so wird von Orpheus berichtet, daß sein Lied die Zwietracht der Menschen wie die Wildheit der Tiere besänftigt habe und seinen bezwingenden Melodien selbst Bäume, Flüsse und Felsen sich einträchtig fügten. Der mythische Orpheus ist gleichsam die männlich-irdische Entsprechung der den Kosmos rühmenden, ihn erst recht eigentlich „kosmisierenden" Musen. Der geschichtliche Pythagoras hingegen erscheint uns als ein politischer Orpheus, als Musaget staatlich-bürgerlicher Harmonie, der das Wort Pindars ernst nahm: „Blind sind der Menschen Gedanken, wenn einer ohne die Musen mit Verstandeskünsten allein den Weg sucht."

Der den Kult der Musen als Bürgschaft politischer Harmonie empfehlende Pythagoras setzt seine Rede an die Stadtväter von Kroton mit der Ermahnung fort:

„Fasset das Vaterland als ein Pfand auf, das ihr gemeinsam von der Mehrheit der Bürger empfangen habt. Verwaltet es daher so, daß eure Vertrauenswürdigkeit auf eure Erben übergeht. Dies wird gewiß dann eintreten, wenn ihr euch allen Bürgern gleichstellt und nur in der Gerechtigkeit etwas vor ihnen voraushabt."

Er begründet abermals diese Forderung nach Gerechtigkeit mit einem Fingerzeig auf den Mythos:

„Denn im Wissen darum, daß jeder Ort der Gerechtigkeit bedarf, erzählen sich die Menschen den Mythos, *Themis* — die Göttin des Gesetzes — habe dieselbe Stellung neben Zeus wie *Dike* — die Göttin des Rechts — neben Pluton, dem Gott des Reichtums und Herrscher über die Unterwelt, und wie das *Gesetz* in den Staaten, damit derjenige, der nicht in Gerechtigkeit seinen Pflichten nachkommt, sich zugleich als Frevler am ganzen Kosmos erweise."

Abermals fällt an bedeutsamer Stelle das Herzwort pythagoreischer Philosophie: „Kosmos". Wiederum begründet der Samiote ein staatsbürgerliches Gebot mit Hinweis auf die Gesetze der Weltordnung. Wie im Olympos die Göttin Themis, wie im Hades die Göttin Dike und wie im ganzen Kosmos die Musen herrschen, so sollen Gerechtigkeit und Gesetz im Staat die Könige sein. Wer sich dagegen vergeht, ist nicht nur ein politischer Übeltäter und Schädling, sondern ein „Frevler am ganzen Kosmos", ein Aufrührer gegen die Ordnung des Weltalls.

Das von Pythagoras kosmomythisch unterbaute Regierungsideal ist weder die Demokratie noch die Tyrannis, sondern eine *aristokratische Republik.* Pythagoreertum ist von allem Anfang an kämpferischer Elitismus, Bekenntnis zur Aristokratie im wörtlichen Sinne einer „Herrschaft der Besten". Weder die Masse noch ein despotischer einzelner sollen regieren, sondern eine qualifizierte Elite von solchen, die, obgleich sonst allen Bürgern gleichgestellt, „nur in der Gerechtigkeit etwas vor ihnen voraushaben." Diesem Staatsideal war der Orden verpflichtet, den Pythagoras gründete. Der Orden, der seine Lehren nicht jedem zugänglich machte, verstand sich als aristokratischer Geheimbund der Musischen, Wissenden und Gerechten.

Wie an die Jünglinge wendet sich Pythagoras auch an den Senat mit sittlichen Imperativen. Hat er den Jugendlichen Ehrfurcht vor dem Alter und Freundessinn gepredigt, so gebietet er den Erwachsenen eine strengere Ehemoral. Die Männer sollten ihre Kebsweiber entlassen:

„Sehet auch ernstlich darauf, daß ihr selbst nur eure eigene Frau kennt und daß die Frau nicht mit anderen das Geschlecht verfälsche ... Beherzigt, daß ihr eure Frau wie eine Schutzflehende unter Trankopfern vom Herd aufgehoben und so im Angesicht der Götter ins Haus geführt habt."

Auch mit dieser zweiten Rede fand der eben erst in Kroton Angekommene Beifall und Nachfolge, wie wir Jamblichos entnehmen können. Die Ratsherren entließen ihre Nebenfrauen, beschlossen die Errichtung eines Musenheiligtums und luden Pythagoras ein, im Tempel des Apollon zu den Knaben und in dem der Hera zu den Frauen zu sprechen.

Zu den noch unmündigen Knaben sagte Pythagoras unter anderem:

„Trachtet ernstlich nach der Bildung (*paideia*), die von eurem Lebensalter (*pais,* das Kind) ihren Namen hat. Wer als Knabe gut ist, dem fällt es leicht, sein Leben lang ein edler Mensch zu bleiben. Wer aber in der Kindheit nicht wohlgeraten ist, dem wird es später sauer, es zu werden und zu bleiben. Ja es ist vielmehr unmöglich, von einem schlechten Ausgangspunkt aus gut zum Ziele zu laufen."

Abermals kommt Pythagoras, der ja in einem Tempel redet, auf die Götter und ihren Kult zu sprechen. Er erinnert daran, wie die Gottheiten vor allem den Kindern hold gesinnt seien. Ein Kind genieße das Vorrecht, jederzeit jeden Tempel betreten zu können. Es würde ja auch immer vorausgeschickt, wenn es darauf ankomme, von den Göttern außergewöhnlichen Beistand frommsinnig zu erflehen. Solcher Gnade müßten sie sich würdig erzeigen. Dies aber vermögen sie am besten dadurch, daß sie den Eltern ehrfürchtig folgen.

Den Frauen, die sich auf Geheiß des Senats im Heiligtum der Hera versammelt hatten, legte Pythagoras ebenfalls dar, wie sie die Götter am geziemendsten ehren können. Er beschwor sie mit eindringlichem Ernst, die lautere Gesinnung am höchsten zu schätzen und nur Opfergaben darzubringen, die sie mit eigener Hand und auf unblutige Weise zubereitet hätten. Wie Zarathustra, den er besucht hatte, und wie Empedokles, der später einer seiner Jünger wurde, empfand Pythagoras einen tiefen Abscheu vor der Befleckung menschlicher Hände und den Göttern geweihter Altäre durch Schlachtopfer:

„Was ihr der Gottheit spenden wollt, das bereitet eigenhändig und bringt es ohne Hilfe von Sklaven an die Opferstätte: Kuchen, Backwerk, Waben und Weihrauchkörner. Mit Mord und Totschlag ehret das Göttliche nicht."

Es ist offenkundig, daß die pythagoreische Ächtung blutiger Opfer als kannibalischer Bräuche mit der Lehre von der Seelenwanderung zusammenhängt, mit der Idee einer Mensch und Tier umfassenden Gemeinschaft des Lebendigen, durch die dasselbe Blut kreist und die deshalb zu schonen sei.

Hoch dachte Pythagoras, der Apolliniker, von dem religiösen Genius des weiblichen Geschlechts. Die Frauen hielt er für das recht eigentlich zu wahrer Frömmigkeit befähigte, für das von Natur aus zu Götterverehrung bestimmte und selber göttlicher Verehrung würdige Geschlecht. Die vier weiblichen Lebensalter, so lehrte er, seien nicht umsonst nach vier Göttinnen benannt und ihnen zugeordnet:

„Der, den man den Allerweisesten nennt, der die Stimme der Menschen geschaffen und die Namen erfunden hat — war es nun ein Gott, ein Dämon oder ein göttlicher Mensch —, hat in der Erkenntnis, daß das Geschlecht der Frauen am tiefsten zur Frömmigkeit veranlagt ist, jeder Altersstufe den Namen einer Göttin gegeben: die Unverheiratete nannte er *Kore,* die Verheiratete *Nymphe,* die Mutter *Meter,* und die Großmutter in dorischer Mundart *Maia* ..."

Kore, Nymphe, Meter, Maia — alle vier sind Namen göttlicher Wesen: *Kore* ist die jungfräuliche Tochter der Erdgöttin Demeter; *Nymphen* sind jene bräutlichen Gottheiten, die, nach Homer (Ilias 20, 4 ff.), „die schönen Haine bewohnen, die Quellen der Flüsse und die blumigen Triften"; *Meter* ist ein Ehrentitel der aus dem kleinasiatischen Bergland stammenden Magna Mater Kybele; und *Maia,* unter die Plejaden eingereiht, heißt die Mutter des Götterboten Hermes. Diese Gestalten ahmt, von Stufe zu Stufe fortschreitend, ein erfülltes Frauenleben nach; ja Pythagoras geht sogar so weit, das gesamte weibliche Leben für einen Götterdienst, ein hohepriesterliches Walten anzusehen.

Ähnlich wie in seinen drei vorangegangenen Reden äußert sich Pythagoras vor den versammelten Frauen schließlich zu ganz konkreten Fragen. Hierher gehören nicht nur die schon erwähnten Worte gegen blutige Opfer, in denen bereits der Vegetarismus seines Ordens anklingt, sondern auch seine Verurteilung von Luxus, Mißtrauen und Streit und seine vergeistigte Deutung des kultischen Reinheitsgebots. In manchen Tempeln galt die Vorschrift, daß sie nur von jenen betreten werden durften, die unmittelbar vorher einige Tage lang geschlechtlich enthaltsam gelebt hatten; zumindest sollte vor dem Opfer eine rituelle Reinigung die durch den Beischlaf erfolgte „Befleckung" bannen. Pythagoras hingegen bestritt die Gültigkeit dieser Übung. Aus den Armen des ihr angetrauten Mannes könne die Frau jederzeit noch am selben Tage vor die Altäre treten. Dies sei ihr göttliches Recht. Einer eigenen Sühnung bedürfe es nicht, denn sie sei rein, weil sie doch etwas getan habe, das sogar den Göttern heilig sei.

Nur wenn sie ehebrecherisch verkehrt habe, dürfe sie den Tempel niemals betreten.

Pythagoras ist der einzige antike Denker, der nicht nur Mädchen und Frauen philosophisch unterwies, sondern auch zum „Guru" einer weiblichen Ordensgemeinschaft wurde, die gleichberechtigt neben dem pythagoreischen Männerbund wirkte. Jamblichos erwähnt insgesamt siebzehn Pythagoreerinnen namentlich. Bemerkenswert ist, daß etwa ein Drittel der von ihm genannten Frauen aus Sparta stammte oder mit Spartanern verheiratet war. Sparta war aber die einzige griechische Polis, in der die Frauen als dem Manne ebenbürtige Wesen galten. Die bedeutendste Pythagoreerin hieß *Theano.* Spätere Zeiten, die keinen Sinn für die Eigenart philosophisch angeleiteten bündischen Lebens mehr hatten, erfabelten eine sentimentale Liebesgeschichte, die sich zwischen dem alternden Pythagoras und der jugendlichen Krotoniatin Theano abgespielt habe. Bald wird sie als Schülerin, bald als Gemahlin oder auch als Tochter des Philosophen ausgegeben. Unter ihrem Namen wurden später neben Gedichten und Briefen auch Abhandlungen „Über die Frömmigkeit", „Über die Tugend" und „Über Pythagoras" in Umlauf gebracht. Sie galt als Bewahrerin und Fortführerin pythagoreischer Lebensform und Geistesart. Clemens von Alexandrien, der um 200 nach Christus lebende Kirchenvater, erwähnt sie in seinen „Teppichen" (1, 16, 80) ehrfürchtig als „die erste Frau, die philosophiert und Gedichte geschaffen habe." Er hebt auch hervor (ebd. 4, 7, 44), daß Theano von einem Fortleben der Seele nach dem leiblichen Tod überzeugt gewesen sei, indem er ihren Ausspruch zustimmend zitiert: „Es wäre ja das Leben ein wahrer Festschmaus für die Schlechten, die, nachdem sie gefrevelt haben, einfach sterben könnten; aber die Seele ist eben unsterblich." Bewundernd stellt Clemens die Pythagoreerin Theano in eine Reihe mit vorbildlichen biblischen und griechischen Frauengestalten wie Judith, Esther und Susanna, Atalante, Makaria und Sappho. Sie beweise, so betont der Kirchenvater ausdrücklich, daß das weibliche Geschlecht in gleicher Weise wie das männliche der Vollkommenheit teilhaftig sein könne (ebd. 4, 19, 121).

Mit den vier Reden, in denen keimhaft und anspielungsweise seine Kosmosophie und Ethik enthalten sind, gewann Pythagoras die Sympathien der Bürgerschaft der griechischen Pflanzstadt Kroton. Alsbald scharte sich um den Eingewanderten, der weiterhin vor größeren und kleineren Gruppen Vorträge hielt, eine beträchtliche Gemeinde von Männern, Frauen und Epheben, der sich Einwohner anderer italischer Griechenstädte anschlossen.

Es konnte nicht ausbleiben, daß die Aktivitäten der Pythagoreer, insbesondere ihre betont aristokratischen Ambitionen, von Außenstehenden und politischen Gegnern mit Argwohn und schließlich erbitterter Feindseligkeit beobachtet wurden. Die enge Verbindung von Pythagoreertum und Adelspartei brachte den Orden in ernstliche Schwierigkeiten, als sich allenthalben sowohl demokratische als auch tyrannische Gegenbewegungen formierten. Die antipythagoreische Fronde führten teilweise Männer an, denen es nicht gelungen war, in den engsten Kreis des Bundes aufgenommen zu werden.

Im Jahre 490 stellte sich ein begüterter Mann an die Spitze des Aufbegehrens gegen die pythagoreische Aristokratie. Vor einem Haus, in dem sich Anhänger des Philosophen zu einer Feier versammelt hatten, rottete sich eine wütende Menge zusammen, die das Anwesen stürmte und anzündete. Sämtliche Festgäste, bis auf zwei, fanden den Flammentod. Dem greisen Pythagoras gelang es, mit seiner Familie nach Tarent zu fliehen. Dort lebte er einige Jahre unbehelligt. Große Teile der Mitglieder seines Bundes zerstreuten sich in Gebiete der Magna Graecia, wo ihnen die Herrschaft des Adels noch gesichert erschien. Hier suchten sie die Grundsätze des Bundes zu verwirklichen. Doch alsbald kam es auch dort zu ähnlichen Reaktionen wie in Kroton. Die Pythagoreer wurden allgemein verfolgt. Man bezichtigte sie fälschlicherweise, nach der Tyrannis zu streben, und stellte mit verhetzenden Schlagworten ihre esoterische Lehre als „eine Verschwörung gegen die Massen" dar (Jamblichos 260). Viele von ihnen flohen nach Hellas und möglicherweise auch in entferntere Länder. Denn manche Spuren pythagoreischen Denkens lassen sich später bei den Kelten, den Skythen in Südrußland und bei den im Gebiet des heutigen Staates Rumänien siedelnden Dakern nachweisen. Einer der ersten Schüler des Pythagoras, der Sklave Zalmoxis (oder Zamolxis), ging nach seiner Freilassung zu den mit den Dakern verwandten Geten und arrivierte dort zum Propheten, Gesetzgeber und höchsten Gott.

Als später in Tarent bürgerkriegsgleiche Wirren ausbrachen, mußte der greise Pythagoras nochmals ins Exil gehen. Der Philosoph fand seinen letzten Zufluchtsort in Metapontion, einer ehemaligen sybaritischen Pflanzstadt am tarentinischen Meerbusen. Aber auch dort kam es zu grausamen Ausschreitungen. Wieder massakrierte ein wütender Pöbel Pythagoreer, die sich in einem Hause versammelt hatten; nur wenige entkamen der Lynchjustiz, unter ihnen Pythagoras, der bald darauf starb. Nach Timaios von Tauromenion wurde Pythagoras neunundneunzig Jahre alt. Andere — meist spätere — Autoren geben ihm eine Lebensdauer von 75, 80, 82, 90, 104 oder sogar 117 Jahren. Sein Tod in Metapontion, wo er auch begraben sein soll, entbehrt nicht einer tiefen Symbolik. Dieser zutiefst apollinische Philosoph vollendete sein langes Leben in eben der Stadt, in der sich zwei große, noch zur Zeit seines Wirkens erbaute Apollontempel befanden; doch das Haus, das er zuletzt bewohnt hatte, widmeten die Metapontiner der Erd- und Muttergöttin Demeter, die vor allem von den Pythagoreerinnen verehrt wurde. Jamblichos sagt in seiner von mir schon wiederholt herangezogenen Pythagoras-Vita, die ich als ein evangeliengleiches Buch betrachte:

„Die Metapontiner behielten Pythagoras, auch als er nicht mehr unter den Lebenden weilte, im Gedächtnis, weihten sein Haus zum Heiligtum der Demeter und machten aus dem Gäßchen, an dem es stand, ein Musenheiligtum."

Pythagoras war, wenn wir nicht allzu genau rechnen, ein Zeitgenosse Zarathustras, Konfuzius', Buddhas, der Propheten Altisraels und des halblegendären römischen Priester-Königs Numa. Diese Gleichzeitigkeit hat nicht erst Karl Jaspers als „Achsenzeit" erkannt. Schon hundert Jahre vor ihm sprach der heute leider fast vergessene Münchner Geschichtsphilosoph Ernst von Lasaulx von dem „merkwürdigen Zusammentreffen" so herausragender Gestalten in einer Epoche tiefgreifender religiös-ethischer Wandlungen sowohl in Asien als im Mittelmeerraum.

Pythagoras gehört zu den Stiftern europäischer Geistigkeit. Der aristokratische Bundes-Gedanke, die kosmosophische Esoterik und der harmonikale Grundzug seiner Lehre haben ebenso wie die Seelenwanderungs- und Zyklentheorie und die ausgesprochene Frauenfreundlichkeit seines Ordens mächtig durch die Jahrtausende gewirkt. Diese Wirkungsgeschichte ist ein Thema für sich, das ich demnächst in einem eigenen Buch, an dem ich seit 1986 arbeite, ausführlich entwickeln werde. Sie gehört zu den erregendsten Abenteuern in der Welt der Ideen und beweist, daß Pythagoras zu den unveralteten, weil zu stets neuen Verwandlungen und Wiedergeburten drängenden Großmächten Europas zählt. Seine spirituelle Autorität wird alle Ideologien unseres Zeitalters überdauern. Sein Sternbild ist immer noch im Steigen begriffen. Ich vertraue in diesem Punkt auf das gelassene Bekenntnis des alten Goethe, der, auf seine Weise, zur Bruderschaft der Pythagoreer gehörte:

„Gewinnt auch in der Wissenschaft das Falsche die Oberhand, so wird doch immer eine Minorität für das Wahre übrigbleiben, und wenn sie sich in einen einzigen Geist zurückzöge, so hätte das nichts zu sagen. Er wird im Stillen, im Verborgenen fortwaltend wirken, und eine andere Zeit wird kommen, wo man nach ihm und seinen Überzeugungen fragt, oder wo diese sich bei verbreitetem allgemeinen Licht auch wieder hervorwagen dürfen."

(1987)

Plinius der Ältere

Ein römischer Universalgelehrter

Die seit Menschengedenken erste deutsche Übersetzung der 37 Bücher umfassenden „*Naturkunde*" des römischen Staatsmannes, Historikers und Universalgelehrten Plinius d. Ä. erscheint, mit dem lateinischen Urtext, versehen mit sorgfältig erstellten Erläuterungen, Literaturhinweisen, Angaben zur Textgestaltung, Quellenverzeichnissen und Registern (Namen, Sachen, Orte, Länder) in der nicht genug zu rühmenden „Sammlung Tusculum" des Artemis Verlags, die schon so viele kostbare Werke der antiken Dichtung, Geschichtsschreibung und Wissenschaft umfaßt — von Aischylos über Cicero und Livius bis zu Pindar, Sappho, Tacitus und Xenophon. Als Herausgeber und Übersetzer der großen Plinius-Edition zeichnet — in Zusammenarbeit mit Gerhard Winkler — Roderich König verantwortlich.

Plinius, 23 n. Chr. in Como als Sohn eines begüterten römischen Ritters geboren, in Rom erzogen und durch seine Offizierslaufbahn, die ihn in die verschiedensten Gegenden des Imperiums führte, mit den Eigentümlichkeiten von Land, Tier- und Pflanzenwelt sowie Kultur in Nord und Süd, West und Ost aus eigener Anschauung vertraut, fand den Tod beim Ausbruch des Vesuvs im Jahre 79. Er war Ratgeber der Kaiser Vespasian und Titus und zuletzt Befehlshaber der römischen Flotte gewesen. Er hatte unter anderem Gallien, Spanien, Nordafrika und Israel bereist, kannte, wie wir seinen Schriften entnehmen können, auch einige Gegenden Deutschlands sehr gut, etwa die heißen Quellen von Wiesbaden und den Schwarzwald, insbesondere die Landschaft, der die Donau entspringt. Von vielen seiner Werke — militärischen, biographischen, historischen, rhetorischen und sprachkundlichen — hat sich bis auf geringfügige Reste nichts erhalten. Sein Andenken durch die Jahrhunderte verdankt er einzig seiner „*Naturalis historia*", einer umfassenden Enzyklopädie des gesamten kosmologischen, geographischen, zoologischen, botanischen und pharmazeutischen Wissens der Antike. Es gibt eigentlich nichts auf Erden und am Himmel, soweit sie vor zweitausend Jahren erforscht waren, das der eifrige Plinius in seinem vielbändigen Hand- und Lehrbuch unberücksichtigt gelassen hätte. Es ist ein einzigartiges Nachschlagwerk, ein Universallexikon, eine Gesamtdarstellung all dessen, worüber ein gebildeter Römer im ersten Jahrhundert Bescheid wußte. Denn dies ist wichtig, wenn man dem Opus des Plinius gerecht werden will: es wendet sich nicht an Gelehrte, sondern an alle Gebildeten; der Verfasser möchte aus dem Leser nicht einen Fachmann, sondern einen kultivierten Staatsbürger machen und ihm ein auch im Alltag brauchbares Allgemeinwissen vermitteln. Obwohl von der stoischen Naturphilosophie nicht unbeeinflußt, wäre es ebenso falsch, bei Plinius eine systematische Lehre von der Entstehung, Entwicklung und den Grundgesetzen des Weltalls zu suchen wie ihn an den Maßstäben neuzeitlicher Naturwissenschaft zu messen. Wenngleich es bei ihm Stellen gibt, die an Alexander von Humboldts, Alfred Brehms, Jean-Henri Fabres und manchmal sogar an die Einsichten der modernen Verhaltensforschung erinnern, ist Plinius insgesamt doch mehr ein eifriger Sammler und Exzerptor naturkundlicher Schriften denn ein eigenständiger Beobachter. Gleichwohl steht er seinen Quellen nicht unkritisch gegenüber, und immer wieder finden sich bei ihm Abschnitte, in denen er aufgrund unmittelbarer Erfahrungen seine Gewährsleute berichtigt oder sogar die Behauptung irgendeines antiken Experten ausdrücklich als „absurd" verwirft. Er glaubt etwa nicht an den sagenhaften Vogel Phönix, dessen Existenz noch im christlichen Mittelalter allgemein feststand; ebenso steht er der Magie, ohne sie restlos abzulehnen, mißtrauisch gegenüber.

Wer heute zu Plinius greift, wird es selbstverständlich nicht tun, um sich zuverlässig über Fragen der Zoologie oder Botanik belehren zu lassen. Der Reiz seiner „Naturkunde" ist eher ideengeschichtlicher, kulturhistorischer, im besten Sinne des Wortes antiquarischer Art. Wenn man Plinius gelesen hat, weiß man, was vor etwa zweitausend Jahren einem vielseitig interessierten, gewissenhaften und um den neuesten Stand der Erkenntnis bemühten Römer an Wissen zur Verfügung stand. Da bis weit in die Neuzeit hinein (eigentlich bis zu Linné und Goethe) Plinius geradezu als realienkundliche Autorität schlechthin galt, gehört sein Werk zu den epochalen „Paradigmen" (wie man heute im Anschluß an Thomas S. Kuhn gerne sagt) der europäischen Wissenschaftsgeschichte. Sein Wert liegt auch darin, daß die meisten antiken Autoren, auf die es sich bezieht, uns seit langem nicht mehr zugänglich sind; zahlreiche Quellen, die Plinius benützt, waren teilweise schon in der Spätantike verloren.

Was die Lektüre jedoch besonders vergnüglich macht, ist die überquellende Fülle der kultur- und sittengeschichtlichen, bisweilen fast anekdotischen Details, mit der Plinius halb pedantisch, halb nonchalant den Leser beschenkt. Denn das Universum, das der Römer darstellt, ist — anders als der neuzeitliche Kosmos — ganz und gar ein menschenfreundliches Gebäude, trotz seiner Größe immer noch überschaubar, wohlproportioniert, ja recht eigentlich human. Plinius' Naturkunde ist pragmatisch, auf den Menschen bezogen; sie weitet sich wie von selbst zu einer umfassenden Lebenslehre, einem Vademekum für beinahe alle möglichen Lagen und Umstände menschlichen Daseins aus. Das gilt für die gesamte „Naturalis historia", doch insbesondere für die Bücher 21 und 22. Sie sind zur Gänze der Welt der Heilpflanzen gewidmet. Dabei begnügt sich Plinius nicht damit, das Aussehen und die Wirkungen der verschiedenen Kräuter darzustellen. Er gibt auch Rezepte an, vergleicht die Zubereitungsverfahren der verschiedenen Völker, äußert sich überdies über Bienenzucht, Gartenbau und verschiedene „Honigwunder" (*miraculum mellis*), den Duft von Rose, Safran, Lilie und Nachtviole (um hinzuzufügen: „Von den Tieren ist keines wohlriechend, es sei denn, wir halten für wahr, was über die Panther erzählt wird"). Mehrere Kapitel sind dem Gebrauch von Kränzen verschiedenster Art in Kult, Fest, bei öffentlichen Spielen und militärischen Triumphen gewidmet. Wenn man den

Band mit von Seite zu Seite steigendem Entzücken liest, kann man beinahe den Eindruck gewinnen, daß gegen sämtliche Krankheiten und Leiden ein Kräutlein gewachsen sei. Ob es sich nun um Achselgeruch oder Durchfall, Asthma oder Erkältungen, Epilepsie oder Haarverlust, Karbunkel oder Schlaflosigkeit, Skorpionstiche oder Zahnschmerzen handelt (um nur einige wenige Beispiele zu nennen), so findet sich in Plinius' umfassender Hausapotheke eine Blume, ein Gemüse oder ein Strauch, aus denen man Heilmittel bereiten kann. Lilienwurzeln, in Wein gekocht, sollen Hühneraugen beseitigen. Gegen Fußgicht hilft Meerfenchel. Mitten im Blatt der Taubnessel „befindet sich etwas Weißes, das die Wundrose heilt". Der Saft des blaublühenden Heliotrop („Sonnenwend"), gewonnen um sechs Uhr morgens und mit etwas Rosenöl vermischt, lindert Kopfschmerzen; mit einem Zusatz von Salz entfernt er Warzen; gibt man Kümmel hinzu, zerkleinert er Blasensteine; in Wein vermengt, ist er hilfreich gegen Schlangenbisse.

Viele dieser pharmakologischen Anweisungen sind zweifellos magischen Ursprungs, manche leben noch in gewissen abergläubischen Bräuchen nach. Dennoch finden sich bei Plinius immer wieder therapeutische Mittel oder zumindest ahnungsvolle Hinweise, die sogar in der fortgeschrittensten Medizin und noch weit mehr in der alternativen „sanften Heilkunst" eine wichtige Rolle spielen. Auch im Hinblick darauf ist die Naturkunde des Römers ein nicht bloß kulturgeschichtlich oder volkskundlich aufschlußreicher Lesestoff.

(1985)

Zwielicht des Gnostizismus

Eine Urform religiösen Denkens

Gnosis" ist ein griechisches Wort, das einfach „Erkenntnis" bedeutet. Im heute üblichen Sprachgebrauch versteht man darunter religionsphilosophische Geheimlehren, die, einer Elite vorbehalten, sowohl rechtgläubig-orthodox als auch „ketzerisch" sein können. Wahrscheinlich gibt es kaum eine Religion, in der sich nicht irgendeinmal eine esoterische Gnosis herausgebildet hat.

Clemens von Alexandrien, Meister Eckhart, Jakob Böhme und Wladimir Solowjow waren christliche Gnostiker; die Kabbala kann man als jüdische, den Sufismus — wenigstens zum Teil — als islamische Gnosis ansehen. Ebenso weist der altchinesische Taoismus, verglichen mit der praktisch-nüchternen Lehre des Konfuzius, ausgesprochen gnostische Züge auf. Daß neben einer häretischen Gnosis, die das Christentum naturgemäß verwerfen muß, auch eine rechtgläubige, „orthodoxe" Gnosis möglich ist, haben Georg Koepgen, Leopold Ziegler und Frithjof Schuon mit Nachdruck hervorgehoben. Für einen Clemens von Alexandrien war es noch evident, daß Gnosis als solche keineswegs mit Ketzerei oder gar Abfall vom Christentum gleichgesetzt werden dürfe. Mit einem kühnen Wort nannte er in seinen „Stromateis" die christliche Religion „die wahrste Gnosis und die beste Häresie", wobei Gnosis, wie bereits gesagt, Erkenntnis bedeutet und „Häresie" (griechisch: *Hairesis*) ursprünglich die erwählte, die auserlesene und von andern sich absondernde Meinung. Das Elend der heutigen Theologie besteht nicht zuletzt darin, daß sie für diese Zusammenhänge blind ist und fälschlicherweise Gnosis regelmäßig mit Irrlehre gleichsetzt.

Insbesondere ist jedoch „Gnosis" (oder besser: „*Gnostizismus*") eine zusammenfassende Bezeichnung für eine Fülle spätantiker Lehren und Bewegungen, die eine Zeitlang mit dem jungen Christentum rivalisierten, im zweiten Jahrhundert ihre Blütezeit hatten und dann der erstarkenden Kirche zum Opfer fielen. Damit hängt auch die für die Forschung bis in unser Jahrhundert hinein unbefriedigend gewesene Quellenlage zusammen. Fast alles, was wir noch bis vor kurzem über den Gnostizismus wußten, verdankte sich Streitschriften der ihn bekämpfenden Kirchenväter, vor allem des Justinus, Irenäus und Epiphanius von Salamis.

Erst durch die Entdeckung mandäischer und manichäischer Handschriften, die Funde in Kumran am Toten Meer und insbesondere in der Wüste nahe der ägyptischen Kleinstadt Nag Hammadi, wo 1945/46 eine ganze gnostische Bibliothek ausgegraben wurde, können wir die oft sehr einseitigen Aussagen der christlichen Ketzerbekämpfer überprüfen und ergänzen. Seither wissen wir auch, daß der Gnostizismus mehr als bloß eine Häresie innerhalb oder am Rande der Kirche war. Er stellt ein religionsgeschichtliches Phänomen für sich dar, eine bestimmte metaphysische Grundhaltung, die sich mit den unterschiedlichsten Konfessionen verbinden und grundsätzlich immer wiederkehren kann.

Kern aller gnostizistischen Systeme und Bewegungen ist der Gedanke von Absturz und Wiederaufstieg des in die Materie verbannten göttlichen „Seelenfunkens". Gott und „Seelengrund" (das *Pneuma*) sind wesenseins. Es geht somit letzten Endes nicht um die Erlösung des Menschen, sondern um die Selbsterlösung Gottes. Indem die im Universum verstreuten Lichtspuren gesammelt und in ihre himmlische Urheimat zurückgebracht werden, kommt es zur Reintegration der Gottheit. Daß mit einer solchen Heilslehre ein starker Pessimismus gegenüber der als dämonisch angesehenen Welt einhergeht, versteht sich von selbst. Der biblische Schöpfergott erscheint deshalb folgerichtig nicht als der höchste und gute Gott, sondern als Pfuscher, als unfähiger Stümper, wenn nicht gar als Satan. Deshalb verehren manche gnostizistische Gruppen ausdrücklich jene Gestalten des Alten Testaments, die sich gegen Jahwe erhoben haben: die Schlange im Paradies, Kain und andere.

In diese seltsame Geisteswelt führen den interessierten Leser die drei Bände „Die Gnosis", die der Artemis Verlag zwischen 1969 und 1980 herausgebracht hat. Sie werden, das wird jeder Kenner bestätigen, noch für Jahrzehnte die Grundlage ernsthafter Beschäftigung mit einem der merkwürdigsten geistigen Phänomene im Grenzgebiet zwischen Mythos, Theologie, Philosophie und Esoterik bilden. Denn sie machen uns Quellen zugänglich, die der älteren Gnosis-Forschung noch nicht bekannt waren.

Ergänzend sei noch verwiesen auf Wolfgang Schultz' „Dokumente der Gnosis", zuerst 1910 erschienen und 1986, erweitert durch Essays von Georges Bataille und Henri-Charles Puech, neu vom Matthes & Seitz Verlag vorgelegt. Für den Laien ist nach wie vor auch Hans Leisegangs Darstellung „Die Gnosis", seit ihrem ersten Erscheinen im Jahre 1924 wiederholt neu aufgelegt, ein brauchbarer Kursus.

Die uns nunmehr vorliegenden Urkunden zwingen uns, die Gnosis als eine eigenständige, wenngleich auch überaus vielschichtige und vieldeutige Möglichkeit menschlicher Weltdeutung und Transzendenzerfahrung anzuerkennen. Sie ist älter als das Christentum und läßt sich auch in Gebieten nachweisen, die von christlicher Missionierung nur oberflächlich oder gar nicht erreicht wurden. Und wenigstens in einem Fall, nämlich dem der Manichäer (benannt nach dem im dritten Jahrhundert wirkenden Babylonier Mani), gelang einer gnostischen Lehre sogar der Aufstieg in den Rang einer Weltreligion. Sie hatte Anhänger in Südeuropa, Nordafrika, Kleinasien, Armenien, Mesopotamien, Iran und schließlich auch in China, wo der Manichäismus bis ins vierzehnte Jahrhundert hinein zu überleben vermochte. Im Uigurenreich war die Lehre Manis bis zum Untergang durch die Kirgisen sogar Staatsreligion. Und noch heute leben am unteren Euphrat und Tigris einige tausend Mandäer, deren Ursprünge sich bis in die Zeit des Urchristentums zurückverfolgen lassen; manche halten diese gnostische Sekte für Nachkommen der Jünger Johannes des Täufers.

„Gnosis" bedeutet: Erkenntnis. Ihre verschiedenen Schulen versuchen, wie es in einem fast zwei Jahrtausende alten Bruchstück heißt, folgende Fragen zu beantworten: „Wer waren wir? Was sind wir geworden? Wo waren wir? Wohinein sind wir geworfen? Wohin eilen wir? Wovon sind wir befreit? Was ist Geburt? Was Wiedergeburt?" Bereits diese wenigen Worte machen klar, daß Gnosis nicht nach Erkenntnis im Sinne des sogenannten gesunden Menschenverstandes oder der neuzeitlichen Naturwissenschaften trachtet. Eine tiefe Sehnsucht nach Erlösung, Sinn und Heil gibt sich in ihr kund, ein quälendes Leiden an der Begrenztheit, Bedürftigkeit und Chaotik des Lebens in dieser Welt. Das uns von Hegel, Marx, Bloch und anderen so vertraute Wort *„Entfremdung"* wird in der spätantiken Gnosis zum erstenmal laut. Ebenso gehört die durch Heidegger in die Existenzphilosophie eingeführte Kategorie *„Geworfenheit"* zu den zentralen Begriffen gnostischen Weltverständnisses.

So verschieden die mythischen und religiösen Quellen sind, von denen die zahlreichen gnostischen Systeme sich inspirieren lassen, so mannigfaltig erweisen sie sich auch in ihrer Symbolik und literarischen Einkleidung. Neben abstoßendem Aberglauben, primitiver Magie und ermüdender Zahlenmystik finden sich Perlen visionärer Poesie, philosophischen Tiefsinns und ergreifender religiöser Sehnsucht. Asketische Leibverachtung bezeugt sich neben krassester Libertinage. Immer wieder tauchen alle möglichen himmlischen und dämonischen Wesen auf, von denen man nicht recht weiß, ob es sich dabei um blasse Allegorien, phantastische Imaginationen oder spekulative Begriffe handelt.

Die Christus-Gestalt, die in manchen Gnosen erscheint, hat wenig gemeinsam mit dem Mann aus Nazareth, wie ihn die synoptischen Evangelien schildern. Er gilt nicht als „das Fleisch gewordene Wort", das durch seinen Opfertod am Kreuze die Gläubigen erlöst. Der gnostische Christus ist eher eine leidensunfähige Lichtgestalt, eine von den vielen Emanationen des Urgrundes, ein Herold esoterischer Selbsterkenntnis. Manche Gnostiker wie Markion leugnen auch, daß er mit dem alttestamentlichen Schöpfergott überhaupt etwas zu tun habe. Andere setzen ihn mit der Schlange im Paradiese gleich, welche den

Menschen zu Recht versprochen habe, sie würden einst sein wie Gott.

Anderswo heißt es, daß auf Golgatha nicht Jesus gekreuzigt wurde, sondern statt seiner Simon von Kyrene. Es gibt auch ein nicht in die Bibel aufgenommenes apokryphes Evangelium, dessen Verfasser ein Gnostizist war. Es berichtet von einem tanzenden Christus. Gemeinsam mit seinen Jüngern habe der Gottessohn auf dem Ölberg einen heiligen Reigen getanzt:

„Mehrmals wenn ich mit Christus wanderte, wollte ich schauen, ob seine Fußspur sich auf der Erde abzeichnete. Ich vermochte sie nicht zu entdecken. Und noch etwas will ich euch berichten, o meine Brüder, damit euer Glaube an Ihn bestärkt werde. Bevor Er von den Juden gefangen wurde, versammelte Er uns alle und sprach: ‚Wir wollen unserm Vater Lobgesänge anstimmen, und dann unserm Schicksal entgegen gehen.' Und nachdem Er uns befohlen hatte, einen Kreis zu bilden und einander fest an der Hand zu halten, begab Er sich in die Mitte und fing an zu singen: ‚Ehre sei dir, o Vater, Ehre sei dir, o Wort, Ehre sei dir, o Heiliger Geist. Ich will gerettet werden, und ich will retten. Ich will erlöst werden, und ich will erlösen. Ich will verwundet werden, und ich will verwunden. Ich will geboren werden, und ich will gebären. Ich will essen, und ich will gegessen werden. Ich will ganz Gedanke sein, und ich will ganz gedacht werden. Ich will gewaschen werden, und ich will waschen. Die Gnade führt den Reigen, und ich will Musik machen. Tanzt alle den Reigen! Ich will forteilen und ich will bleiben. Ich will anbeten und ich will angebetet werden. Ich will geeint sein und ich will vereinen . . . Ich bin dir ein Spiegel, der du mich erkennst. Ich bin dir eine Tür, der du bei mir anklopfst. Ich bin dir ein Weg, der du wanderst. Entdecke dich selbst in mir, der ich spreche. Und wenn du gesehen hast, was ich vollbringe, dann versiegle meine Geheimnisse in undurchdringlichem Schweigen. O du, der du tanzest, verstehe gut mein Werk! . . . Wer bin ich? Du wirst es wissen, wenn ich fortgegangen sein werde. Was ich jetzt zu sein scheine, das bin ich nicht. Was ich in Wahrheit bin, wirst du sehen, wenn du kommen wirst. Wenn du das Leiden gekannt hättest, wärest du jetzt fähig, leidlos zu sein. Kenne daher das Leiden; dann wird es dir gegeben sein, nicht mehr zu leiden. Ich will in ein und demselben Rhythmus schwingen mit allen heiligen Seelen. Erkenne in mir das ewige Wort der Weisheit!'

Nachdem der Herr so mit uns getanzt hatte, trat er aus dem Kreis, und wir zerstreuten uns wie verträumt in den Straßen."

Das ist, trotz einiger wörtlicher Anklänge an das Johannes-Evangelium, ein völlig anderer Christus als der uns aus den Passionsberichten des Neuen Testaments vertraute Schmerzensmann im Garten Getsemani inmitten seiner schnarchenden Jünger, von denen ihn einer kurz darauf verrät und ein anderer verleugnet. Der gnostizistische Christus schwitzt nicht Blut. Er empfindet keine Todesangst. Er fleht nicht in tiefer Verlassenheit: „Mein Vater, ist's möglich, so gehe dieser Kelch an mir vorüber; doch nicht wie ich will, sondern wie du willst!" Der gnostizistische Christus tanzt mit den Jüngern und versetzt sie in einen träumerischen Zustand. Er erinnert eher an Dionysos oder manche vorderasiatische Götterjünglinge von der Art des Tammuz, Attis, Adonis und Endymion als an das gekreuzigte „Lamm Gottes" der Bibel. Auch wenn er wie ein Mensch unter Menschen wandelt, so können wir ihn doch kaum als unseren Bruder ansehen. Er gleicht mehr einem phantasmagorischen Äonenwesen als dem Sohne Marias, wie ihn die christliche Überlieferung kennt. Der gnostizistische Christus ist, wie der theologische Fachausdruck lautet, ganz und gar „doketisch". Das Wort stammt vom griechischen *„dokein"*, das „scheinen", „auf Anschein beruhen" bedeutet. Christus sei demnach nur scheinbar Mensch geworden, sein Körper war ein Scheinleib, ein Trugbild, ein Phantom. Deshalb könne er auch gar nicht Schmerz erlitten haben. Der Christus des von der Kirche als Ketzerei verworfenen Gnostizismus ist ein im strengsten Sinne des Wortes „apathisches" Wesen, unfähig zu Leid und Mitleid.

Auf einem andern Blatt steht freilich, daß von der Gestalt Christi, wie sie in manchen apokryphen Evangelien gezeichnet wird, eine außerordentliche Faszination ausgeht. Das gilt vor allem für die Vision des kultischen Abschiedsreigens, die vielleicht dem Dichter Stefan George gegenwärtig war, als er dem Herrn folgende Worte in den Mund legte (Das Neue Reich. Berlin 1928):

Des Sohnes banner mag im erdrund siegend wehn
Äonenlang sein sinnbild ob den völkern stehn
Eh wer des bundes fülle schaut: den Christ im tanz.

„Christ im tanz" als festliche Formel höchster Harmonie — hierin folgt Stefan George seherisch einem Bild frühchristlicher Gnosis, was, so viel mir bekannt ist, noch keiner seiner Ausleger bemerkt zu haben scheint.

Wie dem auch sei, in den von der Kirche für nicht kanonisch gehaltenen Schriften der ersten Jahrhunderte unserer Zeitrechnung findet sich manches, das denjenigen, der die dafür notwendige religiöse „Musikalität" hat, auch nach fast zweitausend Jahren anzusprechen vermag, Ich erwähne das kurze Gebet aus einem nur fragmentarisch erhaltenen „Evangelium der Eva", das höchstwahrscheinlich aus dem zweiten Jahrhundert stammt:

Ich bin du,
Und du bist ich,
Und wo du bist,
Da bin auch ich,
Und bin in allem ausgesät.
Und wenn du willst,
So sammelst du mich;
Wenn du mich aber sammelst,
Sammelst du dich selbst.

Das sagt Christus „auf einem hohen Berge" zu dem sich ihm nähernden Jünger. „Ich bin du, und du bist ich" — das ist, in beinah volksliedhaft innigen Tönen, die erzgnostische Botschaft der letztinnigen Einheit und Wesensgleichheit von göttlichem Urgrund (kosmisch-überkosmischem Christus) und erleuchtetgeläuterter Menschenseele.

Auch das „Lied von der Perle", das sich in den gnostischen „Thomasakten" findet, ist eine ergreifende, ja herzbewegende Dichtung: ein philosophisches Märchen, würdig eines Novalis. Manche Spekulationen des Valentinos, der im zweiten nachchristlichen Jahrhundert lebte und fast Bischof von Rom geworden wäre, nehmen bereits die Dialektik Hegels vorweg. Ein Lyriker vom Range Alfred Momberts ließ sich davon bezaubern. Auch Theodor Däubler, den Schöpfer des Epos „Das Nordlicht", hat man als Gnostiker angesprochen; desgleichen den von Schopenhauer beeinflußten Maler Max Beckmann. Denker und Forscher so unterschiedlicher Art wie Carl Gustav Jung und Ernst Bloch, Leopold Ziegler und E. M. Cioran, Nikolai Berdjajew und Alan Watts verdanken ihren gnostizistischen Studien erhebliche Anregungen und haben auch selber, wenngleich in verschiedenem Maße, sich als Interpreten und Fortführer gnostischer Denkweisen betätigt. Bereits Franz von Baader, ein konservativer Denker, hat das eigentümlich kreisförmige Gefüge der „wahrhaften Gnosis" erkannt. Sie bilde „keine Reihe von Begriffen, sondern einen Kreis derselben", wobei es weniger darauf ankomme, von welchem dieser Begriffe man ausgehe, wohl aber darauf, daß man jeden einzelnen bis ins Zentrum verfolge (Sämtliche Werke, Band 8, Leipzig 1855, S. 11). Der eigenwillige und von den Parteikommunisten nie vorbehaltlos akzeptierte deutsch-jüdische Marxist Ernst Bloch umschrieb seine expressiv-utopische Jugendphilosophie als „revolutionäre Gnosis". (Geist der Utopie. Zweite Auflage 1923. Nachbemerkung aus dem Jahre 1963 zur Neuausgabe von 1973). Auf den gnostizistischen Grundzug des Marxismus insgesamt haben Eric Voegelin, Jakob Taubes und Ernst Topitsch hingewiesen.

Neben Tiefsinnigstem findet sich allerdings auch wieder Possenhaftes und Wunderliches. So wird etwa von einer gnostischen Sekte berichtet, deren Mitglieder von der urchristlichen Forderung „Werdet wie die Kinder!" dermaßen gebannt waren, daß sie sich quiekend in Wiegen legten und von Ammen stillen und wickeln ließen. Anderswo heißt es, die Erschaffung des Weltalls verdanke sich einem siebenfachen Lachanfall Gottes. Zu dieser burlesken Kosmologie paßt gut die andere Nachricht, daß Christus „der Sohn der Heiterkeit" gewesen sei und einen Zwillingsbruder gehabt habe. War dieser Zwillingsbruder — Judas? Wenn er aber Judas hieß, war er dann mit dem Verfasser des Judasbriefes im Neuen Testament identisch (der in der katholischen Frömmigkeit als Nothelfer „Judas Thaddäus" verehrt wird) oder mit Judas Iskariot, demjenigen der Apostel, der Jesus verriet?

Anderes hingegen ist weder erheiternd noch tiefsinnig oder zumindest denkwürdig, sondern einfach langweilig, dürftig oder geschmacklos. Das Erhabenste und Sublimste steht unmittelbar neben dem Verworrensten und Primitivsten. Spirituelle Höhenflüge, die an die der Upanishaden erinnern, stürzen ab in krassesten Zauberglauben und kindische Zahlenmystik. Was als mythische Vision beginnt, endet in einem schlüpfrigen Schwank. Es ist gleichsam so, als ob an einem Ende Schelling stünde, am andern aber eine dubiose Figur wie Bhagwan.

Alles in allem: der Gnostizismus ist eine merkwürdige, vielfach absonderliche Geisteswelt, ein religiöses Spätzeitphänomen. Und so ist es wohl auch kaum ein Zufall, daß er in unseren Tagen auf erneutes Interesse stößt. Wer sich in seine literarischen Urkunden vertieft, dem begegnen einige erregende Denkformen, Symbole und Sinngebungen, die immer dann auf besonderen Widerhall stoßen, wenn Menschen sich selber rätselhaft werden.

(1986)

Gotland

Insel der Gotik und der Götter
Europäischer Norden
zwischen Germanentum und Christentum

Wer einmal auf *Gotland* war, wer vielleicht sogar das Glück hatte, dort etliche Wochen verbringen zu dürfen, der weiß, was eine Insel ist: nicht nur ein rings von Wasser umgebenes Stück Land, sondern auch ein unverwechselbarer Seelenzustand, eine bestimmte Traumwelt, ein lebendiger Mythos.

Zu einer Insel hat man, wenn man sie wirklich als *Insel* erleben will, mit dem Schiff zu fahren: von einer Festlandküste über den Zwischenraum des Meeres bis zum Ufer des rundherum von Fluten umwogten Eilandes.

So ist es auch, wenn man nach Gotland kommt. Jedenfalls war es so, als ich vor vielen Jahren dorthin fuhr. Es gab überhaupt keine Flugverbindung. Unvergeßlich ist mir die hochgestimmte Stunde, da ich mich der Insel näherte und die Türme, Stadtmauern und Ruinen der Hauptstadt Visby (Wisby) sich langsam aus den blauen Wassern erheben sah.

Obwohl das schon lange her ist — so vergangen, daß ich versucht bin zu sagen, daß es in einem früheren, längst abgelebten Leben geschah —, spüre ich noch heute dieses zitternde Staunen, diese Mischung von vorfreudiger Ungeduld, phantasierender Erregung und leisem Zögern, die mich beim Betreten Gotlands und auch noch während der allerersten Streifzüge erfüllten. Sollte ich wieder einmal zum Opfer meiner Einbildungskraft werden, würde die Begegnung mit der insularen Realität meine bebende Erwartungsseligkeit als reine Illusion hämisch bloßstellen, als täuschendes Trugbild, das mich gauklerisch gefoppt hatte? Nun, jeder kennt solche Erfahrungen, die einem das flaue Gefühl vermitteln, genarrt und von den Dingen im Stich gelassen worden zu sein, etwas in der Wirklichkeit vergeblich gesucht zu haben, was sie recht eigentlich gar nicht schenken kann. Vor allem phantasiebegabte Menschen werden von derartigen ernüchternden Brüskierungen immer wieder heimgesucht, und ich war jedenfalls damals, wenn ich auf jene Zeiten zurückblicke, gewiß das, was weniger wohlwollende Bekannte einen unverbesserlichen jungen Romantiker oder überspannten Traumwandler nannten.

Doch es kann dahingestellt bleiben, ob ich mit schwärmerischen Erwartungen nach Gotland kam oder nicht; sobald ich wieder Boden unter den Füßen spürte, wurde in mir von Tag zu Tag, ja von Stunde zu Stunde, die beglückende und durch nichts zu erschütternde Gewißheit wach: Hier bin ich willkommen, zur richtigen Zeit am richtigen Ort vor Anker gegangen und in einem Stück Welt gelandet, das geradezu auf mich gewartet zu haben scheint, um mir seine Wunder zu enthüllen.

Etwas ähnliches habe ich, einige Jahre später, viel weiter im Süden Europas, noch einmal mit gleich eindringlicher Beschwingung verspürt, auf den Dalmatien vorgelagerten Inseln Korcula und Mljet. Nur daß ich mich an der Adria, wie nie zuvor, in die kreisrunde, in sich selige Welt einer verklärten Antike zurückversetzt fühlte und mit einem Schlag die frühen Griechen — von Homer bis Heraklit und Pythagoras — in ihrem innersten Wesen sympathetisch verstehen konnte.

Auf Gotland wurde mir die Wirklichkeit des germanischen Mythos offenbar. Ich spürte: das ist heiliger Boden. Auch nach vielen Jahrhunderten, in denen der *eine* Schöpfergott der Bibel dort angebetet wurde, sind die seit langem zu Götzen und Gespenstern herabgewürdigten Götter der Frühzeit nicht ganz tot.

Gotland — Gottesland, Land der Götter, aus der Ostsee aufragende Erde, die von dereinstigen Theophanien gleichsam radioaktiv ist ... Wo in alten Kirchen Christus nicht so sehr als der gefolterte und geschächtete Schmerzensmann, sondern als über Leid, Qual und Tod triumphierender „Pantokrator" erscheint: nicht als geschlachtetes Gotteslamm, sondern als die Sternen- und Planetensphären lenkender Allherrscher ... Wo er sogar als Märtyrer noch ein König ist ... Wo allenthalben das Sonnenkreuz als Siegeszeichen und Verheißung seine Stelle hat: auf Friedhöfen, in Krypten, auf Lettnern, Fresken und Altären ... Die Vereinigung von Kreis und Kreuz, ein kosmosfreundliches, ein heliotropisches, ein „Sonnenchristentum" ankündigend, das in anderen Gegenden des Abendlandes — von Irland abgesehen — unbekannt, vergessen, mit Feuer, Schwert und Kirchenzucht bekämpft worden ist ... Gotländisch ist der die Sonnenscheibe mit seinen ausgestreckten Armen vierteilende Christus, der Kosmokrator, Kyrios („Herr") und Beweger der sieben Planetensphären, umgeben von den Tierkreiszeichen und den geheimnisvollen Wesen, welche die vier Evangelisten versinnbildlichen ... Leid, Qual und Schmerz der Welt aufgehoben in das leuchtende Gold des Mittagslichts und die seligen Umläufe der Gestirne ... Christus als jüngerer Bruder Apollons und Baldurs. Nicht Vernichter, sondern Verbündeter, Statthalter oder Wiedergeburt germanischer und griechischer Götter, wenngleich sie, zumindest für ein Weltalter, an Strahlkraft übertreffend ... Christentum nicht ausschließende Verneinung des Heidentums, sondern dessen Aureole, Arche und Kuppel, die Spuren und Zeichen des Mythos erhellend, bergend und überwölbend, wenigstens einen Äon lang, bis ein verjüngtes Menschengeschlecht wieder, den Göttern geziemend, zu beten versteht, bis die weissagenden Worte des deutschen Dichters Stefan George beglückende Wirklichkeit geworden sind:

Die jugend ruft die Götter auf .. Erstandne
Wie Ewige nach des Tages fülle .. Lenker
Im sturmgewölk gibt Dem des heitren himmels
Das zepter und verschiebt den Längsten Winter.
Der an dem Baum des Heiles hing warf ab
Die blässe blasser Seelen · dem Zerstückten
Im glut-rausch gleich .. Apollo lehnt geheim
An Baldur: ‚Eine weile währt noch nacht ·
Doch diesmal kommt von Osten nicht das licht.'

Der kampf entschied sich schon auf sternen: Sieger
Bleibt wer das schutzbild birgt in seinen marken
Und Herr der zukunft wer sich wandeln kann.

Doch mit diesen Gedanken, die Schultheologen wie Fachhistorikern gewiß abenteuerlich vorkommen, greife ich vor, überwältigt von den Erinnerungen an längst vergangene Inseltage auf Gotland. Ahnt man, was sie mir bedeuten, was mir damals als Möglichkeit dämmerte?

Solche magische Erfahrungen im je eigenen Licht bestimmter Inseln — Zypern, Rhodos, Korcula, Venedig und nicht zuletzt auch Gotland — sind recht eigentlich zeitlos. Auf sie trifft erhellend das rätselhaft scheinende Wort Meister Eckharts: „Nimm die Zeit weg, und der Abend ist Morgen." Eben deshalb weiß ich aber auch, daß „epochale" und „luminöse" Erlebnisse wie diese sich nicht beliebig wiederholen lassen. Sie verdanken sich ganz bestimmten Konstellationen, die unwiederbringlich sind. Sie sind, mehr als alles andere, Geschenke im reinsten Sinn des Wortes, sowohl unter beglückendem als auch unter wehmütigem Vorzeichen recht eigentlich *umsonst*. Ein mittelalterlicher Gnadentheologe würde hier vielleicht von *„gratiae gratis datae"* sprechen, zumindest von einer irdisch-seelischen Entsprechung dazu. Deshalb habe ich mich bis heute gescheut, jene Plätze und Stätten nochmals zu besuchen, auch wenn die Erinnerung an sie unvermindert deutlich durch meine Gedanken und Träume geistert.

Anlaß zu dieser kleinen Confession ist ein sehr schönes und reich bebildertes Buch, das mich einige Tage und Nächte lang in einer Weise gepackt und ergriffen hat, wie dies Gedrucktes und Illustriertes nicht oft zu bewirken vermag: *Uwe Lemke: Gotland. Insel der Götterschiffe.* (Verlag Urachhaus, Stuttgart 1986)

Der Band versetzte mich urplötzlich in meine gotländische Glückszeit. Nicht ohne Grund vermute ich, daß dem mir bislang völlig unbekannt gewesenen Schriftsteller Uwe Lemke einmal auf dieser Insel ähnliches widerfahren ist. Darüber kann man unmittelbar kaum anders als bloß andeutungsweise schreiben, so wie dies Heraklit (Fragment 93) von der weissagenden Priesterin des Apollon von Delphi sagt: „Sie spricht nicht aus, sie verbirgt nicht, sondern sie gibt ein Zeichen."

Gotland muß ja auch dann in vieler Hinsicht als einmalig angesehen werden, wenn man meine Begeisterung nicht teilen oder den Behauptungen und Vermutungen des Verfassers bloß mit Vorbehalten folgen kann oder will. Schon geographisch ist Gotland einzigartig. Mit einer Länge von etwa 150 Kilometern und bis zu 45 Kilometer breit, ist es, 90 Kilometer von der schwedischen Küste entfernt, die größte Insel der Ostsee. Überwiegend sehr flach, weil die meisten Erhebungen kaum mehr als 20 bis 30 Meter hoch sind, fällt Gotland im Westen mit schroffen Felswänden — „Klinte" genannt — und vereinzelten Kalksäulen zum Meer ab. Obwohl steinig, ist der Boden fruchtbar. Die Witterung ist ungewöhnlich mild, sogar im Januar sind Temperaturen unter null Grad Celsius sehr selten.

Kein Wunder, daß in einem solchen Klima neben den im Norden üblichen Birken und Kiefern auch Kastanien, Walnußbäume und einige zur Mediterranflora zählende Pflanzen, so eine bestimmte Knabenkrautart, vorzüglich gedeihen. Vereinzelt wird sogar noch die Weinrebe angebaut. Unvergeßlich sind mir die vielen blühenden Blumen, die im Sommer jeden Wegrand leuchtend säumen: Wilder Mohn, Wegwarte, Natternkopf, Knabenkraut, Karthäusernelke, Kornrade und viele andere. Ganze Wiesen sind, vor allem im Juni, von wildwachsenden Orchideen bedeckt, die in etwa dem bei uns schon so selten gewordenen Frauenschuh oder auch der Helmorchis ähneln. Bis in die Zeit novemberlichen Totengedenkens, manchmal sogar bis zum Weihnachtsfest, schwebt über den malerischen, von Steinmauern und Hecken geschützten Gärten Visbys der Duft unzähliger Rosenblüten.

Auch sonst ist in Gotland alles etwas anders als erwartet. Dies gilt auch für die Sprache. Obwohl die Insel nach fast dreihundertjähriger Dänenherrschaft (1361 - 1645) seit 1645 wieder zu Schweden gehört, stellt das Gotländische oder „Gutnische" (wie es manchmal genannt wird) ein ziemlich selbständiges, von der amtlichen schwedischen Reichssprache stark abweichendes nordgermanisches Idiom dar. Die Mundart hat, anders als das

Schwedische, die alten Zwielaute, wie *ei* und *au*, bis heute bewahrt und läßt deutlich starke dänische und niederdeutsche Einflüsse erkennen.

Bereits der Mythos weiß von Gotland Wunderbares zu berichten. Nach alter Überlieferung war es nämlich im Frühlicht der Zeiten eine Zauberinsel, die bei Tage in der See versank, um sich nachtsüber aus den Wasserfluten zu erheben. Als aber ein Mann namens Tjelvar das Eiland entdeckt und auf es Feuer gebracht hatte, sank Gotland nie mehr unter den Meeresspiegel.

Schon in vorgeschichtlicher Zeit lag die Insel im Schnittpunkt verschiedener Kulturen: der Kultur der eurasischen Jäger- und Fischervölker und der südskandinavischen Megalithkultur. In der Bronzezeit unterhielt das Inselvolk Beziehungen zu den Völkerschaften und Stämmen, die in Dänemark, Mittelschweden und an der Bernsteinküste Ostpreußens lebten. Möglicherweise ist Gotland neben Südschweden auch die Urheimat der Goten, die um die Zeit von Christi Geburt unter ihrem König Berig auf Schiffen auswanderten, um sich im Gebiet der unteren Weichsel niederzulassen. Von dort zogen sie dann Ende des zweiten Jahrhunderts weiter in die Ukraine und ans Schwarze Meer, wo sie sich in die beiden Stammesgruppen der Ost- und Westgoten teilten, deren weitere Entwicklung im wesentlichen getrennt verlief.

Doch unabhängig davon, wo immer der ursprüngliche Wohnsitz dieses Volkes genau lokalisiert werden mag, auf jeden Fall ist Gotland ein Eldorado für Archäologen, Prähistoriker und insbesondere für alle, die an ausdrucksvollen Denkmälern, Zeugnissen und Spuren des frühen Germanentums interessiert sind. Man muß weder ein wissenschaftlicher Sachverständiger noch ein Gotenschwärmer wie der Franzose Gérard de Sède sein, um von dieser Insel verzaubert und gefesselt werden zu können. Sie ist ein einziges Archiv und Schatzhaus nordeuropäischer Frühgeschichte. Ein großes Gräberfeld, das bei Västerbjers entdeckt wurde, ist jungsteinzeitlicher Herkunft; an ergreifende Formen spätbronzezeitlichen Totenkults erinnern steinerne Grabmale oder Weihestätten, die großen Schiffen gleichen. Bei Vallhagar entdeckte man eine ganze Siedlung mit Friedhof aus der Völkerwanderungszeit. Aus dem späteren ersten nachchristlichen Jahrtausend stammen unzählige Hortfunde: thesaurierte Münzen, darunter auch viele römische, ferner Arm- und Halsreifen, goldene Schmuckscheiben (Brakteaten), Sattelbeschläge und Zaumzeug, Spangen, Ringe, Schnallen und andere aus Edelmetall gefertigte Ziergegenstände, die sich in dieser Form nirgendwo sonst nachweisen lassen.

Hier bereits zeigt sich, was bei den Bildsteinen und Kultgeräten ganz offenbar wird: die Menschen dieser Ostseeinsel waren in der Vorzeit — und, wie bereits erwähnt, auch im Mittelalter — erheblich bildfähiger, bildfreudiger und bildbegeisterter als das gesamte übrige, eher einem bildasketischen Puritanismus huldigende Skandinavien. Es ist gleichsam so, als hätten sie mit dem Dichter Ludwig Derleth gedacht: „Nur in Bildern lebt sich's schön."

Auf den frühesten Bildsteinen herrschen noch geometrische Motive vor: Spiralen, Kreise, Wirbel, auch die Swastika taucht auf. Häufig begegnen wir dann mastlosen Schiffen mit hohen, geschwungenen Steven, Rudern, Steuerruder und Zeltaufbau. Die Gotländer waren seit alters tüchtige Seefahrer, denn immer wieder treffen wir nicht nur auf kultische Steinsetzungen in Schiffsform, sondern auch auf Bildwerke, die Schiffe darstellen.

Aber das ist längst noch nicht alles. Da gibt es auf Steindenkmälern Strahlenkreise, in deren Innern schlingenartige Gebilde rotieren, die geheimnisvoll zwischen Kreis und Kreuz schwingen; ornamental stilisierte Tausendfüßler, Schlangen und Drachen; geflügelte Dämonen und Engelwesen; schließlich auch figurative Kampfspiele, Umzüge und kultische Feste, Darbringungen von Opfern, weihevolle Begehungen und Bälle werfende Kinder.

So zeigt der Bildstein von Klinte oben einen triumphal in Walhall einreitenden Krieger, gefolgt von einer schwebenden Gestalt mit Siegeskranz; rechts erwartet den Helden eine Walküre, um ihm in einem Horn den Willkommenstrunk anzubieten. Wie in Dürers berühmtem Bild von Ritter, Tod und Teufel fehlt auch der treueste Begleiter des Menschen nicht: der Hund. Etwas größer als die anderen Figuren, läuft er dem Heros zu Roß eilig voraus. Das Tier scheint die Aufnahme in der gastlichen Walhall kaum erwarten zu können. Ungeduldig und freudig wedelnd, schnuppert es schon die duftenden Speisen, von denen auch es verköstigt zu werden hofft. Eine kämpferische Szene fehlt nicht. Sie stellt entweder den Waffengang dar, bei dem der Heros den Tod fand, oder eines jener kurzweiligen Turniere, mit denen sich die Seligen in Walhall ergötzen. Darunter sehen wir ein Schiff, das offenbar weitere im Kampf Gefallene in Odins Reich fährt. Ganz unten sind wieder Begebenheiten der Heldensage dargestellt, vermutlich Gunnar in der Schlangengrube, und dann noch ein Angriff auf einen Hof mit Vieh und Giebelhäusern.

Doch dies alles muß man *gesehen* haben. Man muß, wie Uwe Lemke sehr eindringlich betont, die Überreste gotländischer Frühzeit und der altgermanischen Asen-Religion meditativ auf sich wirken lassen, ja sich ihrer magischen Faszination wenigstens zeitweilig vorbehaltlos preisgeben können, um die Fülle geometrischer Zeichen und figürlicher Darstellungen aufnehmen und in die Resonanz ihrer Symbolik sich einschwingen zu können. Die vielen und guten Abbildungen des Bandes „Gotland" geben auch demjenigen eine Gelegenheit dazu, der die Insel nicht selber bereist hat oder sich nach langer Zeit wieder ihren Zauber vergegenwärtigen will.

Wie sehr dieses Land mitten in der Ostsee ein Mittelpunkt weitgespannter Verbindungen war, beweisen, wie bereits angedeutet, die reichen Münzfunde von der Zeit der Römer (die niemals die Insel betreten hatten) bis zur Epoche der Wikinger und der Hanse. Uwe Lemke stellt fest: „Von der Bedeutung des damaligen gotländischen Handels kann man sich eine Vorstellung bilden, wenn man bedenkt, daß fünf Siebtel aller in Skandinavien gefundenen römischen Silbermünzen und etwa die Hälfte aller Goldmünzen auf Gotland aus der Erde hervorgeholt worden sind."

Im hohen Mittelalter war Visby — die einzige Stadt der Insel — ein mächtiges Mitglied der Hanse. Das gotländische Gemeinwesen beherrschte vorübergehend den gesamten Ostseehandel, bis es im Laufe des dreizehnten Jahrhunderts seinen Vorrang an das aufstrebende Lübeck verlor. Die monumentale St.-Marien-

Kirche zu Visby diente einst als Gotteshaus deutscher Kauffahrer.

Damals unterhielt die schwedische Insel lebhafte Beziehungen bis weit nach Rußland und darüber hinaus in den Orient. Hier fehlte jener gewisse nordische Mief, an dem später große skandinavische Dichter wie Ibsen, Strindberg und Hamsun entsetzlich leiden mußten. Der machtvolle Odem unermeßlicher ozeanischer Weiten durchwehte die Stadt Visby, in deren Gassen man um 1200 die Sprachen verschiedenster Völker vernehmen konnte. Noch heute kann der sich in die Geschichte der Insel vertiefende, ihre Überreste andächtig betrachtende und sie mit historischer Einbildungskraft liebevoll belebende Besucher dem Weltatem früherer Zeitalter lauschen.

Mit dem Zauberstab des Eros zur Vergangenheit ergänzen sich die Denkmäler und Funde zum Bild einer meerumrauschten Republik, die keinen König hatte, weil jeder Bauer, Seefahrer oder Handelsherr sich selber als König fühlte und achtete.

Kennzeichnend für ihre Geistesart ist eine Anekdote. Als der westfränkische König Karl III. der Einfältige (893 bis 923) mit den ihm kriegerisch zusetzenden Wikingern verhandeln wollte, bat er ihren Herrscher zu sich. Darauf erhielt er die lapidare Antwort, wahrlich würdig, in Stein gemeißelt zu werden: „Wir haben keinen Herrn. Wir sind alle gleich."

Das ist ein unverfälschtes Zeugnis des Ethos der Wikinger, wie es auch von den Inwohnern Gotlands eifersüchtig gehütet wurde. Jeder Vorgesetzte ist ein Feind. Herrschaft gilt nicht, weil jeder Freie auf seinem Grund und Boden ein Herr ist. Anerkannt wird nur persönliche Autorität und, in Notzeiten, die kommissarische Befehlsgewalt eines dazu ausdrücklich vom Thing bevollmächtigten Führers, Präfekten oder Herzogs, die vorübergehende Übertragung der Regierung an ein ausgezeichnetes Individuum, die zeitweilige „Diktatur" im klassisch-römischen Sinne um willen der Erhaltung der Freiheit gegen Angriffe von außen.

Eben weil die Gotländer so selbstbewußt und hochgemut waren, konnten sie furchtlos auch noch das Entlegenste und Fremdeste wahrnehmen, achten und gelten lassen, handle es sich nun um Gedanken, Überlieferungen und Güter aus Nowgorod, Kiew, Byzanz, Rom oder dem islamischen Morgenland. Gotland war keine Provinz im abschätzigen Sinn des Wortes, sondern ein weltoffenes und weltfreundliches Bürgerwesen, das nicht nur in merkantiler Hinsicht in großen Maßstäben dachte.

Dessenungeachtet wurden die Gotländer trotz ihrer außerordentlich weiten kommerziellen Beziehungen bis hin zum Bosporus, zum Schwarzen Meer, nach Bagdad und zur Levante keine charakterlos lavierenden „Kosmopoliten", die ihre Treue zur angestammten Eigenart verrieten. Im Gegenteil: obwohl ihre wirtschaftlichen Kontakte so weiträumig waren, hielten sie unbeirrt an ältesten Überlieferungen auch dann noch fest, als ringsumher schon neue Zeiten angebrochen zu sein schienen.

Sie segelten mit ihren Kaufmannswaren in christliche Länder, und waren immer noch „*Heiden*". Anderswo hatte sich schon die Königsmacht gegenüber dem Adel durchgesetzt, aber auf Gotland war jeder sein eigener Herr und das Thing ein Parlament von lauter Aristokraten, die zwar persönliche Vorzüge und Autorität bereitwillig anerkannten, aber sich jeder endgültigen Herrschaft eines einzelnen widersetzten.

Die Gotländer wohnten inmitten einer kriegerischen Welt auf einer Insel des Friedens, auf der man keine Blutrache kannte und von der niemals bewaffnete Angriffe auf andere Länder ausgingen, obwohl doch die Goten, die (möglicherweise von diesem Eiland) im Laufe der Jahrhunderte nach Mittel-, Ost- und Südeuropa vordrangen, das Weltreich der Römer einstmals gestürzt hatten. Es war, wie sich von selbst versteht, ein unsentimentaler Friede, der Gotland auszeichnete. Kein verzärtelter Lämmerfriede, kein „*pazifistischer*" Friede, sondern der Friede eines gerüsteten Geschlechts heroischer Einzelgänger, von denen jeder grundsätzlich unabhängig, unkommandiert und souverän sein wollte. Es war der herbe und herrische Friede von Bauern, die auf ihrer Scholle in Ruhe gelassen zu werden wünschten und denen bereits ein Dorf mit zusammengeballter Bewohnerschaft so verhaßt war wie einem eingefleischten Zivilisten die preußische Kaserne. Deshalb siedelte sich jeder an einer andern

Stelle an, wo er keinen Nachbarn sehen und hören konnte, umgeben von Wald, Wildnis und Meergeruch; jeder mehr oder minder autark, jeder Ackerbürger ein kleiner Staat für sich. Es war der auf ausgeprägtem Rechtsbewußtsein beruhende Friede welterfahrener und weltkluger Seefahrer und Kaufleute, die trotz ihrer weiten Reisen im Grunde ihres Herzens weiterhin Bauern blieben.

Ähnlich verhielten sie sich, als das Christentum in Gotland vorzudringen begann. Keineswegs wurden aus den gestählten Schwertbrüdern nun frömmlerische Betschwestern, die sich pfäffischem Regiment duckmäuserisch unterwarfen. Im Grunde blieben sie, was sie waren. Feierlich hält die wohl im vierzehnten Jahrhundert niedergeschriebene „Guta-Saga" fest: „Sie nahmen da allgemein das Christentum *mit ihrem eigenen Willen, ohne gezwungen zu sein, keiner zwang* sie zum Christentum." Der Christus, dem sie nun anstelle Odins oder Baldurs die Treue gelobten, war ihnen weder ein Opferlamm für erlösungsbedürftige Sünder, noch ein in absoluter Erdenferne waltender Pascha, vor dem der einzelne, sich armselig, nichtswürdig und verworfen fühlend, unterwürfigst den ihn demütigenden Fußfall ausführt: „Hier liegt vor Deiner Majestät im Staub die Christenschar." Der Christus der Gotländer glich dem altsächsischen Heliand, einem Tod und Teufel heldenmütig trotzenden Herzog inmitten eines auserlesenen, ihm ritterlich Gefolgschaft leistenden Männerbundes. Sorgsam begrenzten die stets auf ihre Selbständigkeit bedachten Gotländer die Rechte des Bischofs. Er sollte nur alle drei Jahre mit einer kleinen Priesterschar kommen, um Kirchen und Altäre zu weihen. Dafür erhielt er eine angemessene Entschädigung, aber auch nicht mehr: „drei Mahlzeiten bei jeder Kirchweihe, dazu drei Mark; bei einer Altarweihe eine Mahlzeit mit zwölf Öre, wenn nur ein Altar geweiht werden soll; wenn aber beide ungeweiht sind, Altar und Kirche zusammen, so sollen beide geweiht werden für drei Mahlzeiten und drei Markstücke" (zit. bei Uwe Lemke, S. 66).

Im übrigen betrieb jeder Einheimische sein Christentum in eigener Regie. Es herrschte spirituelle Selbstverwaltung, weitestgehende religiöse Autonomie. Jede Sippe bildete nun eine selbständige christliche Kultgemeinde. Größere Höfe verfügten meist über eigene, dem Zugriff des Bischofs entzogene Eigenkirchen und Kapellen aus Holz („Stabkirchen") mit Taufbecken und Altar aus Stein. Jeder Familienvater war so etwas wie Hauspriester, Vorsteher einer eigenen christlichen Gemeinde, Abt eines ihm höchstpersönlich anvertrauten „Ordens" oder Konvents, die als unverletzlich galten wie sonst nur der den Gesetzen des Aufenthaltslandes nicht unterworfene Botschafter.

Nein, Gotland war um die letzte Jahrtausendwende alles andere als ein vergessener Winkel, wo engstirnig spießige Hinterwäldler hausten. Jahr für Jahr entdecken die Nachkommen jener Menschen, wenn sie ihre Äcker mit dem Pflug durchfurchen, neue Schätze aus fernsten Vergangenheiten. Manchmal fördern sie kiloweise Silber und auch Gold, gemünztes und ungemünztes, zu Tage. Planmäßige Grabungen unter der Leitung wissenschaftlich ausgebildeter Archäologen ergänzen die Zufallsfunde. Hinzu kommen ständig überraschende Entdeckungen in Kirchen. Immer wieder stoßen Kunstwissenschaftler und Restauratoren bei der topographischen Erfassung oder Wiederherstellung mittelalterlicher Gotteshäuser auf hinter allmählich bröslig gewordenem Kalkverputz versteckte Wandmalereien.

Unter christlicher Emblematik und Legende lassen sich, wie bei den zahlreichen mit Runeninschriften versehenen Grabsteinen, weit ursprünglichere Überlieferungen nachweisen. Das Evangelium hat den germanischen Mythos nicht plötzlich und vor allem nicht spurlos verdrängen können. Glaubwürdigen Chroniken ist zu entnehmen, daß auf Gotland, wie in ganz Skandinavien, noch Jahrhunderte nach dem Einzug des Christentums die früheren Götter nach althergebrachter Weise verehrt wurden — zum Entsetzen unduldsamer Bischöfe und Missionare, die im germanischen Kult bloß teuflische Götzendienerei zu erblicken vermochten.

Man opferte vielfach weiterhin dem speerschwingenden und auf achtfüßigem Roß im Sturmwind durch die Welt reitenden Kriegsgott Odin, der die Gefallenen nach Walhall brachte. Wenn man ihn nicht mehr namentlich nannte, so lebte er dennoch als „Wilder Jäger" mit seinem brausenden Gefolge in der schaudernden Ahnung des Volkes fort. Lange zog sich die Götterdämmerung hin. Die Fähigkeit, den ekstatischen Weltenwanderer Odin und sein Wütenheer zu schauen, ließ sich nicht mit einer Taufe tilgen. Er erschien weiterhin am Abend oder in der Nacht. Wenn die Bauern schwarze Hunde sahen, sagten sie ahnungsvoll: „Odin kommt!" Manchmal ersetzte man den göttlichen Namen durch einen ähnlich klingenden, gelegentlich auch verballhornten christlichen Heiligennamen. An Stelle Odins wurde etwa „St. Olle" oder sogar der heilige Olav angerufen, doch gemeint war der nämliche germanische Gott.

Erst die Reformation, die in Schweden unter dem vormaligen Reichsverweser (1521) und schließlich (1523) zum König gewählten Gustav I. Eriksson Wasa 1527 eingeführt wurde, beseitigte den größten Teil dieser mythischen Hinterlassenschaft. Aber nach wie vor hält gotländische Überlieferung, die man nicht als platten Aberglauben abtun kann, eine ganze Reihe von Orten für germanische Opferstätten, wo heute noch Geheimnisvolles sich ereignen könne: Tingstäde, Vallstena, Bro, Torsburg, Sandearveklint, Grötlingbo, Eskelhem, Atlingbo, Ala, Gunfjaun und Bara.

In dem zuletzt genannten Ort steht die Ruine einer im dreizehnten Jahrhundert errichteten Kirche. Von ihr weiß Uwe Lemke, sich auf die schwedische Geschichtsschreiberin Octavia Carlén berufend, folgende Sage zu berichten: Das in der Nähe des Bara-Berges erbaute Gotteshaus wurde ständig von Trollen (Kobolden, Unholden, neckischen und schadenfrohen Quälgeistern) belästigt, entweiht und schließlich zerstört. Sie empfanden es als die alten Götter beleidigende Emporkömmlingin. Denn der Platz, auf dem es steht, war einst ein heidnischem Kult gewidmeter Ort gewesen. Auf dem Berg stand eine als heilig verehrte Esche, die den Weltbaum Yggdrasil darstellte und sommers wie winters grünte; am Fuße der Erhebung aber sprudelte eine wohltätige Quelle. In dieser nordischen Idylle feierte in alten Zeiten der Jünglingskönig Yngve Frey Hochzeit mit der schönen *Gerd Gymesdotter* (*Gerd* ist im Altnordischen kein Männer-, sondern ein Frauenname; in dem zur Edda gehörenden „Skinirlied" heißt Gerd die Riesentochter und Erdgöttin, die mit dem

Fruchtbarkeitsgott Freyr vermählt ist). Das ganze Abendland stand noch im Banne des schreckenerregenden Untergangs der Stadt Konstantinopel und damit des Oströmisch-Byzantinischen Reiches durch die siegreichen Türken (29. Mai 1453), als im Jahre 1454 der gotländische Edle Ivar Axelsson Tott die Bara-Esche ausgraben und innerhalb der Mauern des Schlosses Wystuom einpflanzen ließ. Doch der von seinem ursprünglichen Ort frevlerisch entfernte Baum verdorrte alsbald und brachte denen von Wystuom durch lange Jahre nur Unglück.

Dies ist eine von unzähligen Sagen, Legenden und Gespenstergeschichten, deren etliche ich selbst vor vielen Jahren auf der Insel von mir liebgewordenen Einheimischen vernahm. Auch wenn sie bisweilen nicht ohne ironisches Augenzwinkern vorgetragen wurden, so schwang trotzdem im Tonfall die nicht immer direkt ausgesprochene Hamlet-Sentenz (1. Aufzug, 5. Szene) mit:

Horatio, im Himmel und auf Erden
Gibt's viel mehr Dinge, als die Weltweisheit
Sich träumen läßt.

Nicht alle waren vergleichsweise so harmlos gruslig wie die eben erwähnte Überlieferung. An diesem Punkt angekommen, muß ich endlich eine furchtbare Sache zur Sprache bringen, die man nicht übergehen darf, wenn von altnordischer Religion ernstlich die Rede ist. Dies Furchtbare heißt *Menschenopfer.*

Ratlos und erschreckt stehen wir Heutigen vor dieser Erscheinung im sakralen Raum. Die meisten von uns vermögen darin nur eine grauenhafte, durch nichts zu rechtfertigende Verirrung oder Perversion kultischen Opferdienstes zu erblicken. Es versteht sich von selbst, daß es im Rahmen dieses bescheidenen Hinweises auf Gotland völlig unmöglich ist, auch nur die elementarsten Voraussetzungen dieses furchtbaren Phänomens zu erörtern. Schon der Versuch dazu wäre ein leichtfertiges Unterfangen. Aber ebensowenig ist es möglich, darüber wie über eine bloße folkloristische Verschrobenheit hinwegzugehen. Hier, wenn jemals, gilt es, des abgründigen Wortes Hegels (Phänomenologie des Geistes, Vorrede) eingedenk zu sein:

„Der Tod ist das Furchtbarste, und das Tote festzuhalten, das, was die größte Kraft erfordert ... Aber nicht das Leben, das sich vor dem Tode scheut und von der Verwüstung rein bewahrt, sondern das ihn erträgt und in ihm sich erhält, ist das Leben des Geistes." Der Geist, so Hegel, ist nur dann eine Macht, wenn er „dem Negativen ins Angesicht schaut, bei ihm verweilt."

Ich erinnere an die religionswissenschaftlich bestens erhärtete Tatsache, daß bei archaischen Jägervölkern nicht nur Tiere anstelle menschlicher Opfer, wie später noch im Falle Isaaks und Iphigenies, dargebracht, sondern auch Menschen stellvertretend für Tiere geopfert wurden.

In der kultisch-sakralen Gleichwertigkeit der Opfer enthüllt sich mit unüberbietbarem Ernst der Glaube an eine „mystische Solidarität" zwischen Mensch und Tier, an den *einen* Blutkreislauf, der alles Leben durchströmt. Nicht nur die Germanen, auch die Kelten vollzogen — wie sowohl literarisch als auch archäologisch bezeugt ist — Menschenopfer, um bloß diese beiden uns Europäern am nächsten stehenden Völker zu erwähnen. Während die keltischen Druiden den zum Opfer erkorenen Menschen enthaupteten, aufspießten oder mit Pfeilen durchbohrten, widmeten die germanischen Männerbünde der „Berserker" (wörtlich: „Krieger in der Hülle von Bären") dem Kriegs- und Totengott Odin-Wotan vorzugsweise Menschenopfer durch rituell erfolgendes Erhängen.

Bei den über siebenhundert bisher gefundenen *Moorleichen* handelt es sich überwiegend um nach altgermanischem Rechtsbrauch (vgl. Tacitus: Germania, cap. 12) sakral Hingerichtete. Jahrhundertelang haben sich vom altnordischen Mythos faszinierte Altertumsforscher danach gesehnt, einmal einem unverfälschten Germanen von Angesicht zu Angesicht begegnen zu dürfen, ähnlich wie dies den Liebhabern altägyptischer Kultur durch die in den Pyramiden der Pharaonen entdeckten Mumien möglich war und ist. Um so größer war die Überraschung, als Dänen 1948 im jütländischen Moor von Tollund die Leiche eines fast völlig unverwesten Mannes fanden. Sein Antlitz ist so wunderbar erhalten, als ob es das eines Schläfers sei, der im nächsten Augenblick die Augen aufschlagen und den Betrachter anschauen könnte. Der schwedische Historiker Eric Graf Oxenstierna faßt seinen persönlichen Eindruck in die Worte zusammen (Die Nordgermanen. Stuttgart 1957, S. 22, dort auch zwei eindrucksvolle Photographien auf den Bildtafeln 11 und 12):

„Welch feines Gesicht der Ruhe! Wir können seine willensfesten Lippen studieren, die kräftige Nase, jede Runzel um seine Augen und in seiner Stirn. Ein gutaussehender, intelligenter Mann, ein Hans-Christian-Andersen-Gesicht! Sein Körper war so ausgezeichnet konserviert, daß die Dänen den Mageninhalt haben untersuchen können. Und es zeigte sich, daß seine letzte Mahlzeit aus einem Brei bestand, in dem die gewöhnlichen Getreidesorten (vor allem Gerste und Hafer) zur Verwendung kamen, ebenso Dotter und Hanf, darüber hinaus aber Samen von sämtlichen Unkrautsorten außer Disteln: Knöterich, weißem Gänsefuß, Spörgel, Ackerveilchen, Hohlzahn und vereinzelten Körnern anderer Arten."

Dieser Mann von Tollund mit den friedvollen Zügen und der Lederhaube auf dem Kopf ist ein Mooropfer, die höchste und grausamste Gabe, die eine germanische Kultgemeinde der Gottheit darbieten konnte. Denn um seinen Hals war eine Schlinge gelegt, die man erst etwa eintausendachthundert Jahre nach eingetretenem Tode behutsam entfernte. Der trotz geschlossener Lider wie in eine uns verborgene Wirklichkeit ehrfürchtig gelassen blickende Mann ist ein Gehenkter. Er ist auf rituelle Weise hingerichtet, erwürgt, stranguliert worden. Den durch Beimengung vieler Unkrautsamen bitteren Brei, den man in seinem Magen fand, hat das Opfer bereits zwölf bis vierundzwanzig Stunden vor der Erhängung eingenommen. Es war seine Henkersmahlzeit.

Ein furchtbarer, gewaltsamer und gräßlicher Tod! Doch eine beinah schon unirdische Ruhe liegt auf dem klugen Gesicht des Erdrosselten: die Verklärung eines Friedens, wie ihn nur ein huldvoller Gott seinem Liebling zu schenken vermag.

Der Gehängte von Tollund ist, wie gesagt, nicht die einzige, aber eine der am besten erhaltenen Moorleichen. Die Umstände seiner Opferung können wir uns mit quälender Genauigkeit vergegenwärtigen, wenn wir im Fluge nach Gotland zurückkehren. Dort fand man in Lärbro einen Bildstein aus dem achten nachchristlichen Jahrhundert, der nun im Garten des Hembygdmusset in Bunge aufgestellt ist. In dem Buch von Uwe Lemke ist seine Vorderseite auf Seite 42 (Abb. 19) vollständig abgebildet, während eine gezeichnete Vergrößerung der uns hier angehenden Szene auf Tafel 76 (oben) des Buches von Graf Oxenstierna gebracht wird. Das norddänische Jütland, wo die weitestgehend unverweste Leiche des Mannes von Tollund, und die schwedische Insel Gotland, wo der Bildstein von Lärbro entdeckt wurde, sind in der Luftlinie kaum mehr als sechshundert Kilometer getrennt. Beide skandinavischen Landschaften sind von denselben oder zumindest eng verwandten germanischen Stämmen besiedelt und dadurch bis auf den heutigen Tag geschichtswirksam geprägt worden. Ihre Sprachen gehören *einer* Familie an. Deshalb ist es zulässig, den Leichnam aus dem dänischen Sumpf mit dem dritten Bildstreifen von oben auf dem Stein im nordgotländischen Heimatmuseum von Bunge in Verbindung zu bringen. Das Denkmal zeigt eine Opferszene, wie sie ähnlich an dem Unbekannten vollzogen wurde: eine kultische Hinrichtung durch Erhängen. Links steht ein Mann mit einem kreisrunden Schild auf dem Arm und einer um den Hals gebundenen Schlinge, deren anderes Ende an einem niedergebeugten Baumstamm befestigt ist. Seine Laubkrone ragt wie eine gespenstische Hand gen Himmel. Der Stamm kreuzt sich mit einem zweiten Baum. Rechts halten drei schwerbewaffnete Riesen mit erhobenen Schwertern die Wache; ein vierter, der ihnen voranschreitet, hält einen gefesselten Vogel, der einem Falken gleicht, in der Hand. Es handelt sich wohl um einen Opferpriester, der, umgeben von den gerüsteten Hütern des Tempelhains, das Tier gleichzeitig mit dem Menschen am Baum dem Gott darbringen wird. Vor ihm machen sich noch zwei untergeordnete Diener, sozusagen Ministranten oder Leviten, an einem Altar zu schaffen. Der Höhepunkt des mörderischen Sakrifiziums steht unmittelbar bevor. Im nächsten Augenblick sollen die Stricke, die die beiden Bäume kreuzweise zusammenzwingen, von den gottesdienstlichen Scharfrichtern durchhauen werden. Der gewaltsam niedergebogene Baumstamm wird in seine natürliche Stellung zurückschnellen. Dadurch wird die Schlinge um die Gurgel des Opfers plötzlich enger und enger werden. Der Körper wird durch die Wucht der Bewegung des sich wieder aufrichtenden Baumes in die Luft geschleudert werden. Der Gott Odin, dessen Todesvogel, der Rabe, vom Himmel herniederstürzt, hat ein Menschenopfer erhalten. Hernach wird die Leiche des Strangulierten im Moor versenkt werden, ähnlich wie es auch dem schönen Mädchen widerfuhr, das man, wenn ich mich recht erinnere, in den frühen dreißiger Jahren in einem dänischen Moor, unweit dem Leichnam eines jungen Mannes, gefunden hat. Auf ihr Bild stieß ich, als ich noch zur Schule ging, in einem alten Jahrgang der österreichischen Kulturzeitschrift „*Der getreue Eckart*", den ich auf dem Dachboden eines dürftigen Mühlviertler Kleinbauernhauses aufgestöbert hatte. Leider kann ich diesen reich illustrierten Band, der damals die Wonne eines ganzen verregneten Sommers bildete, nicht mehr finden.

Das unbekannte jütländische Rotkäppchen; der Mann von Tollund; der Gehenkte auf dem Bildstein in Bunge; auch der im Britischen Museum zu London ausgestellte „*Lindow Man*", der vor kurzem von einem Torfstecher in Ceshire ans Tageslicht gezogen wurde und dem, weil ihnen dies mangels sonstiger Kenntnisse überaus wichtig erschien, emsige Gerichtsmediziner einwandfrei attestierten, daß er zu Lebzeiten an Würmern (sowohl *Trichuris trichiura* als auch *Ascaris lumbricoides*) gelitten habe — ich kann mir nicht recht vorstellen, daß sie alle, wie Tacitus annimmt, nur in etwas gehobenerer Form gelynchte Drückeberger, Verräter, Deserteure und Sodomiten gewesen seien. Ihre noblen Gesichter sprechen dagegen.

Man sollte neben den Registratoren von Unkrautsamen und schmarotzerischen Fadenwürmern auch einige erfahrene, taktvolle und intuitiver Wahrnehmung fähige Physiognomiker heranziehen, wenn demnächst wieder Hängeopfer aus Mooren geborgen werden. Andernfalls wäre es besser, man ließe den Toten Germaniens ihre unverweste Ruhe im Sumpf. Nicht nur weil massenhafte Entdeckungen dieser Art Baulandpreise und Mieten in den Fundorten völlig durcheinanderbringen können. Die Berufung auf wissenschaftliche Interessen oder die volkspädagogische Notwendigkeit neuer Museen kann nicht all und jedes rechtfertigen. Dieser Dreh wird doch auch bei vivisezierenden Tierversuchen oder den natürlichen Haushalt belastenden chemischen Großbetrieben mit gutem Grund bestritten. Warum soll dies nicht auch für die Toten gelten? Sie sind ja gar nicht so tot wie manche banausische Magen- und Darmdurchwühler in ihrer arroganten Munterkeit. Aber auch Leichen und deren noch so unscheinbare Überreste, wie man sie in Beinhäusern ähnlich dem im Gewölbe der St. Oswaldkapelle im Schwarzwald (an der Straße zwischen Himmelreich und Hinterzarten) oder in den vergoldeten Reliquiaren mancher Klöster mit frommem Schauer aufbewahrt — auch sie sind mehr als Abfall, Müll und Dünger.

Es tut mir leid, daß ich in diesem Punkt einem Mann widersprechen muß, dem ich sonst in allem, was er sagt, zu folgen trachte. Ich meine Heraklits Fragment 96: „Leichen verdienen mehr als Mist, daß man sie wegwirft." In dieser apodiktischen Strenge stimmt das einfach nicht. Hier halte ich mich, entgegen Heraklit, ganz entschieden an Antigone. Überall redet man davon, daß mehr „Ehrfurcht vor dem Leben" nottue. Einverstanden, obwohl ja nicht einmal das Leben immer und überall der Güter höchstes ist. Was taugt eine Ehrfurcht vor dem Leben, der keine entsprechende Ehrfurcht vor der Vergangenheit, vor den Toten, vor den „Ewiggestrigen" schwesterlich beigesellt ist? Wenn irgendjemand auf einem unserer Friedhöfe einen Blumenstock stiehlt, wird er als grabschänderischer Dieb behandelt. Handelt es sich aber um jahrtausendealte Totengaben oder Mumien, dann gilt alles als erlaubt, sofern man ein gelehrtes Interesse vorheucheln kann. Weite Teile der Archäologie sind doch nichts anderes als szientifisch verbrämte Sakrilege, nekrophile Tempelschändungen.

Ratlos und erschreckt stehen wir Nachgeborenen vor der Erscheinung des Menschenopfers, wie es offenbar auch in Gotland, wenigstens vereinzelt, den Göttern dargebracht wurde. Es gilt, diesem Rätsel ins Antlitz zu blicken, wie es sich uns zeigt in den geheimnisvollen und ehrfurchtgebietenden Gesichtszügen des Mannes von Tollund und auf der kultischen Szene des Bildsteins in Bunge. Wir haben es hinzunehmen als eine Möglichkeit des Menschen, sofern in dessen Leben etwas hineinwirkt, was nicht-menschlich ist: göttlich oder dämonisch. Es ist also in einem etwas anderen Sinne anzuerkennen, als E. M. Cioran es süffisant tut, wenn er sagt: „Die Zeit, Komplizin der Vertilger, macht die Moral zunichte. Wer nimmt heute Nebukadnezar noch etwas übel?" Eine solche Sicht des Furchtbaren, wie ich sie hier zu gewinnen versuche, bewahrt vor fahrlässigen Verallgemeinerungen, besserwisserischen Unterstellungen und anachronistischen Wertungen, die der Sache unangemessen sind, weil sie bloß der gespreizten Eitelkeit des sich „up to date" wähnenden Spätzeitlers entspringen. Es ist schlechthin aberwitzig, die germanischen Opferkulte auf eine Stufe mit den späteren Hexenverfolgungen, Inquisitionsprozessen oder gar Auschwitz zu stellen. Sie sind auch so furchtbar genug, wenn man die fachmännische Aussage eines so universal gebildeten Religionswissenschaftlers wie Mircea Eliade (Geschichte der religiösen Ideen, Bd. 2, Freiburg i. Br. 1979, S. 136) bedenkt:

„Aber in *allen* traditionellen Gesellschaften war das Menschenopfer durch einen kosmologischen und eschatologischen Symbolismus von besonderer Kraft und Komplexität bedeutungsvoll, was seine Beständigkeit bei den alten Germanen, den Geto-Dakern (auf dem Balkan), den Kelten und den Römern erklärt (die es im übrigen erst im Jahre 97 v. Chr. verboten haben). Dieses blutige Ritual deutet keineswegs auf die intellektuelle Unterlegenheit oder geistige Armut der Bevölkerung hin, die es praktiziert. Um nur ein einziges Beispiel zu nennen: Die Ngadju Dayak auf Borneo, die eine der geschlossensten und höchststehenden Theologien der Religionsgeschichte ausgearbeitet haben, waren Kopfjäger (wie die Kelten) und vollzogen Menschenopfer."

Und noch eines: die massenhaftesten und grauenvollsten Menschenopfer, die gar keine mehr waren, sondern maschinell vorgenommene „Liquidierungen", wurden in unserem Jahrhundert keineswegs von götterfrommen Priestern ins Werk gesetzt, sondern von Funktionären und ihren Apparaten. Es ist verächtlich, vom Standpunkt einer hedonistischen und säkularisierten Menschheitsmoral die heiligen Mooropfer der Germanen selbstgefällig abzuurteilen, wenn eben diese vorgeblich humanitäre Haltung es duldet, daß Lebendiges millionenfach seiner Würde beraubt und sinnlos vertilgt wird, vielfach im Namen philanthropischer Utopien. Das Menschenopfer kann in einer ganz anders gearteten Kultur, die wir uns freilich kaum mehr vorzustellen wagen, ein die menschliche Existenz hoch über alle Banalität seichten Daseins ins Ewige hinausreißendes Bekenntnis der Tat sein. In einer völlig heiligen Ordnung ohne menschlich, allzumenschliche Beimengung würde ein Gott nur dann ein Menschenopfer fordern, wenn eine bestimmte Seele ihm ohnehin von Anbeginn zugehört, von ihm auserwählt und mit ihm eines Wesens. Aus den Physiognomien der Moorleichen, derer hier gedacht wird, spricht nicht eine Verfassung von Angst, Schrecken und Zerknirschung, sondern weit eher eine feierliche Erhobenheit, fast eine freudige Gefaßtheit im Sinne des von Nietzsche gerühmten „*Amor fati*", der Liebe zum schicksalhaft Unausweichlichen und Notwendigen, die ein Privileg menschlicher Größe und höher als alle Lust sozialstaatlich konzessionierter „Selbstverwirklichung" ist.

Mit diesen Bemerkungen erreichen wir erst die archäologischer Neugier, musealer Nostalgie und touristischer Kurzweil unzugängliche Dimension der Insel Gotland, wie sie von Uwe Lemke in seinem großartigen Buch vergegenwärtigt wird. Es ist auch dann ein überaus packendes Lese- und Schau-Erlebnis, wenn man nicht sämtliche Deutungen des, wie er selber zugibt, von Rudolf Steiner beeinflußten Verfassers zu teilen vermag. Was mich betrifft, so komme ich aus ganz anderen geistigen Bezirken. Ich fühle mich weniger dem doch etwas schillernden Begründer der Anthroposophie innerlich verbunden, als vielmehr Denkern und Forschern wie Georges Dumezil, Mircea Eliade, Julius Evola, René Guénon, Frithjof Schuon und, nicht zuletzt den drei Deutschen Walter F. Otto, Leopold Ziegler und Werner Müller. Es spricht jedoch für den anthroposophisch inspirierten Autor des Gotland-Buches, daß er mich *trotz* seines ganz anderen Ausgangspunktes zu fesseln vermochte wie schon seit langem kein Schriftsteller mehr. Uwe Lemke kommt nicht gestelzt daher. Er erweist sich als überaus feinfühliger und einfühlsamer Betrachter eines mythisch geprägten Menschentums, das trotz der Christianisierung Skandinaviens, offen oder auch getarnt, jahrhundertelang weiter seinen gewohnten Weg ging. Seine Spuren sind auch heute noch da und sie sprechen nach wie vor wesensverwandte Menschen an.

Das Christentum gelangte, wie überall im Norden Europas, auf verschiedenen Wegen nach Gotland: von den Britischen Inseln vor allem durch die iro-schottischen Mönche und zum Teil über Friesland; aus Niederdeutschland (vor allem Corvey an der Weser) durch Missionare vom Schlage des Bremer Bischofs Ansgar; der Legende nach auch aus Norwegen durch den von seinem eigenen Volk vertriebenen König Olaf den Heiligen; und aus Rußland durch die vielfältigen und innigen Wikinger-Beziehungen zur orthodoxen Stadtrepublik Nowgorod am Wolchow, von der der Normanne Rurik — der Gründer der ersten russischen Dynastie — 859 Besitz ergriffen hatte. Geschichtskundige Deutsche werden erstaunt sein, wenn sie in Gotland, das nie zum alten übernationalen, jedoch im Kern immer mitteleuropäisch-deutschen „Heiligen Reich" gehört hat, auf die weitverbreitete Verehrung eines deutschen Herrschers treffen, der niemals auf der Insel gewesen ist. Es handelt sich um den letzten Sachsenkaiser, der von 1002 bis 1024 regierte und in dem von ihm gestifteten Bamberger Dom beigesetzt ist: *Kaiser Heinrich II. der Heilige.* Seine Gestalt begegnet uns nicht nur an der Adamspforte des Doms zu Bamberg, sondern auch auf dem großen Fresko an der Nordwand der Kirche von Vamlingbo im Süden Gotlands.

Es zeigt den Kaiser mit Krone und roter Bettdecke auf seinem Sterbelager, um das fünf Priester geschart sind. Doch nicht die Kleriker reichen dem Monarchen den Kelch des Sakraments, sondern Heinrich übergibt ihnen das Trinkgefäß mit der linken Hand, während er die rechte mit aufgerecktem Zeigefinger belehrend oder auch beschwörend erhebt. Der umfangreichere Teil des Wandgemäldes stellt den Erzengel Michael mit der Seelenwaage dar. In der einen Schale befindet sich, abermals mit Krone, der deutsche Kaiser; die andere wird von Teufeln und Dämonen mit Gewichten beschwert und nach Kräften hinuntergedrückt. Doch Michael scheint entschlossen, diesem wilden Treiben augenblicklich ein Ende zu bereiten. Beherzt und majestätisch zugleich greift er in das verworrene Geschehen ein.

Lässig packt er mit den Fingerspitzen einer Hand die mächtige Seelenwaage, in der andern aber hält er einen Kelch: denselben, den der sterbende Herrscher den Geistlichen gegeben hatte. Unter ihm, etwa in der Mitte zwischen den beiden Waagschalen, steht der von Heinrich zeitlebens besonders verehrte Märtyrer-Heilige Laurentius, der wieder einen Kelch berührt. Laurentius wird ihn offenbar Heinrich zurückgeben, indem er den Pokal in dessen Waagschale legt, die dadurch das rechte Gewicht bekommt. Es findet also ein Kreislauf des Kelches statt.

Das symbolträchtige Fresko läßt manche Auslegungen zu. Das Kelch-Motiv drückt den Anspruch des Kaisers nach voller „reichskirchlicher" Hoheit, ja nach sazerdotaler und hohepriesterlicher Würde aus. Man kann es jedenfalls so deuten, daß der weltliche Herrscher gleichberechtigt mit dem geweihten Priester am vollen und ungeschmälerten Mysterium von Brot und Wein feiernd und genießend teilhaben will. Der Erzengel Michael ist aber in christlicher Überlieferung nicht nur Seelenwaagemeister und himmlischer Reichsfeldmarschall gegen die Heerscharen Satans, sondern gilt auch seit alters als besonderer Schutzpatron der Deutschen. Er ist der den Deutschen zugeordnete Völkerengel. Der Legende nach griff der heilige Michael im Jahre 955 in die Schlacht auf dem Lechfeld bei Augsburg ein, um dem von Kaiser Otto I. geführten Reichsheer den Sieg über die damals noch heidnischen Ungarn zu sichern. Aus dem herrscherlichen Engel, dessen Bild auf den Bannern und Standarten mittelalterlicher Kriegsscharen prangte, wurde schließlich seit der Reformationszeit der *„deutsche Michel"*, die komische Figur des gutmütigen, aber auch etwas einfältigen und linkischen Deutschen mit der Zipfelmütze.

Kaiser Heinrich II. starb am 13. Juli 1024 in Grona bei Göttingen. Im Jahre 1146 auf Betreiben des ihm dankbaren Bistums Bamberg heiliggesprochen, gedenkt die Kirche seiner jährlich am *13.* (in Bamberg), sonst am *15. Juli.* Am *10. August* feiert die Kirche das Fest des Märtyrers Laurentius. Wie dem Erzengel Michael schrieben mittelalterliche Deutsche auch diesem Heiligen einen wunderbaren Beitrag zum Sieg über die Ungarn auf dem Lechfeld bei, weil die Schlacht am Laurentiustag des Jahres

955 stattfand. Sternschnuppen, die in den Nächten um diesen Tag im August fallen, heißen bekanntlich Laurentius-Tränen. Zu den vielen Legenden, die sich um ihn ranken, gehört auch diejenige, auf die das gotländische Fresko anspielt: jeden Freitag steigt er vom Himmel ins Fegefeuer herab, um eine Seele zu befreien. Das Fest des heiligen Erzengels, den man in gewisser Weise als eine Art von christlichem Gegenstück zum germanischen Odin-Wotan ansehen kann, ist alljährlich am *29. September.* Dieses Datum gilt seit Jahrhunderten als Liefer-, Zahlungs-, Abgabe-, Los- und Wettertag.

So erinnert das Fresko in dem Dörflein Vamlingbo, das künstlerisch weniger kostbare Entsprechungen in weiteren gotländischen Gotteshäusern hat (so in Ganthem und Sanda), an drei Tage im Heiligenkalender in drei aufeinanderfolgenden Monaten: 13. (15.) Juli (Kaiser Heinrich II.), 10. August (Laurentius) und 29. September (Michael). Es erinnert darüber hinaus an den Erzengel, der als Totenrichter und Seelenbegleiter sowie als streitbarer und siegreicher Anführer himmlischer Heerscharen am meisten imstande war, nach vollzogener Christianisierung den germanischen Odin zu ersetzen. Es erinnert desgleichen an die mystische Überzeugung vieler Generationen, daß selbstbewußte, geschichtsmächtige und ihr Maß kennende Völker mehr als biologische Zufallsprodukte sind, daß sie vielmehr auch, für „Effulgurationen" („Herausblitzungen") aus dem Bereich des Göttlichen Empfängliche, Seelenlandschaften und Geisterbünde darstellen. Jedes Volk hat seinen Engel, das deutsche sogar den Erzengel Michael. Das ist, wenn man so will, der mythische oder legendenhafte Ausdruck dieser metaphysischen Überzeugung, die von verschwiegenen Eingeweihten immer noch wie ein Kronschatz gehütet wird.

Es ist schon merkwürdig, daß man auf Gotland so viele und unerwartete Erinnerungen an das alte mitteleuropäisch-deutsche „Heilige Reich" und einen seiner Kaiser entdecken kann. Keine schwedische Provinz ist so reich an mittelalterlicher Architektur wie diese Insel. Gotland ist auch recht eigentlich ein Land der Gotik. Man hat es die „Insel der hundert Kirchen" genannt. Ich begnüge mich damit, nur eine Auswahl von Gotteshäusern zu erwähnen, die mich besonders beeindruckt haben, insbesondere dann, wenn ein einsamer Orgelspieler darin ein Stück von Bach oder Jean Gilles spielt und eine stimmbegnadete Sopranistin vom Range einer Jenny Lind oder Tamara Hert-Gasteiner dazu singt. Es sind dies die St. Marienkirche zu Visby; die geradezu kathedralischen Kirchen in Dalhem, Lau, Öja, Stenkyra, Tingstäde und Vamlingbo; dann die Kirchen von Anga, Barlingbo, Bro, Ekeby, Eskelhem, Fide, Fröjel, Gammelgarn, Ganthem, Garde, Grötlingbo, Hablingbo, Havdhem, Hörsne, Lokrume, Lye, Lummelunda, Martebo, Rone, Rute, Sanda, Silte, Stanga, Tofta und Vänge; schließlich nenne ich noch die monumentalen Überreste des einstigen Zisterzienserklosters zu Roma und die Ruinen der Kirchen St. Clemens, St. Göran, St. Lars, St. Karin und St. Nikolaus in Visby.

Es ist auffällig, daß nach dem Ausklingen der Gotik, dieses Kunststils voller Wucht und Geheimnis, der in seinen sublimsten Ausprägungen die holdeste Zartheit von Rose, Lilie und Enzian erlangt (F. Schuon), so gut wie überhaupt keine belangvollen Kulturdenkmäler auf Gotland errichtet worden sind. Die jüngsten seiner sakralen Bauten sind somit über ein halbes Jahrtausend alt. Man mag darin einen bedauerlichen grundlegenden Bruch und bis ins Herz treffenden Verlust an Lebenskraft und Schöpfergeist erblicken. Doch sogar dann gilt sinngemäß das Wort Werner Müllers: „Der Mangel äußerer Zeugnisse kann nicht als Erweis völligen Fehlens gelten. Seelisch bewegte Zeiten fassen die Urbilder mit der unmittelbaren Frische eines erneuten Anfangs, und sie sind es, die als Renaissancen die Nachrichtenkette dort weiterführen, wo sie, oft Jahrhunderte zuvor, abgerissen sind." (Werner Müller: Kreis und Kreuz. Untersuchungen zur sakralen Siedlung bei Italikern und Germanen. Berlin 1938, S. 112 f.) Auch langdauernde Unterbrechungen einer Tradition beweisen bloß einen Mangel oder *Fehl* (wie das seit dem achtzehnten Jahrhundert leider fast ausgestorbene deutsche Wort heißt, während es im Schwedischen und Dänischen weiterlebt).

Es ist nicht von vornherein auszuschließen, daß eines Tages Delphi in Griechenland wieder ein Ort wird, zu dem Apollonverehrer pilgern, und daß die Eleusinischen Mysterien erneut gefeiert werden. Vielleicht liegt über den verlassenen Trümmern der Tempel ein Zauber, der gelöst werden kann. Möglicherweise ist die alte Welt der Götter, Helden und ihrer Propheten nur vorübergehend gelähmt. Dies ist auch die Vision eines Dichters:

Mit dem Haupt, dem hörnerschweren,
Nickt den Takt der große Pan.
Langsam kommt die Zeit heran,
Da die Götter wiederkehren.

Was in Hellas nicht grundsätzlich ausgeschlossen ist, gilt auch für die heidnisch-christliche Wunderinsel Gotland. Planen, machen und organisieren läßt sich natürlich nichts, wenn es um ewige Dinge geht. Sogar direktes Wollen wäre bereits ein Fehl. Aber eine Wiedergeburt der Asen ist zumindest denkbar. Wir können dafür eine gewisse Bereitschaft, Empfänglichkeit und Sensibilität entwickeln. Wir können warten, ohne zu er-warten. Wir wissen nicht, ob Christus-Pantokrator oder Odin-Wotan auf Gotland wiederkehren wird, um von den leeren Kirchen oder längst unbenützten Opferstätten erneut Besitz zu ergreifen. Warum sollte nicht für *beide* Raum genug da sein, so wie es auch Stefan George ahnungsvoll geschaut hat? Ist es denn so unvorstellbar und keiner Erörterung wert, daß künftig einzelne Gruppen von Gotländern, so wie sie vor einem Jahrtausend freiwillig das Christentum angenommen haben, allmählich zu den früheren Göttern zurückkehren? Gibt es nicht in ganz Europa und, noch weit mehr, in Asien, insbesondere im islamischen Raum, mannigfache Zeichen einer solchen „*Re-volution*" im ursprünglichen Sinn des Wortes? Denn Revolution bedeutet wörtlich: Rückwälzung, Zurückbewegung zu den Anfängen, auch Wieder-Holung und Zurückführen.

Es ist gar nicht nötig, nach Iran oder auf den neuen „Indianismus" in Nordamerika zu blicken; das unterirdische Beben läßt mittlerweile auch die Kirchen Europas erzittern. Manche wollen zurück zur römischen Kirche des Konzils von Trient (und gelten deshalb als konservative „Traditionalisten"); andere schwärmen von der Urkirche, ohne sich die Folgen eines solchen Rückschritts klar zu machen (und halten sich selbst für „progressiv");

wieder andere erwarten eine Wiederkehr der Mystik, der Gralsritter, Albigenser, Rosenkreuzer oder auch des Totemismus.

Es ist noch nicht entschieden, mit welchem Christentum oder welchen Christentümern in absehbarer Zukunft zu rechnen sein wird. Vielleicht wird nur eine kleine bedrängte Schar in Katakomben dem Nazarener die Treue halten. Möglicherweise werden die alten Riten in sektenähnlichen und staatlich nicht anerkannten Konventikeln zelebriert werden. Der große Abfall spielt sich doch vor unseren Augen ab. Wir leben im Zeitalter der Abtrünnigkeit und des Treubruchs, wir leben aber auch im Jahrhundert der immer wieder gescheiterten revolutionären Rückgriffe auf Urältestes und „Ewig-Gestriges".

Vieles wäre weniger verhängnisvoll verlaufen, wenn derartige Versuche nur in kleinen und kleinsten Gruppen ordensähnlicher Art oder gleichsam in „Klöstern auf Zeit" stattgefunden hätten. Es wäre dann möglich gewesen, den Gehalt und die Konsequenzen „alternativer" Daseinsentwürfe ohne Massaker und ideologischen Zwang zu erproben. Die Idee eines „experimentellen Lebens" steht als steinerner Gast im geistigen Raum. Ihr können sich naturgemäß nur elitäre Verbindungen oder phantasievolle und risikobereite Einzelgänger widmen. Könnte nicht auch die Ostseeinsel Gotland eine Zitadelle möglicher Wieder-Holung und Rückbesinnung auf Ursprüngliches werden? Ich selbst habe von dort Ansässigen gesprächsweise erfahren, daß manche Kreise der Inselbevölkerung diese Frage bejahen. Sie berufen sich dabei auf eine alte Prophezeiung, die auch Uwe Lemke (Seite 132) erwähnt. Noch ist nichts entschieden. Nach wie vor leben wir in einem metaphysischen „Interregnum", wie Armin Mohler dieses Zwischenzeitalter nennt, in dem alte Gefüge zerbrochen, neue Synthesen aber noch nicht sichtbar sind.

Doch kehren wir abschließend zurück zu der schwedischen Ostseeinsel. Man sollte nicht den Vorzug der gegenwärtigen Situation verkennen: ohne von späteren Werken minderer Substanz und Formreife verschüttet worden zu sein, kann der aufmerksame Besucher Gotlands dort die reiche Vergangenheit mehr als eines Jahrtausends noch im Reinzustand auf sich wirken lassen und ihr Fluidum einatmen. Die Bereitschaft dazu kann das schöne Buch von Uwe Lemke erwecken, läutern und kenntnisreich ausrüsten. Die letzte Einsicht und Zusammenschau kann natürlich auch das gelungenste Buch nicht bieten. Schließlich lesen ja auch die Götter nicht, obwohl es heilige Bücher gibt: die Thora, die Evangelien, die Veden, das Tao-te-king, den Koran und andere. Die alles begründende und abschließende Erkenntnis ereignet sich auf *nicht*-literarischer Ebene. Dies gilt insbesondere für die Welt der als dauernde Lebensmächte verstandenen Götter. Der von einer Frau entzückte, sie begehrende und umarmende Mann weiß mehr von Aphrodite und Freyja als noch so gelehrte Altphilologen und Nordisten. In einer ihren Garten pflegenden Greisin waltet mehr vom Wesen der Göttin Demeter als in einem weiblichen Snob, der sich, weil es eben gerade „in" ist, mit Mythologie oder Mutterrechtstheorien befaßt. Und so ist es in allem, worauf es entscheidend ankommt,

„Weil die, so singen oder küssen,
Mehr als die Tiefgelehrten wissen."

Novalis

Diese „Erkenntnis" (griechisch: *Gnosis*) eigenen Ranges wird in einem Bereich jenseits aller Buchstaben, Begründungen und Beweise gewonnen. Sie beginnt mit unserer Bereitschaft, die Augen zu öffnen und auf den geheimnisvollen Zuspruch der uns umgreifenden Wirklichkeit zu hören. Sie wächst mit einer geschulten Einbildungskraft, die ja keineswegs nur „fabuliert", sondern auch durch ihre projektive Dynamik früher verschlossene Sphären dem Erkennen öffnet. Sie vollendet sich täglich, nächtlich, stündlich und jeden Augenblick im Rhythmus von Systole und Diastole unseres sehnsüchtigen Herzens. Dazu wäre noch manches zu sagen. Doch, wie Hans Christian Andersen am Ende seiner Märchen zu sagen pflegt, „dies ist wieder eine andere Geschichte".

(1986)

Heloise und Abaelard

Die Logik der Leidenschaft

Die Geschichte von Heloise und Abaelard ist die aufregendste, dramatischste und denkwürdigste Liebesgeschichte des Mittelalters. Sie hat noch dazu den Vorzug, daß sie wahr ist. Die historischen Zeugnisse sind seit langem bekannt, insbesondere die Schriften und Briefe der beiden Hauptgestalten: Abaelards „Leidensgeschichte" (*Historia calamitatum*) und die glühenden Episteln der Heloise. Anders als Tristan und Isolde, anders als Romeo und Julia stehen der Philosoph-Theologe Abaelard und seine Schülerin-Geliebte Heloise als lebendige Menschen vor uns. Obwohl ihre Tragödie schon vor mehr als 800 Jahren über die Bühne ging, wirken die Darsteller auf uns zeitnaher als so viele durch Schlagzeilen berühmt gewordene Figuren unseres eigenen Jahrhunderts. Ihre Leidenschaft, ihr Schicksal, ihr — zumindest im Kern authentischer — Briefwechsel bewegen noch immer unsere Herzen.

Abaelard war ein scharfsinniger Philosoph, Meister der Logik, in allen Sätteln gerechter Dialektiker, Professor der Theologie an der angesehenen Domschule zu Paris, temperamentvoll, geistreich, streitbar und noch dazu gut aussehend, ja geradezu das, was man im Französischen „coqueluche des femmes" nennt. Vielleicht wäre er wie Albertus Magnus, Anselm von Canterbury, Duns Scotus, Bonaventura und Thomas von Aquin ein Fürst der Scholastik, ein von der Kirche heiliggesprochener Interpret des christlichen Dogmas geworden. Jedenfalls befand Abaelard sich schon auf dem besten Wege zu diesem Ziel, als er eines Tages der jungen Nichte eines Domherrn begegnet: Heloise. Sie ist schön „wie der helle Mond", noch dazu außergewöhnlich belesen und philosophisch interessiert. Schnell entflammt, erobert der berühmte Philosoph sie im Sturm. Doch eigentlich stimmt das gar nicht, denn für Heloise war die Begegnung ein coup de foudre: blitzartige Liebe auf den ersten Blick. Der Skandal folgt auf dem Fuße. Für den geistlichen Onkel und Vormund, der dem Mädchen sehr zugetan war und ihr eine überdurchschnittliche Bildung vermittelt hatte, ist Abaelard ein mieser Verführer und Schandfleck für die Theologenzunft. Er läßt sich auch nicht versöhnen, als Abaelard sich dazu bereitfand, Heloise heimlich zu heiraten. Um das öffentliche Ärgernis einzudämmen, schickt Abaelard die soeben geehelichte junge Frau vorübergehend in ein Kloster. Aber auch das hilft ihm nichts. Eines Nachts trifft den Geliebten die denkbar grausamste Rache. Er wird von gedungenen Häschern entmannt. Der einst so selbstbewußte, in ganz Europa berühmte Professor muß sich in ein Monasterium zurückziehen. Auf sein Geheiß nimmt Heloise den Nonnenschleier.

Nach Jahren der Trennung kommt es zu einem Wiedersehen, ja sogar zu einer geistig-geistlichen Zusammenarbeit. Die zur Nonne gewordene Schülerin, Geliebte und Ehefrau des kastrierten Abaelard erweist sich auch im kirchlichen Bereich als ausgesprochene Karrierefrau. Sie wird Priorin, schließlich Äbtissin, Vorsteherin eines blühenden Frauenklosters; und der theologische Dialektiker steht ihr — ausschließlich auf postalischem Wege — als Ratgeber bei. Er schreibt ihr salbungsvolle Trostbriefe, in denen er sie erbaulich tituliert: „Schwester in Christo", „Teuerste Schwester", „Braut Christi". Heloise korrespondiert mit ihrem einstigen Lehrer über subtilste theologische und philosophische Fragen. Sie erörtert mit ihm schwierige Bibelstellen und Probleme moralischer Kasuistik. Sie ist eine intelligente, hochgebildete und überdies auch kluge Frau, eine kongeniale Partnerin des mönchischen Intellektuellen, der Traktate über die göttliche Dreieinigkeit und die Methode ordnungsgemäßer akademischer Disputation („*Sic et non*") verfaßte.

Aber Nonnendasein, Gelübde und Äbtissinwürde erscheinen ihr wesenlos, eitel und nichtig, wenn Heloise zur „Sache" kommt: zur Hauptsache und Herzmitte ihres Lebens. Sie bleibt, was sie von Anfang an war: hingebend liebende Frau, bis zu ekstatischer Hörigkeit sich preisgebende Geliebte. Es wundert kaum, daß der Mann, verglichen mit dieser maßlos liebenden Bacchantin, eine schlechte Figur macht. Neben ihrem sich über Gelübde und Priestertadel kühn hinwegsetzenden Pathos wirkt Abaelards Temperament geradezu schwerfällig und spießig. Anfänglich bloß von Heloises Charme und Sinnenreiz bezaubert, wird ihm ihre keinen Widerspruch duldende Leidenschaft unheimlich und, vor allem, lästig. Für ihn war nur ein erregendes Abenteuer, was für sie zu einer Leib und Seele verzehrenden Feuersbrunst wurde. In ihrer Glut wirkt sie groß. Jenseits von Gut und Böse muß jeder, der nicht engherzig moralisiert, Heloise auch dann noch bewundern, wenn sie schamlos, exhibitionistisch, nymphoman zu sein scheint. Der zur Ordnung mahnende Mann spielt daneben eine fast klägliche Rolle. Bereits in den Anredeformeln ihrer Briefe an Abaelard wischt Heloise dessen Ermahnungen zu Entsagung, Verzicht und „Abtötung" sinnlichen Begehrens mit einer Kühnheit ohnegleichen hinweg. Sie stellt sich einfach taub, wenn ihr entmannter Verführer das Hohelied christlicher Askese anstimmt. Sie pfeift auf den Himmel, in dem ja, wie das Evangelium lehrt, nicht mehr geheiratet wird. Himmlisch-platonische Liebe ist ihr nichts als Firlefanz und Schwindel eunuchischer Seelen. Wenn sie in ihren Briefen an Abaelard von Liebe spricht, dann meint sie ausschließlich den amour sensuel, die Wonnen geschlechtlicher Liebe, die Orgien erotischer Verzückung. Liebe ist ihr Leidenschaft, Taumel, ganz oder gar auf das irdische Paradies und die Tröstungen des Fleisches eingestellt:

„Dir zu gefallen liegt mir mehr am Herzen als Gott zu gefallen. Mir bist Du verpflichtet und verfallen; denn alle Welt bezeugt es, daß meine Liebe zu Dir kein Maß und kein Ziel gekannt. Du allein schlugst mir die Wunde, heile Du sie auch gnadenvoll!"

Sie verlange nichts von Gott, Gott schulde ihr keinen Lohn, sie sei Gottes quitt. Auch im Kloster, in das sie doch nur Abaelards wegen gegangen sei, habe sie nicht das geringste um Gottes willen getan. Diese Äbtissin, die über Aristoteles, Seneca und die alten Kirchenväter bestens Bescheid weiß, erhebt sich in Höhen verwegenster Ketzerei, wie sie nur eine von einem *anderen* Gott völlig Entflammte zu erfliegen vermag:

„Für andere Frauen ist vielleicht ‚Gattin' das edelste Wort; mir war es aber immer der Inbegriff aller Süße, Deine Geliebte zu heißen, ja — bitte zürne nicht — Dein Bettschatz, Deine Schlafbuhle, Deine Dirne. Ich möchte lieber Deine Dirne heißen — und wäre noch stolz darauf — als eine Kaiserin. Die Tiefe meiner Liebe zu Dir gründet sich auf ihre Irrtumslosigkeit!"

Unsentimentale Worte von einer grandiosen Vermessenheit, die ehrfurchtgebietend ist, niedergeschrieben von einer Klosterschwester des 12. Jahrhunderts, die sich in ihrer Abneigung gegen die Institution der Ehe durch Ovid und Cicero bestärkt fühlte. Zeugnis einer sich verzehrenden Frauenseele, die der unfehlbaren Autorität der Kirche die Irrtumslosigkeit ihrer Liebe entgegensetzt, die „infaillibilité d'amour". Wer war diese Frau, die beinahe gotteslästerlich Gott zum Zeugen anrief, daß sie nie etwas anderes gesucht und begehrt habe als diesen einen Mann Abaelard? Wer war sie, die der Liebe vor der Ehe den absoluten Vorzug gab, weil Freiwilligkeit, Selbstlosigkeit und Ursprünglichkeit für sie königlichen Ranges waren? Sie war jedenfalls eine Frau, die nicht bloß die Geliebte eines bedeutenden Mannes war, sondern selber eine überdurchschnittliche Persönlichkeit, ihrem Gefährten geistig ebenbürtig, seelisch sogar überlegen.

Die Geschichte dieses wirklichen, keineswegs dichterischer Imagination entsprungenen Paares ist die Liebesgeschichte zweier über sich selbst und den andern reflektierender Menschen. Die Liebesgeschichte eines Intellektuellenpaares, in dem beide Teile problematische Naturen sind: Wesen in ihrem Widerspruch. Die Love-Story eines Paares, das erst nach dem Tode wieder zusammenkommen durfte: der vom Papst verurteilte Abaelard starb 1142 und wurde auf dem Friedhof des Klosters Paraklet in der Champagne beigesetzt; etwa zwanzig Jahre später erhielt auch die tote Heloise in diesem Grab ihren letzten Ruheplatz. Später immer wieder umgebettet, fanden ihre sterblichen Überreste nach Jahrhunderten auf dem Pariser Friedhof Père Lachaise endgültig eine Heimstatt. Noch heute wird das Grab immer wieder von Liebespaaren aus allen Ländern der Welt andächtig aufgesucht und täglich neu mit Blumen geschmückt. Doch wenn man ihren Briefwechsel zu Ende gelesen hat, dann stellt sich der Zweifel ein, ob Heloise und Abaelard überhaupt gestorben seien. Die hingebungsvoll liebende Intellektuelle und der ihr menschlich nicht ganz gewachsene Gottesgelehrte leben fort, solange das Pascal'sche Wort von der *„logique du coeur"* gültig ist: „Das Herz hat seine Gründe, die die Vernunft nicht kennt."

(1987)

Ramon Llull

Troubadour Gottes aus Mallorca und Pionier christlich-islamischer Begegnung

Welch eine bunte Gemeinde!
An Gottes Tisch sitzen Freund' und Feinde.

Wer sich selbst und andre kennt,
Wird auch hier erkennen.

Orient und Okzident
Sind nicht mehr zu trennen.

Goethe: West-östlicher Divan

Geboren um 1232 auf Mallorca, der größten Insel der Balearen, gehört Ramon Llull — latinisiert Raimundus Lullus genannt — zu den universalsten Gestalten nicht nur der spanisch-katalanischen, sondern der abendländischen Geistesgeschichte des Mittelalters. Als er zur Welt kam, war die Insel erst vor einigen Jahren (1229) den islamischen Mauren entrissen worden. Über vier Jahrhunderte lang hatte das der Religion Mohammeds anhängende arabisch-berberische Mischvolk der Mauren mit seinen Kalifen, Emiren und Wesiren nicht nur über Mallorca geherrscht, sondern auch über große Teile Spaniens. Die Stadt Córdoba, bereits 711 von den Arabern erobert, galt im zehnten Jahrhundert als kulturelles Zentrum des Islam in Europa, sozusagen als das Mekka des Westens. Die berühmte Alhambra, gelegen auf einem Bergrücken oberhalb der spanischen Stadt Granada, ist ein Befestigungswerk der maurischen Nasridenherrscher, das erst 1492 — mehr als hundertfünfzig Jahre nach Ramon Llulls Tod, im selben Jahr, in dem Columbus seine erste Fahrt unternahm und Kuba entdeckte — von den Truppen des

Herrscherpaars Ferdinand II. von Aragón und Isabella I. von Kastilien erobert wurde. Ebenso war Toledo jahrhundertelang eine blühende maurische Stadt gewesen: Sitz eines Emirs unter der Oberherrschaft des Kalifen von Córdoba, seit 1036 sogar Metropole eines islamischen Königreichs. Zahlreiche Kirchen und Klöster der Stadt sind umgebaute und getaufte Moscheen oder Synagogen.

Vor diesem islamisch-maurischen Hintergrund wuchs Ramon Llull auf. Er war für ihn noch nicht durch die erst später einsetzende „Reconquista" zu einer historischen Reminiszenz geworden; mit jedem Schritt und Tritt stieß er auf ihn. Als Knabe kam er an den Hof König Jakobs I. von Aragón, der neben Mallorca und Ibiza das maurische Königreich Valencia zurückerobert hatte und deshalb von den Spaniern seit alters „Jaime el Conquistador" genannt wird. Ramon stieg vom Pagen zum Ritter auf, wurde Spielgefährte und schließlich Erzieher des jüngeren Erbprinzen und späteren Königs von Mallorca. Die Legende weiß von manchen wilden Liebesabenteuern des heißblütigen Katalanen zu berichten. Wenngleich etliche Details erfunden sein mögen, so verraten sie doch, daß Ramon Llull zweifellos ein lebensfroher, weltoffener und genußfreudiger Sinnenmensch war, ein *homme du monde*, aber auch ein *homme à femmes*, wie es im Französischen heißt. Seine Verheiratung im September 1256 scheint für ihn keine besondere Lebenswende bedeutet zu haben. Obwohl der Ehe mit einer vornehmen Frau zwei Kinder entsprangen, blieb er weiterhin ein Frauenheld, Herzensbrecher und Minnesänger dazu. Wie es sich für einen echten Troubadour gehörte, verliebte er sich eines Tages wieder in eine wunderschöne Dame, die verheiratet war. Anders als später Dante und Petrarca begnügte sich der Feuerkopf nicht damit, seine irdisch unerfüllbare Liebe in wohlklingende Gedichte zu sublimieren. Vielmehr verfolgte er sie auf allen ihren Wegen. Als er sogar hoch zu Roß durch das geöffnete Kirchenportal galoppierte, um die Angebetete bei der heiligen Messe hinterrücks zu überraschen, entschloß sich die bedrängte Frau, um Ramon Llull von weiteren Ärgernis erregenden Attacken abzuhalten, zu einem äußersten Schritt. Sie bestellte den ungestümen Verehrer zu einem heimlichen Stelldichein. Als der heißblütige ungeduldige Troubadour zum Rendezvous gekommen war, entblößte sie vor ihm ihre Brüste. Sie waren von unheilbarem Aussatz zerfressen. Dieser Schock, so erzählt die Legende, wurde dem zudringlichen Liebhaber zum Augenblick der Vanitas-Erfahrung. Schlagartig habe er, bis ins Herz erschüttert, die Nichtigkeit, Vergänglichkeit und Gefährdung alles irdisch Schönen gewahrt. Seine Metanoia war damit vorbereitet, eine vollständige und gründliche Umkehr und Änderung seines bisherigen Lebenswandels.

Ramons Erlebnis erinnert an die bekannte Geschichte von Buddhas entscheidender Wende. Eines Tages unternahm der verwöhnte Prinz Siddharta Gotama Shakyamuni (aus dem Geschlecht der Shakya), wie Buddha mit „bürgerlichem" Namen hieß, eine Ausfahrt. Da begegnete er zuerst einem Leprakranken, dann einem Greis und schließlich einer Leiche. Als der ahnungslose Fürstensohn seine Begleiter fragte, ob es sich bei Krankheit, Alter und Tod bloß um vereinzelte Unglücksfälle handle, erfuhr er, daß grundsätzlich niemand diesen Erscheinungsformen menschlicher Leidunterworfenheit und Vergänglichkeit zu entrinnen vermöge. Prinz Siddharta kehrte daraufhin, wie es heißt, „beunruhigten Herzens" in den elterlichen Palast zurück. Als er bei seiner nächsten Ausfahrt einem Bettelmönch begegnete, der trotz seiner Armut heiteren Sinnes gelassen des Weges ging, erfuhr Buddha von seinem Wagenlenker, daß dieser Asket die Sinnenlüste durch Selbstzucht überwunden und, frei von Leidenschaft, Gier und Haß, in heimatloser Unbedürftigkeit die Ruhe des Inneren gefunden habe.

Dem Hofmann und Minnesänger mit dem heißen Herzen Ramon Llull begegnete, nachdem durch den Anblick der aussätzigen Dame sein bisheriger Leichtsinn erschüttert worden war, der Schmerz und die Agonie des Lebens in der Vision des gekreuzigten Jesus Christus. Er will, wie gewohnt, weltliche Gedichte schreiben, als ihm der Kruzifixus erscheint. Angsterfüllt begibt er sich zu Bett, um dort Ruhe zu finden. Doch die karfreitägliche Erscheinung stellt sich jedesmal ein, wenn er versucht, in der bisherigen Weise Verse zu verfassen. Nach dem fünften Mal kapituliert er vor dem gemarterten Herrn des Evangeliums. Er weiß, daß ihm aufgetragen ist, sein Leben radikal zu ändern. Aber es steckt viel zu viel Rittergeist, Minnesängertum und Weltläufigkeit in ihm, um sich als Eremit in eine abgelegene Klause zurückziehen zu können. Nicht in mönchischer Abgeschiedenheit will er die Nachfolge Christi antreten, sondern als kosmopolitischer Sendbote den Moslems, Juden und „Heiden" die Botschaft von Kreuz, Tod und Erlösung bringen. Ramon fühlt sich nicht zum Einsiedler und Klosterbruder berufen, sondern zum Schildknappen, Dienstmann und Vasallen in der *militia Christi,* zum lehenspflichtigen Kämpfer im königlichen Heerbann des Heilands. Doch er will, anders als die Kreuzfahrer und Ordensritter, nicht mit Feuer, Schleuder und Schwert, sondern ausschließlich mit geistigen Waffen für den wahren Glauben streiten. So versteht er jedenfalls den Auftrag, der ihm erteilt wird, als er ritterlich beherzt den visionär geschauten Gekreuzigten befragt, was er, der unwürdige Gefolgsmann, denn eigentlich greifbar für Gott und seinen eingeborenen Sohn tun könne.

Drei Dinge soll Ramon tun.

Erstens und vor allem heißt ihn Christus, nicht mehr tändelnde Liebeslyrik zu schreiben, sondern ein Buch: einen umfangreichen Folianten, in dem alle Irrtümer und Ketzereien widerlegt werden.

Mit dieser Aufgabe ist, zweitens, unabdingbar die Notwendigkeit verbunden, die Sprache und Schrift der „Ungläubigen" zu erlernen, das heißt insbesondere: Ramon Llull muß, bevor er es wagen darf, die Wahrheit des christlichen Glaubens zu erweisen, zuerst einmal Arabisch lernen, um den Koran, das Heilige Buch der Moslems, und die bedeutendsten islamischen Philosophen im Originaltext lesen zu können.

Das Arabische spielt im Islam eine grundlegendere Rolle als das Lateinische in der römisch-katholischen oder das Griechische oder Glagolitische in der ostkirchlichen Liturgie. Seine Bedeutung gleicht weit mehr der des Sanskrit im Hinduismus oder des Hebräischen im orthodoxen Judentum. Allah spricht nach unerforschlichem Ratschluß arabisch und zwar das schönste, von keinem Dichter überbietbare Arabisch. Der Koran, für den gläubigen Moslem das unmittelbare Wort Gottes, ist vom ersten bis zum letzten Wort in arabischer Sprache verwahrt. Jeder Satz, bis zur geringfügigsten Einzelheit, wird bis auf den heutigen Tag mit frommer Pedanterie getreulich in der Form überliefert, in der er ursprünglich empfangen wurde. Wer Allah authentisch vernehmen will, muß den Koran im Urtext lesen. Koran (arabisch: *Qur'ân)* heißt wörtlich: Lesung. Seine Lektüre bildet, in weit höherem Maße als für einen Christen das Lesen der Bibel, eine heilige Handlung. Koran-Lektüre ist Gottesdienst. So wie in christlicher Schau Jesus Christus der Mensch gewordene Gott, die Inkarnation des göttlichen „Wortes" ist; so gilt im Islam der Koran (den den Prophet Mohammed nicht geschaffen, sondern vom Himmel empfangen und dann an die Menschen weitergegeben hat) als das Buch gewordene ewige und unerschaffene Wort Gottes. Der Menschwerdung Gottes in Jesus entspricht die Buchwerdung Gottes im Koran, der christlichen Inkarnation die islamische Bibliomorphose. Allahs Geist kondensiert sich gleichsam in den Perlenschnüren der Suren des Korans. Wer ihn im arabischen Original liest, der vernimmt Gott ohne jede Zwischenwand. Deshalb darf nicht nur in Arabien selbst, sondern auch in Marokko, Tunesien und Ägypten, der Türkei, im Irak und in Libanon, in Iran, Afghanistan und Pakistan, in Bangladesch, Malaysia und Indonesien und wo immer rechtgläubige Moslems sich zusammenfinden, bei sämtlichen gottesdienstlichen Verrichtungen nur das ursprüngliche Arabisch des Korans gebraucht werden. Übersetzungen ermangeln der liturgischen Würde.

Wer die Mohammedaner und Heiden — die *mahumetistae et pagani,* wie sie Ramon Llulls Zeitgenosse Thomas von Aquin nennt — belehren und deren Irrtümer korrigieren will, der muß sich zuerst einmal mit ihrer eigenen Religion vertraut gemacht haben. Wer den Moslems die Botschaft des Christentums vermitteln soll, der kann nicht umhin, vorher den als göttliche Kunde geltenden Koran zu lesen. Dort aber finden sich viele Worte, die keinen Christen verletzen können; Worte auch, an die er anknüpfen kann, wenn er in missionarischer Absicht zu den Jüngern des Propheten aus Mekka predigen will:

„Wohin auch immer ihr euch wendet, dort ist Gottes Angesicht." — „Wahrlich, wir sind Gottes, und zu Ihm kehren wir zurück." — „Vor Gott gibt es keine Zuflucht, es sei denn bei Ihm." — „Gekommen ist die Wahrheit und vergangen die Lüge. Siehe, die Lüge ist stets vergänglich."

Ramon Llull unterzog sich dieser zweiten Aufgabe. Er erlernte das Arabische und las den Koran. Welches Erstaunen mußte ihn überkommen, als er bemerkte, daß dieses „heidnische" Buch mehr Aussagen über die heilige Maria (*sayyidat-nâ Maryam*) enthält als das Neue Testament. Wie nachdenklich mußte es ihn stimmen, als er auf Stellen stieß, wo Jesus zwar nicht als Sohn Gottes, aber doch ehrfürchtig als einer der größten Propheten, ja sogar als „Siegel der Heiligkeit" (*khâtim al-wilaya*) gepriesen wird. Seine jungfräuliche Geburt aus Maria wird darin ebenso bezeugt wie seine Auferstehung von den Toten. Das Evangelium wird vom Koran nicht verworfen, sondern als „Leitung und Licht" der Christen anerkannt, so wie er alle Patriarchen und Propheten von Abraham über Moses bis und einschließlich Jesus als von Gott gesandte Männer fromm erwähnt. Manche Stellen mögen Ramon Llull vielleicht monoton vorgekommen sein. Bei andern erregte er sich, weil sie ihm zu beweisen schienen, wie falsch Mohammed die Lehre des Christentums verstanden hatte und in wie hohem Maße deshalb etwa das Dogma von der Dreifaltigkeit Gottes den Moslems befremdlich sein mußte.

Doch Ramon war auch ein Dichter, ein Ästhet und noch dazu ein Troubadour. Er war Lyriker, bevor er zur Theologie gelangte; und er blieb Poet, auch nachdem er sich zum Apostel Christi bei den Mauren, Arabern und Sarazenen gemausert hatte. Wie konnte er dafür taub sein, daß der Koran symphonische Stücke umfaßt, die wie die Musik eines Märchens aus Tausendundeiner Nacht erklingen und allein schon durch den Wohlklang ihrer — arabischen! — Töne zu Tränen rühren und in Verzückung versetzen können, etwa ein bestimmter Abschnitt der Sura von den Verbündeten oder die psalmgleiche Sura vom hellen Tag! Wie mußte er, der zum Missionar erweckte Ritter, Höfling und Minnesänger, bei den Worten aufmerken, die sich in der Sura vom Tisch finden und eine ganz andere Sprache sprechen als die der mit Feuer und Schwert einander befehdenden Glaubenskämpfer:

„Du wirst finden, daß diejenigen, welche sagen: ‚Wir sind Christen', den Gläubigen gegenüber am freundlichsten gesinnt sind.Das kommt daher, weil unter ihnen Priester und Mönche sind, und weil sie keinen Hochmut kennen."

Das ist nicht irgendeiner der überlieferten Aussprüche (*ahâdith*) Mohammeds, die eine Hauptquelle moslemischer Unterweisung bilden. Gott selbst, Allah, spricht diese Worte zum Propheten. Es ist göttliche Offenbarung, was die koranische Sura vom Tisch besagt: „Du wirst finden, daß diejenigen, die sich Christen nennen, den Gläubigen — das heißt: den Moslems — gegenüber am freundlichsten gesinnt sind." Betroffen, bestürzt und beschämt muß Ramon im Zeitalter der Kreuzzüge diese Stelle im Heiligen Buch des Islam gelesen haben. Gott selbst verheißt seinem Propheten und den Jüngern des Propheten, daß die Christen — diese „Leute des Buches" (*ahl al-kitâb*) — sich wohlwollend, freundlich und frei von Anmaßung zu den Moslems verhalten würden.

Mußte nicht Ramon glauben, daß Jesus ihm eigens anbefohlen hatte, die arabische Sprache zu erlernen, um vor allem diese Aussage des Korans zu entdecken, die von einem herzergreifenden Vertrauen in christliche Duldsamkeit, Menschenfreundlichkeit und Vornehmheit überfließt? Es war dies, wohlgemerkt, die zweite Aufgabe, die ihm gestellt wurde.

Die dritte ergibt sich wie von selbst aus der zweiten: Ramon Llull soll nicht nur selber Arabisch lernen, sondern auch dafür Sorge tragen, daß möglichst viele Christen, seien es Priester, Mönche oder Laien, die morgenländische Kultur studieren. Aus ihrem Kreise sollen dereinst hochgebildete Fromme in den Orient entsandt werden, die durch Gespräch, Belehrung und Argumentation die christliche Religion zu verbreiten berufen sind.

Soweit die Legende. Aber diese Legende spricht eine deutlichere Sprache als aktenkundige Tatsachenberichte. Das ganze Leben Ramon Llulls ist eine einzige Beglaubigung des legendären Drei-Punkte-Befehls, der, kurz zusammengefaßt, ihm auftrug, sich vorbehaltlos in den Dienst Christi zu stellen und sein Wort

(Markus 16, 15) zu erfüllen: „Gehet hin in alle Welt und predigt das Evangelium allen Geschöpfen."

Ramon ließ sich nicht nur von einem maurischen Sklaven das Arabische beibringen, sondern studierte alle Wissenschaften und Künste, die im Mittelalter zum Grundbestand höherer Bildung gehörten: Grammatik, Rhetorik und Dialektik — das sogenannte *Trivium* —, dann Arithmetik, Geometrie, Astronomie und Musik — das *Quadrivium.* Hinzu kamen noch christliche Theologie, antike und arabische Philosophie sowie Medizin. Man nannte ihn deshalb schon bald den *Doctor illuminatus,* den erleuchteten Doktor. Er gründete 1276 in Miramar auf Mallorca eine Art von Missionsakademie, die das Vorbild für weitere ähnliche Anstalten im ganzen Abendland werden sollte. Der Minnesänger der aussätzigen Schönen wurde zum Troubadour Christi. Hatte er früher den Damen nachgestellt, so zog er nun als Gottes Vagant durch die Welt, um für das Evangelium zu werben. Er suchte nicht nur die Moslems und Juden seiner Heimatinsel für den christlichen Glauben zu gewinnen, sondern reiste als Spielmann des himmlischen Vaters auch nach Tunesien und Algerien (1281-1282, 1292, 1307, 1314-1316), nach Neapel (1293-1294), Zypern (1301-1302) und Sizilien (1313-1314), höchstwahrscheinlich sogar nach Palästina und Armenien, um überall missionarisch zu wirken: gewaltlos, aber wortgewandt, sprachmächtig und in heiterer Weise seines Gottes gewiß. Er lehrte und disputierte an den Universitäten Montpellier, Paris und Neapel. Er besuchte mindestens vier Päpste, außerdem die Könige der Häuser Anjou, Aragón und Lusignan (die letzteren herrschten damals über Zypern), Patrizier verschiedener italienischer Städte und mehrere Versammlungen der Ordensoberen der Dominikaner und Franziskaner. Allenthalben ging es ihm dabei um die *propaganda fidei,* die Ausbreitung des Glaubens, um eine Übertragung des Kreuzzugsideals aus dem militärischen Bereich in den eines friedlichen Wettbewerbs der Gedanken, Beweise und Überzeugungen.

Darüber hinaus vergaß er jedoch keineswegs den ersten Punkt des an ihn ergangenen Befehls: ein Buch zur Widerlegung der Irrtümer der Ungläubigen zu schreiben, wenn möglich „das beste Buch der Welt". Er schuf über dreihundert Bücher, von denen mehr als zweihundertfünfzig bekannt sind, die siebenundzwanzigtausend Manuskriptseiten umfassen. Er schrieb sie in lateinischer, arabischer und katalanischer Sprache. Als Lateiner gehört er zur kirchlich gebundenen Scholastik, als Arabist zu den Begründern der Orientalistik, als katalanischer Dichter zu den Vätern der eigentümlichen Spielart iberoromanischer Literatur Kataloniens. Doch im Grunde bilden, wie Erika Lorenz zu Recht feststellt, alle Bücher Ramons nur ein einziges Buch, das bis heute nicht einmal in seiner Muttersprache vollständig gedruckt vorliegt. Tausende von Seiten, die er geschrieben hat, harren nach wie vor der Veröffentlichung. Die zwischen 1721 und 1742 in Mainz erschienenen „Opera Omnia", herausgegeben von Ivo Salzinger, bieten nicht einmal die lateinischen Werke vollständig; der siebente und achte Band dieser Ausgabe sind nie erschienen. Aber auch dieser editorische Torso, der 1964 im Frankfurter Minerva Verlag als Reprint neu herausgekommen ist, umfaßt immerhin über fünftausend Seiten. Einundzwanzig Bände liegen in der katalanischen Ausgabe „Obres de Ramon Lull" (Palma de Mallorca 1905-1938) vor. Doch sie ist ebensowenig komplett wie die lateinische Edition. Weitgehend unerschlossen sind noch seine kontemplativen Schriften, die ihn, wie Eingeweihte versichern, als einen dem heiligen Bonaventura ebenbürtigen Fürsten mystischer Theologie erweisen. Aber auch das, was von ihm gedruckt vorliegt, ist erstaunlich genug. Es genügt, uns eindringlich von einem Mann Zeugnis abzulegen, der Logiker, Philosoph, Theologe, Sprachforscher, Enzyklopädist, Lyriker, Erzähler, Mystiker und, im Zusammenhang mit seinen missionarischen Bemühungen, der erste große europäische Orientalist war. Er kannte nicht nur den Koran, sondern auch die islamische Mystik in Gestalt des Sufismus und die arabischen Philosophen Algazali, Alkindi, Averroës und Avicenna (Ibn Sina).

Als guter Katholik lehnte Ramon, übereinstimmend mit der gesamten klassischen Theologie, einen reinen „Fideismus" ab. Mit einem für uns Heutige kaum mehr recht nachvollziehbaren Optimismus meinte er, daß die Menschen bereits im Diesseits weit mehr von Gott wissen können als moderne Theologen wie

Antitheologen für möglich halten. Das großartige Pathos, mit dem Hegel seine Berliner Vorlesungen eröffnete, klingt wie ein Widerhall des ein halbes Jahrtausend zuvor verstorbenen Mallorcaners:

„Der Mut der Wahrheit, Glauben an die Macht des Geistes, ist die erste Bedingung des philosophischen Studiums; der Mensch soll sich selbst ehren und sich des Höchsten würdig achten. Von der Größe und Macht des Geistes kann er nicht groß genug denken. Das verschlossene Wesen des Universums hat keine Kraft in sich, welche dem Mut des Erkennens Widerstand leisten könnte: es muß sich vor ihm auftun und seinen Reichtum und seine Tiefen ihm vor Augen legen und zum Genusse bringen."

Hegel nennt in seinen philosophiegeschichtlichen Vorlesungen Raimundus Lullus „exzentrisch": „eine von den gärenden Naturen, die sich in allem herumwerfen", begabt mit „großem Enthusiasmus für die Wissenschaften überhaupt", aber auch einer „feurigen unruhigen Einbildungskraft". Hegel zielt damit auf die sogenannte Lullische Kunst, seine *Ars magna*, die von dem leidenschaftlichen Eifer beflügelt wird, daß der Glaube, um vom Menschen angenommen werden zu können, dem Intellekt nahegebracht werden müsse, also nicht als völlig irrational aufgefaßt werden dürfe. Ramon entwickelte mit ingeniösem Scharfsinn eine teils zurück auf Proklos und die kabbalistisch-hermetische Philosophie verweisende, teils Leibniz und die moderne Logistik vorwegnehmende Kunstlehre zur Auffindung wahrer Aussagen durch kombinatorische Verknüpfung verschiedener Grundprädikatoren, die einem bestimmten Seienden — etwa Gott oder der Seele — zugesprochen werden. Zu diesem Behufe verwendete Llull geometrische und andere Symbole. Er ist damit der Erfinder des Diagramms als Hilfsmittel philosophischer Argumentation. Mit diesem Verfahren hat der Katalane nachweisbar Giordano Bruno, Nikolaus von Kues und Leibniz beeinflußt. Er hat in einer allen Skeptizismus kühn beiseite fegenden Weise Metaphysik als strenge Wissenschaft zu betreiben versucht.

Doch die Grundlage dieses großartigen Experiments einsichtiger Gläubigkeit und glaubensbereiter Einsicht ist eine mystische Intuition. Wer den Logiker, Enzyklopädisten und Polyhistor Ramon Llull verstehen, wer den innersten Antrieb seines universalen Strebens nach dem *mundus intelligibilis* kennenlernen will, der muß sich in den Ekstatiker, Visionär und Sänger der Gottesliebe vertiefen: in den Verfasser des „Großen Kontemplationsbuches", das, wie die „Göttliche Komödie" seines italienischen Zeitgenossen Dante, Erde, Hölle und Himmel umfaßt; in den mystischen Bildungsroman „Felix"; in die Autobiographie des *doctor illuminatus;* in sein Buch der tausend Sprüche; in das utopische Itinerarium „Blanquerna", dem intarsiengleich ein Juwel mystischer Poesie eingefügt ist: „Das Buch vom Freunde und vom Geliebten." Hier verbinden sich Motive aus dem Hohenlied mit Elementen islamischer Esoterik und der Herzglut hochmittelalterlicher Gottesminne. Wer sich mit dieser Seite des großen Sohnes der Insel Mallorca wenigstens ansatzweise vertraut machen will, der wird zu der Ramon-Llull-Anthologie „Die Kunst, sich in Gott zu verlieben" und dem Band „Der nahe Gott im Wort der spanischen Mystik", beide von Erika Lorenz herausgegeben, dankbar greifen.

Llull, der sich seit seiner Bekehrung dem Dialog zwischen Islam und Christentum gewidmet hat, ist der Legende nach Ende 1315 oder Anfang 1316 von fanatischen Moslems durch Steinigung getötet worden. Er gehört somit zu den Märtyrern abendländisch-morgenländischen und christlich-islamischen Religionsgesprächs.

Ramon glaubte noch daran, durch Unterredung und Argumente die Moslems von der Wahrheit des Christentums überzeugen zu können. Nach menschlichem Ermessen ist dies, wie wir nach mehr als sechshundert Jahren sagen müssen, ein aussichtsloses Unterfangen. Eher noch werden vereinzelte Christen die Botschaft Mohammeds annehmen, als daß Muselmanen zum Evangelium konvertieren. Christen wie Moslems werden sich damit abfinden müssen, daß es Gott offenbar gefällt, keine der beiden „Weltreligionen" zur allumfassenden Menschheitsreligion werden zu lassen. Es gibt wohl providentielle Grenzen der Glaubensverbreitung und religiösen Missionierung, worüber Frithjof Schuon einen tiefschürfenden Essay geschrieben hat (Von der inneren Einheit der Religionen. Interlaken 1981, S.

91 ff.). Es scheint nicht im Sinne Gottes zu sein, daß die Bäume der Religionen in den Himmel wachsen oder daß gar einer von ihnen alle andern zum Verschwinden bringt. Jenseits von konfessioneller Bekehrungswut und seichtem „Ökumenismus", der die Vielfalt und Gegensätzlichkeit der Bekenntnisse und Kulte gar nicht ernst nimmt, gilt es, sich mit dieser herausfordernden „Pluralität der Welten" zu arrangieren. Einige bedeutende Kirchenväter und Gestalten der christlichen Heiligengeschichte haben uns dies vorgelebt. So wirkte, zum Beispiel, Johannes Damascenus am Hofe des Kalifen und schrieb dort mit dessen Einverständnis die für die orthodoxe Christenheit maßgebende Verteidigung der Ikonenverehrung. Doch er bekehrte sich ebensowenig zum Islam wie der Kalif sich zum Christentum bekehrte. Desgleichen ist überliefert, daß der Sufi Ibrâhîm ibn Adham zeitweilig einen christlichen Einsiedler als seinen „Guru" anerkannte; aber er wurde deshalb kein Christ. Franz von Assisi in Tunesien, König Ludwig der Heilige in Ägypten und Gregorios Palamas in der Türkei führten teilweise freundschaftliche Gespräche mit gebildeten Moslems. Doch weder gelang es diesen, die Christen zum Islam zu bekehren, noch gelang es jenen, die Moslems von der Wahrheit des Christentums zu überzeugen. Mit dieser Undurchdringlichkeit und Irreduzibilität der großen Offenbarungsreligionen müssen wir uns abfinden, sei's als Mystiker, sei's als Skeptiker oder auch beides zugleich. Die religiöse Vielfalt der Welt gehört zu jenen geistigen Beständen, mit denen wir zu leben, in denen wir uns einzurichten haben. Doch viel wäre gewonnen, wenn, sowohl unter Christen als auch unter Moslems, gelegentlich Menschen vom Schlage des frommen Abenteurers, Spielmanns und Dichters, des humanen Phantasten, des heiligen Weisen und Narren in Christo Ramon Llull heiter, nüchtern und fromm auf ihre Weise das Koran-Wort (Sura 2) bezeugten, das Goethe in seinem „West-östlichen Divan" fortgedichtet hat:

Gottes ist der Orient!
Gottes ist der Okzident!
Nord- und südliches Gelände
Ruht im Frieden seiner Hände.

(1987)

Meister Eckhart

Lehrer der Gelassenheit und der Entgötzung Gottes

I.

„Euch belehrt und zu euch spricht ein liebwerter Meister, aber ihr begreift nichts davon. Er sprach aus der *Ewigkeit,* und ihr versteht es nach der *Zeit.*" Mit diesen Worten kennzeichnete bereits eine Generation nach Eckharts Tod sein Ordensbruder, der am Oberrhein wirkende Dominikaner Johannes Tauler, die Schwierigkeiten einer jeden Beschäftigung mit dem größten deutschen Mystiker. Wir wissen weder seinen Geburtstag noch kennen wir seinen Todestag und den Ort, wo er begraben wurde (vermutlich in Avignon, wo er sich vor dem Papst wegen Ketzerei zu verantworten hatte). Sicher ist nur, wie Kurt Ruh in seinem grundlegenden Eckhart-Buch feststellt, daß er die Schmach seiner Verurteilung nicht mehr erlebt hat: „Er, der die evangelische Lehre wie wenige gelehrt und sicher auch gelebt hat, starb im Rufe eines Irrlehrers, und bezeichnenderweise im ‚Elend' (‚außer Landes', ‚in der Fremde'), obschon am Sitz des damals in Avignon residierenden Papsttums, den ein Zeitgenosse, Petrarca, das ‚Babylon des Westens' nannte. Es ist gut, nicht zu wissen, unter welchen Umständen er starb, aber sicher in Gott."

Ebensowenig wissen wir, wie er aussah, da es kein authentisches Porträt von ihm gibt. Dessenungeachtet sind im Laufe seiner Wiederentdeckung vor bald zweihundert Jahren immer neue Eckhart-„Bilder" konstruiert worden. So gibt es einen romantischen und einen idealistischen, einen scholastischen und einen seinsphilosophischen und neuerdings sogar einen marxistischen Eckhart, wie die aktualisierenden Versuche von Ernst Bloch und Erich Fromm beweisen.

„Eckhart wird mit Recht der Meister genannt; er übertrifft alle Mystiker", bemerkte bereits Franz von Baader, der bedeutendste Vermittler mittelalterlicher Esoterik im 19. Jahrhundert. Friedrich Schlegel feierte ihn als einen der größten Denker nicht nur der Mittelalters, sondern der gesamten abendländischen Geistesgeschichte. Hegel erblickte in ihm seinen Vorläufer, doch ebenso deutete ihn Hegels Widersacher Schopenhauer als einen „rechten Beleg" für seine eigene Philosophie der Weltüberwindung: „Buddha, Eckhart und ich lehren im Wesentlichen dasselbe." Später widmeten ihm Karl Jaspers und Othmar Spann tiefschürfende Erörterungen, und Martin Heidegger bemerkt in seiner kleinen Schrift „Gelassenheit", daß von dem Meister „viel Gutes zu lernen ist". Sigrid Hunke interpretiert den Mystiker als einen der überragenden Sendboten einer eigenständigen religiösen Erneuerung Europas, während gleichzeitig japanische Zen-Buddhisten erstaunliche Übereinstimmungen zwischen den Lehren des mittelalterlichen Deutschen und fernöstlicher Metaphysik feststellen.

Eckhart, der ungefähr von 1260 bis 1328 lebte, also ein Zeitgenosse Dantes war, ist eine weit über den kirchlichen Raum hinaus wirksame geistesgeschichtliche Großmacht. Er zählt zu jenen Gestalten, von denen man ohne Übertreibung sagen darf, daß sie nur alle Jahrtausende auftreten. In dieser Hinsicht kann man ihn ohne weiteres mit Erscheinungen wie Buddha, Laotse, Plotin und vielleicht auch noch Nietzsche vergleichen. Es gibt von ihm Aussprüche, die beispiellos sind. Kein Deutscher vor ihm, keiner nach ihm hat so geredet. Ja, einige Worte von ihm lassen sich nur noch mit den gebieterischen Selbstbekenntnissen der größten Propheten und Religionsstifter aller Zeiten vergleichen: „Könntet ihr mit meinem Herzen erkennen, so verstündet ihr wohl, was ich sage; denn es ist wahr, und die Wahrheit selbst sagt es." — „Was ich euch gesagt habe, das ist wahr; dafür setze ich euch die Wahrheit zum Zeugen und meine Seele zum Pfande." — „Solange der Mensch dieser (durch Eckharts Rede vermittelten) Wahrheit nicht gleich ist, solange wird er dieses Wort nicht verstehen. Denn es ist eine unverhüllte Wahrheit, die da unmittelbar gekommen ist aus dem Herzen Gottes." — In seinem unausschöpflichen „Liber benedictus", dem für die ungarische Königin Agnes geschriebenen „Buch der göttlichen Tröstung", heißt es: „Mir genügt, daß in mir und in Gott wahr ist, was ich spreche und schreibe." Berühmt ist sein Gedanke vom „Seelenfünklein", mit dem der Mensch alle Wesen überragt und an der göttlichen Natur teilhat. Lauterkeit, Gelassenheit, Stille, Reinheit, Abgeschiedenheit, Freiheit und — immer wieder — Frieden sind die Kernwörter seiner kühnen und die offizielle kirchliche Theologie herausfordernden Lehre; viele uns heute selbstverständliche deutsche Ausdrücke, wie etwa auch „Eigenschaft", „Erbe", „Besitzung", „Gut" und „Habe", sind erst von ihm oder seinen unmittelbaren Schülern geprägt worden.

Eckharts Gedankenwelt entzieht sich den herkömmlichen Etikettierungen, handle es sich nun um „Theologie", „Philosophie", „Metaphysik" oder „Mystik". Vielleicht darf man sie in einem anspruchsvollen Sinne als *„Gnosis"* bezeichnen, wenn man darunter eine über die „normale" Theologie und religiöse Alltagspraxis hinausgehende Beschäftigung mit dem tieferen Sinn der Mysterien der Gottheit und den Versuch einer das gesamte eigene Dasein transformierenden und läuternden Erhellung des Urgrundes der Wirklichkeit versteht. Wobei hinzuzufügen ist, daß dieses „gnostische" Wissen seine Erfüllung in der Einsicht findet, daß der Gnostiker (oder wenigstens ein Teil seiner Seele) wesenseins mit der Gottheit sei. Auf diesem Punkte angelangt, erweist sich, daß Gott alles und die Welt nichts ist und der Mensch mit Gott als dem unmittelbar Gegenwärtigen identisch. Doch Eckhart geht noch weiter, indem er zwischen *„Gott"* und *„Gottheit"* unterscheidet. Beide seien so weit voneinander verschieden wie Himmel und Erde. Der vollkommene Mensch, die ganz gelassene Seele müsse am Ende auch noch bereit sein, Gott zu verlieren oder, wie Eckhart wörtlich sagt, „Gott um Gottes willen zu lassen". Nie zuvor wurde Gelassenheit tiefer, radikaler, paradoxer und herausfordernder gedacht. Doch diese Paradoxie ist in der „Sache" selbst begründet. Die Eckhartsche Gelassenheit ist mehr als eine bloß psychologische Eigenschaft, auch nicht zu verwechseln mit Resignation, Indifferenz oder dem, was man sonst eine stoische Haltung nennt. Sie ist eine bestimmte Grundhaltung und Daseinspraxis, die sich am Ende eines langen inneren Weges dazu aufschwingt, nicht nur die Dinge der Welt und ihre vielfältigen Reize, sondern auch Gott selbst — zu lassen: „Das Höchste und das Äußerste, was der Mensch lassen kann, das ist, daß er Gott um Gottes willen lasse".

Man könnte hier von einer Überwindung der Theologie mit den Mitteln der Theologie oder auch von einer radikalen „Entgötzung" Gottes sprechen. Dazu paßt auch die Tatsache, worauf Kurt Ruh nachdrücklich hinweist, daß die Vorstellung von Hölle, Teufel und Jenseitsstrafen bei Eckhart gänzlich fehlt, daß seine hohe und höchste Anforderungen an den nach dem „rechten" Leben strebenden Menschen stellende Lehre dennoch ohne asketische Härte ist.

Zweifellos sind dies Gedanken, die unaufhebbar immer nur Einzelne und Wenige ansprechen können. Eckhart selbst hat sich in dieser Hinsicht keine Illusionen gemacht und gleichwohl am Schluß einer Predigt das noble Wort gesagt: „Wer diese Rede nicht versteht, der bekümmere sein Herz nicht damit". Wer jedoch wenigstens in gewissen Stunden ein Organ für das hat, worum es Meister Eckhart geht, wird zumindest gelegentlich nach den Schriften des Meisters selbst greifen wollen. Auch heute noch, mehr als sechshundert Jahre nach seinem Tode, wirkt Eckhart wesentlich durch seine Sprachgewalt. Sie ist imstande, selbst Menschen, die sich keiner Kirche oder Konfession verbunden fühlen, unmittelbar anzusprechen. Blitzartig vermittelt sie eine Ahnung davon, daß es eine Wirklichkeit gibt, im Vergleich zu der alles, was uns sonst noch so real zu sein scheint, wie wesenlos und nichtig wirkt. Einer der Namen, die Eckhart dieser Wirklichkeit gibt, mag uns heute besonders ansprechen: der *Friede*. „Denn so viel bist du in Gott, so viel in Frieden du bist, und so viel außer Gott, wie du außer Frieden bist. Ist etwas in Gott, so hat es Frieden, so viel in Gott, so viel in Frieden."

II.

Das deutsche Wort Gelassenheit, das in anderen Sprachen kaum eine Entsprechung hat, stammt aus der mittelalterlichen Mystik. Von Meister Eckhart, der um das Jahr 1300 wirkte, sind einige Predigten über die Tugend der Gelassenheit überliefert, und Jakob Böhme, der vor über vierhundert Jahren geborene Barock-Mystiker, hat ein eigenes Büchlein „Von der wahren Gelassenheit" verfaßt.

Sprachwurzel des schönen deutschen Wortes „Gelassenheit" ist „lassen". Es bedeutet soviel wie: „ablassen von etwas", „etwas loslassen". Der gelassene Mensch ist bereit, die Dinge und Ereignisse, die uns beständig bedrängen, zu lassen. Das heißt nicht, daß er sich ihnen gegenüber passiv oder gleichgültig verhält oder daß er sie nicht ernst nimmt. Es bedeutet jedoch, daß er im Innersten seines Wesens ruhig ist, sich nicht in unfruchtbare Aufgeregtheit und Verwirrung treiben läßt. Gelassenheit zeigt sich in einer letzten Distanz — auch dann, wenn der gelassene Mensch sich für Dinge, Mitmenschen oder Ideale engagiert oder sich auf sie „einläßt". Diese Distanz bewahrt er auch gegenüber sich selbst — seinen Wünschen, Vorlieben, Parteinahmen. Er ist imstande, von sich selber zu lassen, was ihm natürlich nicht automatisch zufällt, sondern das Ergebnis immer wieder erneuter Übung ist.

„Wer das Wort Gottes hören will, der muß gänzlich gelassen sein", heißt es bei Meister Eckhart. Gelassen ist, wer alles gelassen hat. Das Wesen der Gelassenheit besteht darin, sich selbst *und* alle Dinge, wie der Mystiker ausdrücklich sagt, zu lassen: „Wer gelassen hat und gelassen ist und nie mehr auch nur einen einzigen Blick wirft auf das, was er gelassen hat — der Mensch allein ist gelassen." Bei Angelus Silesius, in dessen „Cherubinischem Wandersmann" die Grundgedanken der deutschen Mystik einen dichterisch vollendeten Ausdruck gefunden haben, findet sich unter der Überschrift „Das Etwas muß man lassen" der zweizeilige Vers:

Mensch, so du etwas liebst, so liebst du nicht fürwahr;
Gott ist nicht dies und das, drum laß das Etwas gar.

Statt Gelassenheit steht bei den Mystikern oft auch der Ausdruck „Abgeschiedenheit". Meister Eckhart sagt: „Wer ungetrübt und lauter sein will, der muß eines haben: Abgeschiedenheit."

*

Es ist noch nicht lange her, als sich christliche Theologen, vor allem protestantische, in apodiktischen Verdammungsurteilen über die Mystik ergingen. Mystische Religiosität, so hieß es etwa bei Emil Brunner, dem zeitweiligen Gefolgsmann Karl Barths, sei biblisch-christlicher Gläubigkeit diametral entgegengesetzt. Diese Auffassung hat erst vor kurzem Franz Hesse wiederholt.

Verdikte dieser Art gehen davon aus, daß Mystik im Grunde Pantheismus sei und auf eine Leugnung der Transzendenz Gottes hinauslaufe. Es ist nicht zu leugnen, daß es auch solche Formen von Mystik gibt. Doch jeder Kenner der christlichen, jüdischen und islamischen Mystik wird bestätigen können, daß hier nicht einer Auflösung des Unterschieds zwischen menschlicher Individualität und dem absoluten Sein Gottes das Wort geredet wird. Vielmehr ist die schlechthinnige Transzendenz Gottes die Bedingung der Möglichkeit mystischer Einigung mit Gott. Der Mystiker opfert seine Individualität so wenig auf, wie Gott zu einer visionären Projektion des ekstatisch aus seinem Alltagsleben heraustretenden Menschen wird. Wer die Briefe des Apostels Paulus und das Johannes-Evangelium aufmerksam liest, dem wird unmöglich entgehen, daß christliche Mystik kein Widerspruch in sich ist, daß der Mystik im Christentum ein legitimer Platz zukommt. Dies ist auch die Auffassung Henri Bergsons, der in seinem 1932 erschienenen Buch „Die beiden Quellen der Moral und der Religion" sogar den Satz sagt: „Die vollständige Mystik ist in der Tat die Mystik der großen christlichen Mystiker." Weit davon entfernt, eine pathologische Erscheinung zu sein, bedeute Mystik vielmehr einen Gipfel geistiger Gesundheit. Gewiß könne Mystik parodiert oder von Kranken und Narren äußerlich nachgeäfft werden. Doch ist damit bewiesen, daß

Mystik selbst Wahnsinn sei? Bergson beantwortet diese Frage mit einem geistreichen Vergleich: „Wenn sich ein Geisteskranker für einen Kaiser hält, wird er seinen Bewegungen, seinen Worten, seinen Handlungen systematisch eine napoleonische Haltung geben, und eben darin besteht sein Wahnsinn; aber wird Napoleon davon irgendwie berührt?"

Mystik pflegt aufgeklärte, auf ihr kritisches Bewußtsein stolze Menschen meistens abzustoßen. Wenn von Mystik die Rede ist, denken sie überwiegend an Visionen, Ekstasen und andere außergewöhnliche Zustände, die einzelnen Mystikern zuteil geworden sind. Es ist nicht zu bestreiten, daß es schwierig ist, auf diesem Gebiet zwischen dem Anomalen und dem Krankhaften, zwischen echter Begnadung und bloßer Schwärmerei zu unterscheiden.

Doch eben dies war auch die Meinung der großen Mystiker selbst. Sie haben immer wieder vor Visionen gewarnt, die nur Halluzinationen sind. Sie haben stets zwischen Mystik und Rausch unterschieden. Und ihren eigenen Visionen, sofern sie überhaupt welche hatten, haben sie im allgemeinen nur eine sekundäre Bedeutung beigemessen; sie waren ihnen, wie Bergson sagt, „Zwischenfälle auf dem Wege". Sie blieben dabei nicht stehen wie am Ziel einer Reise. In diesem Sinne sagt Meister Eckhart: „Wäre der Mensch so in Verzückung, wie's Sankt Paulus war, und wüßte einen kranken Menschen, der eines Süppleins von ihm bedürfte, ich erachtete es für weit besser, du ließest aus Liebe von der Verzückung ab und dientest dem Bedürftigen in größerer Liebe."

Auch Jakob Böhme stand seinen mystischen Erfahrungen durchaus kritisch gegenüber, sie waren ihm nicht Selbstzweck. Als er im Jahre 1600 sein berühmtes Zinnkrug-Erlebnis hatte und gleichsam in den Weltinnenraum zu blicken vermochte, da ging er aus seiner Schusterstube hinaus in die grünenden Auen an der Neiße, um sich auf diese Weise seine vermeintlichen Phantasien aus dem Kopf zu schlagen. Als er nicht länger daran zweifelte, daß hier mehr als Tagträumerei oder ähnliches im Spiele war, habe er, wie sein erster Biograph berichtet, stille geschwiegen, Gott gelobt und, gegenüber jedermann freundlich, seine häuslichen und beruflichen Obliegenheiten umsichtig besorgt und „von solchem seinem empfangenen Lichte und inneren Wandel mit Gott und der Natur wenig oder nichts gegen jemanden gedacht".

Mit einem schönen Wort Hölderlins könnte man den Zustand des wahren Mystikers so umschreiben: „heilig-nüchtern". Nicht Schwärmerei, Überspanntheit und rauschhafte Weltflucht charakterisieren den wahren Mystiker, sondern heilig-nüchterne Gelassenheit und Freiheit.

*

Gelassenheit, diese kostbare Frucht mystischen Aufschwungs, gehört zu jenen Tugenden, die heute besonderer Übung und Pflege bedürfen. Es gibt Stufen der Gelassenheit, von denen die höchsten gewiß nur mit äußerster Anstrengung zu erlangen sind, wenn sie nicht überhaupt den Bereich des Machbaren und Erlernbaren übersteigen. Doch hat Gelassenheit, so sehr ihre sublimsten Auswirkungen in eine Dimension hineinragen, die man die der Heiligkeit nennen kann, durchaus auch erdennähere, „weltlichere", auch für „Nichtmystiker" zugängliche Stufen. Darauf hat Martin Heidegger in einer vor dreißig Jahren gehaltenen Rede hingewiesen, die später unter dem Titel „Gelassenheit" in einem schmalen Bändchen veröffentlicht wurde. Unter ausdrücklicher Bezugnahme auf Meister Eckhart hat auch der aus Estland stammende Rechtsphilosoph Ilmar Tammelo das Thema in seinem Buch „Zur Philosophie des Überlebens" (Freiburg-München 1975) erneut aufgegriffen. Tammelo bemerkt zu recht, daß das „Lassen der Welt", von dem die Mystiker sprechen, keineswegs bedeutet, daß wir uns um unsere alltäglichen Pflichten nicht kümmern sollen. Es bedeutet vielmehr eine bestimmte Haltung, die man, wenigstens auf ihren ersten Stufen, mit Ausdrücken wie Gleichmut und Gemütsruhe umreißen kann. Diese Haltung ist nicht zu verwechseln mit kraftloser Resignation und passivem Quietismus. Sie ist im Grunde nur dialektisch zu fassen. Sie bedeutet Distanz zu den Dingen, Losgelöstheit von der Unbeständigkeit der Welt und — in letzter Vollendung, die freilich nur in gleichsam aus der Zeit herausfallenden Augenblicken möglich ist — jene metaphysische Heiterkeit, die in Goethes Vers aufblitzt:

Und alles Drängen, alles Ringen
Ist ewige Ruh' in Gott dem Herrn.

*

„*Loslassen*" — das ist der eine Aspekt der Gelassenheit. Er hängt innig mit einer Fähigkeit zusammen, die schon seit langem nicht kultiviert, ja geradezu verhöhnt und geächtet wird, obwohl sie zur Zeit der deutschen Klassik und auch noch in den Werken Adalbert Stifters oder Theodor Fontanes einen hohen Rang einnahm: zu *entsagen.* Der andere Aspekt der Gelassenheit ist das „*Seinlassen*". Der gelassene Mensch ist bereit, den Dingen und Ereignissen ihre Eigenart zu lassen, daß heißt: er will sie nicht gewaltsam nach seinen subjektiven Vorstellungen zurechtbiegen; er bringt die Geduld auf, sie in ihrem Wesen wahrzunehmen, ihnen gleichsam zu lauschen. Und deshalb hängt Gelassenheit auch mit Gerechtigkeit zusammen, die jedem das Seine gewährt oder — läßt.

Meister Eckhart nennt den in der Abgeschiedenheit zu sich selbst gekommenen, „wesentlich" gewordenen Menschen den „Gerechten". Der Gerechte ist nicht einfach derjenige, der kein Unrecht tut, sondern dessen Sein eine gewisse Vollkommenheit und Integrität ausstrahlt, die sich nicht innerlich verschließt, sondern „ohne Warum" in die Welt hineinwirkt. Gerechtigkeit besteht, nach einer alten römischen Formel, im *suum cuique dare,* also darin, daß jedem das Seine gegeben wird.

Gerechtigkeit ist eine hohe Tugend, die im Laufe der Geschichte die sich auf sie Berufenden immer wieder zu Unduldsamkeit, Fanatismus und Gewalt verführt hat. Gelassenheit vermag vor solcher Pervertierung zu bewahren. Gelassenheit hindert die Gerechtigkeit daran, in bloße Rechthaberei zu entarten. Gelassenheit weiß darum, daß die Verwirklichung der Gerechtigkeit unmöglich ist, wenn darunter bloß ein Tatbestand sozialer Geometrie, die Herstellung einer vom Dasein gerechter einzelner unabhängigen total gerechten Gesellschaftsordnung verstanden wird.

Es gibt keine Gerechtigkeit ohne Gelassenheit. Gelassenheit macht es erst möglich, unbefangen zu prüfen, was jemandem gebührt — und auch allen das Gebührende zu geben. In der Lehre Meister Eckharts ist Gelassenheit die notwendige Bedingung von Gerechtigkeit. Die Fähigkeit, alles gelassen anzunehmen und sein zu lassen, befreit uns von übertriebener Angst, Gier und Gereiztheit, die so oft alles Reden über und Streben nach Gerechtigkeit vergiften. Die Verfassung der Gelassenheit, in der wir alles gleichmütig gefaßt annehmen, gewährt uns im Umgang mit Menschen und Dingen Gelöstheit und Ruhe, aber auch die Möglichkeit zu jener Teilhabe, die darum weiß, daß wir sehr viel haben können, wenn wir von dem, was wir haben oder auch haben wollen, nicht besessen sind.

Charles Péguy sagt: „Alles beginnt in Mystik und endet in Politik." Hinter jeder Politik steht eine bestimmte Mystik. Péguy wußte freilich auch, daß jede politische Ordnung in dem Maße verfällt, in dem sie den Geist der Mystik aufzehrt, der sie aus sich geboren hat. Die mystische Tugend der Gelassenheit bedeutet nicht kraftlose Resignation und feige Weltflucht. Der Gelassene, der die Anstrengung der Distanz zu leisten vermag, ist nicht nur *von* der Welt, sondern auch *für* die Welt frei. Ein namenloser Autor wußte um dieses Geheimnis, als er die Bitte aussprach:

Gib mir die Gelassenheit,
Dinge hinzunehmen, die ich nicht ändern kann;
Gib mir den Mut,
Dinge zu ändern, die ich ändern kann;
Und gib mir die Weisheit,
Das eine vom andern zu unterscheiden.

(1975, 1985)

Sigmund von Herberstein

Ein österreichischer Diplomat als „Kolumbus Rußlands"

Rußland, an das heute jeder Deutsche tagtäglich zu denken gezwungen ist, spielte im Mittelalter kaum eine Rolle im Denken des deutschen Volkes. Einer der Gründe dafür lag darin, daß das Siedlungsgebiet der Russen damals nur einen Bruchteil des heutigen Herrschaftsbereichs der Sowjetunion ausmachte. Es reichte nur wenig über das Flußsystem des nördlichen und mittleren Dnjepr hinaus. Sogar Ereignisse wie der Sieg Alexander Newskijs über die Deutschordensritter am Peipussee im Jahre 1242 — ein Triumph, der in allen russischen Geschichtsbüchern eingehend gewürdigt wird — blieben in deutschen Landen nahezu unbemerkt. Einen Sonderfall bildeten einzig die Beziehungen zu Nowgorod, von den Deutschen „Neugarten" genannt, wo sich hanseatische Kaufleute niedergelassen hatten und den Fernhandel über die Wolga bis nach Persien und China weitgehend beherrschten. Doch Nowgorod war nicht Rußland. Es verkörperte die am meisten „mitteleuropäische" oder „abendländische" Seite des Russentums, den Gegenpol zu Moskau und seinem Absolutismus. Während des vierzehnten und fünfzehnten Jahrhunderts waren dann durch den Tatarensturm große Teile Rußlands weltgeschichtlich aus dem Verkehr gezogen. Mächte wie Schweden, Livland und vor allem Litauen-Polen drängten es vom Westen her zurück, während der Osten und Süden des Landes sich unter tatarischem Joch befand. Rußland, das im zehnten Jahrhundert ein eindrucksvolles und zusammenhängendes Staatswesen besessen hatte, war in eine Vielzahl kleiner Fürstentümer zersplittert, die den mongolischen Tataren tributpflichtig waren. Die Europäer konnten es sich damals ohne Schaden erlauben, das Vorhandensein dieser Fürstentümer zu ignorieren. Sie standen nicht einmal vor der Frage, ob und inwiefern diese Gebiete im Osten zu Europa gehörten oder nicht. Zu einer wirklichen Begegnung kam es erst im sechzehnten Jahrhundert, als unter der Führung Moskaus die mongolische Herrschaft abgeschüttelt worden war. Damals hörten viele Deutsche überhaupt zum ersten Male von einem Reich im Nordosten, das sich in mancher Hinsicht von den Ländern des übrigen Europa unterschied. In diesem Zusammenhang muß ein Österreicher erwähnt werden, der vor fünfhundert Jahren, am 24. August 1486, geboren wurde: *Sigmund von Herberstein.* Ihm verdanken die Europäer den ersten detaillierten und zuverlässigen Bericht über Rußland. Er ließ ihn zuerst in lateinischer Sprache im Jahre 1549 in Wien veröffentlichen: „*Rerum Moscoviticarum Commentarii*", dem er dann 1557 eine eigene deutsche Übersetzung folgen ließ. Man hat diese „Darstellung der moskowitischen Verhältnisse" (eine Neuausgabe erschien 1984 unter dem Titel „Das alte Rußland" im angesehenen Manesse Verlag, Zürich) mit der „Germania" des Tacitus verglichen.

Herbersteins Rußlandbuch ist das Ergebnis zweier diplomatischer Reisen, die er im Auftrag der Kaiser Maximilian I. und Ferdinand I. in den Jahren 1517/18 und 1526/27 zum Moskauer Großfürsten Wassilij III. unternommen hatte. Wassilij III., der von 1505 bis zu seinem Tode am 3. Dezember 1533 regierte, war der älteste Sohn aus der zweiten Ehe Iwans III. mit Zoë-Sophia, der Nichte des letzten oströmisch-byzantinischen Kaisers aus der Dynastie der Palaiologen. In erster Ehe mit einer Moskauer Bojarin tatarischer Abstammung verheiratet, ehelichte Wassilij III. 1526 Helene, eine Nichte des aus Litauen stammenden Fürsten Michael Glinskij. Helene gebar am 25. August 1530 einen Sohn, der den Namen des Großvaters erhielt: Iwan. In die Geschichte ist er als „*Iwan Groznyj*" eingegangen, als Iwan „der Schreckliche" (wie die nicht ganz zutreffende deutsche Übersetzung lautet, die sich seit langem eingebürgert hat).

Wer aber war Sigmund von Herberstein? Wie kam er dazu, Rußland zu besuchen? Und welche Eindrücke brachte er von dem aufstrebenden Staat im Nordosten Europas nach Hause, um sie durch sein Buch, das in vielen Auflagen erschien, einer wißbegierigen Leserschaft zu vermitteln?

Herberstein entstammte einer Nebenlinie des ursprünglich steiermärkischen Adelsgeschlechts derer von Herberstein. Noch heute steht die gleichnamige Stammburg auf dem Felsplateau über der Klamm des mittleren Feistritztales, um 1230 erstmals urkundlich erwähnt, mit Katharinen- und Georgskapelle, „Florentinerhof", Rüstkammer, Tiergehege und Zisterne. Herbersteins Vater war in Istrien und Krain (seit 1919 zu Jugoslawien gehörig) begütert, und in Wippach (Vipava) in Krain kam Sigmund am 24. August 1486 zur Welt. Er lernte bereits als Kind neben dem Deutschen die slowenische Sprache, dann auch Latein. Die Kenntnis des Slowenischen — der „windischen" Sprache, wie er sie stets nannte — war ihm nicht nur im Umgang mit den slowenischen Bauern seiner Güter nützlich, sondern später vor allem auch auf seinen zahlreichen Missionen im Osten. Er vermochte sich nämlich vermittelst dieser slawischen Sprache zumindest notdürftig mit polnischen und russischen Unterhändlern zu verständigen. Darüber hinaus konnte er als Erwachsener das Griechische wenigstens lesen und verfügte auch über Kenntnisse des Italienischen, Französischen und Spanischen. Seine Bildung, erworben in der Domschule zu Gurk, in der Stadtschule zu Wien und schließlich an der Wiener Universität, aber auch durch intensive Lektüre und Umgang mit Gelehrten, war damit höher und vielseitiger als in seinen Standeskreisen damals üblich. Neben ausgeprägten sprachlichen, historischen und erdkundlichen Interessen pflegte er das Studium der Rechte. Im Jahre 1506 begab er sich an den kaiserlichen Hof Maximilians I., wo er eine ritterliche Erziehung empfing und höfische Sitten kennenlernte. Er trat in kaiserliche Dienste, wurde mit hohen Ämtern betraut und erhielt schließlich für seine Verdienste den Freiherrntitel (1537) und die Würde eines Erbkämmerers und Erbtruchsessen von Kärnten (1556). Seine 1522 geschlossene Ehe blieb kinderlos. Eine Zeitlang hatte er auch das Amt eines Landrates in der Steiermark inne, von 1543 an besaß er Sitz und Stimme im Kriegsrat, hinzu kam seine Tätigkeit als Vorsitzender der Niederösterreichischen Kammer und in der kaiserlichen Finanzverwaltung. Die damit verbundenen Aufgaben hat Herberstein zweifellos umsichtig und pflichtbewußt erledigt; doch wenn er sonst nichts getan hätte, wäre sein Name schon längst vergessen.

Nicht als Beamter, sondern als Diplomat erlangte er Ruhm, obwohl er diesen zweiten Beruf offiziell gewissermaßen nur als Nebenbeschäftigung ausübte. Berufsdiplomaten, wie wir sie heute kennen, gab es zu jener Zeit noch nicht. Es war üblich, daß der Herrscher eine Person seines Vertrauens mit einer bestimmten Mission auf Zeit beauftragte. Die Einrichtung ständiger Vertreter der Regierung im Ausland befand sich damals noch in keimhaftem Zustand. Die meisten Diplomaten waren somit bloße Sonderbotschafter. In dieser Funktion war auch Herberstein tätig. Fast vierzig Jahre hindurch unternahm er diplomatische Reisen durch fast ganz Europa, insgesamt neunundsechzig. Dreißig Missionen führten ihn nach Ungarn, fünfzehn nach Polen, etliche nach Frankreich, eine nach Dänemark und, wie schon gesagt, zwei nach Rußland. Die erste Rußlandfahrt unternahm er im Auftrag Maximilians I., der sich kurz zuvor mit den Jagiellonen geeinigt hatte. Herberstein sollte einen Waffenstillstand zwischen Polen-Litauen und dem Moskauer Staat vermitteln. Ein solcher war um so wünschenswerter, als die Habsburger von einer großen christlichen Liga gegen die Türken, die damals bereits das Reich bedrohten und den Balkan überrannt hatten, unter Teilnahme Rußlands träumten. Herberstein blieb ein Erfolg versagt. Die zweite Reise nach Moskau scheint der kaiserliche Diplomat in erster Linie unternommen zu haben, um möglichst viele Nachrichten über das ostslawische Reich, insbesondere auch über dessen religiöse Verhältnisse, für den Herrscher zu sammeln.

Seinen Rang verdankt Herberstein dem Buch, in dem er die Erfahrungen seiner beiden Reisen und das, was ihm durch Berichte anderer bekannt wurde, zu einem umfassenden Bild des Moskauer Staates gestaltete. Er habe, versichert Herberstein, als Botschafter „das Land und die Stadt Moskau und viel von ihren Sitten und Gebräuchen gesehen“: „Darum vermag ich nicht allein vom Hörensagen, sondern als einer, der es zum Teil selbst gesehen hat, Kundschaft zu geben, und habe das nicht mit hochgesetzten, sondern offenen, gemeinen deutschen Worten den Nachkommenden zum Gedächtnis dartun und beschreiben wollen." Der Verfasser stützte sich nicht nur auf eigene Erlebnisse und Beobachtungen, sondern zog auch eine Fülle von Quellen und Zeugnissen heran, die er im Lande selbst ausfindig gemacht hatte; außerdem suchte er zuverlässige Gewährsleute, und er erwähnt auch an etlichen Stellen die Informanten, von deren Auskünften er Gebrauch machte. Begabt mit humanistischer Bildung, unersättlicher Neugier, kritischem Sinn und psychologischer Einfühlung trug er seine Materialien und Erkenntnisse zusammen und komponierte daraus ein Buch, das zu einem Standardwerk der Rußlandkunde wurde und die europäische Sicht des Ostens jahrhundertelang prägte. Mit ihm erwarb er sich einen Ehrenplatz in der Geschichte der Entdeckung Osteuropas. Welcher Rang ihm zukommt, bezeugen die Worte des Historikers Walter Leitsch in seinem Epilog zur jüngsten deutschen Neuausgabe, die im Manesse Verlag erschienen ist:

„Im Vergleich zu anderen Berichten über den Moskauer Staat und später über das Russische Reich bis weit in das neunzehnte, ja sogar zwanzigste Jahrhundert hinein ist der kühl distanzierte Tonfall und das Bemühen Herbersteins um eine möglichst objektive Betrachtungsweise hervorzuheben. Ihn interessierte das Anderssein der Moskauer, er suchte nicht nach Anlässen, das Schlechtersein hervorzuheben. Ungefähr hundert Jahre lang galt der Bericht Herbersteins als die beste Informationsquelle über den Moskauer Staat. Erst im Jahre 1655 brachte Adam Olearius ein Werk heraus, das man als vollen Ersatz betrachten konnte, wenn auch Olearius die eine oder die andere Thematik nicht ganz so ausführlich wie Herberstein behandelte. Herberstein setzte für spätere Autoren einen Qualitätsstandard. Jeder Verfasser eines Werkes über den Moskauer Staat mußte nach 1549 damit rechnen, daß man sein Werk an dem Herbersteins messen würde. Daher hat er viel dazu beigetragen, daß auch in den folgenden Jahrhunderten eine ganze Reihe von wirklich guten Büchern über den Moskauer Staat geschrieben wurden."

Die „Rerum Moscoviticarum Commentarii" bilden auch für die russische Geschichtsschreibung bis heute eine unersetzliche

Quelle, aus der jeder schöpft, der über die Lage des Landes in der ersten Hälfte des sechzehnten Jahrhunderts Aufschlüsse zu gewinnen wünscht. Herberstein behandelt nämlich in seinem Buch viele Lebensbereiche, über die keine schriftlichen Zeugnisse aus Rußland selbst vorliegen. Dies gilt insbesondere für die alltäglichen Lebensumstände und die Mentalität der Bewohner des damaligen Großfürstentums Moskau und seiner Nachbarn. Anschaulich, vorurteilslos und witzig geschrieben, ist Herbersteins Moskau-Buch auch für den historischen Laien eine vergnügliche Lektüre. Noch immer trifft zu, was ein Übersetzer anno 1653 dem Autor bescheinigte: „Der Leser vermeint, er ziehe mit ihm hinein, besichtige des Großfürsten Hof und ziehe dann wieder mit ihm heraus in deutsche Nation."

Erstaunlich ist nicht nur die Vielfältigkeit der von Herberstein benützten und verarbeiteten Auskünfte, Beobachtungen und Belege, sondern auch die thematische Reichweite seiner „Commentarii".

Er gibt einen Überblick über die geschichtliche Entwicklung von den Warägern bis zu Wassilij III., dem es gelang, die freie Handelsrepublik Pskow (Pleskau) seinem Reiche einzuverleiben, ähnlich wie schon sein Vater dem unabhängigen Stadt-Staat Nowgorod das Lebenslicht ausgeblasen hatte.

Wir erfahren von den Titeln und Würden des Großfürsten, der schon damals den Rang eines Zaren oder Imperators beanspruchte, und von den Riten der Krönungsliturgie in der Mariä-Himmelfahrts-Kathedrale des Moskauer Kreml.

Mit besonderer Ausführlichkeit verweilt der Verfasser bei der Darstellung des kirchlichen Lebens und der religiösen Bräuche, was nicht erstaunlich ist, da im Zeitalter der Reformation und der Bedrohung durch die islamischen Türken Fragen der Theologie und das Problem eines gemeinsamen Vorgehens der christlichen Völker naturgemäß auf allgemeines Interesse stießen. Herberstein informiert über Priestertum, Klosterwesen und Bischofsamt, Bilderkult, Feiertage und Fastengebote, Sakramentenempfang, Ehegesetze und geistliche Gerichtsbarkeit im orthodoxen Rußland. Wie weit der Graben zwischen russischer und lateinischer Kirche damals schon aufgerissen war, verrät die Bemerkung, daß der Zar den Papst wie keinen Menschen sonst hasse: „Er nennt ihn nur einen Doktor." Bei Besuchen wird in Rußland nicht der Gastgeber zuerst begrüßt, sondern die Wand mit den Ikonen: „Ein jeder hat in seinem Haus oder Zimmer Bilder von Heiligen, gemalt oder gegossen, über seiner Sitzstatt an ehrbarem Platz. Wenn ein Gast kommt und in das Gemach tritt, entblößt er gleich das Haupt und sieht sich um, wo das Bild ist. Hat er das ersehen, bekreuzigt er sich dreimal, neigt das Haupt und sagt: ‚Herr erbarm.' Dann erst grüßt er den Wirt mit diesen Worten: ‚Gott gebe dir Gesundheit.' Nun bieten sie sich die Hände, küssen einander, neigt ein jeder den Kopf gegen den andern. Und zugleich schaut einer auf den andern, damit er sich nicht zu wenig neigt und herabläßt, denn jeder will für höflicher gelten. Und so verbeugen sie sich drei- und viermal, je länger, je tiefer, und erweisen sich Ehre."

Herberstein berichtet über Post- und Münzwesen, über Zoll und Handel und beschreibt eingehend die Landschaften und Städte, den Verlauf seiner Fahrten und die meist überaus beschwerlichen Reisebedingungen. Diese Abschnitte waren damals insbesondere für Kaufleute und Diplomaten wichtig, da es in jener Zeit noch gar keine zuverlässigen Karten gab. Ein sehr umfangreiches und amüsantes Kapitel schildert die Prozeduren der Etikette, denen sich Botschafter und Gesandte unterwerfen müssen, wenn sie bis zum Kreml vordringen und vom Zaren höchstpersönlich empfangen werden wollen.

Manche Aussagen über die politischen Verhältnisse muten uns, obwohl sie vor mehr als vierhundert Jahren formuliert wurden, eigentümlich vertraut an. Bereits Herberstein bemerkt den despotischen Charakter der Herrschaft des Zaren und die beispiellose Unterwürfigkeit der Bevölkerung:

„Durch die Macht, die er über seine Untertanen ausübt, übertrifft er alle Monarchen dieser Welt ... Er unterdrückt alle gleich durch die grausame Sklaverei ... Er übt seine Macht über Geistliche wie über Weltliche und verfügt ohne Widerstand nach seinem Willen über das Leben und Eigentum aller." Er stellt fest: „Alle im Lande nennen sich ihres Fürsten verkaufte Knechte ...

Das Volk ist von solcher Natur, daß es sich der Leibeigenschaft mehr als der Freiheit freut."

Herberstein gelangt zu der Vermutung, daß die Moskauer von der Allmacht und Allwissenheit ihres Großfürsten überzeugt seien; nach ihrer Meinung ist der Herrscher Stellvertreter Gottes auf Erden. Er fragt sich, „ob solch ein Volk eine solche Herrschaft haben muß oder ob die grausame Herrschaft so untaugliches Volk macht."

Er erwähnt verschiedene Fälle, in denen der Zar ganze Gebiete unter fadenscheinigsten Vorwänden überfiel und unterjochte. So etwa wurde das einst stolze Nowgorod der Knute Moskaus unterworfen:

„Da aber der Großfürst noch nicht die volle Gewalt über sie hatte und ohne Waffen auch nicht zu bekommen hoffte, erdachte er als Weg, daß er vorgab, sie wollten vom russischen Glauben abfallen; und er kam mit seinem Heere hin, als wollte er sie im Glauben erhalten. So gelangte er in die Stadt, nahm sie in ewige Dienstbarkeit und beraubte gänzlich den Erzbischof, die Bürger, Kaufleute und Ausländer. Wie ich von vielen vernommen, hat er mehr als dreihundert Wagen, beladen mit Gold, Silber, Edelgestein, kostbaren Sachen und anderem, dazu den Erzbischof und auch Bürger mit nach Moskau gebracht. Ihre Häuser gab er andern zu bewohnen ..."

Um die „reine Lehre", die in einer bestimmten Region der Moskauer Interessensphäre angeblich gefährdet ist, tatkräftig zu schützen, werden Städte und Länder, die es versäumten, sich militärisch zu rüsten, überfallen und annektiert, werden ganze Volksgruppen oder Klassen enteignet, entrechtet, verschleppt und zwangsweise fern von ihrer angestammten Heimat angesiedelt, wird deren Habe zuverlässigen Komplizen des Eroberers übergeben — das Schicksal Nowgorods zwischen 1478 und 1489.

Ähnlich, wenige Jahre später, nur ein Dezennium vor Herbersteins erster Rußlandmission das Schicksal der Stadtrepublik Pskow (Pleskau):

„... sie hatte ein großes Gebiet als freie Stadt. Aber der Großfürst hat sie im Jahre 1509 durch Verrat einiger Geistlichen eingenommen, hat die Glocke, womit sie bis dahin, den gemeinsamen

Nutzen zu ordnen, die Ratsversammlung zusammengeläutet hatten, hinweggeführt und die Stadt in ewige Dienstbarkeit gebracht. Die Einwohner wurden herausgenommen und anderwärts verteilt, Moskowiter an ihrer Stelle hineingesetzt und damit Sittlichkeit, Menschlichkeit und gute Art ganz zum Schlechten verkehrt ..."

Obzwar der Zar ein rigoroses Regiment ausübt, gedeihen allenthalben im Moskauer Staat Bestechlichkeit, Korruption und Tücke:

„... Wiewohl der Fürst unmäßig streng, ist trotzdem das Recht bei ihnen geradezu öffentlich käuflich. Eines einzigen Edelmanns Zeugnis gilt mehr als das von vielen aus dem gemeinen Volk."

Von den Moskowitern weiß Herberstein zu berichten:

„Sie handeln mit viel Betrug und List. Ausländern verkaufen sie alle Sachen teurer. Sobald sie anheben zu schwören und Zeugen anzurufen, wollen sie betrügen." Und an späterer Stelle: „Das Volk zu Moskau ist listig und betrüglich vor allen andern, zumal in Verträgen biegen sie ihre Treue. Das ist bekannt, und sie wissen es auch selber gut; wenn sie mit Ausländern Handel haben, verleugnen sie sich, damit sie mehr Vertrauen erlangen, und nennen sich nicht Moskowiter, sondern Fremde."

Rußland erscheint schon damals als eine „geschlossene Gesellschaft", mißtrauisch gegenüber allem, was von „draußen" kommt, ja ausgesprochen fremdenfeindlich, in ständiger Furcht vor Verrat, Spionage und „Diversion" (wie es später im kommunistischen Jargon heißen wird), und diese Furcht dient als Rechtfertigung für Bespitzelung und Einschränkung der Bewegungsfreiheit aller Bürger.

Bemerkenswert ist, daß bereits Herberstein mit Erstaunen einen gewissen masochistischen Zug in der russischen Volksseele feststellt. Als bizarres Kuriosum sei die Stelle angeführt, in der eine Moskowiterin Prügel als Zeichen ehelicher Liebe würdigt:

„Es lebt in Moskau ein deutscher Kugelschmied und Büchsenmeister, Jordan genannt, von Hall im Inntal. Der nahm eine Russin zum Weibe. Als sie schon lange beieinander gewesen, spricht sie einmal freundlich zu ihm: ‚Warum hast du mich nicht lieb?' Er sagt, er habe sie sehr lieb. Dagegen sie: ,Ich habe von dir kein Zeichen davon.' Er fragt, was für ein Zeichen sie wolle. ,Du hast mich noch nie geschlagen', spricht sie. Darauf sagt er, er hätte nicht gedacht, daß Schläge Zeichen der Liebe seien; es soll aber auch an dem nicht fehlen. Nicht lange danach schlug er sie unbarmherzig, und er selbst hat mir gesagt, daß sie ihm so viel Liebe zuvor nie erzeigt hätte. Das übte er mehr und mehr. Zuletzt, während wir in Moskau waren, schlug er ihr Schenkel und Schädel ein."

Auch wenn man sich vor allzu weitgehenden historischen Analogien hüten sollte, so sind dennoch gewisse auffallende Übereinstimmungen nicht nur mit der jüngsten Vergangenheit, sondern sogar noch mit der sowjetischen Gegenwart nicht zu übersehen. Manche Beobachtungen und Diagnosen Herbersteins kehren, nur unwesentlich abgewandelt, in den neuesten Veröffentlichungen russischer Dissidenten und Regimekritiker, etwa vom Schlage eines Alexander Sinowjew oder einer Tatjana Goritschewa, wieder.

Sigmund von Herberstein, der achtzigjährig am 28. März 1566 in Wien starb, ist der Verfasser des ersten brauchbaren Handbuchs der Rußlandkunde und ein Ahnherr altösterreichischer Osteuropadiplomatie. Er verkörpert auch heute noch in vorbildlicher Weise die Gestalt eines Mannes, der im Dienste seiner Regierung außenpolitisch tätig ist, mit Vertretern anderer Staaten verhandelt und die im auswärtigen Dienst gewonnenen Erkenntnisse seinen Auftraggebern loyal zur Verfügung stellt. Ein guter Diplomat muß über Beobachtungsgabe, Menschenkenntnis, Einfühlungsvermögen, Augenmaß, Diskretion und Takt verfügen. Umfassende historische Kenntnisse, insbesondere Vertrautheit mit der Geschichte des Landes, in dem er akkreditiert ist, und nüchterne Einsicht in die von jeher gültigen Gesetzmäßigkeiten internationaler Beziehungen (die weit mehr mit physikalischen als mit moralischen Kategorien zu fassen sind) sind für ihn unumgänglich. Er weiß, daß sein Amt nicht das eines Propheten, Missionars oder Ideologen ist. Gewandte Umgangsformen und Beherrschung fremder Sprachen, insbesondere auch der artifiziellen Sprache zwischenstaatlicher Beziehungen und des diplomatischen Protokolls, und die Kunst, subtil zu verhandeln, sind für ihn ausschlaggebend, nicht aber glaubenskriegerischer Eifer und utopischer Fanatismus. Sigmund von Herberstein verfügte über all diese Tugenden eines klassischen Diplomaten. Er konnte darüber hinaus auch vorzüglich schreiben. Mit den römischen Schriftstellern bestens vertraut, verfaßte er sein Rußlandbuch in gediegenem Latein. Er gehört nicht zu jenen Memoirenschreibern, auf die das Wort zutrifft, daß sie, auf die Nachwelt schielend, ständig an ihrem eigenen Heiligenschein herumpolieren. Er hat mit seinen „Kommentaren über die Moskauer Verhältnisse" bewiesen, daß ein guter Diplomat seinem Land und seinem Stande auch dann nützlich sein kann, wenn er von einer konkreten Mission ergebnislos heimkehrte. Herbersteins Rußlandreisen waren, wie bereits gesagt, im politisch-aktuellen Sinne nicht erfolgreich. Aber die Art und Weise, wie er darüber berichtete — zuerst vertraulich seinem Kaiser, dann auf Wunsch des Kaisers in Buchform an eine breite Öffentlichkeit —, hat er nicht nur erstmals über ein großes und rätselhaftes Land eingehende Kenntnisse vermittelt, sondern auch für sich selbst einen dauernden Ehrenplatz in der Geschichte europäischer Diplomatie und Welterkundung errungen. Nicht zu Unrecht hat man ihn den „Kolumbus Rußlands" genannt.

(1986)

Pierre de Ronsard

Fürst französischer Poesie

Er war der Sohn einer adeligen Familie, geboren 1525 im Schloß La Poissonnière bei Vendôme: *Pierre de Ronsard.* Sein Vater bekleidete die Stelle eines Haushofmeisters des Königs Franz I. Der Sohn wurde als Spielgefährte des Dauphins, des späteren Königs Heinrich II., erzogen und blieb ihm wie auch dessen Nachfolger Franz II. in Freundschaft verbunden. Zu seinem täglichen Umgang gehörten Katharina von Medici, die aus Florenz stammende Gemahlin Heinrichs II., und Diane de Poitiers, die politisch einflußreiche Mätresse des Königs. 1543 erhielt er die Tonsur, das Standeszeichen eines Mönchs, um dadurch das Recht zu erlangen, mit kirchlichen Pfründen belehnt zu werden. Er selbst dachte nicht daran, sich in ein Kloster zurückzuziehen, sondern bereitete sich auf eine militärische Laufbahn vor. Er nahm teil an diplomatischen Missionen, die ihn nach Deutschland und Britannien führten, war eine Zeitlang Adjudant am schottischen Königshof, und nichts schien ihn daran zu hindern, dereinst als erfahrener Diplomat, Minister oder Feldherr seine Tage zu beschließen. Doch schon früh begann er an Schwerhörigkeit zu leiden, und mit achtzehn Jahren wurde er „mehr als halb taub".

Gezwungen, den Dienst bei Hofe zu verlassen, widmete er sich humanistischen Studien, las die alten Griechen, insbesondere Aischylos, Aristophanes, Anakreon, Kallimachos, Theokrit, vor allem aber den aristokratischen Odenschöpfer und Rhapsoden Pindar. Ihnen eiferte er nach, ganz im Sinne der Renaissance. In einem Volk, das immer eine lateinische Nation sein wollte und sich seit je als Erbin Roms fühlt, gehört Ronsard neben dem unter Robespierre hingerichteten Revolutionsdichter Chénier zu den „griechischsten" Lyrikern unter den Franzosen.

Abgestoßen von den ihm rüpelhaft-plebejisch dünkenden Grotesken eines Rabelais, schloß er sich mit einigen gleichgesinnten Literaten zum Dichterkreis „La Brigade" zusammen, dem ein mißgünstiger Kritiker den Spitznamen „Pléjade" — das Siebengestirn — verlieh. Wie so oft wurde die herabsetzend gemeinte Bezeichnung zum Ruhmestitel, und als ihr unangefochtenes Haupt galt schon bald Pierre de Ronsard. Mit der Pléjade beginnt eine neue Epoche der französischen Dichtung. Überwältigt von der als normatives Vorbild erfahrenen Kunst der Antike, stellte Ronsard sein ganzes Schaffen in den Dienst einer Erneuerung klassischer Schönheit. Sein Ehrgeiz war es, der Pindar der Franzosen zu werden. Dichtertum galt ihm als ein hohepriesterliches Amt. Als Edelmann, der er war, sah er im Poeten eine Gestalt gleichen Ranges wie der König. Sänger und Herrscher, Dichter und Staatsmann, Träumer und Täter erschienen ihm als aufeinander angewiesene, als komplementäre Figuren auf der staatlichen Bühne. Ästhetik und Politik gehörten zusammen. Kein selbstbewußtes Gemeinwesen kann auf dichterische Rühmung verzichten. Eine Regierung ohne Grazien und Musen entbehrt jene Salbung, ohne die jede Legitimität unvollendet und brüchig bleibt. Ohne Kunst kein herrscherliches Charisma. Das wußten schon die griechischen Polis-Fürsten, Kaiser Augustus und sein Freund Mäcenas, und die italienische Renaissance knüpfte bewußt an diese alteuropäische Überlieferung an. „Ich kann nur den Tod geben", sagte der König zu Ronsard, „du aber verleihst Unsterblichkeit". Die Polarität von Lyriker und König, von Fürst und Dichterfürst trat an die Stelle des mittelalterlichen Dualismus von Kaiser und Papst. Gneisenaus berühmtes Wort „Auf Poesie ist die Sicherheit der Throne gegründet" hätte auch von Ronsard stammen können.

Dieses Programm hat der französische Bewunderer antiker Poesie mit seinen Hymnen, Elegien und Eklogen, nicht zuletzt auch mit seinen in der Nachfolge Petrarcas geschaffenen Sonetten, in einer vollendeten Weise erfüllt. Er gehört zu den unübertroffenen Virtuosen der französischen Poesie und als solcher hat er noch auf Baudelaire, Mallarmé, Francis Jammes, Valéry, Pierre Louys und Jean Cocteau gewirkt, ja zum mindesten in Ansätzen ganze Jahrhunderte der Literaturgeschichte experimentell vorweggenommen. Pierre de Ronsard beherrschte überlegen fast alle Formen der Dichtung; einzig die als französisches Nationalepos geplante „Franciade" ließ er unvollendet, weil er fühlte, daß er dazu nicht den nötigen langen Atem aufzubringen vermochte.

Obwohl in der ländlichen Abgeschiedenheit seines alten Schlosses inmitten kostbarer Inkunabeln und Folianten lebend und seinen ausgedehnten Park mit Nymphen und Eroten bevölkernd, stieg Ronsards Ruhm von Jahr zu Jahr höher. Von Fürsten, Humanisten und kunstsinnigen Freunden als „le prince des poètes français" gefeiert, genoß er die Ehren eines Hofdichters und „poeta laureatus", der bei festlichen Anlässen eine mit Hermelin verbrämte Purpurtoga anlegte und sich mit einem Lorbeerkranz krönte. Er gewann überdies die Gunst Michel de l'Hopitals, der 1560 Kanzler des Königreichs wurde, und wurde mit drei reichbegüterten Abteien belehnt, die ihm eine grandseigneuriale Lebensführung gestatteten. Auch ausländische Monarchen überschütteten ihn mit Ehren und Geschenken. Die unglückliche Maria Stuart brachte, aus Frankreich kommend, Ronsards Gedichtbände als kostbare Fracht nach England; und Elisabeth I., die später Maria Stuart hinrichten ließ, übersandte dem Poeten einen Diamantring. Sie war übrigens eine weitläufige Verwandte des Dichters. Trotz seiner Krankheit sah Ronsard gut aus. Zeitgenossen preisen seine Eleganz, seine schlanke Gestalt, sein blondes Haar und die vornehm stolzen Gesichtszüge, die sie an die des Hermes von Praxiteles erinnerten. Mit Fünfzig hatte er sich schon als Greis erklärt, sechzigjährig starb er am 27. Dezember 1585 in Saint-Cosme bei Tours, einem der drei Klöster, die ihm als Sinekuren übertragen waren.

Trotz Ruhm, Ansehen und Erfolg, deren er sich durchaus erfreute, durchschauert manche Verse Ronsards das Bewußtsein von der Vergänglichkeit aller Dinge, auch von der Eitelkeit irdischen Ruhms. Die epikureische Mahnung, das Leben freudig zu genießen, solange es Zeit sei, wird überschattet von wehmütiger Resignation.

Durch die Begegnung mit drei Frauen hat sich Ronsard als Dichter der Liebe einen bleibenden Platz in der französischen Literatur verschafft. Obwohl am Ende seines Lebens fast völlig ertaubt, verfügte er wie Beethoven über einen begnadeten Sinn für Klang, Rhythmus und Harmonie. Seine Liebesgedichte erfüllen die strengen Formen antiker Versmaße mit der „unergründlichen Süßigkeit" eigenen Erlebens. Die der klassischen Mythologie entnommenen Götter, Heroen und Nymphen sind bei ihm nicht Staffage. Griechische Ideallandschaften gewinnen heimatliches Gepräge. Arkadien mit seinen Musen duftet nach französischer Erde, wird mit den Rebstöcken, Haselnußsträuchern und Eichenbäumen seines nördlicheren Mutterlandes, der „süßen Mutter Frankreich" bepflanzt, mit Hirten und Kindern der Ländereien in Saint-Cosme bei Tours bevölkert. Manche seiner an die drei Damen Cassandra, Marie und Hélène gerichteten Gedichte wurden schon zu Lebzeiten Ronsards von bekannten Komponisten wie Jannequin und Goudimel vertont; und einige davon werden auch heute noch in Frankreich gesungen, sind dort jedem Schulkind vertraut, etwa dieses: „Mignonne, levez-vous ..."

Steh auf, Geliebte! ach, wie schläfst du, Träge, lang!
Schon hat die Lerche hell ihr trillernd Lied gesungen,
Schon ist vom Schlehdornstrauch vertraut und zart erklungen
Der süßen Nachtigall verliebter Klagesang.

Das übermütige Sonett an die verschlafene Geliebte schließt mit den Zeilen:

Doch soll dir das Lager nicht lange mehr taugen:
Ich küß dir den Schlummer von Augen und Brust,
Dann lernst du am Morgen aufstehen mit Lust.

Gedichte von dieser morgendlichen Taufrische — in keiner Übersetzung wiederzugeben — sind in der französischen Lyrik sonst kaum zu finden. Idee und Gefühl sind hier ebenso innig ineinander verschlungen wie antike Form und französisches

Kolorit, preziöse mythologische Anspielungen und mundartliche Ausdrücke von volksliedhafter Anmut. Über Ronsards Dichtung liegt Morgenschimmer, das Licht eines Tagesanbruchs, der rosenfingrigen Eos. Obwohl es sein Ehrgeiz war, ein von Gott erkorener Dichter-Prophet zu sein, ist seine Lyrik trotz höfischer Prägung immer auch bodenwüchsig, sich darbietend mit dem physisch zu empfindenden Charme eingeborener gallischer Gebärde. Sie ist frei sowohl von manieristischer Gestelztheit als auch von klassizistischer Kälte. Sie hat Würde und Noblesse, zugleich aber auch ursprüngliche und ungekünstelte Anmut, den Reiz holder Naivität, die leidenschaftliche Sinnlichkeit und überlegene artistische Intellektualität beinah spielerisch verbindet. Ronsards Poesie verkörpert den wunderbaren Glücksfall einer sublimen und reflektierten Sinnlichkeit, die ihrer Unbefangenheit nicht verlustig gegangen, sondern fähig ist, innerhalb vorgegebener gesellschaftlicher Umgangsformen und jahrhundertealter metrischer Maße das Abenteuer lyrischer Subjektivität funkelnd zu entfalten. Obwohl keine Nuance individuellen Empfindens geopfert wird, bleibt vermittels eines durch völlig angeeignete Tradition nie aussetzenden Takts auch noch das Privateste, Intimste und persönlich Einmalige von allgemeinmenschlicher Typik.

So auch in diesem Sonett an Hélène de Surgères, eine stolze Hofdame der Königin, die dem Dichter Ronsard zwar freundschaftliche Gefühle, aber keine Leidenschaft widmete und ihn eben dadurch zu vielen seiner schönsten Verse anfeuerte:

„Quand vous serez bien vieille ..." — in der Übersetzung von Randolph H. Newman:

An Hélène

Wenn Du als Greisin abends am Kamin
Beim Talglicht spinnst, dann singst Du wohl mein Lied
Und sprichst, dieweil Verwundrung Dich durchzieht:
„So riß ich einst Ronsard zum Dichten hin,

Als ich noch schön war." Und die Dienerin,
Die schläfrig mit der Arbeit sich gemüht,

Ist wieder wach beim Wort Ronsard und sieht
Gesegnet Deinen Namen, weil ich ihn
Unsterblich machte. — Mein verdorrt Gebein
Wird längst verscharrt sein in dem Myrthenhain.
Du selbst hockst dann gebückt am Herd, vergebens
Beklagend Deinen Trotz und meine Liebe.
Drum lebe jetzt, vertrau' mir. Nichts verschiebe.
Von heut an pflück die Rosen Deines Lebens.

Pflück, ehe sie welkt, die Rose dieser Welt — mit dieser Botschaft vertritt Pierre de Ronsard eine seit Anakreon und Horaz immer wiederkehrende Möglichkeit der europäischen Poesie, den Traum ländlich-idyllischen Lebens in bukolischer Zurückgezogenheit, die Vision einer von Aphrodite, Dionysos und Apollo einträchtig regierten Welt, die schön ist, obwohl auch von ihr einmal Abschied genommen werden muß. Das in den späten Hélène-Gedichten refrainartig auftauchende *„Adieu"* nimmt dieses Lebewohl vorweg, den Abschied nicht nur vom Leben, sondern auch von den *„douces chansons"*, die, in der Zeit der Aufklärung verkannt und vergessen, bei Sainte-Beuve und den Romantikern wieder zu höchsten Ehren gelangt sind und in Deutschland so unterschiedliche Dichter wie Opitz, Goethe, Richard von Schaukal und Hermann Burte entzückt haben. Um so bedauerlicher ist es feststellen zu müssen, daß bei uns eine umfassende französisch-deutsche Parallelausgabe der wichtigsten Werke oder auch nur eine repräsentative Anthologie seit langem fehlt.

(1985)

Don Juan d'Austria

Der Sieger von Lepanto

Don Juan d'Austria — „Johann von Österreich" —, geboren 1547, war ein unehelicher Sohn des habsburgischen Kaisers Karl V. und der Regensburger Offizierstochter Barbara Blomberg. Karl V. beherrschte ein Weltreich, „in dem die Sonne nicht unterging". Es umfaßte die österreichischen Gebiete, die Niederlande (samt dem heutigen Belgien), Burgund, Norditalien, Neapel mit Sizilien, Spanien, Tunis und die Weiten der neuentdeckten amerikanischen Kontinente. Als er 1556 abdankte und sich in die Nähe des Klosters San Jerónimo de Yuste zurückzog, wo er zwei Jahre später starb, erhielt sein Sohn Philipp II. die Herrschaft über Spanien, Burgund und die Niederlande; Karls jüngerer Bruder Ferdinand I., dem schon 1525 die österreichischen Erbländer und bald darauf auch die Kronen Böhmens und Ungarns zugefallen waren, trat hingegen die Nachfolge in der Kaiserwürde an.

Don Juan d'Austria wurde zuerst von einem flämischen Musikanten, dann von einem engen Vertrauten Karls V. erzogen. Erst in seinem zwölften Lebensjahr wurde ihm enthüllt, wer er war, und vom nunmehrigen König Philipp II. die Anerkennung als Halbbruder zuteil. Zeitgenossen schildern uns Don Juan als gutaussehenden jungen Mann von mittlerer Größe mit blondem Haar und blauen Augen. Er hatte hervorragende Manieren, war ein ausgezeichneter Reiter und spielte zur Erholung gerne stundenlang Netzball. Er sprach Spanisch und Französisch, verstand darüber hinaus noch Latein, Deutsch, Flämisch und höchstwahrscheinlich auch Italienisch. Zeit seines Lebens verehrte er insbesondere die heilige Maria, und von allen Büchern, die er las, entzückten ihn am meisten jene Ritterromane, die Cervantes später in seinem „Don Quijote" persiflierte. Er war mutig bis draufgängerisch, fühlte sich von allem Anfang an zum Kriegswesen hingezogen, dabei von gewinnendem Charme und bewundert von den Frauen. Er selbst hat sich in seinem kurzen Leben nur einmal leidenschaftlich verliebt, nämlich in die femme fatale Margarete von Valois, genannt „Königin Margot", die Tochter der Katharina Medici und des französischen Königs Heinrich IV. Im Vergleich zu anderen Zeitgenossen war er, obwohl überzeugter Katholik, ein toleranter, bisweilen barmherziger Mann, dem Fanatismus abhold. Sogar ein englischer Geheimdienstmann, Sir Francis Walsingham, der den Prinzen ermorden lassen wollte, bekannte nach einer Begegnung mit ihm: „Nie sah ich einen Edelmann von solcher Statur und Rede, von so viel Geist und Gefälligkeit." Er bemerkte allerdings auch „einen großen Widerstreit in seiner Brust zwischen Ehre und Notwendigkeit", zwischen gewinnenden persönlichen Anlagen und der kalten Staatsräson des spanischen Herrschers. Philipp II. mißtraute ihm, hielt ihn stets in Distanz und legte bis zuletzt Wert darauf, daß sein unehelicher Halbbruder nur mit „Exzellenz", nicht aber mit dem königlichen Titel „Hoheit" angeredet wurde. Dank seiner Fähigkeiten war Don Juan gleichwohl eine bedeutende Karriere vergönnt. Er schlug einen Aufstand der Morisken in Granada nieder, kämpfte erfolgreich gegen nordafrikanische Piraten und wurde schließlich Admiral. Zu weltgeschichtlicher Bedeutung stieg er auf als Sieger in der Seeschlacht bei Lepanto am Golf von Korinth, wo er am 7. Oktober 1571 die türkische Flotte vernichtend schlug. Der englische Philosoph Francis Bacon hat diesen Sieg mit dem Triumph der Flotte Oktavians — des späteren Kaisers Augustus — über Mark Anton und Kleopatra bei Aktium verglichen.

Lepanto bedeutete den Beginn des Niedergangs der bis dahin für unbesiegbar gehaltenen Türken, die damals Griechenland, den gesamten Balkan, große Teile Ungarns, Syrien, Palästina, Arabien, Ägypten und Nordafrika beherrschten und zeitweise nicht nur Wien, sondern auch Rom ernsthaft bedrohten. Es ist heute nicht unangebracht, an diese geschichtlichen Tatsachen zu erinnern: Der „Imperialismus" ist keineswegs, wie neuerdings von Politikern und Ideologen unterstellt wird, eine europäische Erfindung; vielmehr sind die Völker des Abendlandes jahrhundertelang selber das Opfer einer grausamen Expansions- und Kolonialpolitik der Türken gewesen.

Jack Beechings spannend geschriebenes Buch über Don Juan d'Austria ist weit mehr als eine Biographie des Siegers von Lepanto. Es bietet vielmehr einen Rundblick auf die gesamte Geschichte des Mittelmeerraumes im sechzehnten Jahrhundert. Während im Norden der Kampf zwischen Reformation und Katholizismus tobte, ging es hier im Süden um die das weitere Schicksal ganz Europas weit mehr entscheidende Frage, ob die aus Zentralasien stammenden Türken, die sich zuerst in Anatolien niedergelassen und schließlich das Oströmisch-Byzantinische Reich vernichtet hatten, auch das gesamte westliche Mittelmeer und am Ende sogar Mittel- und Westeuropa beherrschen sollten oder nicht.

Dem britischen Historiker gelingt es vortrefflich, sowohl die Schauplätze als auch die Hauptdarsteller dieses Ringens anschaulich vor Augen zu führen. Der Leser lernt Madrid, Granada und den Escorial ebenso kennen wie das päpstliche Rom, die Republik Venedig, die umkämpften Inseln Malta und Zypern sowie Konstantinopel, das seit 1453 Hauptstadt der osmanischen Sultane war. Er wird mit dem Ritterorden der Malteser ebenso vertraut wie mit dem Schicksal der Galeerensklaven, die es sowohl auf christlicher wie auf islamischer Seite gab. Inquisition, Folter und Ketzerverbrennungen im Westen stehen systematischer Menschenraub zwecks Rekrutierung der Elitetruppe der Janitscharen und Massenmorde an Besiegten im Osten gegenüber. Daß der Harem auch eine enorme politische Bedeutung hatte, wird ebenso klar, wie die Rolle der Diplomatie, der Spionage, der Propaganda und der religiösen Überzeugungen. Für die islamischen Türken war ihr Vordringen ein „Heiliger Krieg", den Europäern erschien ihre Abwehr als eine Neuauflage der Kreuzzüge. Papst Pius V. nannte Don Juan d'Austria, mit den Worten des Evangeliums, einen „von Gott gesandten Menschen, dessen Name war Johannes"; bei den Türken war der Sultan zugleich

Kalif, das heißt Nachfolger des Propheten Mohammed und damit nicht nur Staatschef, sondern auch Haupt der muslimischen Gemeinschaft.

Jack Beeching verzichtet auf moralisierende Kommentare, enthält sich ideologischer Klischees und scheint auch nicht der Meinung zu sein, daß die Menschen vor vierhundert Jahren grundsätzlich dümmer, bösartiger oder unaufgeklärter waren als die heute lebenden. Er führt uns keine Abstraktionen und Popanze vor, sondern lebendige Gestalten, die durch ihre Taten und Unterlassungen Geschichte machen. Da aber das Ergebnis ihrer Aktivitäten niemals von ihnen allein abhängt, erscheint Geschichte letzten Endes immer als etwas, das sich jeder Planung und Voraussage entzieht. „Die Zeit für gute Ratschläge ist vorbei; jetzt ist es Zeit zu kämpfen", sagte Don Juan d'Austria unmittelbar vor der Schlacht von Lepanto, als ihn Gianandrea Doria bat zu bedenken, daß eine offene Seeschlacht in so gefährlicher Situation immer noch vermieden werden könne. Seine Besatzung rief er mit seiner hellen, fast knabenhaften Stimme zu: „Kinder, wir sind hier, um zu siegen oder unterzugehen. Aber ihr werdet unsterblich sein, ob im Tod oder im Sieg."

Das ist zweifellos eine Sprache, die den meisten von uns fremd klingen mag; und der flinke Einwand lautet denn auch sogleich, daß man im Zeitalter der Atombomben und Interkontinentalraketen anders über Kampf, Sieg und Schlachtentod reden müsse, als es in der Epoche der Hellebarden, Arkebusen und Ritterrüstungen üblich war. Daß an diesem Einwand etwas dran ist, läßt sich kaum bestreiten. Doch er trifft keineswegs die ganze Wirklichkeit. In Afghanistan wird erbittert gekämpft, der Krieg dauert schon länger als der gesamte Krieg zwischen der Sowjetunion und Hitler-Deutschland. Und ebensowenig ist ein Ende des Krieges zwischen Iran und Irak abzusehen. Die Sprache, die in diesen militärischen Auseinandersetzungen vorherrscht, hat gewiß mehr Ähnlichkeit mit Don Juan d'Austrias „Wir sind hier, um zu siegen oder unterzugehen" als mit der Rhetorik pazifistischer Traktate aus der Bundesrepublik.

Auch zu solchen Überlegungen zeitgemäß-unzeitgemäßer Art regt die Biographie des Siegers von Lepanto an, der am 1. Oktober

1578, also mit einunddreißig Jahren, in den Niederlanden starb. Sein Herz wurde in Namur beigesetzt, seine einbalsamierte Leiche über Frankreich nach Spanien gebracht und dort in der königlichen Grabkammer des Escorials an der Seite Kaiser Karls V. bestattet.

Geschichte kann jedenfalls, welche Zwecke sie sonst immer noch haben mag, sehr unterhaltsam und spannend sein. Sie verschafft demjenigen, der sich in sie vertieft, gewisse ästhetische Genüsse, wie sie keine andere Wissenschaft zu vermitteln vermag. Das liegt daran, daß das Schauspiel menschlichen Handelns — dieses bildet ja den eigentlichen Gegenstand der Geschichte — mehr als alles andere dazu angetan ist, die menschliche Imagination zu fesseln. Dies gilt vor allem dann, wenn dieses Handeln bereits einige Jahrhunderte zurückliegt und gleichwohl auch die Welt von heute noch mitbedingt. Die Lebensgeschichte des Lepanto-Prinzen kann man einfach auch in diesem Sinne lesen.

(1984)

Himmelstürmende erdverbundene Mystik Spaniens

„Man hat keinen Grund, Schwäche zu zeigen ...”

Die Aufnahme Spaniens in die Europäische Gemeinschaft, die am 1. Januar 1986 offiziell in Kraft trat, ist der vorläufige Höhepunkt einer seit Jahrzehnten immer stärker werdenden Hinwendung dieses Landes zu Europa. Die Worte Ludwigs XIV. gewinnen einen neuen aktuellen Sinn: „Die Pyrenäen gibt es nicht mehr.”

Leider gilt dies bislang überwiegend nur in politischer und wirtschaftlicher Hinsicht. Der beginnenden Europäisierung Spaniens steht eine beschämend geringe Kenntnis spanischer Literatur, Philosophie und Religiosität im übrigen Europa gegenüber. Die iberische Halbinsel, von Goethe niemals besucht, hat es vor allem im deutschen Sprachraum schwer, in ihrer kulturellen Eigenart verstanden zu werden.

Wie wenig wir von spanischer Spiritualität und Kultur erfaßt haben, wird uns schlagartig klar, wenn wir die Bücher und Anthologien von *Erika Lorenz* aufmerksam gelesen haben, die durchweg der spanischen Mystik gewidmet sind. Betroffen stellen wir fest, daß sogenannte kritische Bildung vor allem die Fähigkeit vermittelt, über alle belangvollen Angelegenheiten nichts zu wissen oder falsch zu denken. Die Autorin — früher Sängerin, seit Jahren an der Universität Hamburg Romanistik lehrend — zählt zu den kundigsten, hingebungsvollsten und mitreißendsten Vermittlern der spanischen Geisteswelt im gesamten deutschen Sprachraum. Durch ihre Kommentare und Übersetzungen hat sie uns insbesondere die Religiosität Spaniens zugänglich gemacht: seine Heiligen, Mystiker, Theologen, Asketen und Missionare. Vor Jahrhunderten verstorbene Gestalten, die bislang nur Theologen und Ordensleuten vertraut gewesen waren, wurden durch Erika Lorenz beinahe zu Zeitgenossen, deren Botschaft uns aufrüttelt oder doch wenigstens nachdenklich stimmt.

Der Schwerpunkt spanischer Mystik liegt auf dem für die Kultur Spaniens so bedeutsamen 16. Jahrhundert. Teresa von Avila, Francisco de Osuna, Ignaz von Loyola, Bernardino de Laredo, Luis de Granada, Pedro de Alcántara und andere lebten in jenem Zeitalter, in dem im deutschen Raum durch die Reformation die evangelischen Kirchen entstanden. Sie lebten in demselben Säkulum, in dem Spanien zur Weltmacht aufstieg und die Vorherrschaft auf den Meeren innehatte — bis zur Niederlage der Armada anno 1588, die das protestantische Europa als ein Gottesurteil gegen den spanischen Katholizismus auffaßte. Reformation und Mystik entwickelten sich damals zu zwei miteinander unvereinbaren Geisteshaltungen. Diesem Gegensatz entspricht großmachtpolitisch der Widerstreit zwischen der angelsächsischen und der hispanischen Welt.

Die Stunde ist gekommen, hinter diesen Antagonismus zurückzugehen. Dazu aber ist es nötig, die Mystik Spaniens kennenzulernen. Sie ist ein Reich, in dem, bildlich gesprochen, die Sonne nicht untergeht. Gleichwohl gibt es in ihr aber auch Zonen, über die sich die dunkle Nacht *(noche oscura)* der von göttlichem Feuer geblendeten Seele wölbt: Es gibt eine Mystik des Lichtes, so wie es eine Mystik der Nacht gibt. Arabisch-maurische und jüdische Motive verbinden sich mit kirchlich rechtgläubigem Katholizismus. Einige Mystiker sind teilweise jüdischer Abstammung (was man bis ins zwanzigste Jahrhundert als Makel verschwiegen hat): Teresa von Avila, Luis de León und Juan de Avila kommen aus Familien, die vom Judentum zum Christentum konvertiert sind.

Die meisten spanischen Mystiker sind große, sprachgewaltige Dichter, einige sogar Lyriker von Weltrang wie Juan de la Cruz und Luis de León. Angesichts des Unaussagbaren werden sie ekstatische Poeten. In immer neuen Bildern umschreiben sie die Läuterung der Seele, ihren Aufstieg zu und ihre Einigung mit der Gottheit. Sie sind dichtende Theologen, singende Mönche, Nonnen und Priester. Baum und Wasser, Biene und Schmetterling, Berg und Burg, Nachtigall und Ölbaum, Weinstock und Brunnen, Fluß, Regen, Flamme, Dickicht, Lamm und Gipfel, Liebender und Geliebter — dies sind ihre bevorzugtesten Bilder und Gleichnisse, wenn sie von ihren Erfahrungen sprechen. Diese Mystiker sind Erfahrungsmenschen, auch wenn das, was sie erfahren haben, so außergewöhnlich ist, daß sie es nur in Paradoxien fassen können. So spricht Juan de la Cruz von „lautloser Musik" und „klingender Einsamkeit", Laredo von einem „Meer ohne Ende" und den „Rosinen" der Erinnerung an vergangenes Elend.

Obwohl gottergriffene Dichter von gefühlsstarker Expressivität, sind die Mystiker Spaniens alles andere als zuchtlose Schwärmer oder sentimentale Irrationalisten. Auf ihre Weise verkörpern sie nicht weniger als die Seefahrer, Heerführer und Eroberer des „Goldenen Jahrhunderts" den Geist der Konquistadoren. Als Abenteurer der Transzendenz, als Kapitäne auf dem Ozean göttlicher Offenbarungen sind sie nicht nur stürmische Beter und verzückte Visionäre, sondern auch kühne Pioniere einer experimentellen Theologie, metaphysische Empiristen, methodisch vorgehende Psychologen, Logiker der Ekstase, Geographen des Jenseits. Manche sind Enzyklopädisten der Gotteserfahrung. Alle verstehen sich als Wanderer, Bergsteiger und Gipfelstürmer, als Partisanen gegen die Versuchungen der Trägheit, als Matadore des Absoluten. Ihre Aufzeichnungen gleichen Logbüchern. Es ist dem Menschen untersagt, sich mit weniger als mit dem Absoluten zufrieden zu geben. Es ist ihm verboten, in metaphysischer Hinsicht bescheiden zu sein. Er verfehlt seine Bestimmung, wenn er im Hinblick auf die „ewigen Dinge" genügsam ist. Da er gottfähig, zur „Vergöttlichung", zur durch Christi Menschwerdung vorweggenommenen Vereinigung mit Gott berufen ist, kann er sich nur um den Preis totaler Daseinsverfehlung im Endlichen, Vergänglichen und Provisorischen niederlassen. Das ist der Kern der Botschaft aller spanischen Mystiker.

Worüber sie schreiben, das haben sie selber als überwältigendes Widerfahrnis erlebt. Ihr Leben ist ein heiliges Experiment. Planmäßig und wohlüberlegt gehen sie vor, um gegen Illusionen gewappnet zu sein. Mit einer beinahe schon blasphemischen Nüchternheit ermitteln sie die Echtheit ihrer Erfahrungen. Kein Aufklärer kann skeptischer gegenüber Erscheinungen und inneren Gesichten sein als diese von Visionen heimgesuchten Heiligen. Sie sind für sie auch gar nicht das Wesentliche. Einige spanische Mystiker erklären sogar ausdrücklich, daß man Ekstasen nicht suchen, ja daß man sie fliehen soll. Sie sind durchaus keine leichtgläubigen Okkultisten. Ihnen entgeht nicht, wie viel Schwindel, auch Selbsttäuschung und List der eigenen Seele dabei im Spiel sein kann. Heiligkeit besteht nicht in Entrückungen *(raptos)*, sagt Juan de Avila, sondern in demütiger Gottes- und Menschenliebe. Die spanische Mystik ist „christozentrisch, trinitarisch, verwurzelt im Evangelium und der Lehre der Kirche”, stellt Erika Lorenz fest. Sie ist eine affektive Liebesmystik, die in manchen Punkten von der „devotio moderna” des deutsch-niederländischen Raumes beeinflußt ist. Thomas von Kempen, Johannes Tauler, Jan von Ruysbroek, Ludolf von Sachsen und andere sind Spaniens Mystikern vertraut. Diese verteidigen jene gegen den Vorwurf der Inquisition, daß die Deutschen doch nur Wirrköpfe und Ketzer seien. Es kommt darauf an, was der visionär begabte Mensch aus seinen Erfahrungen macht, heißt es bei Teresa. Natürlich weiß sie, daß noch so überwältigende Offenbarungen allein nichts über ihren göttlichen Ursprung aussagen. Sie mögen vielleicht Halluzinationen, Blendwerk des Unbewußten oder sogar teuflische Versuchungen sein. Doch mit grandioser Einfachheit fügt sie hinzu: „Der Nutzen oder Schaden einer Vision liegt im Betrachter. Hat er Demut, wird sie ihn innerlich fördern, auch wenn sie der Teufel bewirkt hat, der ein großer Maler ist. Umgekehrt wird auch Gott seine Vision vergeblich senden, wenn der Mensch ihr undemütig begegnet.”

Diese große und liebenswürdige Frau, die der Papst 1970 zur „Kirchenlehrerin" ernannt hat, stellt einerseits ihr ganzes Leben unter den Leitspruch „Gott nur genügt" *(Sólo Dios basta)* und sagt von Christus, daß man sich mit ihm über alles unterhalten könne, warnt aber andererseits ihre karmelitischen Mitschwestern vor den Gefahren ausschließlicher Beschaulichkeit: „Der Herr ist euch auch in der Küche bei den Kochtöpfen nahe." Demut ist für Teresa höchster Realismus. Wer begriffen hat, was Menschsein im Angesicht der Gottheit ist, kann nicht mehr größenwahnsinnig sein. Himmel und Erde haben auf der Waage Gottes nur das Gewicht einer Ameise (Luis de Granada). „Ohne Gott ist alles nichts", bekennt Ignaz von Loyola, der sich danach sehnte, „wie eine Schneeflocke auf der Feuerhand der Gottheit zu zerschmelzen."

Der erdverbundene, dem hilfs-, liebe- und trostbedürftigen Mitmenschen zugewandte Realismus der spanischen Mystik schlägt sich auch in unzähligen praktischen Lebensweisheiten und Ratschlägen nieder: „Steige nicht aufs Dach, ehe du nicht gelernt hast, auf der Erde zu stehen" (Garcia Jiménez de Cisneros), „Man hat keinen Grund, Schwäche zu zeigen, sondern sich anzustrengen. Niemand ist des inneren Friedens würdig, der nicht die Bitternis geistlicher Trostlosigkeit schmeckte ... Ohne Geduld gibt es keinen Frieden in dieser Welt. Wahre Geduld besteht darin, daß man nicht nur seinen Nächsten erträgt, sondern auch sich selbst" (Juan de Avila).

Man sieht: die Mystik Spaniens in ihrer Blütezeit beweist, daß Meditation, Kontemplation und unmittelbare Gotteserfahrung keine Vorrechte fernöstlicher Versenkungspraktiken und Weisheitslehren sind. Die Geisteswelt dieses Landes ist den Deutschen, trotz des Massentourismus, meistens fremd geblieben. Spanien gehört nun auch offiziell zu Europa. Wer will leugnen, daß wir wenigstens einer Dosis spanischer Glaubenskraft, spanischen Sinnes für Heroismus und Transzendenz bedürfen, wenn wir den auf uns zukommenden Zeiten ins Antlitz blicken?

(1985)

Lope de Vega

Dichter des Himmels und der Erde

Lope de Vega (1562 - 1635), dessen 350. Todestag in ganz Spanien Anlaß zu zahlreichen Gedenkfeiern, Theaterinszenierungen und Buchveröffentlichungen war, gehört im deutschen Sprachraum zu den unbekanntesten spanischen Dichtern. Obwohl von den Größten der modernen Poesie Spaniens — von Machado, Jiménez und Rafael Alberti — immer wieder gerühmt, ist sein Rang hierzulande noch weniger evident als der Calderons und Cervantes'. Von seinen 468 erhaltenen Dramen werden höchstens vier Komödien auf unseren Bühnen gelegentlich gespielt. Daß er darüber hinaus als Romancier, Novellist und — vor allem — auch Lyriker anzusehen ist, wissen nur Hispanisten. Franz Grillparzer, der immer wieder auf Lope zurückkommt, äußerte einmal bedauernd, daß die Deutschen seit dem „Sturm und Drang" allzu einseitig sich dem Zauber Shakespeares hingegeben hätten. Die Schule Lopes hätte sie vor manchen Übersteigerungen bewahren können. Er rühmt die „sinnliche Gewalt" des großen spanischen Dichters, dessen Werke sich durch „Natursinn" und „Energien der Ursprünglichkeit" auszeichnen. Zugleich bewundert er das märchenhafte Element und die Lebenssüße im Schaffen dieser „poetischsten Natur der neuern Zeit".

Dem von Lope de Vega enthusiasmierten Übersetzer Fritz Vogelsang verdanken wir eine ausgezeichnete Gelegenheit, diese überschwänglichen Urteile zu prüfen. Der Insel-Verlag brachte 1986 in bibliophiler Ausstattung das Mittelstück — sozusagen die Zentraltafel eines gewaltigen Flügelaltars — von „Los pastores de Belén" („Hirten von Bethlehem") heraus. Im Original 1612 erschienen, ist diese barocke Weihnachtsdichtung das erfolgreichste Werk des in seinem Vaterland so geschätzten Autors. Es entzieht sich jeder Charakterisierung, und hierin gleicht es dem „Fränkischen Koran" des verspäteten deutschen Barock-Katholiken Ludwig Derleth, den ebenfalls nur eine kleine Elite kennt, schätzt und liest. Die „Hirten von Bethlehem" sind bukolische Schäferlyrik und geistliche Dichtung, allegorisches Mysteriendrama und volkstümliches Krippenspiel, phantastische Evangeliendeutung und überquellendes Bilderbuch, katholisches Oratorium und farbiger Orbis pictus. Lyrik durchflutet das Ganze, das zugleich festliches Mirakelstück, frommes Welttheater und kirchliche Operette ist. Im Mittelpunkt steht das Weihnachtswunder, das Geheimnis der Menschwerdung, die göttliche Paradoxie der Inkarnation: der himmlische Logos, die zweite trinitarische Person wird Kind und liegt in einer armseligen Krippe. Es ist, als ob dieses Mysterium die Imagination des Spaniers in ekstatische Verzückung versetzt hätte. Engel erscheinen, „zahlreicher als die Atome der Sonne". Durch den Frost hindurchbrechende Blumen wirken „wie kunstvolle Stickerei auf einem Gespinst aus blankem Silber". Die jubelnden Hirten feiern den Kind gewordenen Gottessohn als „Sonne", seine jungfräuliche Mutter als „Morgen". Christus ist aber auch Phönix, Lamm, Hoherpriester, Kaiser, Gottesfalke, „ein Kind wie Jasmin" und ein „nackter Amor". Das neugeborene Kind „bäht wie ein zartes Lämmchen". Der Stall „überstrahlt den Tempel der Diana". Dudelsack-, Schellen- und Schalmeienklänge vermischen sich mit der Harmonie der astralen Sphären und dem Dröhnen der „Pauken und Trompeten des Himmels von Pol zu Pol". Kastilische Hirten und Schäferinnen mit Namen wie Fabio, Ginés, Llorente, Finarda, Benito und Dositea bewegen sich zwischen Cherubim und Seraphim. Die Figuren dieser solennen Pastorale veranstalten einen Wettkampf, in dem siegen soll, wer das schönste Epigramm auf das Kind in der Krippe dichtet. Sie lassen nicht nur Adam, Abel, Noah, Debora, Salomon und Jesaja in huldigendem Reigen um den Christusknaben tanzen, sondern beschwören auch altägyptische Mysterienpriester, die Sibyllen und Hermes Trismegistos als ahnungsvoll weissagende Künder der

Epiphanie. Geistreich eifernd erörtern sie die Symbolik der Farben, mit denen das Hemdchen des Christkindes gefärbt werden soll. Der morgenländische Prunk des Hohenliedes vereint sich mit arkadischer Romantik und barocker Lust an preziöser Fülle. Doch immer wieder bricht, wie auf den trotz aller Naivität von Süßlichkeit freien Bildern Murillos, auch einfältig rührende Volkstümlichkeit, scherzhafte Alltagsrealistik und rustikale Einfalt durch. Man muß an die großen neapolitanischen Krippen mit ihren unzähligen Figuren denken, wie sie im Bayerischen Nationalmuseum zu München bewundert werden können, oder auch an manche spektakulären Prozessionen in Sevilla, Malaga und Murcia, in denen mystische Frömmigkeit mit Freude an Maske und Spiel zusammenfindet.

Das ist nicht nur eine Weihnachtsdichtung, sondern ein ganzer Kosmos, in dem theologischer Symbolismus und erdhafte Genrebilder, tränenselige Innigkeit und weihevoller Pomp, herzhafter Humor und Freude an subtilem Sprachspiel und vieles andere mehr sich zu einem geistlich-weltlichen Bacchanal vereinen. Wer dieses welthaltige Meisterwerk gelesen hat, der versteht, daß ein begeisterter Spanier einmal den Dichter der „Hirten von Bethlehem” mit dem Weltenschöpfer vergleichen konnte: „Ich glaube an Lope, den Allmächtigen, Dichter des Himmels und der Erde.”

(1986)

Friedrich von Spee

Priester, Dichter und Streiter wider Hexenwahn

Im Jahre 1793 wurde zum letztenmal im deutschen Sprachraum — im damals preußischen Posen — eine Frau als *Hexe* verbrannt. In Würzburg hatte man 1749, im Geburtsjahr Goethes, eine siebzigjährige Nonne wegen Hexerei zum Tode verurteilt; sie hatte sich verdächtig gemacht, weil sie, entgegen dem Gebot der Oberin, in ihrer Klosterzelle Katzen hielt und seltene Kräuter sammelte. 1751 waren noch im badischen Weinort Endingen, 1755 in Kempten und 1782 im schweizerischen Kanton Glarus der Zauberei, Besessenheit und Teufelsbuhlschaft beschuldigte Frauen hingerichtet worden.

Wann in Österreich die letzte Hexe ihren martervollen Tod fand, konnte ich leider nicht ermitteln. Das große zweibändige „Österreich-Lexikon", herausgegeben von Dr. Richard Bamberger und Dr. Franz Maier-Bruck, aus dem Jahre 1966 schweigt sich dazu in vaterländischer Verschämtheit völlig aus. Stichworte wie „Aberglaube", „Inquisition", „Magie" und „Zauberei" fehlen darin ebenso wie „Hexen", „Hexenprozesse" und „Hexenverfolgungen". Auf die Artikel „Heuriger", „Heute" (eine von 1958 bis 1962 erschienene sozialistische Kulturzeitschrift) und „Hevesi, Ludwig" (1842 bis 1910, Reise- und Jugendschriftsteller) folgt unmittelbar „Heydenau, Friedrich" (1886-1960, Offizier und Schriftsteller).

Wenig bekannt ist auch, daß der Hexenwahn in Liechtenstein grausam wütete. Ganze Familien waren dort im siebzehnten Jahrhundert mit Hilfe der Justiz ausgerottet worden, weil man

Hexerei für erblich hielt. Allein in Vaduz, das damals ein winziges Dorf war, wurden in einem Monat vierzehn Menschen dieserhalb hingerichtet. Für Besucher des kleinen Fürstentums — des einzigen deutscher Zunge, das nach 1918 übriggeblieben ist — ist es jedoch nicht ratsam, gegenüber Einheimischen — es sei denn, es handle sich um sehr gute Freunde — dieses düstere Kapitel der Landesgeschichte zur Sprache zu bringen.

Hexenfurcht, Hexenwahn und Hexenverfolgung grassierten zwar auch in fast allen anderen Teilen Europas, besonders furchtbar jedoch im Deutschland des sechzehnten und siebzehnten Jahrhunderts, zur Zeit der Reformation, der Gegenreformation, der Verheerungen des Dreißigjährigen Krieges und des wechselseitigen Vorwurfs der Ketzerei. Dem Hexenwahn waren keineswegs nur die sogenannten einfachen Leute verfallen, sondern vor allem auch die Gebildeten: Theologen, Juristen, Philosophen und Literaten. Es stimmt ja auch nachdenklich, daß er seinen Höhepunkt nicht im vorgeblich so finsteren Mittelalter erreichte, sondern erst in der beginnenden Neuzeit: in der Epoche des Humanismus, der Renaissance und des Barock, der Epoche der Entdeckung der Erde, der Revolutionierung der Astronomie und des sich durchsetzenden Rationalismus.

Über die tieferen geistes- und religionsgeschichtlichen Gründe der Hexenverfolgungen, ihren Zusammenhang mit Teufelsglauben, Dämonenfurcht und kirchlichem Fanatismus, aber auch dem verlarvten Nachwirken germanischer wie antiker Mythen und Kulte, sind manche dicke und sehr gelehrte Bücher geschrieben worden. Trotz vieler erhellender Ergebnisse und Befunde lassen sie das Phänomen als solches in einem tieferen Sinne dennoch deutungslos. Das Grauen läßt sich nicht hinwegerklären. Die Konfessionen haben sich hier nichts vorzuwerfen. Katholiken und Protestanten haben in gleicher Weise Hexen gefoltert und zum Tode verurteilt. Sie schreckten vor keiner noch so perversen Grausamkeit zurück, wenn es darum ging, einer unglücklichen Frau das Geständnis zu entlocken, sie habe mit dem Teufel geschlafen, Unzucht mit Menschen und Tieren getrieben, Gott gelästert, Hostien geschändet, Brunnen vergiftet, ihre Nachbarn und deren Vieh durch Gedanken und Blicke krank gemacht oder sogar getötet. Verdächtig war jede, die irgendwie aus dem Rahmen fiel. War eine Frau auffällig häßlich, dann wurde sehr schnell vermutet, daß sie eine vom Bösen besessene Seele habe. War sie sehr schön und womöglich noch rothaarig, dann stand sie ebenfalls unter dem Verdacht, mit der Hölle im Bunde zu sein. Denunziation galt als Christenpflicht; die sadistischsten Untersuchungsverfahren und Strafen drohten.

Aber auch wenn man annimmt, daß Menschen (und vor allem Männer) ihre Macht gern mißbrauchen und im Namen von Idealen, Dogmen oder Illusionen ihresgleichen zu töten grundsätzlich bereit sind, so konnte doch den fast durchweg akademisch gebildeten Richtern und Inquisitoren unmöglich entgangen sein, daß die durch gräßliche Foltern erpreßten Geständnisse der angeblichen Hexen als Grundlage für ein einigermaßen sachliches Urteil nichts taugten. Sie mußten doch wissen, daß beinahe jeder — sei er nun schuldig oder nicht — ab einem gewissen Grad von Tortur jedes Verbrechen zu gestehen bereit ist. Ein Richter oder Inquisitor konnte doch kaum so verblendet sein, nicht zu ahnen, daß auch er selbst, in ähnlicher Situation wie die von ihm gefolterten Hexen, die gleichen Sakrilege und Greueltaten bekannt hätte, um wenigstens für Augenblicke weniger Qualen erleiden zu müssen. Wenn eine entartete Justiz dennoch an der Tortur als vorgeblichem Mittel zur Wahrheitsfindung festhielt, dann offenbar wirklich aus einer ekelhaften und schrecklichen Lust heraus, andere zu quälen, zu erniedrigen und ihrer Würde zu berauben.

Das allein ist schon grauenhaft genug. Doch es kann nicht die einzige Triebfeder gewesen sein. Die andere war eine alles Göttliche und Menschliche wahnwitzig verhöhnende und den Geist des ursprünglichen Evangeliums diabolisch lästernde Theologie. Richter und Priester waren zu diesen Dingen imstande, weil sie darin geradezu eine Verherrlichung Gottes und sogar eine Wohltat für die unsterbliche Seele der armen Hexe sahen. Besser, so schien es ihnen, ist noch ihre vorübergehende Folterung, die sie läutern und zur Gottesfurcht zwingen könne, als die ihr sonst drohende ewige Verdammnis in der Hölle.

In Deutschland wüteten, wie gesagt, die Hexenverfolgungen ganz besonders erbarmungslos und massiv. Um so mehr verdient in diesem Zuammenhang der Name eines Mannes genannt zu werden, der, ohne ein Psychiater, Mediziner oder Sozialreformer zu sein, sich gegen den ganzen Hexenwahn energisch gewandt hat: der deutsche Jesuitenpater *Friedrich von Spee* (1591-1635). Sein *„Cautio criminalis"* (was frei übersetzt soviel bedeutet wie „Gerichtlicher Vorbehalt" oder „Vorsicht bei Strafurteilen") ist eines der humansten Bücher, die je geschrieben worden sind. Es ist eine mutige Mahnschrift gegen Hexenwahn und Folter, verfaßt von einem Mann, der kraft seines priesterlichen Amtes Beichtvater von wegen Ketzerei und Hexerei verfolgten Frauen war. Spee hatte Einblick in die Gerichtsverfahren der Hexenprozesse und er gelangte zu der ihn erschütternden Gewißheit, daß man hier wahnverblendet Schuldlose für schuldig erklärte und vernichtete: „Unter Eid kann ich bezeugen, daß ich bis jetzt noch keine verurteilte Hexe zum Scheiterhaufen geleitet habe, von der ich, unter Berücksichtigung aller Gesichtspunkte, aus Überzeugung hätte sagen können, sie sei wirklich schuldig gewesen."

Es spricht deutlich für die verworrene Zeit und die Bedrängnis, unter der auch Friedrich von Spee zu leiden hatte, daß das Buch dieses edlen, ebenso großherzigen und tapferen wie verstandesklaren und vernunftfrommen Jesuiten im Jahre 1631 bei einem protestantischen Verleger erscheinen mußte. Gewiß, der Priester-Dichter Spee hatte in seinem Kampf gegen den blutigen Hexenwahn einige Vorläufer und Verbündete: die Patres Laymann, Loos und Tanner, die Ärzte Agrippa von Nettesheim und Johann Weyer, die Juristen Molitor und Flade — evangelische wie katholische Christen. Dennoch gebührt dem in der Jesuitenkirche zu Trier begrabenen Friedrich von Spee der Ruhm, daß er folgerichtiger, beherzter und überzeugender als alle andern den sich christlich bemäntelnden kollektiven Irrsinn bekämpft hat. Der Philosoph Leibniz nannte mit Recht Spees „Cautio criminalis" „das männlichste Buch, das jemals der Feder eines Kämpfers für Wahrheit und Recht, gegen Lüge und Unrecht entflossen ist".

Doch sogar jahrhundertelange Greuel haben es offenbar nicht vermocht, die „Hexen" auszurotten. Im Zuge des seit etwa fünfzehn Jahren auf uns einbrandenden neuen Okkultismus und Mystizismus lebt das Hexenwesen allenthalben wieder auf: in den USA, auf den Britischen Inseln, in Frankreich und neuerdings, wie bekannt, auch in der Bundesrepublik Deutschland, hier vor allem im Schwarzwald und in Bayern. Sogar im sonnigen Italien rumort seit Jahren das Hexentum wieder. Gewisse okkultistische Kreise scharen sich um die altrömische Wald-, Mond- und Muttergöttin Diana, die man in geschichtlicher Zeit mit der griechischen Artemis gleichgesetzt hat. Sie gilt aber auch seit alters als Herrin nächtlicher Zauberei, der die nachtwandlerischen Dichter ihren sprichwörtlichen Wahnsinn verdanken, wie bereits Horaz berichtet (De arte poetica, Verse 453 ff.). Sogar diesem kultur- und humanitätsgesättigten Boden entsteigt also spukhaft uralteste, lange verschüttete Magie, die Nachtseite apollinischer Latinität. Unvergeßlich gellt mir in den Ohren wider der verzückte Schrei eines in Rom tagenden „Hexensabbats", der für die Legalisierung der Abtreibung demonstrierte: „Tremate, tremate, le streghe son tornate!" („Zittert, zittert, die Hexen sind zurückgekehrt!") Die römische Diana war allerdings ausgesprochen kinderfreundlich; sie wurde insbesondere von Schwangeren und Wöchnerinnen sehr verehrt.

Kaum zwei Jahrhunderte nach der letzten Hinrichtung einer Hexe kehrt der ganze Hexenspuk zurück. Anders als früher nehmen sich nicht Inquisition, Folterknechte und Scharfrichter der zauberkundigen Frauen an, sondern insbesondere Verleger und sensationsgeile Journalisten. Was einmal eine Tragödie war, wird nun vielfach als Fastnachtsposse oder Farce für Sommerfrischler inszeniert. Die entartete Religion einer untergegangenen Epoche wird zur makaber unterhaltsamen Komödie für die ihr folgende. Das Inferno hat sich überwiegend zu frivolem Kitzel und Humbug unverstandenen Brauchtums gewandelt. Aus den dantesken Mysterien der Hölle mit ihren Martern und Qualen wird nur zu oft prickelnder Mystizismus gelangweilter Großstädter, ein blasiertes Spielchen tändelnder und genäschiger Spätzeitrationalisten, die ihrer eigenen Aufgeklärtheit überdrüssig sind. In einem zynischen Sinn halten sie sich an das von dem frommen Matthias Claudius geprägte Wort: „Das Beste an der

Religion sind ihre dunklen Punkte." Im Rahmen des *Feminismus* hat die Hexe zusätzlich eine gesellschafts- und geistespolitische Mission übernommen. Sogar aus dem nicht-esoterischen Bereich der Frauenbewegung stammende Broschüren und Protestsongs haben manchmal neckische Titel wie „Hexengeflüster", „Die Hexen sind zurück" oder „Hexenpresse". Bereits 1975 fand der erste Weltkongreß für Hexerei in Bogotá statt.

In manchen Buchhandlungen quellen die Regale bereits über, auf denen sich Bände mit folgenden Titeln finden: „Frauen, die hexen", „Heilige und Hexer", „Erotik und Hexenwahn", „Die Hexenprozesse", „Anna Göldin — letzte Hexe", „Aradia: Die Lehre der Hexen", „Im Bund mit dem Teufel", „Hexenanwalt" (über Friedrich von Spee, den Jesuiten und Gegner der Hexenverfolgung!), „Hexengeschichten", „Hexenwoche", „Hexenwahn", „Die Hexe", „Zur Genese und Aktualität des Hexenbildes", „Der Flug des Siebten Mondes — Die Lehren der Medizinfrau", „Göttinnen in jeder Frau", „Liebeszauber und Schwarze Magie", „Heiler und Hexer", „Unter Hexern und Zauberern", „Magier der Berge", „Die Weisen Frauen", „Frau Holle, die gestürzte Göttin", „Der Hexenkult als Urreligion", „Hexen und Hexenglauben", „Die Hexe von Klewan", „Witchcraft, Confessions and Accusations", „Die Hexe von Endor" und „Hexen. Auf den Spuren eines Phänomens". Dies ist nur eine kleine Auswahl, hinzu kommen etliche Reprints ganzer Zauber- und Hexenbibliotheken und älterer historischer oder volkskundlicher Darstellungen zum Thema.

Der international anerkannte Forscher Johann Kruse hat 1978 Bibliothek und Archiv seines ausschließlich der Erforschung des Hexenwahns gewidmeten Privatinstituts dem Hamburger Museum für Völkerkunde gestiftet. In Freiburg im Breisgau wurde im Frühjahr 1986 eine Sonderausstellung über Hexenbrauchtum und Hexenverfolgungen gezeigt, und ebenso wurde dieser schaurige Gegenstand in der esoterischen Ausstellung „Wissende, Eingeweihte und Verschwiegene" der Zentralbibliothek Zürich im Herbst desselben Jahres gebührend berücksichtigt.

Doch nicht nur auf dem Büchermarkt, in Museen sowie im Kino (seit Roman Polanskis Film „Rosemaries Baby") tummeln sich neuerdings wieder heil-, wetter- und zauberkundige Frauen, denen Gutes wie Schlimmes nachgesagt wird. Mittlerweile gibt es auch zahllose mehr oder minder straff organisierte Orden, Bünde und Zünfte von Hexen und Hexenmeistern, satanistische Zirkel und Teufelskonvente, die teilweise „schwarze Messen" und andere dämonische Kulte zelebrieren. Die uns aus der „Odyssee" bekannte Zauberin Kirke, die vampirisch-lüsterne Lilith der rabbinischen Legende, die schwarze Erdmuttergöttin Kali der Hindus, das uns aus Goethes „Faust" vertraute Walpurgisnachttreiben auf dem Blocksberg scheinen immer mehr Anhänger und Bewunderer zu finden. Der erste Vorläufer dieser „Incantatrix"-Bewegung stammt aus England. Dort blüht schon seit etwa fünfzig Jahren der sogenannte „Wicca-Kult", dessen Anhänger sich selbstbewußt als „Hexen" oder „Hexer" bezeichnen. Sie empfinden den hexerischen Ruf nicht als Schimpf und Verleumdung, sondern als Ehrentitel. An ihrer Spitze steht eine gewählte „Hohepriesterin", wie denn überhaupt die modernen Hexenschulen, auch unabhängig vom politischen Feminismus, einen stark „mutterrechtlichen" oder „matriarchalischen" Zug aufweisen. Hinzugefügt sei freilich, daß auch eine so diabolisch triste Figur wie Charles Manson den Namen eines Hexers beanspruchte.

Der Vormarsch der Hexen (oder des Glaubens an sie) schlägt sich bereits in demoskopisch faßbaren Trends nieder. Während 1956 nur acht Prozent der Bundesbürger die Existenz von Hexen für möglich hielten, waren es 1973 bereits elf Prozent, und diese Entwicklung ist unverändert im Steigen begriffen. Dies ist insofern erstaunlich, als neuere Versuche, die alten Hexenrituale auf dem Brocken im Harzgebirge wieder einzuführen, bislang kläglich gescheitert sind. Obwohl sich der bekannte Londoner „Geisterjäger" Harry Price dazu bereit fand, an dem magischen Experiment teilzunehmen, gelang es nicht, einen Ziegenbock in einen hübschen Jüngling zu verwandeln. Der Bock blieb störrischerweise ein Bock, obwohl man einen echten altdeutschen Zaubertext auf dem berühmten Hexenplatz feierlich rezitierte. Aus gewöhnlich gut informierten Kreisen der okkultistisch-magischen Szene verlautet dazu, das Fluidum der deutschen Erde sei seit bald hundert Jahren dermaßen beschädigt, daß sogar die Anstrengungen mehrerer Hexengroßmächte kaum etwas an diesem „Aura-Defizit" zu ändern vermögen.

In noch weit höherem Maße, wie sich beinahe von selbst versteht, kehren die Hexen in jene Länder Schwarzafrikas zurück, die nun die fragwürdigen Segnungen einer abrupten „Entkolonisierung" auszukosten haben. Professor Gordon Chavunduka, Ordinarius für Soziologie an der Universität Vulawayo (Simbabwe, Rhodesien) und Präsident der „Nationalversammlung der Heilkundigen", erklärte 1981 öffentlich kurz und bündig: „Hexen gibt es, und deshalb sollten wir juristisch und soziologisch umdenken, damit wir uns wirksam mit den damit verbundenen rechtlichen und sozialen Problemen befassen können". Es sei völlig unzulässig, einseitig denjenigen zu bestrafen, der einen anderen der Hexerei bezichtigt, während der Beschuldigte unbehelligt bleibe oder sogar Schadenersatz beanspruchen könne. Vielmehr müßten, so der schwarze Professor Chavunduka, im Interesse objektiver Wahrheitsfindung beide verhaftet und einem Gericht vorgeführt werden. Dieses sollte dann, unter Heranziehung von Soziologen, Psychologen, Wahrsagern und staatlich lizenzierten Magiern, in freier Urteilsfindung darüber entscheiden, ob Hexerei vorliege oder nicht.

In dem von der Republik Südafrika nominell für unabhängig erklärten schwarzen „Homeland" Venda (im nördlichen Transvaal) wurde 1984 eine Negerin namens Madgadi Kekana von ihren Stammesgenossen zum Tode auf dem Scheiterhaufen verurteilt. Die Inyangas, die offiziell als Experten anerkannten „Hexendoktoren" des Stammes, hatten sie „schwarzmagischer" Kunstgriffe beschuldigt, durch die angeblich mehrere Dorfbewohner unter rätselhaften Umständen vom Blitz getötet worden waren. Wenige Wochen vorher waren in derselben Gegend sechs der Hexerei für überführt gehaltene Schwarze von andern Eingeborenen verbrannt worden.

Es versteht sich von selbst, daß diese mörderischen Akte „autochthoner" Selbstverwirklichung im Zeichen tatkräftiger Rückkehr zu den Quellen „authentischer Negritude" keinen einzigen Protest des humanitären „Weltgewissens" ausgelöst haben.

Auch die Kommission für Menschenrechte und andere Ausschüsse der UNO schwiegen dazu. Diese Hexenverbrennungen konnte man ja nicht gut den weißen „Rassisten" in Pretoria ankreiden, ja man mußte sie recht eigentlich als emanzipatorisch-revolutionäre Unternehmungen zumindest klammheimlich begrüßen. Denn sie zeigten drastisch, daß die kollektive Abschüttelung des zivilisatorischen Jochs weißer Entfremdung enorme Fortschritte gemacht hatte ...

Wer Augen hat, der sieht: In manchen Gebieten Schwarzafrikas ist Friedrich von Spees „Anti-Hexenhammer" nach wie vor eine zeitgemäße Botschaft, sozusagen ein möglicher Beitrag zu humaner „Entwicklungshilfe".

In Deutschland aber sei wenigstens Spees poetisches Hauptwerk, die „Trutz-Nachtigall" (1649), nicht ganz vergessen. Es ist das überragendste Denkmal christlicher Hirtendichtung, in dem sich biblische, antike und mystische Überlieferung zu einem barocken Ganzen vereinen, das herzhaft katholischen Gepräges ist und dennoch kein Wort enthält, das eine fromme evangelische Seele verletzen könnte. Hier findet sich ein „Geistliches Lied auf alle Stunden des Tags gerichtet". Es beginnt mit den Worten:

Sooft du schlagen hörst die Stund,
So lobe Gott mit Herz und Mund!

(1986)

Eugen von Savoyen

Vom kleinen Prinzen zum Türkenbezwinger

Eugen — ein aus dem Griechischen kommender Vorname — bedeutet: der Wohlgeborene. Prinz Eugen von Savoyen war wohlgeboren. Er entstammte einem Adelsgeschlecht, dessen erste Vertreter im elften Jahrhundert urkundlich bezeugt sind und im Laufe des Mittelalters zu immer höheren Würden aufgestiegen waren: sie wurden Markgrafen, Herzöge und schließlich Reichsfürsten. Fünf Jahre lang, zur Zeit der späten Kreuzzüge, waren sie überdies Könige von Zypern. 1713, also noch zu Lebzeiten Eugens, wurde Viktor Amadeus II. von Savoyen auch König von Sizilien und 1720 König von Sardinien. Die späteren Herrscher des Königreichs Italien waren Mitglieder des Hauses Savoyen.

Eugen, geboren am 18. Oktober 1663 in Paris, ist ein Sproß der Linie Carignan, des französischen Zweiges der Savoyer. Der Name der Carignans leitet sich zwar von dem noch auf italienischem Gebiet gelegenen Carignano ab, doch bereits Eugens Großvater, Thomas Franz Fürst von Carignan, hatte durch seine Ehe mit einer bourbonischen Prinzessin die französische Grafschaft Soissons geerbt und sich in Paris niedergelassen. Soissons war ein Hauslehen der Könige von Frankreich. Dieses fiel nach dem Tode Thomas Franz von Carignans an Eugen Moritz, den Vater des Prinzen Eugen, der mit Olympia Mancini, einer Nichte des aus Italien stammenden Kardinals Mazarin, verheiratet war.

Mazarin, zuerst in päpstlichen Diensten, seit 1640 für Frankreich tätig, war nach dem Tode Ludwigs XIII. und zur Zeit der Minderjährigkeit Ludwigs XIV. der führende französische

Staatsmann, der geistig-politische Erbe Richelieus, ja der eigentliche Beherrscher des Königreichs.

Olympia Mancini, die in jungen Jahren die erste Geliebte Ludwigs XIV. gewesen war, gebar Eugen Moritz von Savoyen-Carignan fünf Söhne und zwei Töchter. Eugen war der zuletztgeborene unter den Knaben. Halb italienischer, halb französischer Herkunft, war er sowohl mit den Dynastien der Bourbonen und der Habsburger (seine Ururgroßmutter war eine Tochter Philipps II. von Spanien gewesen) als auch mit dem Geschlecht der Markgrafen von Baden verwandt. Ein älterer Bruder von ihm stand in den Diensten der Habsburger.

Eugen, der so Wohlgeborene, glich äußerlich durchaus keinem Märchenprinzen. Er war unansehnlich, schmächtig und klein von Gestalt, hatte einen schwächlichen Körper und entbehrte all dessen, was üblicherweise Frauen an einem Mann interessant finden. Liselotte von der Pfalz entsann sich später abschätzig seiner als eines „schmutzigen, sehr lasterhaften" Buben, der keine Hoffnung zu etwas Rechtem gegeben habe. Alle Bilder und Statuen, die ihn als berühmten Feldherrn zeigen, sind idealisierende Darstellungen. Den Vater verlor er schon, als er erst zehn Jahre alt war; und als dann die begabte, aber leichtfertige und in üble Skandale verwickelte Mutter, die eine Intrigantin gewesen zu sein scheint, aus Frankreich fliehen mußte, blieb Eugen sich nahezu ganz selbst überlassen. Eine besonders sorgfältige Erziehung hat er jedenfalls nicht genossen. Im übrigen wissen wir nicht viel von seiner Kindheit und Jugend. Erst als er schon sehr berühmt geworden war, kamen jene Heldenlegenden auf, die davon zu berichten wissen, daß bereits der Knabe eifrig Mathematik, Geometrie und klassische Literatur gepflegt und insbesondere das Leben Alexanders des Großen hingerissen studiert habe. Die Verwandten meinten, es sei das beste, wenn er Geistlicher würde. Er trug bereits die Tracht und Tonsur eines katholischen Klerikers, führte auch den Titel eines Abbé de Savoye, ohne jedoch irgendwelche Weihen empfangen zu haben oder über eine kirchliche Pfründe zu verfügen. Bemühungen, ihm ein Amt als Domherr in Lüttich oder Köln zu verschaffen, blieben erfolglos.

Der kleine Prinz lebte von einer sehr bescheidenen Rente des verstorbenen Vaters und gelegentlichen Zuwendungen seines Onkels, des Fürsten von Carignan. Er wollte aus diesen beengten Verhältnissen herauskommen, und da einträgliche geistliche Würden auf sich warten ließen, beschloß er, eine militärische Laufbahn einzuschlagen. Zweimal wurde er bei Ludwig XIV. wegen eines Kompaniekommandos vorstellig. Der König verweigerte dem „häßlichen Abbé" das Amt. Er spottete über diesen kleingewachsenen Schrat, der sich unterfing, Offizier in seiner Armee werden zu wollen. Überdies war er ihm wohl auch als Sohn der Ränke schmiedenden Olympia Mancini verdächtig, der man vorwarf, daß sie ihm — dem Monarchen — mit Gift nach dem Leben getrachtet hatte.

Da bewies der solcherart argwöhnisch-höhnisch abgewiesene kleine Prinz von Savoyen, daß er über Entschlußkraft, Mut und Kühnheit verfügte. Er ging nach Österreich, zum Kaiser des „Heiligen Römischen Reiches", zum dem Titel nach höchsten deutschen Fürsten, der in Wien residierte.

Es war kein Spaziergang, sondern eher eine Flucht. Ohne sich vom König zu verabschieden und ihn um seine Zustimmung gefragt zu haben, verließ er Ende Juli 1683 gemeinsam mit seinem Vetter Conti, Ludwigs eigenem Schwiegersohn, heimlich die französische Hauptstadt. Über Brüssel, Köln, Frankfurt am Main und Regensburg gelangte er schließlich nach Passau. Dorthin war Kaiser Leopold I. vor den Türken, die wieder einmal Wien belagerten, mit seinem Hofstaat geflohen. Anders als der Prinz Conti, der sich durch Lockungen und Drohungen Ludwigs XIV. zur Umkehr bewegen ließ, war Eugen entschlossen, seine Dienste dem habsburgischen Kaiser anzubieten, also demjenigen europäischen Herrscher, den Frankreich am meisten befehdete. Seine Feinde im Osten — die islamischen Türken — wurden vom in Versailles residierenden „allerchristlichsten König" diplomatisch, finanziell und militärisch unterstützt. Das gewünschte Dragonerregiment seines soeben im Kampf gegen die Türken gefallenen älteren Bruders erhielt Eugen zwar nicht, doch der bedrängte Kaiser nahm ihn freundlich auf.

Der Fremdling aus Paris, der sich damals bloß „Chevalier de Carignan" nannte, war gerade rechtzeitig gekommen, um als Volontär an der Schlacht am Kahlenberg teilnehmen zu können, mit der am glorreichen 12. September 1683 das von den Türken belagerte Wien befreit wurde. Deutsche Fürsten, katholische wie evangelische, darunter der Herzog von Lothringen, Prinz Ludwig von Baden (der „Türkenlouis") und der Kurfürst von Bayern, errangen unter dem Oberbefehl des polnischen Königs Johann III. Sobieski einen Sieg, dessen Bedeutung für die österreichische, die deutsche, die europäische Geschichte kaum überschätzt werden kann. Bis 1945, als die Russen in Wien einmarschierten, hatte seit damals keine östliche Armee mehr Österreich besetzt. Durch Jahrhunderte war Österreich, wie der Philosoph Leibniz 1670 schrieb, „ein Bollwerk Deutschlands, vornehmlich gegen die Türkei". Mit eben diesem Leibniz unterhielt Prinz Eugen von Savoyen später intensive intellektuelle Beziehungen.

Doch bis dahin brauchte es noch eine Weile. Die Türken waren zwar vor Wien zurückgeschlagen worden, doch noch immer hielten sie den gesamten Balkan, den größten Teil Ungarns, Siebenbürgen und die Walachei in ihrer Gewalt. Eugen, der als einer unter vielen Freiwilligen erst im August 1683 im kaiserlichen Heer seinen Dienst genommen hatte, wurde schon am 14. Dezember desselben Jahres zum Oberst eines Dragonerregiments ernannt. Er nahm teil an der Zurückeroberung Budas (1686), das hundertfünfundvierzig Jahre lang unter türkischer Herrschaft gewesen war, zog 1689 nach Oberitalien gegen die Franzosen, rückte zum Feldmarschalleutnant auf, 1693 zum Feldmarschall und 1697 zum Oberbefehlshaber des kaiserlichen Heeres. In dieser Eigenschaft schlug er die Türken am 11. September 1697 bei der Ortschaft Zenta an der Theiß in der Batschka. Die türkische Infanterie war bis auf den letzten Mann aufgerieben, die gesamte Artillerie verloren. Sultan Mustapha IV. flüchtete, sein Großwesir war in der Schlacht gefallen, sein Siegel wurde erbeutet und dem Kaiser in Wien überreicht.

Der Name des Prinzen Eugen war plötzlich in aller Munde. Mit Zenta begann die Ruhmesbahn des „Gastarbeiters" in kaiserlichen Diensten. Dieser Abenteurer, der nur französisch und italienisch sprach, wurde nicht nur einer der ersten Ratgeber des Kaisers, sondern zum Liebling der deutschen Nation. Keinem ausländischen Heerführer haben deutsche Soldaten jemals so treu gedient wie dem halb französischen, halb italienischen Europäer, der zwar das Deutsche verstand, aber nie imstande war, es zu sprechen oder zu schreiben. Ein Fremder, ein Heimatloser, ein Flüchtling wurde zum Helden der Deutschen, zum gefeierten „edlen Ritter", zum Mitschöpfer eines „Imperium Austriacum", des zur europäischen Großmacht aufsteigenden österreichischen Habsburgerreiches, dessen Herrscher zugleich die römisch-deutsche Kaiserkrone trugen. Als er Leopold I. seinen Degen anbot, umfaßte die sowohl von den Franzosen als auch von den Türken bedrängte habsburgische Hausmacht nicht viel mehr als die eigentlichen österreichischen Erblande samt Vorderösterreich, das Königreich Böhmen, die Markgrafschaft Mähren und einen schmalen Streifen Westungarns. Als er am 21. April 1736 — im Alter von dreiundsiebzig Jahren — in Wien starb, reichte Österreich, wenngleich mit Unterbrechungen, von Belgien über die Lombardei bis Sizilien und vom Breisgau über Tirol bis weit in das Gebiet des heutigen Staates Rumänien. Belgrad, Budapest, Temesvar, Brügge, Brüssel, Antwerpen, Gent, Mantua, Mailand und Neapel befanden sich in habsburgischem Besitz — einige dieser Städte infolge veränderter politischer Verhältnisse freilich nicht sehr lange, etliche aber jahrhundertelang: bis zum Ende des Ersten Weltkriegs.

Mit dreißig Jahren Feldmarschall und dreizehnmal in seinem Leben verwundet, schlug Prinz Eugen sieben große Schlachten der Weltgeschichte der Neuzeit. Durch die Siege bei Zenta (1697), Peterwardein (1716) und Belgrad (1717) vertrieb er die Türken endgültig aus Ungarn. Durch den Sieg bei Höchstädt (1704), den er gemeinsam mit dem Herzog von Marlborough erfocht, wurde Bayern, das mit Frankreich verbündet gewesen war, vorübergehend von Österreich besetzt und zu einer reichstreuen Politik gezwungen. Durch den Sieg bei Turin (1706), denen die von Carpi und Chiari (1701) vorangegangen waren, gewann Eugen das nördliche Italien. Durch die Siege bei Oudenaarde (1708) und Malplaquet (1709) sicherte er den Habsburgern die Spanischen Niederlande (Belgien).

Seit 1703 Präsident des Hofkriegsrates, dann Generalstatthalter der Niederlande und Reichsfeldmarschall, war Prinz Eugen von Savoyen nicht nur der große Stratege seines Zeitalters und einer der sieben Feldherrn der Weltgeschichte, deren Heereszüge und Schlachten zu studieren Napoleon der Nachwelt empfahl, sondern auch ein versierter Diplomat und überragender Staatsmann. Gegner haben seinen Rang neidlos anerkannt. Friedrich II. von Preußen nannte ihn seinen Lehrer, Zar Peter der Große bot ihm sogar die polnische Königskrone an. Doch der kleine Prinz, der in seinem Leben drei Kaisern diente, lehnte diese Würde ab.

Einmal in den Dienst der Habsburger getreten, hielt er ihnen bis zuletzt die Treue. Daß er deshalb, wie der Historiker Heinrich von Srbik meint, „überall deutschen Sinn und deutsche Art" gezeigt habe, ist eine ungemäße Charakterisierung. Die meisten großen Gestalten des Barockzeitalters entziehen sich grobschlächtigen nationalen Abstempelungen, wie sie erst seit dem neunzehnten Jahrhundert üblich wurden. Der Historiker Max Braubach (1899-1975), dem wir eine fünfbändige Prinz-Eugen-Biographie (1963-1965) verdanken, schreibt dazu:

„Man wird nun allerdings, wenn man nach den ihm vorschwebenden Zielen fragt, die Illusion zerstören müssen, daß gerade dieser Prinz aus der Fremde, der nach seinem eigenen Geständnis ‚bekanntermaßen auf deutsch zu schreiben nicht versiert' war, bei seinem Handeln in erster Linie an die Wiederherstellung von Ansehen und Macht Deutschlands oder des von den Deutschen getragenen Reiches gedacht hat. Maßgebend war für ihn vielmehr allein das Interesse des Staates, in dessen Dienst der Flüchtling seinen festen Platz, seinen Aufstieg und seinen Ruhm gefunden hatte. Hier ist nun aber das Neue, daß es ihm weniger um den Glanz des Kaisertums oder um die Durchsetzung dynastischer Ansprüche ging als um die Begründung der Großmacht Österreich auf den Fundamenten der habsburgischen Territorien im Südosten Europas mit Arrondierung in Richtung auf den Balkan, Oberitalien und Bayern, wodurch sie zugleich militärisch gesichert und politisch zu einem maßgebenden Faktor in dem durch die Beseitigung der Türkengefahr und die Abwehr der französischen Hegemonie ins Gleichgewicht gebrachten europäischen Staatensystem erhoben werden sollte."

Doch eben dadurch wurde er, der Nichtdeutsche, zu einer der großen Gestalten der deutschen Geschichte, wenn auch gewiß nicht, was eine völlig unhistorische Etikettierung wäre, zu einem „Deutschen". Denn er schuf jenes große Vielvölkerreich im Alpen-, Donau- und Karpatenraum, in dem die Deutschen zwar eine Minderheit bildeten, jedoch bis zu seinem Ende im Jahre 1918 (zuletzt gemeinsam mit den Ungarn) die eigentlich staatstragende Schicht darstellten.

Das alte Österreich, das die in ihm vereinigten nichtdeutschen Nationen niemals als Kolonialvölker behandelt hatte, verkörperte bis zu seiner aberwitzigen Zerschlagung 1918/1919 den ehrwürdigen Gedanken des alten Reiches, des *Sacrum Imperium,* das ungeachtet seines deutschen Kerns faktisch und noch mehr seinem Anspruch nach stets eine übernationale, eine in sich vielfältige Ordnung war. Seine Herrscher stützten sich jahrhundertelang auf Mächte und Hilfsquellen außerdeutscher Herkunft: auf die Idee des Römischen Imperiums; auf die katholische Kirche, als deren Schutzherren sie sich verstanden; auf die italienischen Städte; auf Böhmen; später auf Spanien und Burgund; und seit den siegreichen Türkenkriegen auf die Gebiete Südosteuropas.

Dies gilt übrigens, mit den nötigen Einschränkungen, auch für die andere, erst nach Prinz Eugens Tod zu europäischer Bedeutung aufgestiegene deutsche Großmacht: Preußen. Große Teile der von den Hohenzollern regierten Territorien lagen außerhalb der Grenzen des „Reiches", und seit dem Ende des 18. Jahrhunderts war deren Königreich ebensowenig ein rein deutscher Staat wie die Donaumonarchie.

Österreich hat in seiner Geschichte mehr Kriege als jeder andere deutsche Staat geführt. Die Schlachten Eugens zählen zu den blutigsten seines Zeitalters, seine Märsche zu den kühnsten, seine Entscheidungen in schwierigen Lagen zu den erfolgreichsten, die die Kriegsgeschichte kennt. Und dennoch ist der Prinz nicht nur Stratege, Feldherr und Heerführer in insgesamt vierundzwanzig Schlachten gewesen. Der Soldat Eugen ist nur der halbe Prinz von Savoyen. In einem Nachruf auf ihn wird ihm die staatsmännische Weisheit zugesprochen, daß jeder Krieg eine Torheit sei, der sich nicht den Frieden zum Ziel setze. Das Militärische war ihm nicht Selbstzweck, sondern Instrument politischer Zielsetzungen. Alexander Lernet-Holenia, ein Lyriker von Rang und einer seiner neueren Biographen, schreibt: „Es gibt solche unter seinen kriegerischen Aktionen, ja vielleicht sind es sogar die mehreren, von welchen man nicht weiß, ob man sie mit mehr Recht zu den Kunstwerken der Strategie oder zu denen der Politik rechnen soll ... Eugen, der große Meister des Krieges, war der maßvollste und wirksamste Unterhändler des Friedens."

Dieser Eroberer war eine Persönlichkeit von barocker Vielseitigkeit. Seinen kriegerischen Taten und Siegen folgten Werke des Friedens. Er ließ Sümpfe trockenlegen, Dickichte roden, Straßen und Brücken bauen. Er rief Bauern und Handwerker in die von ihm gewonnenen Gebiete. Der vielbeschäftigte Feldherr, Diplomat und Staatsmann sammelte Gemälde und Kupferstiche, interessierte sich für Philosophie, Naturwissenschaften und Geschichtsschreibung, stand in Briefwechsel mit Montesquieu, Voltaire und Leibniz, der ihm seine tiefsinnige Abhandlung „Principes de la nature et de la grâce fondés en raison" (Grundsätze der Natur und der Gnade, gegründet auf der Vernunft, zuerst 1718 erschienen) widmete. In Wien, wo sich Leibniz dreimal aufhielt — 1688, 1700 und 1712 bis 1714 — entstand auch seine berühmte „Monadologie". Diese beiden Werke kann man als sein philosophisches Testament betrachten. Hätte er länger gelebt, so hätte er sich höchstwahrscheinlich in der Kaiserstadt an der Donau niedergelassen. Er gehört zu den geistigen Vätern nicht nur der Preußischen Akademie, sondern auch der erst später gegründeten Akademie der Wissenschaften in Wien, wo der ihm herzlich verbundene Prinz Eugen die beiden überragenden Architekten des österreichischen Barock mit dem Bau zweier Residenzen beauftragt hatte: Lukas von Hildebrandt mit der Errichtung des Sommerschlosses Belvedere, Fischer von Erlach mit der seines Winterpalais in der Himmelpfortgasse.

Hinzu kommen die beiden Schlösser im niederösterreichischen Marchfeld: Niederweiden und Schloßhof.

Im Mittelpunkt seiner Paläste stand bezeichnenderweise immer die Bibliothek. In den spärlichen Mußestunden, die ihm Kriegsführung, Regierungsgeschäfte und Diplomatie übrigließen, widmete er sich emsig dem Studium gelehrter Bücher. Sie bilden seit langem einen der kostbarsten Schätze der Wiener Nationalbibliothek. Stets bemüht, sein Wissen zu erweitern, zogen ihn insbesondere naturkundliche Darstellungen an, las er mit Vorliebe botanische und zoologische Werke, daneben aber auch rechts- und staatswissenschaftliche Schriften. Zu seiner philosophischen Lieblingslektüre gehörten Mark Aurels „Selbstbetrachtungen" und Boethius' „Trost der Philosophie", somit die Werke zweier Denker, die zugleich auch Staatsmänner waren. „Philosophe guerrier", einen „Philosophen im Kriegergewand", nannte ihn der Dichter Jean Baptiste Rousseau (nicht zu verwechseln mit Jean-Jacques Rousseau), und der gebildete päpstliche Nuntius und spätere Kardinal Dominik Passionei pries den Prinzen, weil er dort, wo andere Lanzen, Schilder, Harnische und andere Trophäen hätten aufstellen lassen, den Musen prächtige Tempel errichtet habe.

Wie die noch heute erhaltenen Verzeichnisse seiner Bibliothek beweisen, ließ sich der Prinz bei der Auswahl seiner Bücher durch konfessionelle Vorurteile nicht im geringsten einschränken. Den von der römischen Kirche eingeführten Index der verbotenen Bücher mißachtete er souverän. Ein protestantischer Besucher entdeckte zu seinem nicht geringen Erstaunen in Eugens Büchersammlung auch die Werke Martin Luthers und Johann Arndts, des wegen seiner mystischen Neigungen als Ketzer verdächtigten Lutheraners. Großzügige Duldsamkeit brachte er auch den im überwiegend katholischen Österreich lebenden religiösen Minderheiten entgegen. Er berief evangelische Kaufleute und Ingenieure nach Triest und Fiume, die damals österreichische Freihäfen waren, betraute sogar ausgesprochene „Ketzer" mit der Leitung wirtschaftlicher Unternehmen und diplomatischer Aufträge und verwendete sich für sie in diesem Sinne auch bei Kaiser Joseph I.

Der Gegensatz zu einem gewissen gegenreformatorischen Katholizismus mit fanatischen Zügen spitzte sich zu, als infolge des Spanischen Erbfolgekrieges weite Gebiete Ober- und Unteritaliens zu Österreich gekommen waren. Der Papst bedrohte vorübergehend den Prinzen und sogar den Kaiser mit der großen Exkommunikation für den Fall, daß diese es wagten, kirchliche Privilegien anzutasten. Es ging dabei überhaupt nicht um theologische Fragen, sondern bloß um die Besteuerung des Klerus in Parma und Piacenza. Doch der Savoyer ließ sich von der aus Rom kommenden Drohung nicht einschüchtern. Er war eben auch im Frieden ein Soldat, fuhr mit seinen Maßnahmen fort und riet dem Kaiser, unnachgiebig zu bleiben. Die Folge war das kaiserliche Manifest vom 26. Juni 1708, „vielleicht der schärfste Schriftsatz eines habsburgischen Kaisers gegen den Papst" (Eduard Winter).

Außerdem veranstaltete Eugen in seinem Palais regelmäßig „Sokratische Gespräche" *(convivia socratica)*, zu denen jeder Mann von Geist, unabhängig von seinem Glaubensbekenntnis, zugelassen war und bei denen ausschließlich philosophische und wissenschaftliche Fragen erörtert wurden.

All dies zeigt, wie sehr der Prinz, obwohl von Herkunft und Wesen noch ganz der barocken Welt zugeneigt, in seinem Denken bereits weit in die Zukunft vorausstieß — in eine Zukunft, von der auch wir noch träumen können. Trotz seiner intellektuellen Unabhängigkeit und Toleranz war Eugen von Savoyen kein Freigeist im banalen Sinne des Wortes. Dem nach seinem Tode verbreiteten Gerücht, daß er ein religiöser Minimalist gewesen sei, dem es genügt habe, daß einer nur anständig war, stehen etliche Zeugnisse persönlicher Frömmigkeit gegenüber.

Vielleicht wird man ihm in religiöser Hinsicht am ehesten gerecht, wenn man sagt, daß er ein allen Extremen abholder Mann des Maßes war, auch in Glaubensfragen ein „Roi des honnêtes hommes", als den man ihn einmal bezeichnet hat. So stand er mit Grandezza in freundschaftlichem Verkehr mit geistig aufgeschlossenen Katholiken wie dem bereits erwähnten Nuntius Passionei und dem aus Lissabon stammenden Grafen von Sylva Tarouca, der später zum Vertrauten der Kaiserin Maria

Theresia wurde; aber auch mit gebildeten Protestanten wie dem bibliophilen Preußen Georg Wilhelm von Hohendorff, der sein Generaladjutant wurde; mit Aufklärern wie Voltaire und Kritikern der Aufklärung.

In der Nacht auf den 21. April 1736 starb dieser Feldherr und Fürst, der auch ein Grandseigneur des Geistes und Mittelpunkt der gebildeten Welt seines Zeitalters gewesen war, einsam im Schlafzimmer seines Winterpalastes in der Himmelpfortgasse. Am Abend hatte er noch bei der mit ihm befreundeten verwitweten Gräfin Lori Batthyány Piquet gespielt. Als am Morgen des nächsten Tages der Kammerdiener die Vorhänge des Himmelbettes wegzog, fand er den Fürsten tot. Er lag auf derselben Seite und ganz so, wie er ihn am späten Abend zugedeckt hatte. Die Arznei, die dem seit längerem Kränkelnden der kaiserliche Hofmedikus verschrieben hatte, stand unbenützt auf dem Nachtkästchen.

Eugens Herz wurde, in Weinessig, nach Turin gesandt und in der Gruft der Herzöge von Savoyen beigesetzt, sein einbalsamierter Leichnam hingegen in der Uniform des Regiments drei Tage lang in seinem Palais öffentlich zur Schau gestellt. Im „Wiener Diarium" beschreibt ein unbekannter Reporter diese echt barocken Funeralien:

„. . . wurde nemlichen derselbe mit dem Uniformkleid seines Regiments, nemlich von rotem Scharlach mit Gold bordirt, und schwarzsammeten Aufschlägen und mit den Stifeln und Sporn angezogen, und . . . in der ersten Anticamera des Fürstlichen Pallasts auf einem prächtigen mit 63 großen weißen auf silbernen Leuchtern aufgestellten Wachs-Kertzen umgebenen Trauer-Bett zu dreitägiger öffentlicher Schau ausgelegt. Nebst dem von dem allhiesigen Kaiserl. Leib- und Stadt-Garde-Regiment postierter Mannschaft sowohl bey dem großen Thor des Pallasts als auch auf der Treppe und bey dem Trauer-Bett, um das Gedräng und Unordnung des häuffig zulauffenden Volks zu verhüten, befande sich auch stets zur Wacht bey dem Leichnam ein Ober-Offizier von seinem Regiment. Auch wurden wegen dieses höchst bedauretem Todfalls alle Tage eine Stund lang, nemlich von zwölf Uhr mittags bis ein Uhr, die Glocken von allen Kirchen in der Stadt geläutet . . ."

Neben dem Katafalk mit seinem schwarzen Baldachin standen zur rechten Seite der Brustharnisch, links der Rückenharnisch des Prinzen; auf schwarzen Kissen lagen die Herzogskrone und die große Kette des Goldenen Vließes, der Kommandostab, der Degen, der Hut, die Handschuhe und andere Insignien. Überall war auf schwarzem Grunde das savoyische Kreuz zu sehen, umgeben von erbeuteten türkischen und französischen Fahnen, auf welche die vielen Siege des Prinzen geschrieben waren: Zenta, Cremona, Höchstädt, Turin, Oudenaarde, Peterwardein, Belgrad und so fort.

Am 26. April 1736, um vier Uhr nachmittags, wurde der Leichnam des Prinzen mit feierlichstem Gepränge und auf Umwegen, damit möglichst viele Menschen von ihm Abschied nehmen konnten, zum Stefansdom gebracht, um dortselbst zur letzten Ruhe gebettet zu werden.

Ein triumphaler Schlachtenlenker war er gewesen. Doch zu seiner Gruft geleiteten ihn an erster Stelle Scharen von Mönchen der verschiedensten Orden und Kongregationen: Trinitarier, Karmeliter, Serviten, Augustinerbarfüßer, Paulaner, Barmherzige Brüder, Kapuziner, Minoriten, Franziskaner und Dominikaner; hierauf hundertdreißig Jesuiten und andere Geistliche, alle mit Kruzifixen und Kerzen. Es geleiteten ihn Scharen von Armen und Invaliden, von denen etliche „unter Ihrer Durchlaucht hohem Commando Kriegsdienste geleistet". Es folgten hundertfünfundvierzig Mann zu Pferde in Helmen, Kürassen und mit allen Waffen; ein Hauptmann zu Fuß mit hundertvierundzwanzig Mann von der kaiserlichen Leibgarde; sechs mit je vier Pferden bespannte Feldgeschütze; dann wieder ein Hauptmann mit zwei Fähnrichen, die trauerflorbehangene, zur Erde geneigte Banner trugen, und zweihundertvierundachtzig Mann des Garderegiments; schließlich fünf berittene Adjutanten von den Dragonern des verblichenen Prinzen, sechsundzwanzig kaiserliche Musikanten, siebzehn Geistliche und zehn Domherrn von Sankt Stefan sowie ein Weihbischof. Während des Zuges konnte man, immer wiederkehrend, dumpfe Paukenschläge hören.

Und dann kam der Sarg des Prinzen:

„Sodann wurde der Leichnam auf einer darzu gemachten Todten-Bahr getragen. Der darauf ruhende Sarg sowol als die gantze Bahr ware mit einer kostbaren, von goldenen Frantzen und breiten Borten um und um eingefaßten schwartz-sammeten Decke . . . völlig bis auf die Erde herunter samt denen Tragenden überhüllt. Mitten auf dem Sarg stunde ein silbernes großes Crucifix. Und oben auf einem goldzeugenden Kissen lagen nebeneinander der von seiner päpstlichen Heiligkeit überschickte Hut und die fürstliche Haube samt der großen Ordens-Kette des Goldenen Vlieses, und unten an wieder auf einem solchen Kissen das ingleichen von Ihrer päpstlichen Heiligkeit überschickte große Schwert und Röcklein wie auch der Commando-Stab, der Degen, der Hut und die Handschuh ihrer verstorbenen Durchleucht. Die Zipfe und Ende des Bahr-Tuchs wurden von 14 nebenher gehenden Kaiserlichen Herren Feldmarschall-Leutenanten ohne Beobachtung des Ranges, sondern untereinander nach Belieben gehalten. Und neben denselben außenher wurden von 36 Herren von der Kaiserlichen Feld-Kriegs-Cantzley ebensoviele brennende weiße Wax-Fackeln getragen. Nach dem Sarge wurde das Leib-Pferd ihrer verstorbenen Durchleucht, auf das schönste aufgeputzet und mit auf dem Sattel gebundenem kostbaren Harnisch, zwischen zwei völlig vom Kopf bis zu den Füßen geharnischten reitenden Männern geführet und von dero Herrn Page zu Fuß wie auch neun anderen über und über mit Trauertuch umhüllten und von so viel auch in Trauer gekleideten Reit-Knechten geführten Hand-Pferden gefolget . . ."

Zwei Stunden dauerte die prunkvolle Totenprozession, während der alle Glocken der Stadt Wien, eingeschlossen die gewaltig tönende „Pummerin" des St.-Stefansdomes, ununterbrochen läuteten. Zahllose Menschen standen auf den Straßen, auf den Balkonen oder an den Fenstern, als sich der Zug von der schmalen Himmelpfortgasse auf die Kärntnerstraße bis zum Kärntnertor bewegte, dann über die Augustinergasse und an der Spanischen Hofreitschule vorbei zum Kohlmarkt, Graben und Stock-im-Eisen-Platz gelangte, bis er den Dom erreichte, wo ihn Ritter des Goldenen Vließes, Geheime Räte des Kaisers und Minister erwarteten.

So zog der tote Prinz Eugen von Savoyen, begleitet von vielem Volk, aber von keinem einzigen Verwandten und auch von keinem Mitglied des Erzhauses, dem er mehr als fünfzig Jahre mit unerschütterlicher Treue gedient hatte, in seine Gruft in der Kreuzkapelle des Stefansdomes ein. Der Kaiser ließ allerdings am nächsten Tag in der Hofreitschule durch seinen Almosenier zweitausend Gulden „unter die arme Leutt" eigenhändig austeilen. Und er ordnete an, daß für den verstorbenen Prinzen zweitausend Seelenmessen gelesen wurden.

Das war das Ende des „edlen Ritters" *Eugenio von Savoye,* wie er sich gerne dreisprachig schrieb: italienisch wegen seiner Abkunft; französisch wegen des Landes seiner Geburt; das deutsche „von" aber wegen seiner Wahlheimat, von der ihn weder Intrigen und Konflikte noch verlockende Angebote anderer Mächte abspenstig zu machen vermochten. Drei Kaisern des „Heiligen Römischen Reiches Deutscher Nation", die zugleich Erzherzoge von Österreich und Könige von Böhmen und Ungarn waren, hatte er seinen Geist und sein Können zur Verfügung gestellt: Leopold I., von dem er sagte, daß er sein Vater; Joseph I., von dem er sagte, daß er sein Bruder; und Karl VI., von dem er sagte, daß er sein Herr gewesen sei.

Österreich, Deutschland, Europa sehen heute ganz anders aus als im Zeitalter des Prinzen Eugen. Manche seiner militärischen Siege erwiesen sich später als hinfällig, weil sie politisch nicht zum Tragen kamen. Seine Türkenkriege haben allerdings bleibende Ergebnisse gezeigt. Man kann nur bedauern, daß es den Habsburgern trotz dreimaliger Eroberung (1688, 1717 und 1789) nicht gelungen ist, die Stadt Belgrad zu halten und von hier aus schon im achtzehnten Jahrhundert die gesamte Balkanhalbinsel vom türkischen Joch zu befreien. Eugenio von Savoye konnte sein erklärtes Ziel, den Kaiser von Wien bis Konstantinopel ungefährdet reisen zu sehen, nicht verwirklichen. Seine Armeen erreichten weder die Mündung der Donau noch die Ägäis. Der geplante Befreiungskrieg durch den christlich-orthodoxen Balkan und die Eroberung des Bosporus unterblieben. Wäre es damals dazu gekommen, dann hätte die Weltgeschichte Europas einen völlig anderen Verlauf genommen. Rußland wäre nicht in die Lage gekommen, sich zum Schutzpatron und schließlich zum Zwingherrn der südosteuropäischen Völker aufzuschwingen. Der unselige Panslawismus hätte keine Chancen gehabt. Es wäre keine südslawische Irredenta möglich gewesen, da die Serben, noch ehe sie Feinde hätten werden können, zu Partnern und Mitträgern des Donaureiches geworden wären. Belgrad nicht gehalten zu haben, „war Österreichs verhängnisvollste Unterlassung", meint Jordis von Lohausen. Die Ursachen dafür lagen nicht bei Eugen, sondern vor allem bei Frankreich, das im Westen und in Italien immer wieder die Kräfte des Reiches band und die Türken massiv unterstützte. Und weil England seinerseits eine Erneuerung der österreichisch-spanischen Doppelmonarchie „nicht vorteilhaft für die Ruhe Europas" hielt, hatten auch die Siege Eugens im Spanischen Erbfolgekrieg nicht jene politischen Konsequenzen, die ihnen sonst zuteil geworden wären. Als der Prinz von den Niederlanden aus schon zum Marsch auf Paris sich anschickte, ließen ihn die Briten mitten auf dem Schlachtfeld allein. „Nichts in der Geschichte der zivilisierten Länder hat diesen schwarzen Verrat übertroffen", bemerkte einmal Winston Churchill, der Urenkel jenes Herzogs von Marlborough, mit dem sich Eugen so gut verstanden hatte.

Versäumte Möglichkeiten, vergebliche Triumphe, tragische Pyrrhussiege, ungenützte Glücksfälle, vereitelte Gelegenheiten — auch dies gehört zur Biographie des Savoyers in kaiserlichen Diensten. Unermüdlich hatte er Kaiser Karl VI. darauf hingewiesen, daß noch so feierlich beschworene Verträge wenig nützen, wenn dahinter nicht das einzige Mittel stehe, diese Vereinbarungen im Ernstfall auch durchzusetzen: die Macht gut ausgerüsteter und kampfbereiter Armeen. Die schönsten zwischenstaatlichen Abmachungen taugen nur dann etwas, wenn ihnen das Schwert Nachdruck zu verleihen vermag. Bloßer Friedenswille oder schiere Furcht vor dem Krieg hat noch niemals solche zurückgehalten, dic zu Eroberungen entschlossen oder nach den Reichtümern des ungerüsteten Nachbarn lüstern sind. Diese Aussage ist nicht minder richtig als die andere, an die hier nochmals erinnert sei: daß aller Krieg eine Torheit sei, der sich nicht den Frieden zum Ziel setzen lasse, der nicht kunstvoll beendet werden könne, sobald sein Zweck erreicht ist oder die Folgen seine Fortsetzung absurd erscheinen lassen. Beide Aussagen muß man zusammen lesen und auf sich wirken lassen. In ihnen ist die politische Weisheit des achtzehnten Jahrhunderts konzentriert, die uns im Zeitalter säkularer Heilsideologien, des Weltbürgerkriegs und der Kriminalisierung des Feindes abhanden gekommen ist.

Dennoch oder eben deshalb steht uns Prinz Eugen viel näher als zahlreiche Generale späterer Zeiten. Er ist uns gegenwärtig nicht nur durch seine prunkvollen Schlösser in Wien, im Marchfeld und in Ungarn. Nicht nur durch Balthasar Permosers marmorne und überlebensgroße „Apotheose" im Barockmuseum des Wiener Belvedere, die den Türkensieger in vollem Harnisch zeigt, wie er der hinter ihm kauernden Ruhmesgöttin Fama mit bescheidener Geste die Posaunenöffnung zuhält, während vor ihm ein geflügelter Genius die von der Schlange der Unsterblichkeit umwundene Sonnenscheibe wie einen Orden emporhebt. Nicht nur durch die festlichen Deckenfresken Bartolomeo Altomontes im Marmorsaal des Stifts St. Florian bei Linz, das ebenfalls seine Türkenkriege verherrlicht. Nicht nur durch das Reiterdenkmal Anton von Fernkorns auf dem Heldenplatz der Hofburg und seine Statue im Prinz-Eugen-Saal des Heeresgeschichtlichen Museum des Arsenals zu Wien. Er ist uns gegenwärtig nicht nur durch die Romane, Erzählungen, Biographien und historischen Essays so unterschiedlicher Schriftsteller und Dichter wie Hugo von Hofmannsthal, Alfons Czibulka, Ernst Fischer, Otto Heuschele, Mirko Jelusich, Alexander Lernet-Holenia und Walter von Molo, durch die Gedichte Ferdinand Freiligraths, Franz Karl Ginzkeys, Anastasius Grüns, Richard von Kraliks und Georg Terramares, vor allem aber durch das heute noch in Österreich viel gesungene Soldatenlied „Prinz Eugen, der edle Ritter", in dem ein unbekannter Krieger aus seinem Gefolge den Sieg von Belgrad verherrlicht.

Er ist gegenwärtig auch deshalb, weil seine knabenhafte Gestalt uns noch immer bezaubert. Weil die Sache, der er tapfer, bescheiden und treu mehr als ein halbes Jahrhundert lang diente, uns als Idee noch immer anzusprechen vermag. Weil dieser Ausländer im Gedächtnis der Deutschen wie auch der meisten Völker der einstigen Habsburgermonarchie immer noch fortlebt weniger als Feldmarschall und Triumphator, sondern als „Wohlgeborener", als Fürst nicht bloß aufgrund der Herkunft, sondern auch des Charakters und Geistes, als eine der vollkommensten Gestalten alteuropäischer Menschlichkeit, als Verkörperung des idealen *honnête homme*, eines Mannes von Ehre und Würde, der die Tugenden Tapferkeit, Gleichmut, Treue, Zucht und Klugheit nicht predigte, sondern vorzuleben verstand.

(1986)

Roger Joseph Boscovich

Faust-Gestalt aus Ragusa und Vorläufer Einsteins und Heisenbergs

Er war Mathematiker, Astronom, Physiker, Naturphilosoph und Jesuit dazu, außerdem Erdvermesser, Kartograph, Diplomat und technischer Berater in päpstlichen Diensten und insgesamt eine seltsam beunruhigende Gestalt, die sowohl an Pythagoras als auch an Doktor Faustus erinnert: *Roger Joseph Boscovich* (Rudjer Josip Bosković). Geboren 1711 in Ragusa — dem heutigen Dubrovnik —, das damals noch eine unabhängige aristokratische Republik war, ist Boscovich seiner Herkunft nach dalmatinischer Kroate. Er entstammt somit jener künstlerisch wie literarisch überaus fruchtbaren adriatischen Mischkultur, in der dinarische, venezianische, byzantinische und südslawische Elemente zu einer originellen Spielart mediterraner Bildungsblüte zusammenfanden. Von Natur aus weltoffen und wirklichkeitsneugierig, unternahm er weite Reisen bis nach Istanbul und Cambridge, lehrte als Professor in Rom, Pavia, Wien, Paris und Mailand und stand in Briefverkehr mit Voltaire und Samuel Johnson. In der Kaiserstadt Wien, wo er sich von 1756 bis 1760 sowie im Jahre 1763 aufhielt (eine Gedenktafel an der Stirnseite der Alten Jesuitenuniversität erinnert daran), verfaßte er eines seiner Hauptwerke: „Theorie der Naturphilosophie" (1758). Es ist, wie damals noch weithin üblich, in lateinischer Sprache geschrieben. Insgesamt hat Boscovich etwa 70 Abhandlungen vorgelegt: über Sonnenflecken und Kometenbahnen, Kegelschnitte, sphärische Trigonometrie, chromatische Linsenfehler, optische Instrumente, Wetterkunde und Geophysik. In Mailand errichtete er die berühmte Brera-Sternwarte, in Rom reparierte er die Kuppel des Petersdoms, die Pontinischen Sümpfe begann er — lange vor Mussolini — zu entwässern. Er vermaß den Meridianbogen zwischen dem Vatikan und Rimini, betätigte sich als Altertumsforscher an derselben Stelle, wo mehr als hundert Jahre später Schliemann archäologisch fündig wurde, konstruierte ein nach ihm benanntes Prisma, entwarf eine Landkarte des Kirchenstaates, erhielt die Mitgliedschaft der Royal Society zu London und der Pariser Akademie der Wissenschaften. Als er in England ein lateinisches Lehrgedicht über Sonne und Mond vortrug, riß er die entzückten Zeitgenossen zu dem bewundernden Ausruf hin: „Das ist Newton mit der Zunge Vergils". 1773 übernahm er die Leitung des optischen Instituts der Königlichen Marine in Paris. Von den größten Gelehrten seiner Zeit anerkannt, bestürzte er mit seinen revolutionären Theorien sogar die radikalsten Aufklärer. Als er der ständigen Angriffe des unversöhnlichen Jesuitenfeindes d'Alembert endlich überdrüssig war, legte er sein Amt nieder und zog sich nach Italien zurück, um sich der Drucklegung seiner Werke zu widmen. Er starb vor zweihundert Jahren, am 13. Februar 1787 in Mailand.

Nicht nur in Jugoslawien, wo auf persönlichen Wunsch des Marschalls Tito die Schriften dieses priesterlichen Forschers und Denkers neu herausgegeben wurden, gilt heute R. J. Boscovich aus kulturpatriotischen Gründen als einer der Pioniere moderner Naturwissenschaft, ja geradezu als ein Leibniz und Newton ebenbürtiger Avantgardist europäischer Geistesgeschichte. Auch in Frankreich und Amerika nimmt man in zunehmendem Maße erstaunt zur Kenntnis, daß dieser dalmatinische Ordensmann recht eigentlich kein Zeitgenosse Rousseaus und der materialistischen Aufklärer, sondern weit mehr ein homo futurus, ein Geistesbruder Plancks, Einsteins und Heisenbergs war. Boscovich steht wie ein erratischer Block im Zeitalter des Rokoko. Er verkörpert einen Mutanten, der intellektuell ins zu Ende gehende 20. Jahrhundert gehört, aber gezwungen war, schon im 18. Jahrhundert zu wirken. Das ist auch die Meinung so namhafter Wissenschaftshistoriker wie Allan Lindsay Mackay,

I. Supek, L. L. Whyte und Louis Pauwels. Sie alle stimmen nach gründlicher Prüfung darin überein, daß R. J. Boscovich mehr als ein technologischer Tausendsasa war. Nicht ohne Verwunderung stellen sie fest: Als Kosmologe und Naturphilosoph hat dieser Dalmatiner fast alles vorweggenommen, was erst in unserer Zeit erkannt oder auch bloß erwogen wurde. Ja, es scheint, daß er nicht nur den Standard der Wissenschaft seines Jahrhunderts weit überragte, sondern auch durch unsere heutigen Kenntnisse noch immer nicht ganz eingeholt ist. Boscovich legte eine umfassende Theorie des Universums vor; aus einem einzigen Gesetz leitete er eine grandiose Kosmologie ab — man könnte auch von einer „Weltformel" sprechen. Sein System umfaßt nicht nur Mechanik und Optik, sondern auch Chemie, Biologie und Psychologie. Er entwarf eine dynamische Atomtheorie, nach der die elementarsten Bestandteile der Realität unausgedehnte Kraftzentren sind. Die Materie ist kein undurchdringlicher Klotz. Dem tieferdringenden Blick offenbart sie sich als diskontinuierliches Gefüge von Energiepunkten. Man findet bei Boscovich kühne Gedanken über Licht, Magnetismus und Elektrizität, die erst viel später in verblüffender Weise verifiziert wurden. Die Grundideen der Wellenmechanik, Quantentheorie und Nuklearphysik waren ihm bereits zur Hand. Von der Radioaktivität wußte er schon, bevor sie entdeckt war; ebenso findet sich bei ihm eine Entsprechung zur erst um 1900 formulierten Planck'schen Konstante.

Zweihundert Jahre nach seinem Tode ist im deutschen Sprachraum ein Forscher und Philosoph zu entdecken, der auf der pythagoreischen Weltlinie europäischer Kosmologie steht: der Visionär eines integralen Dynamismus, dem die Materie als ein Kraftfeld ausdehnungsloser „Energiekörner" erscheint. Die stoffliche Realität ist im Grunde die Erscheinung von Kräften, die nicht wahrnehmbar, aber sehr wirklich sind. Damit berührt sich Boscovich mit Jean E. Charon, dem heute in Paris lehrenden „Fort-Denker" der Relativitätstheorie Einsteins.

Es wird für immer zu den erstaunlichsten Tatsachen der Geistesgeschichte gehören, daß nur ein einziger deutscher Denker allerersten Ranges die zukunftweisende Bedeutung dieses Mannes postum erkannt hat: der protestantische Pfarrerssohn

Friedrich Nietzsche. Zwar hielt Nietzsche ihn fälschlicherweise für einen Polen, doch wohl mit Recht nennt er den kroatischen Jesuiten in einem Atemzug mit dem ostpreußischen Domherrn Kopernikus:

„Während nämlich Kopernikus uns überredet hat zu glauben, wider alle Sinne, daß die Erde nicht feststeht, lehrte Boscovich dem Glauben an das Letzte, was von der Erde feststand, abschwören, dem Glauben an den ‚Stoff', an die ‚Materie', an das Erdenrest- und Klümpchen-Atom: es war der größte Triumph über den Augenschein, der bisher auf Erden errungen worden ist."

(1987)

Charles Joseph Fürst de Ligne

Kavalier, Diplomat und Feldmarschall

Die Ligne waren ein altes Adelsgeschlecht aus dem Hennegau, das 1545 in den Grafenstand erhoben wurde und 1601 die Reichsfürstenwürde erhielt. Doch wer heute von einem Fürsten de Ligne spricht, meint nur einen einzigen aus dieser Familie: Charles Joseph, den ältesten Sohn des in österreichischen Diensten stehenden Feldmarschalls Claudius de Ligne und der Prinzessin Elisabeth von Salm-Salm.

Charles Joseph de Ligne kam am 23. Mai 1735 in Brüssel zur Welt, der Hauptstadt der damals von den Habsburgern regierten Österreichischen Niederlande. Sein Taufpate war Kaiser Karl VI., der Vater Maria Theresias. Einer seiner Vorfahren war schon zur Zeit Kaiser Maximilians I. wegen seiner Tollkühnheit als „Großer Teufel de Ligne" berühmt gewesen; ein anderer hatte nicht minder verwegen an der Seite Don Juans d'Austria in der Seeschlacht bei Lepanto gekämpft; und ein dritter, welcher mit einer Nichte König Heinrichs II. von Frankreich verheiratet war, zog dessen ungeachtet für Mailands und Neapels Verbleib bei den Habsburgern gegen die Franzosen zu Felde. Überdies tauchen in den Stammbäumen der de Lignes auch der Konquistador Hernando Cortez und die unglückliche Königin Maria Stuart auf.

So wuchs der junge Charles Joseph im Bewußtsein auf, in ganz Europa Vettern und andere Verwandte zu haben und fast überall zu Hause zu sein: „Ich habe sechs oder sieben Vaterländer — das Reich, Flandern, Spanien, England, Frankreich, Österreich . . ."

Hinzu kam die militärische Tradition der Familie, die ihn einmal zu dem ironischen Ausspruch veranlaßte: „Wir waren immer tapfer, das vererbte sich bci uns wie eine Hasenscharte oder ein Muttermal."

Die dritte Konstante, die durch seine Abkunft vorgegeben war, bildete die jahrhundertelange Verbundenheit mit dem Hause Habsburg — den Herrschern der österreichischen Länder und Kaisern des Heiligen Römischen Reiches deutscher Nation.

Charles Joseph de Ligne wuchs auf dem väterlichen Schlosse Beloeil in der Nähe von Mons auf. Dieses „belgische Versailles", wie man es genannt hat, befand sich damals noch nicht inmitten von Kohlezechen, Fördertürmen und Industriebetrieben, sondern in einer lieblichen Landschaft, in der Äcker und Wiesen mit fast unberührten Wäldern abwechselten. Obwohl er die bigotte Mutter, von der Prinz Eugen von Savoyen einmal spöttisch gesagt hatte, sie sähe aus wie das leibhaftige Leiden Christi, schon mit vier Jahren verlor und von dem bärbeißigen, aufbrausenden und jähzornigen Vater „mehr Hiebe als Liebe" empfing, erschien ihm Schloß Beloeil zeitlebens als „die Heimat, die Jugend schlechthin". Schon die bloße Erinnerung daran vermochte ihn zu bezaubern:

„Ich habe Beloeil an einem Wintertag in leichtem Nebel im Gedächtnis, durch dessen Schleier eine blaßrosa Sonne schien. Die schiefergedeckten Schloßtürme hoben sich von dem durchsichtigen blauen Himmel ab. Der Park war des sommerlichen Baumschattens beraubt, aber eben diese Jahreszeit betonte die klaren Linien und verwandelte die Oberfläche aller Gewässer in silberne Tücher, über welche die Schatten der ziehenden Wolken glitten. Unter unseren Füßen knirschten gefrorene welke Blätter und der harte Kies der Alleen. Der *rieur d'amour* floh frierend ins dürre Unterholz, die Vögel waren verstummt und die Schwäne hatten sich versteckt, doch alle Geister von Beloeil, die Geister derer, die diesen Herrensitz erbaut oder verschönt hatten, gaben sich zu dieser Stunde ein uns unsichtbares Rendezvous."

Obwohl er von meist unfähigen und rasch wechselnden Hauslehrern erzogen wurde, begeisterte sich schon der Knabe nicht nur für Pferde, Waffen, Jagd und Kriegsruhm, sondern auch für Bücher und historische Studien in solchem Maße, daß er vom Vater, der in ihm einen untauglichen „Federfuchser" erblickte, mit Reitpeitsche oder Hundeleine gezüchtigt wurde. Ein Versuch, aus Beloeil zu entwischen und in die kaiserliche Armee einzutreten, scheiterte. Stattdessen steckte der Vater den Fünfzehnjährigen in das in Mons stationierte Grenadierregiment, das er selbst befehligte. Charles Joseph wurde Leutnant und 1755 Hauptmann. Im selben Jahre heiratete er auf Befehl des Vaters die um fünf Jahre jüngere Prinzessin Maria Franziska von Liechtenstein, die ihm sieben Kinder gebar und ihn um etliche Jahre überlebte. Die Ehe hinderte ihn nicht daran, ständig wechselnde Amouren einzugehen, manchmal auch mehrere zugleich, und sowohl geistreichen als auch schönen Frauen den Hof zu machen.

Seine Feuertaufe erhielt de Ligne im Siebenjährigen Krieg, in dem er durch seine Tapferkeit und strategischen Einsichten allgemein auffiel, so daß ihn die Kaiserin Maria Theresia 1759 zum jüngsten Obristen in ihrem Heer ernannte. Die Monarchin fühlte sich sogar gedrängt, den tollkühnen Reiter und Fechter einmal ausdrücklich zu bitten:

„Mon prince, mäßigen Sie bitte Ihre Waghalsigkeit. Der Staat und ich möchten Sie erhalten wissen."

Maria Theresia unterstellte ihm überdies das Regiment seines eigenen Vaters und ernannte ihn schließlich 1771 zum Generalleutnant. Im Bayerischen Erbfolgekrieg befehligte de Ligne unter Laudon die Vorhut der österreichischen Armee. Auf mehreren diplomatischen Reisen, die ihn nach St. Petersburg und Südrußland führten, gewann er die Gunst einer zweiten Herrscherin, nämlich der russischen Kaiserin Katharina II., die ihm den Titel eines Feldmarschalls verlieh und ein Gut auf der Halbinsel Krim am Schwarzen Meer überließ. Wenn er nicht gerade im Felde war, befand sich de Ligne meist in diplomatischer Mission unterwegs durch ganz Europa.

„Frankreich besteht aus siebenhundert Personen", hatte Voltaire gesagt. Der Fürst de Ligne kannte sie alle, angefangen von König Ludwig XVI. und Marie Antoinette über die Gräfin Dubarry und die Madame Pompadour bis zu Voltaire und Rousseau. Doch nicht nur Frankreich war ihm bestens vertraut, sondern auch Preußen unter König Friedrich II., Polen, Italien, England und sogar die Walachei.

Wie fast alle Zelebritäten seines Zeitalters war er Freimaurer. In den siebziger Jahren des achtzehnten Jahrhunderts wurde er in die Loge „L'Heureuse Rencontre" zu Brüssel aufgenommen, und der Provinzialgroßmeister der Großloge der Österreichischen Niederlande, der Marquis de Gages, zählte zu seinen engsten Freunden.

Von Kaiser Joseph II. im Jahre 1788 zum Fürsten Potemkin entsandt, stand er diesem bei der Belagerung von Oczakow bei, und 1789 befehligte er bei der Entsetzung Belgrads von den Türken die Artillerie. 1808 ernannte Kaiser Franz I. von Österreich de Ligne zum Feldmarschall, obwohl dieser damals schon seit langem aus dem aktiven Militärdienst ausgeschieden war.

Nachdem 1794 französische Revolutionstruppen die Österreichischen Niederlande besetzt hatten, ließ er sich in Wien nieder. Sein kleines Palais auf der Mölkerbastei mit den rosarot getünchten Mauern war eines der gastfreundlichsten Häuser der Metropole:

„Getrost darf ich behaupten, daß mein Haus — so rosenrot wie mein Gemüt — das einzige in Wien ist, das allen offensteht. Zum Diner lasse ich sechs Schüsseln auftragen, zum Souper fünf. Mag kommen, wer will, mag sich setzen, wer kann."

Außerdem besaß der Feldmarschall ein ländliches Refugium auf dem Leopoldsberg, der damals noch Kahlenberg hieß. Auch im Alter blieb er ein eleganter, lebensfroher und geistreicher Mann, wie Gentz bewundernd in einem Brief an Adam Müller (16. Juli 1802) hervorhebt:

„Über den Prinzen von Ligne müßte ich Ihnen einen eigenen Brief schreiben. Ich dachte mir einen Mann, der vom Alter gebeugt und kassiert sein würde, und ich finde eine der schönsten, vornehmsten, zugleich gefälligsten Figuren, der ich mit Mühe 50 gegeben hätte" — dabei war de Ligne damals fast siebzig.

Ausgezeichnet mit dem Goldenen Vließ, dem Maria-Theresia-Orden und anderen hohen Auszeichnungen starb Charles Joseph de Ligne während des glanzvollen Wiener Kongresses, über den er geistreich spöttisch gesagt hatte, daß er zwar tanze, jedoch nicht weiterkomme, am 13. Dezember 1814 im achtzigsten Lebensjahr. Er wurde am 15. Dezember — an einem strahlenden Wintertag — auf dem kleinen und malerischen, heute von hohen Bäumen bewachsenen Friedhof am Südhang des Kahlenberges bei Wien begraben. Dem Sarge war eine kilometerlange Kette von Menschen gefolgt, darunter prominente Minister, Offiziere und Diplomaten aus nahezu allen Ländern Europas. An der Stadtmauer hatten Kaiser Franz I. von Österreich, König Friedrich Wilhelm III. von Preußen und Kaiser Alexander I. von Rußland dem Verstorbenen die letzte Ehre erwiesen. Fünf Eskadronen Kavallerie, vier Batterien Artillerie und achttausend Mann Infanterie begleiteten die Lafette mit dem Sarge des toten Feldmarschalls. Friedrich Gentz notierte in sein Tagebuch: „Die Sonne schien, als wolle sie noch einmal den Liebling der Götter und Menschen grüßen." Die amtliche „Wiener Zeitung" — das heute noch erscheinende österreichische Regierungsblatt — veröffentlichte einen Nekrolog auf de Ligne, in dem es hieß: „In zwei ganz verschiedenen Beziehungen, als mutvoller Krieger und geistreicher Schriftsteller gleich berühmt, hat sich der Fürst eine seltene Heiterkeit des Geistes, verbunden mit einer Offenheit des Gemütes und einer unerschöpflichen Güte des Herzens bis in seine Sterbestunde erhalten." Der Schweizer Gesandte Paul Eynard vermerkte: „Ganz Wien trauert, denn alle Welt hatte den Fürsten lieb." Goethe schrieb, um sein Andenken zu ehren, ein poetisches „Requiem dem frohesten Manne des Jahrhunderts", nachdem er bereits 1807 in seinen Tag- und Jahresheften vermerkt hatte: „Seine Gegenwart bestätigte seinen Ruf; er zeigte sich immer heiter, geistreich, allen Vorfällen gewachsen und als Welt- und Lebemann überall willkommen und zu Hause."

Voltaire hatte ihm einst in jungen Jahren gesagt: „Sie werden dereinst als das berühmt werden, was Sie heute bereits sind — der liebenswürdigste Mensch Europas!" Diese Prophezeiung war, wie schon Madame de Staël bestätigte, in Erfüllung gegangen, und auch heute noch lebt der Fürst de Ligne als der letzte Kavalier des Rokoko, als bezaubernder Maître de plaisir des Wiener Kongresses und als ewig heiterer Skeptiker im Gedächtnis einer kleinen Elite literarisch und kulturgeschichtlich interessierter Leser fort.

De Ligne war nämlich nicht nur Feldherr und Diplomat, sondern auch ein unermüdlicher Schriftsteller, dessen zwischen 1795 und 1811 erschienenen Gesammelten Werke, die „Mélanges militaires, littéraires et sentimentaires", insgesamt vierunddreißig stattliche Bände, alle in französischer Sprache, umfassen. In ihnen äußert sich dieser Belgier von Geburt, der ein Franzose der Sprache und dem Geschmack und ein Österreicher der Neigung und Karriere nach war, zu den verschiedensten Themen. Neben strategischen, taktischen und kriegsgeschichtlichen Studien finden sich autobiographische Fragmente, Essays zu Fragen der Literatur und des Theaters, Tagebuchaufzeichnungen, Reiseberichte, eine Abhandlung über die schönsten Gärten Europas, ein Traktat über die bürgerliche Besserstellung der Juden, ferner theologische Erörterungen und Überlegungen über die Grundlagen eines dauerhaften Friedens zwischen den Staaten. All dies zu lesen erfordert ein Ausmaß an aristokratischer Muße, über das kaum jemand noch verfügt, und eine innere Affinität mit jenem Zeitalter, von dem Talleyrand sagte, daß man vor 1789 gelebt haben müsse, um die Süße des Lebens zu kennen.

Zum Glück gibt es seit kurzem eine von Günther Elbin herausgegebene und bibliophil ausgestattete sowie reich illustrierte Auswahl aus den Briefen und Erinnerungen des Fürsten de Ligne. Sie ist unter dem Titel „Literat und Feldmarschall" in der Deutschen Verlags-Anstalt erschienen.

Bereits früher hat der bekannte deutsche Romanist Fritz Schalk in seiner zweibändigen Edition „Französische Moralisten" Texte von de Ligne in deutscher Übersetzung gebracht; doch leider ist diese Ausgabe zur Zeit nicht im Buchhandel erhältlich.

Mit Recht hebt Günther Elbin die Zugehörigkeit de Lignes zu den französischen Moralisten hervor. Er nennt ihn einen „Meister der historischen Marginalie sowie der kühnen Gedankenverknüpfungen und Schlußfolgerungen." Am hinreißendsten und anmutigsten ist der Fürst de Ligne jedoch als Briefeschreiber, Plauderer und Porträtist seiner Zeitgenossen, handle es sich nun um die Schilderung eines Besuches bei Voltaire, eines Gespräches zwischen Napoleon und dem Rokoko-Dichter Wieland, einen launigen Brief an Madame de Staël oder die Erinnerungen an eine witzige Unterhaltung mit Friedrich dem Großen. Immer bewahrt er die Haltung eines Grandseigneurs, und auch an den Stellen, wo er sich spöttisch äußert, wirkt er nie bösartig oder verletzend, sondern liebenswürdig und heiter. Es ist ein Vergnügen, in den Schriften dieses Weltmannes zu lesen, der so angenehm zu unterhalten versteht, ob er nun von einem Feldzug gegen die Türken, aus Moskau, einem Fanariotenviertel in Rumänien oder Versailles berichtet. Charles Joseph de Ligne schreibt anschaulich, treffsicher und pointenreich, so etwa, wenn er an seinen Sohn nach dessen Vermählung folgenden Brief richtet:

„Nicht wahr, mein lieber Karl, es ist recht erfreulich, verheiratet zu sein. Aber Du wirst damit schon fertig werden. Man ist ja im Leben, je nach Lage der Dinge, mal mehr, mal weniger verheiratet. Jetzt hast Du eine hübsche kleine Frau — so hübsch, daß sie auch, ohne daß Du Dich genieren müßtest, Deine Geliebte sein könnte.... ich verachte alle, die nicht begreifen, worin für mich der Sinn des Lebens besteht. Er besteht einfach darin, alles um mich herum glücklich zu machen. Ich weiß, daß Du das verstehst ..."

Oder wenn er beim Erhalt der Nachricht, daß Friedrich II. von Preußen gestorben sei, notiert:

„Ich glaube nicht, daß, wie es heißt, beim Tode Caesars die Erde gebebt und die Sonne sich verfinstert habe, denn in der Sterbestunde des großen Preußenkönigs geschah nichts dergleichen."

Man könnte seitenlang aus den Schriften dieses geborenen Herrn und europäischen Kosmopoliten Aphorismen, Aperçus und Sentenzen zitieren, die er mühelos und mit verschwenderischer Fülle von sich gab. Was er über Voltaire schrieb, dürfen wir auch als ein Selbstporträt des Fürsten de Ligne ansehen:

„Er wollte immer nur das Schöne und Gute sehen und glauben und fand auch die Welt überreich an Schönem und Gutem. Überall entdeckte er Beziehungen zu seinen eigenen Schriften und Gedanken. Jene, die dazu die Anlagen besaßen, lehrte er denken und sprechen. Er war ein rechtschaffener Mann und großer Geist zugleich. Ohne diese beiden Eigenschaften ist man weder das eine noch das andere. Denn der Genius verleiht der Güte eine größere Kraft, und die Güte wiederum macht den Genius natürlicher."

Er war einer der sympathischsten Männer seines Zeitalters. Vor zweihundertfünfzig Jahren, am 23. Mai 1735, wurde er geboren. Ehre seinem Andenken!

(1984)

Johann Gottfried Herder

Ostpreuße, Weimarer und Vordenker europäischer Humanität

Wenige deutsche Autoren sind, zumindest dem Namen nach, so bekannt und werden dennoch so wenig gelesen wie Johann Gottfried Herder (1744 - 1803), der aus ärmlichen ostpreußischen Verhältnissen zum Weimarer Generalsuperintendenten aufgestiegene Philosoph, Theologe, Literaturkritiker, Sprachwissenschaftler, Geschichtsdenker, Anthropologe und Sammler der „Stimmen der Völker in Liedern". Auf ihn und sein vielseitiges, bis auf den heutigen Tag, wenngleich vielfach unterirdisch, fortwirkendes und fortzeugendes Oeuvre trifft Schillers geistreicher Zweizeiler zu: „Wie doch ein einziger Reicher so viele Bettler in Nahrung setzt! Wenn die Könige baun, haben die Kärrner zu tun." Herder war in der Tat ein Fürst im Reiche der Ideen, der zwischen Leibniz und den Brüdern Humboldt meistgebildete Deutsche. Er hatte, um den Dichter Jean Paul zu zitieren, nur den einen Fehler, „daß er kein Stern erster oder sonstiger Größe war, sondern ein Bund von Sternen, aus welchen sich dann jeder ein beliebiges Sternbild buchstabiert". Mit verschwenderischer Großzügigkeit streute er eine Fülle von Einfällen, Anregungen und Leitgedanken aus, die dann auf den verschiedensten Gebieten zum Tragen gekommen sind.

Er hat nicht nur kompilierenden Bettlern, Kärrnern und Pedanten ganzer Fakultäten Brot verschafft, sondern als wahrer *Homo genialis* auch andere schöpferische Geister inspiriert. Der junge Goethe verdankt ihm die Begegnung mit dem eigenen Genius. Herder war es, der in Straßburg Goethe dessen innerste Berufung enthüllte. In unseren Tagen hat der Anthropologe, Soziologe und Kulturkritiker Arnold Gehlen öffentlich bekannt, daß er im Grunde nur das, was J. G. Herder intuitiv vorweggenommen habe, mit Hilfe fortgeschrittener wissenschaftlicher Methoden zu untermauern versuche. Noch in der letzten Auflage von Gehlens Hauptwerk „Der Mensch, seine Natur und seine Stellung in der Welt" heißt es mit feierlicher Emphase: „Die philosophische Anthropologie hat seit Herder keinen Schritt vorwärts getan. Sie braucht auch keinen Schritt vorwärts zu tun, denn dies ist die Wahrheit."

Doch nicht nur in Deutschland, sondern vor allem auch bei den slawischen Völkern steht Herder in hohem Ansehen. Tschechen, Slowaken, Polen, Serben, Kroaten und Russen, aber auch Esten, Letten und Litauer, verehren den deutschen Patrioten wegen seiner nicht nur literarisch und volkskundlich motivierten Sympathien für die Nationen Osteuropas, des Balkans und des Baltikums. Manche halten Herder geradezu für den Vorläufer des Slawophilentums, das man allerdings — worauf vor kurzem Wolfgang Strauss nachdrücklich aufmerksam gemacht hat — nicht mit dem imperialistisch vermessenen „Panslawismus" verwechseln darf. Um so grotesker wirkt die Behauptung eines deutschen Professors namens Kurt Rossmann, der später den Lehrstuhl von Karl Jaspers erhielt und Herder einschränkungslos als geistigen Ahnherrn des Nationalsozialismus und Wegbereiter Hitlers hinzustellen wagt (Deutsche Geschichtsphilosophie München 1969, S. 102). Das ist auch deshalb so töricht, weil Herder, obwohl in manchen „völkischen" Kreisen (insbesondere der Baltendeutschen) verehrt, im „Dritten Reich" von einigen Seiten als liberalistischer „Humanitätsduselei" verdächtiger Freimaurer angegriffen wurde. Sympathischer ist der wahrlich merkwürdige Ausspruch eines Moskauer Gelehrten, der bundesdeutsche Besucher, insbesondere Linksintellektuelle, nach erfolgter Begrüßung gebieterisch aufzufordern pflegt: „Erzählen Sie mir etwas von Herder!" Als wieder einmal einer der Gäste sprachlos blieb, sagte der Russe: „Herder ist ein Zar in der Welt des Geistes, sein faszinierendes Werk erhaben und unergründlich wie der Kreml mit seinen Palästen, Kathedralen und Schatzkammern; Marx' denkerische Hinterlassenschaft nimmt sich, damit verglichen, wie eine Hundehütte aus."

Daß Herder trotz seiner Berühmtheit so wenig gelesen wird, hat manche Gründe. Der wichtigste: Seit der großen Edition von Bernhard Suphan, deren 33 Bände zwischen 1877 und 1913 erschienen sind, ist keine einigermaßen brauchbare Ausgabe mehr vorgelegt worden. Die Suphansche Edition, von der es einen Reprint gibt (Olms Verlag, Hildesheim 1967 - 1968, insgesamt 18109 Seiten), wird zwar gewiß noch für lange Jahre jedem wissenschaftlich Interessierten unentbehrlich sein. Aber sie weist, neben einigen anderen Mängeln, den gewichtigen Nachteil auf, daß sie im Buchhandel DM 2.933,40 kostet. Ihre Anschaffung kommt somit vorwiegend nur für Bibliotheken und Institute in Frage.

Seit kurzem zeichnet sich ein Ausweg aus dem Dilemma zwischen Herder-Ignoranz oder Zahlung eines geradezu prohibitiven Preises ab. Der mit dem traditionsreichen Insel-Verlag engstens verbundene neue „Deutsche Klassiker Verlag" (Frankfurt) hat den ersten einer auf zehn Bände berechneten repräsentativen Ausgabe der literaturwissenschaftlichen, dichterischen, kritischen, philosophischen, ästhetischen, pädagogischen, theologischen und altertumskundlichen Werke J. G. Herders vorgelegt. Dieser erste Band, herausgegeben von Ulrich Gaier, umfaßt beinahe 1400 Dünndruckseiten und bietet die unendlich aufschlußreichen Schriften des frühen Herder.

Um es gleich zu sagen: Wenn die — hoffentlich bald folgenden — neun weiteren Bände ebenso sorgfältig und fachkundig ediert, erläutert und mit Zeittafeln, Anmerkungen, Erklärungen fremdsprachiger Zitate und schwerverständlicher Anspielungen sowie kombiniertem Personen- und Werkregister in ebenso handlicher wie nobler Ausstattung erscheinen, dann dürfen alle Interessierten dankbar ein Tedeum anstimmen. Es gilt dann keine entschuldigende Ausrede mehr, wenn Herder in deutschen Landen ungelesener bliebe als etwa in Rußland.

Was die Frühschriften so interessant und reizvoll macht, ist die erstaunliche Tatsache, daß sie bereits, meistens in Form von Entwürfen, Notizen und Fragmenten, den späteren und reiferen, ja den *ganzen* Herder enthalten. Alle Grundgedanken und Eingebungen sind schon da. Wie so oft, fesseln die ersten, gleichsam hingehauchten Zeichnungen und plötzlichen al-fresco-Einfälle mehr als die kunstvoll ausgearbeiteten Gemälde. Schon beim Zwanzig- bis Dreißigjährigen finden sich die zentralen Ideen, die dann Herder, ein unermüdlicher Arbeiter, im Laufe intensiver Studien verfeinert, auf neue Gegenstände angewandt und zu einem umfassenden „offenen System" erweitert hat. Ebenso vermittelt der Start-Band eine Ahnung von der enzyklopädischen Vielseitigkeit, dem literarischen Temperament und der den Leser immer wieder unmittelbar ansprechenden, herausfordernden und zum Weiterdenken ermunternden Ausdruckskraft Herders. Er enthält unter anderem den „Versuch über das Sein" (in dem der beinahe noch Halbwüchsige seinen Königsberger Lehrer Kant kritisiert); die Abhandlungen „Haben wir noch ein Publikum?", „Wie die Philosophie zum Besten des Volkes nützlicher werden kann" und „Ist die Schönheit des Körpers ein Bote von der Schönheit der Seele?"; Essays und Dialoge über deutsche, griechische und orientalische Literatur, darunter das köstliche „Gespräch zwischen einem Rabbi und einem Christen über Klopstocks ‚Messias' "; Fragmente über die lyrische Form der Ode, den Wandel des Geschmacks und die Nachwirkungen antiker Poesie; Beiträge zur Ästhetik, Psychologie und schließlich die von der Berliner Akademie preisgekrönte Arbeit über den Ursprung der Sprache — und jeder Text ist kommentiert, erläutert, mit Hinweisen auf Entstehungs- und Wirkungsgeschichte bestens versehen.

Was Herder eben heute, da manche Auguren den Anbruch der „Nachmoderne" weissagen, so aktuell erscheinen läßt, ist sein lebenslanges Bemühen um eine schöpferische Verbindung von Sinnlichkeit, Einfühlung, Phantasie und Vernunft. Sein gesamtes Denken kreist um eine symphonische Zusammenfügung, die nichts menschlich Bedeutsames ausschließt. Herder weigerte sich, zugunsten einer verabsolutierten Teilwahrheit oder Fachmethode alle andern möglichen Einsichten, Betrachtungsweisen und Erkenntnisquellen zu opfern. Deshalb erscheint er bis heute den einen als verspäteter Aufklärer, den andern als verfrühter Romantiker, den einen als noch nicht „bewältigter" Vorläufer der Nazis, den andern als liberalistisch angekränkelter Logenbruder: als Rationalist wie als Irrationalist, als Humanist wie als Biologist, als Nationalist wie als Kosmopolit, als Christ wie als Heide oder auch „Über-Christ".

Dieses schwankende Bild Herders hängt nicht nur von dem jeweiligen Standort ab, von dem aus man sich dem Denker nähert. Es ist aber auch nicht bloß eine Folge von Herders angeblicher Unfähigkeit, konsequent zu argumentieren und sich für eine bestimmte Richtung zu entscheiden. Das scheinbare Schwanken und Oszillieren ist bei ihm nicht Mangel, sondern Methode. Gegenüber allen einseitigen Extremen verfolgt er beharrlich ein wahrhaft radikales Ziel. Er will sozusagen „alles", weil er nichts auslassen, nichts nivellieren, nichts vergewaltigen will. Es gehört zu seinem Ethos und Pathos, daß er von allem Anfang darum ringt, „eine Meinung nur mit ihrem Gegensatz und dem Prozeß ihrer Vermittlung gelten zu lassen" (Ulrich Gaier). Herder will den Teil *und* das Ganze. Sein Herz schlägt für eine deutsche Wiedergeburt *und* für eine europäische Eidgenossenschaft. Er sehnt sich nach Einfühlung in die Fülle des Individuellen *und* ringt um Deutung der geschichtlichen Mannigfaltigkeit als Gestaltwandel des „Ewig-Menschlichen". Er ist ein eminent kritischer, das heißt: sondernder, differenzierender und unter-scheidender Denker *und* ein um Zusammenschau, Verknüpfung und Einheit bemühter „Ökumeniker" oder „Universalist".

In letzter Instanz kann so etwas, wie sich von selbst versteht, nur Gott gelingen, nie aber einem einzelnen Menschen, sei dieser noch so genial und gebildet. Aber es gehört eben zur weltgeschichtlichen Größe des deutschen Geistes, daß in der Mitte Europas um 1800 einige überragende Philosophen sich dieser pontifikalen Zielsetzung gewidmet haben: Fichte, Hegel, Schelling und, allen voran, Johann Gottfried Herder, der Konsistorialrat, Hofprediger und, durch Vermittlung Goethes, zum Generalsuperintendenten des Herzogtums Sachsen-Weimar beförderte lutherische Theologe, der trotz seines hohen kirchlichen Amtes insgeheim ein überaus freier Geist, ja geradezu ein vulkanischer Ketzer war. Späteren, ängstlicheren, genügsameren Generationen mag das Unterfangen, dem lieben Gott sozusagen in die Karten gucken und den Gang der Vorsehung geschichtsphilosophisch nachbilden zu wollen, tollkühn, überheblich, ja sogar luziferisch erscheinen. Man hat darin so etwas wie einen ins Geistige übertragenen prometheischen „Imperialismus" sehen wollen. Bedenklich, kummervoll oder auch schadenfroh wurde gesagt, daß eine solche Kühnheit nicht gut ausgehen konnte. Sie mußte scheitern wie der verwegene Sonnenflug des Ikarus, wie der Aufstand der Titanen gegenüber den olympischen Göttern. Wer späterhin sich davon noch inspirieren ließ, wie Othmar Spann zum Beispiel, der mußte sich den Anwurf „totalitärer" Gesinnung und „elitären Hochmuts" bieten lassen.

Es ist *hier* nicht der Platz, mit diesen Urteilen zu rechten. Sie kommen ja auch von entgegengesetzten Seiten: sowohl von christlich-dogmatischer als auch von nichtchristlich-skeptischer Seite, sowohl von rechtgläubigen Theologen als auch von jede Erkenntnis des Göttlichen leugnenden Tatsachenanbetern, die sich selbst oft „Agnostiker" („Nichtwissende") nennen, weil sie alles Metaphysische für sinnlosen und überflüssigen Mumpitz halten. Gegenüber dieser pauschalen Verwerfung des der aberwitzigen Gigantomanie bezichtigten Deutschen Idealismus sei jedoch an ein Wort Hegels erinnert, mit dem er seine eigene Zeit zu treffen gedachte, das aber große Teile der gegenwärtigen geistigen Szene noch weit mehr kennzeichnen dürfte: „Der Geist zeigt sich so arm, daß er sich, wie in der Sandwüste der Wanderer nach einfachem Trunk Wassers, nur nach dem dürftigen Gefühle des Göttlichen überhaupt für seine Erquickung zu sehnen scheint. An diesem, woran dem Geiste genügt, ist die Größe seines Verlustes zu ermessen."

Wer Herder gerecht werden will, muß dieses hochgemute, erkenntnis-optimistische Grundanliegen, das er mit dem gesamten Deutschen Idealismus teilt, wenigstens experimentell und hypothetisch nachvollziehen. Dem um Verständnis bemühten Leser macht es Herder insofern leicht, als er, verglichen mit Fichte, Hegel und Schelling, der maßvollste, der am wenigsten „prometheische" Denker seiner Epoche ist. Mit Recht hat Jean Paul in

Herder, ungeachtet seines bisweilen doch teutonisch wolkigen Stils, etwas von griechischer Geistesart wahrgenommen: „Herder war gleichsam nach dem Leben griechisch gedichtet." Das klassisch-antike Ideal der „Mesotes", der rechten und wohlverstandenen Mitte, des Maßes und der Besonnenheit war ihm heilig. Adalbert Stifter mit seinem „Sanften Gesetz" ist nachweisbar auch von dem als „Präfaschisten" denunzierten Herder nachhaltig beeinflußt worden. Nicht von ungefähr heißt eines der Hauptwerke Herders „Briefe zur Beförderung der Humanität" (sie werden in Band 7 der neuen Edition erscheinen). Goethe hat ihm in seinem fragmentarisch gebliebenen Rosenkreuzer-Epos „Die Geheimnisse" in der Gestalt des edlen „Bruders Humanus" ein Denkmal gesetzt.

Man kann das vielleicht auch so sehen: Herders leidenschaftliches Ringen um Integration widersprüchlich scheinender Einsichten, Perspektiven und Denkstile, das oberflächlichen Lesern chaotisch, verworren oder wie dünkelhafte Nachahmung göttlicher Allwissenheit vorkommen mag, verdankt sich einem zutiefst menschlichen, menschenfreundlichen und größtmöglicher Duldsamkeit, Fairneß und Humanität verpflichteten Streben. Wenn er gegenüber platter Verständigkeit die Würde des Gefühls betont; wenn er einem überschwänglichen Mystizismus das Recht der Vernunft entgegenhält; wenn er der hochnäsigen Tristesse einer alle geschichtlich gewordenen Unterschiede einebnenden abstrakten Weltbürgerei die bunte Vielfalt nationaler Besonderung und Unverwechselbarkeit entschieden vorzieht; wenn er wider einen bornierten und überheblichen Chauvinismus oder „Rassismus" am Vertrauen auf eine zu fortschreitender Humanisierung berufene Menschheit festhält — immer will er vermeiden, ein Extrem durch ein anderes zu ersetzen, einen Fanatismus mit einer andern Bedenkenlosigkeit zu bekämpfen. Vielmehr soll die verhältnismäßige Berechtigung der unterschiedlichsten Blickwinkel erwiesen, die Einseitigkeit eines Standpunktes durch Erörterung des entgegengesetzten gemildert und *dennoch* ein völlig bodenloser, alles für „gleich-gültig" haltender Relativismus vermieden werden.

Es geht Herder — und das zeigt schon der erste Band der neuen Edition mit beglückender Deutlichkeit! — um den *„ganzen Menschen"* gegen jede Nivellierung und Reduzierung. Sein humanes Maß bekundet sich in dem wachen Bewußtsein, daß dieser „ganze Mensch" weder durch Dekret hergestellt, noch durch Entfesselungsprogramme durchgesetzt zu werden vermag. Menschsein in seiner Ganzheit verwirklicht sich geschichtlich-konkret immer als je individuelle, besondere und damit unvollständige Gestalt. Der Mensch ist, so paradox es klingt, unaufhebbar zugleich ein „Ganzes" und ein „Teil", Gesamtwesen und Bruchstück. Niemals lebt er so lange, um alle Möglichkeiten des Menschseins extensiv und intensiv erschöpfen zu können. Ja, er würde ein Ungeheuer, wenn er dies auch nur versuchte. Der „ganze Mensch" ist ein werdender Mensch; erst die gesamte Geschichte der Menschheit kann günstigstenfalls die verborgene Fülle aller humanen Anlagen darleben. Dennoch vermag auch der geringste Mensch komplett, in seiner eigentümlichen Weise ein „Ganzer" zu sein, wenn er sich innerhalb der Grenzen seiner Fähigkeiten besonnen bewegt.

Das ist der kernhafte Leitgedanke des Herderschen Humanismus. Ihm entspricht die *Form* der allermeisten Schriften dieses in seinem Gehalt nach wie vor unausgeschöpften Denkers. Sie sind überwiegend Fragmente, Bruchstücke, Skizzen, Entwürfe, Einfälle, Ahnungen, Notizen, genialisch anverwandelte und einverseelte Exzerpte. Man muß das durchaus nicht mit Bedauern feststellen. Fragmente sind nicht dasselbe wie Ruinen. Sie können mehr enthalten als rundum abgeschlossene Systeme, Lehrbücher und Katechismen, die sich anheischig machen, jede Frage fix und firm zu beantworten. Ganz anders bei Herder: seine Fragmente sind so human, weil sie nicht als arrogante Unfehlbarkeitsaussagen verstanden werden können. Sie sind Sämereien, Anregungen, Keime, manchmal auch provisorische Stege oder behelfsmäßige Pontons. Ihre unvollendete Vorläufigkeit ist eine dialogische Ermunterung, eine Einladung zum Gespräch mit dem Leser. Der Leser soll nicht nur das lesen, was Herder buchstäblich geschrieben hat, sondern auch lesen im Sinne von: sammeln, ordnen, auswählen. Doch das Anerbieten geht noch weiter: der sich auf den genialischen (und das heißt ursprünglich: lebenzeugenden) Fragmentisten nachdenklich einlassende Leser soll die Herdersche „Unvollendete" — ein „*work in progress*" — selber sinngemäß ergänzen, fortführen und somit an ihr weiterschaffen. Ihre allemal nur für eine bestimmte Weltstunde gültige Vollendung erfährt sie durch den Leser, den Herder im Verlauf der Lektüre mit einer Ahnung seiner ihm eigentümlichen, unübertragbaren Anlage zur „Ganzheit" und seiner alle Grenzen überwindenden Teilhabe am Universum beschenkt.

Es ist lohnend, auf solche Weise die Schriften jenes Ostpreußen zu lesen, über dessen Gruft in der Stadtkirche zu Weimar Herzog Karl August eine eiserne Tafel anbringen ließ. Sie nennt die drei Worte von Herders Wahlspruch: „*Licht Liebe Leben.*"

(1986)

Christoph Wilhelm Hufeland

Von einem, der auszog, das Leben zu verlängern

Christoph Wilhelm Hufeland ist der überragende Arzt der Goethezeit; im Alter galt er geradezu als Papst in allen Fragen der Medizin. Es gab kaum eine Berühmtheit, mit der er nicht in Verbindung stand. Eine seiner ersten Arbeiten erschien 1785 in Wielands Zeitschrift „Teutscher Merkur"; mit dem geistvollen Göttinger Philosophen Georg Christoph Lichtenberg, mit dem er als Student eine Zeitlang unter einem Dache gelebt hatte, unterhielt er bis zu dessen Tode von herzlicher Verehrung geprägte Kontakte; Kant widmete ihm 1798 die Abhandlung „Von der Macht des Gemüts, durch bloßen Vorsatz seiner krankhaften Gefühle Meister zu sein"; Goethe lud ihn zu einem Vortrag in seiner „Freitagsgesellschaft" ein; Schiller, dessen Gedichte Hufeland überaus schätzte, besuchte den Meister der Heilkunde 1804 in Berlin; als er noch in Jena lebte, war der junge Schopenhauer sein Gast gewesen; Herder, dessen Predigten er in Weimar gerne gelauscht hatte, stand ihm zeitlebens nahe, desgleichen auch der Dramatiker Kotzebue und der Märchensammler Johann Karl August Musäus; der König von Preußen ernannte ihn zu seinem Leibarzt, zum Mitglied der Akademie der Wissenschaften und zum Direktor des „Collegium medicum", der obersten Gesundheitsbehörde im Staate; später wurde er Staatsrat im preußischen Innenministerium, also Inhaber eines Amtes, das dem eines heutigen Staatssekretärs entspricht, und Träger des Roten Adlerordens Erster Klasse mit Eichenlaub (die ihm angebotene Erhebung in den erblichen Adelsstand lehnte er hingegen als selbstbewußter Bürger würdevoll ab); er war Vertrauter der Königin Luise, die ihn regelmäßig zum Tee einlud, um deren Bade- und Trinkkuren er sich umsichtig kümmerte und die er auch auf ihrer Flucht über die Kurische Nehrung nach Memel im Januar 1807 begleitete; der neben Schadow bedeutendste Bildhauer des deutschen Klassizismus, Christian Daniel Rauch, schuf eine Marmorbüste von ihm; die Academia Leopoldina zu Halle benannte eine neuentdeckte Pflanzengattung ihm zu Ehren „Hufelandia"; und als er 1833 sein fünfzigjähriges Doktorjubiläum feierte, erreichten ihn Glückwünsche und Geschenke aus fast allen Ländern Europas, darunter ein vom Verein polnischer Ärzte gestifteter Pokal und Gratulationen aus Ungarn und Rußland. Eine seiner Töchter war übrigens mit einem in russischen Diensten stehenden rumänischen Grafen, Alexander Stourdza, verheiratet, der sich dann mit ihr auf seine Güter in der Ukraine zurückzog. Stourdza veröffentlichte bereits 1837 eine der allerersten Biographien seines deutschen Schwiegervaters.

Hufeland gehört darüber hinaus zu den Mitbegründern der Berliner Universität und den entschiedensten Vorkämpfern für die Pockenimpfung. Durch seine Schriften hat er wie kein zweiter Zeitgenosse der modernen Präventivmedizin den Weg bereitet, den gesundheitlichen Nutzen des Badewesens und die noch heute in allen Erste-Hilfe-Kursen gelehrten elementaren Rettungsmaßnahmen, einschließlich der Mund-zu-Mund-Beatmung, nachdrücklich propagiert und insgesamt sich für eine Verbesserung der hygienischen Verhältnisse in Deutschland eingesetzt. Auch zählt er zu den Ahnherrn der heutigen Gerontologie, der Wissenschaft von den spezifischen Alterungsvorgängen im menschlichen Organismus. Er war nicht nur ein von Fürsten geschätzter Arzt, sondern auch ein im Sinne praktischer christlicher Nächstenliebe und undogmatischer Aufklärung wirkender Humanist und Volkserzieher.

Obwohl ein Zeitgenosse der Romantiker, stand er deren spekulativer Medizin skeptisch gegenüber. Gegenüber der romantischen Neigung zum Okkulten und Phantastischen betonte er die Notwendigkeit, von der alltäglichen Erfahrung am Krankenbett auszugehen. Den damals modischen „Mesmerismus" mit seinen stark mystizistischen Neigungen lehnte er ab. Deshalb verwundert es auch nicht, daß sich Hufeland den aufklärerisch gesinnten Illuminaten anschloß, die von den auf Magie und Alchymie setzenden Gold- und Rosenkreuzern bekämpft wurden. Aus diesem Grunde wurde er auch dem Genius eines Paracelsus nicht gerecht. Er sah in ihm einen Schwärmer und Scharlatan, was einfach unzulässig ist. Nicht metaphysische Systeme könnten dem leidenden Menschen helfen, sondern geduldige Forschung und tatkräftige Hilfe. Diese Haltung verbindet ihn mit dem Österreicher Ernst von Feuchtersleben, der Hufeland in seinem berühmt gewordenen Buch „Diätetik der Seele" wiederholt zustimmend zitiert. Mit der Romantik verbindet Hufeland eigentlich nur der *„Vitalismus"*, das heißt: die Annahme einer besonderen „Lebenskraft" *(vis vitalis)*, von deren Wirken alle Lebensäußerungen abhängig seien. Er sagt: *„Leben ist's, wodurch der Stein sich ballt und kristallisiert, die Pflanze vegetiert, das Tier fühlt und wirkt; — aber im höchsten Glanz von Vollkommenheit, Fülle und Ausbildung erscheint es in dem Menschen, dem obersten Glied der sichtbaren Schöpfung."* Hufeland hält, wie dieses Wort bezeugt, das Universum insgesamt für belebt; auch das, was scheinbar tot ist, erscheint ihm im Innersten als belebt, von einer Lebenskraft erfüllt, als Ergebnis einer organismischen Produktivität. Krankheit definiert er als Abweichung des lebenden Wesens (oder seiner Teile, Kräfte und Funktionen) vom naturgemäßen Zustand, sofern sie als solche wahrgenommen wird oder den Lebensvollzug stört. Krankheit setzt Gesundheit voraus; diese ist allerdings stets mehr *relativ* als absolut vorhanden. Zur Krankheit gehören Einwirkung *und* Gegenwirkung. Erst das Ergebnis *beider* sei Krankheit. Der Anteil der Gegenwirkung — der Reaktion — an der Krankheit sei größer als der der Ursache oder Einwirkung. Die Reaktion ist es hauptsächlich, die die Form und den Wandel der Krankheit bestimmt — man denke an das *Fieber*, das ja eine *Reaktion* auf einen wirksam gewordenen Krankheitskeim ist, nicht die Krankheit selbst.

Hufeland stammt aus Sachsen. Die Familienchronik gibt als Heimatort das kleine Landstädtchen *Tennstedt* an, das etwa 35 Kilometer nördlich von Erfurt liegt. Johann Christoph Hufeland, der Großvater, war „Stadtphysikus" (also wohl so etwas wie Amtsarzt) und schließlich auch Bürgermeister von Tennstedt, bevor er als Leibarzt an den herzoglichen Hof von Weimar berufen wurde. Tennstedt war später eine Zeitlang der Dienstort des Dichters Friedrich von Hardenberg, bekannt unter seinem Pseudonym „Novalis". Vom November 1794 bis Ende 1795 wirkte er hier als Aktuarius beim Kreisamtmann Just. Einige Tage nach Dienstantritt begegnete er im nahe bei Tennstedt gelegenen Grüningen der zwölfeinhalbjährigen Sophie von Kühn, deren früher Tod (1797) ihn zu den „Hymnen an die Nacht" inspirierte. Aus dieser Gegend also stammen Hufelands Vorfahren, sowohl sein Großvater als auch sein Vater wirkten in Tennstedt beziehungsweise im benachbarten Langensalza als Ärzte. Auch die Mutter, eine geborene Pentzig, stammt aus einer Medizinerfamilie. Ihr Vater war Leibarzt des Herzogs von Gotha gewesen.

Christoph Wilhelm Hufeland wurde am 12. August 1762 im thüringischen Langensalza geboren, wuchs aber bereits seit seinem dritten Lebensjahr in Weimar auf. Als der junge Goethe dort ankam, war Hufeland eben dreizehn Jahre alt geworden. Die nächsten Stationen seines Lebens waren Jena und Göttingen, wo er Medizin studierte. Dann kehrt er nach Weimar zurück, wo er als einfacher Landarzt wirkt. Weimar ist damals, obwohl Residenz der Herzöge von Sachsen-Weimar-Eisenach, ein unansehnliches Nest am Rande der Welt, in dem etwa sechstausend Menschen in meist einstöckigen und schlechtgebauten Häusern mit Stroh- oder Holzschindeldächern wohnen. Die Straßen waren unzulänglich oder gar nicht gepflastert. Es roch in ihnen nicht gut. Allabendlich trieben die Ackerbürger ihre Rinder und Schweine durch die engen Gassen zu den öffentlichen Brunnen, die als Viehtränken dienten. Wenn es regnete, versank der Fußgänger oft knöcheltief im Schlamm. Dies war das Milieu, in dem einige der größten Geister der deutschen Nation wirkten: Wieland, Herder, Goethe und Hufeland, der schließlich 1793 Professor in Jena wurde. Herzog Karl August, der Freund Goethes, verhalf dem unter dürftigen Bedingungen lebenden Mediziner zu dieser Stelle, nachdem er einen Vortrag von ihm in Goethes Freitagsgesellschaft gehört hatte. 1801 übersiedelte Hufeland, an den preußischen Königshof berufen, nach Berlin. Dort starb er auch im Alter von vierundsiebzig Jahren am 25. August 1836. Als er sein Ende herannahen fühlte, bestimmte er, daß sein Leichnam vor der Beerdigung obduziert werde — bis zuletzt entschlossen, der Wissenschaft zu dienen. Ebenso hatte er schon früher seine eigene Krankheitsgeschichte — er litt an Blasenbeschwerden und Harnröhrenverschluß infolge einer sich vergrößernden Prostata — in dem von ihm herausgegebenen medizinischen Journal dargestellt. Begraben wurde er auf dem Dorotheenstädtischen Friedhof in Berlin, wo sich auch Hegels letzte Ruhestätte befindet.

Hufeland hat an die vierhundert Schriften veröffentlicht. Kein Mediziner seiner Zeit war literarisch so fruchtbar wie er, und dies ist um so beachtlicher, als er schon in frühen Jahren halb erblindete und deshalb viele seiner Arbeiten diktieren mußte. Die meisten seiner Werke sind infolge der seitherigen naturwissenschaftlichen und medizinischen Fortschritte nur noch für den Sozial- oder Ideenhistoriker interessant. Aber es gibt wenigstens eines, das, auch hundertfünfzig Jahre nach Hufelands Tod, immer noch frisch und unveraltet ist und sich nicht bloß an Fachleute, sondern an jeden gesundheitsbewußten Menschen wendet. Dieses Buch, 1797 in erster Auflage erschienen, hat den Titel: *„Makrobiotik oder Die Kunst, das menschliche Leben zu verlängern."* Es gehört, trotz mancher zeitbedingter Aussagen, die heute für überholt gelten, zu den bedeutendsten Werken der medizinischen Literatur. Man kann es als Musterbeispiel eines im besten Sinne des Wortes populären Sachbuches mit therapeutischen Zielsetzungen ansehen. Die „Makrobiotik" wurde bereits zu Hufelands Lebzeiten in beinahe alle europäische Sprachen übersetzt. Sogar in Rußland, China und Amerika sind Ausgaben dieses Bestsellers erschienen. Nach wie vor kommen alle paar Jahre Neuauflagen oder Bearbeitungen auf den Markt. Durch dieses Buch, das eine jahrtausendelange, bis auf Hippokrates zurückreichende Überlieferung abschließt, ist Hufeland auch noch in der Gegenwart wirksam. Es enthält eine umfassende Lebenslehre, verbindet Physiologie und Ethik, Hygiene und praktische Philosophie zu einem humanen Ganzen.

Obwohl als „Makrobiotik" in der Absicht geschrieben, Ratschläge zur Verlängerung des menschlichen Lebens zu vermitteln, kann und soll dieses Werk lieber als eine Einführung in die Kunst, richtig und naturgemäß zu leben, gelesen und aufgefaßt werden: als *Orthobiotik*. Dadurch unterscheidet es sich von den Zielsetzungen der im strengen Sinne medizinischen Publikationen. Es handelt weniger von den Mitteln und Wegen, vorhandene Krankheiten zu kurieren, sondern verfolgt weit mehr: den „doppelten Zweck", wie Hufeland selber beteuert, „nicht bloß die Menschen gesünder und länger lebend, sondern auch das Bestreben dazu besser und sittlicher zu machen. Wenigstens kann ich versichern, daß man eins ohne das andere vergebens suchen wird und daß physische und moralische Gesundheit so genau verwandt sind wie Leib und Seele."

Hufelands „Makrobiotik oder Die Kunst, das menschliche Leben zu verlängern" ist aber auch in literarischer Hinsicht ein Meisterwerk deutscher Prosa. In allgemeinverständlicher Sprache legt der Schriftsteller-Arzt seine Gedanken dar. Der Stil verrät einen Autor, der sehr belesen ist, aber auch gut zu beobachten versteht. Manchmal schreibt er ausgesprochen sarkastisch, etwa wenn er mit Quacksalbern und Astrologen schonungslos ins Gericht geht. Immer wieder streut er in die Darstellung auch anschauliche Anekdoten ein, handle es sich nun um abergläubische Verjüngungsmethoden oder um Lebensbeschreibungen von bis zuletzt gesund gebliebenen hochbetagten „Senioren" oder um den Versuch zu ermitteln, welche Berufe die besten Chancen bieten, ein hohes Alter zu erreichen. Daß Hufeland nicht nur ein kluger und witziger Kopf ist, sondern auch ein warmherziger Gesellschaftskritiker, zeigen die Ausführungen über bestimmte Fälle früher Sterblichkeit. Er findet ergreifende Worte für die von Afrika nach Amerika verschleppten Negersklaven, die, von ihrer angestammten Heimat getrennt, ohne Hoffnung auf die Möglichkeit einer Rückkehr und zu härtesten Arbeiten gezwungen, überdurchschnittlich früh sterben. Mit Entsetzen erinnert er an die Tatsache, daß von den siebentausend ausgesetzten Kindern, die jährlich im Findelhaus zu Paris Aufnahme fanden, nach zehn Jahren nur noch hundertachtzig am Leben sind. Im Zusammenhang damit formuliert er einen Satz, der eine prophetische Warnung vor allen Versuchen staatlicher Zwangserziehung und totalitärer Familienfeindschaft enthält: „Es gehörten jene kurzsichtigen politischen Rechenkünstler dazu, welche dartun konnten, der Staat sei die beste Mutter, und es sei zur Plusmacherei weiter nichts nötig, als die Kinder für ein Eigentum des Staats zu erklären." Aktuell sind auch seine Ausführungen über die Schädlichkeit unreiner Luft. Die Städte bezeichnet er sogar als „offene Gräber der Menschheit". Er meint, hierin mit dem auch heute noch vielverkannten, weil wenig gelesenen Rousseau übereinstimmend: „Der Mensch ist unter allen Tieren am wenigsten dazu gemacht, in großen Haufen zu leben." Allein schon der Zwang, den Atem von massenhaft um ihn gedrängten Mitmenschen einatmen zu müssen, könne tödlich sein. Daß er den Alkoholismus und Unmäßigkeit beim Essen, insbesondere auch die Gewohnheit, zu schnell und hastig zu essen, mit beredten Worten verurteilt, ist eine Selbstverständlichkeit.

Bemerkenswerter sind seine Gedanken über die Auswirkungen von Verdruß, Furcht, Neid und Mißgunst auf das körperliche Wohlbefinden und die Lebensdauer. Damit gehört Hufeland zu den Vorläufern der modernen Psychosomatik. Er schreibt: „Keiner, der den Tod fürchtet, erreicht ein hohes Alter. — Wer den Tod nicht mehr fürchtet, der allein ist frei." Nachdenklich stimmen auch die Abschnitte, die von den Gefahren der „Reizüberflutung", überspannter Phantasie und dessen, was wir heute „Stress" nennen, ausführlich handeln. Hufeland erkennt jedoch nicht minder auch die körperlich-seelischen Schäden, die durch Langeweile, Arbeitslosigkeit und zu wenig „Stress" bewirkt werden. Obwohl er vor den Nachteilen übertriebener oder entarteter Imagination warnt, so predigt er dennoch keinem platten Verstandeskult das Wort. Er hält die Phantasie sogar für „eine Würze des Lebens" und meint, daß Dichter und Künstler vor allem deshalb oft so alt werden, weil „deren hauptsächliches Geschäft im Spielen der Phantasie in selbstgeschaffenen Welten besteht, und deren ganzes Leben im eigentlichen Sinn ein schöner Traum ist."

Hufeland ist der Meinung, daß der Mensch von Natur aus weit älter werden könne als es im Durchschnitt der Fall ist. Er schätzt die mögliche Lebensdauer sogar auf 150 bis 160 Jahre — eine Annahme, die, zumindest nach den Erkenntnissen der neuesten Gerontologie, wohl zu hoch gegriffen ist. Im allgemeinen meint man heute, daß der Mensch unter günstigen Verhältnissen etwa 115 Jahre alt werden könne. Doch sei dem wie immer, die Rezepte der „Makrobiotik” enthalten nichts, was mit Hexerei zu tun hat. Hufeland verspricht keine Wunder und verschmäht es, seinen Lesern magische Lebenselixiere oder Allheilmittel in Aussicht zu stellen. Nicht ohne Spott behandelt er alle abergläubischen Versuche, das Leben durch Talismane, Amulette oder Horoskope zu verlängern. Seine Vorschläge zur Verlängerung des Lebens überschreiten niemals die Ebene vernünftiger und praktikabler Maßnahmen, die grundsätzlich jeder ergreifen kann. Sie sind einleuchtend und triftig, zumindest für jeden maßvoll am Leben hängenden Nichtselbstmörder. Das beginnt mit dem Rat an die Mütter, das Baby tunlichst selber zu stillen und für ausreichende körperliche Bewegung in frischer Luft zu sorgen, und endet mit dem benediktinischen Imperativ: *Ora et labora*, „Bete und arbeite!”

Dazwischen findet sich eine Fülle von Beobachtungen, Einsichten und Verhaltensmaßregeln. Manche verdanken sich bereits antiker Physiologie und Medizin, den diätetischen Schriften der beiden klassischen Ärzte Hippokrates und Galen. Zustimmend zitiert der deutsche Mediziner auch den britischen Renaissance-Philosophen Francis Bacon (1561-1621), der eine „Historia vitae et mortis” (Geschichte des Lebens und des Todes) geschrieben hat. Der Hufeland-Biograph Helmut Busse bemerkt dazu: „Das, was Hufeland besonders angesprochen haben wird, ist die Auffassung Bacons, daß man dem Grunde aller natürlichen Erscheinungen nur durch Erfahrung, besser noch durch exakte Experimente, näherkomme und daß man sich bloßer Spekulationen entschlagen solle ... Bacons Gedanken begleiten Hufeland durch sein ganzes wissenschaftliches Leben, sie sind der Ausgangspunkt seines berühmten Werkes ‚Makrobiotik'.” Vieles, was Hufeland sagt, geht deshalb auf eigene Erfahrung, gewonnen im Umgang mit Patienten aller Altersstufen und Stände, zurück. Bereits seine Antrittsvorlesung in Jena, gehalten zu Beginn des Sommersemesters 1793, leitete er mit den bekenntnishaften Worten ein: „Ich komme vom Krankenbett zu Ihnen. Mein ganzes seitheriges Leben war der Beobachtung der Natur in ihrem leidenden Zustand geweihet..."

Er weiß aber auch, daß ein Arzt, der seinen Patienten helfen will, über eine gewisse künstlerische Ader verfügen muß. Die ärztliche Tätigkeit ist für ihn eine Kunst: nicht nur „Heilkunde", sondern auch *„Heilkunst"*. Zur Kunst gehört neben dem erprobten Können die Gabe intuitiven Erfassens, die Fähigkeit, aus oft winzigen Anzeichen auf verborgene Zusammenhänge zu schließen. Sie war um 1800 noch wichtiger als heute. Denn damals fehlten alle Hilfsmittel, die heute zu diagnostischen Zwecken benützt werden. Es gab keine Automatenlabore, keine Endoskopie, keine Röntgenoskopie, nicht einmal das Fieberthermometer war erfunden. Ähnliches gilt für die dem Arzt der Goethe-Zeit zur Verfügung stehenden Arzneien. Sie bestanden zum allergrößten Teil aus heimischen Pflanzen und Mineralien, die vom Heilkünstler selbst gesammelt, abgekocht, pulverisiert, destilliert oder extrahiert wurden. Nur seltenere oder ausländische Stoffe bezog er vom Apotheker, der damals noch weit mehr einem Alchymisten als einem naturwissenschaftlich ausgebildeten Pharmazeuten oder bloßen Verteiler industriell hergestellter Präparate glich. Eichelkaffee und Malzbäder wurden gegen Skrofulose verordnet, Lungenkraut und Mäuseholz gegen Schwindsucht, Rizinus- und das aus einem ostasiatischen Wolfsmilchgewächs gewonnene Krotonöl als Abführmittel, Baldriantee als Panazee gegen Nervenschwäche, Krämpfe und Hysterie. In einem Übermaß, das Hufeland bekämpft, wurden Brechmittel, Blutegel und Schröpfköpfe angewendet.

Diesen Hintergrund müssen wir im Auge behalten, wenn wir Hufelands klinische und therapeutische Überlegungen, die uns heute vielfach etwas hausbacken und bieder erscheinen mögen, angemessen würdigen wollen. Vieles, was mittlerweile als selbstverständlich gilt und zum Einmaleins banaler Hygiene gehört, war vor knapp zweihundert Jahren eine revolutionäre Neuerung. So finden sich in der „Makrobiotik" folgende, damals keineswegs unumstrittene Ratschläge: Erwachsene sollen nicht weniger als sechs und nicht mehr als acht Stunden schlafen; wenigstens eine Stunde täglich soll sich der Mensch im Freien bewegen; die Wohnzimmer sollen regelmäßig gelüftet werden; mindestens einmal in der Woche ist ein heilsames Bad in lauem Wasser unter Verwendung von Seife angebracht („Bei weitem die meisten Menschen empfangen außer dem Bade der heiligen Taufe in ihrem ganzen Leben die Wohltat des Badens nicht wieder. Wollte Gott, daß an allen Orten Badehäuser eingeführt würden, damit auch der unbegüterte Teil des Volkes diese Wohltat genießen könne"); neben dem häuslichen Bad sind auch Bäderkuren an Orten mit Heilquellen oder an der See empfehlenswert (Hufeland befindet sich in diesem Punkt in Übereinstimmung mit Lichtenberg, der 1792 einen Aufsatz „Warum hat Deutschland noch kein großes öffentliches Seebad?" geschrieben hatte; ein Jahr später wird in Heiligendamm bei Doberan in Mecklenburg das erste deutsche Seebad eröffnet); nach jeder Mahlzeit sollen die Zähne mit der Zahnbürste (damals ein noch sehr seltenes Gerät) gereinigt werden; bei den Speisen verzichte man auf allzuviel Zucker und Fett; es ist besser, Krankheiten zu verhüten, als sie heilen zu müssen.

Dies ist nur eine geringe Auswahl aus der Fülle der makrobiotischen Weisungen, die Hufeland allemal ausführlich erläutert, begründet und veranschaulicht. Mit ihrer im vorigen Jahrhundert sich durchsetzenden Anerkennung hat sich denn auch die allgemeine Lebenserwartung in Deutschland in beispielloser Weise erhöht.

Hufelands Hauptwerk ist eine kultur- und sozialgeschichtliche Quelle ersten Ranges. Man kann es auch dann mit Gewinn lesen, wenn man seine therapeutischen Überlegungen ohnehin weitgehend für selbstverständlich hält oder sich lieber an modernere Ratgeber hält. Es vermittelt uns ein bisweilen erschütterndes Bild der Lebensbedingungen des deutschen Volkes um 1800. Wir können uns ja kaum mehr vorstellen, wie die medizinische Versorgung und die sanitären Verhältnisse beschaffen waren, als Klopstock, Lessing, Kant, Schiller, Goethe, Fichte, Hegel, Schelling und Hölderlin ihre Werke schufen!

Mag auch manches, was in der „Makrobiotik" steht, inzwischen historisch geworden sein und sich als allzu zeitbedingt erwiesen haben (dies gilt, zum Beispiel, für einige ihrer sexualpädagogischen Thesen), so enthält sie dennoch einen Grundbestand von allgemeingültigen Aussagen, die zum geistig-ethischen Inventar europäischer Menschlichkeit gehören. Antike und christliche Elemente begegnen uns geläutert und besiegelt durch neuzeitliche Naturforschung und Menschenkunde. Dies gilt für Hufelands bereits kurz erwähnte Überlegungen zur Ökonomie der Stimmungen und Leidenschaften, die seelischen Wurzeln menschlicher Gesundheit und Krankheit; für sein Lob der Gelassenheit und Seelenruhe (er hält ein sanguinisches Temperament mit einem Schuß von Phlegma für makrobiotisch optimal); für seine Einsichten in die lebenfördernde Rolle der Musik, des Tanzes und anderer Künste, kurz: in die biologische Funktion des Ästhetischen; für den Gedanken, daß nicht die Beschleunigung und Intensivierung, sondern die Verlangsamung und Hemmung mancher Lebensprozesse heilsam sei, weil die maßlose Gier, mit der wir uns der Güter dieser Welt bemächtigen, uns schließlich selber überwältigt, knechtet und verzehrt; und nicht zuletzt für die von ihm formulierten Grundsätze einer verantwortungsvollen Partnerschaft zwischen Arzt und Patient. Es gilt auch für seine Erinnerung an die alte abendländische Mönchsregel: *„Bete und arbeite!"*

Der lutherische Christ aus Deutschland wiederholt damit am Ende der „Makrobiotik" nach mehr als einem Jahrtausend den Leitsatz des Römers Benedikt von Nursia, des maßgebenden katholischen Ordensstifters, der zu den Erzvätern alteuropäischer Kultur gehört:

„Bete und arbeite — das übrige wird Gott machen. Denn was heißt das anders, als daß der Friede Gottes im Herzen und nützliche Tätigkeit nach außen die einzig wahren Grundlagen alles Glückes, aller Gesundheit und alles langen Lebens sind."

Diese Worte sind auch heute noch gültig. Sie haben Völkerwanderungen, Revolutionen und noch so tiefgreifende Kulturumbrüche überlebt. Sie gehören zum Urgestein, auf dem die Kultur Europas beruht. Sie haben mehr Gewicht als noch so geistreiche philosophische Systeme und radikale Utopien. Die Einübung in die Grundregeln gesunden Lebens; das Auffinden der dem jeweiligen Typus gemäßen *„ars vivendi"* (Lebenskunst), der eine entsprechende *„ars moriendi"* (Kunst, sterben zu können) gegenübersteht; die richtige Art und Weise, mit unserem Leib in Gesundheit und Krankheit umzugehen; die Kultivierung des scheinbar Selbstverständlichsten, handle es sich nun um Atemholen, Essen, Trinken, Gehen, Schlafen, Erholung und andere rhythmisch wiederkehrende Lebensvollzüge — all dies ist für uns vital wesentlicher und für unser Glück entscheidender als eine neue Theorie über den Ursprung des Kosmos oder die Dialektik der Weltgeschichte. Christoph Wilhelm Hufelands „Makrobiotik", in der antike Lebensweisheit und Diätetik, die Erfahrungen christlicher Askese und die Ergebnisse geduldiger Beobachtung im Umgang mit dem menschlichen Leib sich zu einer meisterlichen Summe verbinden, kann man ohne zu übertreiben ein Lehrbuch angewandter Anthropologie nennen. Seit bald zweihundert Jahren immer wieder aufgelegt und in zahlreiche Sprachen übersetzt, ist es nicht nur ein kostbares Dokument deutscher Medizin im Zeitalter Goethes, sondern auch ein in weitesten Teilen unvermindert aktuelles Werk einer physiologisch fundierten Ethik und Lebenskunst. Mit diesem Buch ist der in einem kleinen Gedicht geäußerte Wunsch des am 25. August 1836 verstorbenen Menschenfreundes in Erfüllung gegangen:

Helfen durch Lehre und Tat war meines Lebens Bestimmung,
Möcht' auch noch nach meinem Tod Lehrer und Helfer euch sein.

(1986)

Friedrich Hölderlin

„Dichterisch wohnet der Mensch auf dieser Erde"

Auf einer vielbegangenen Brücke stand ein blinder Bettler. Eines Tages fragte ihn ein mitleidiger Passant, wieviel Almosen er denn durchschnittlich am Tag erhalte. Der Bettler sagte, daß die Summe nur selten fünfundzwanzig Schilling betrage. Der unbekannte Spaziergänger nahm das Schild, das der arme Blinde auf der Brust trug und auf dem er sein Gebrechen bekanntgab, drehte es um und schrieb einige Worte auf die Rückseite. Dann gab er es dem Bettler zurück und sagte: „Verzagen Sie nicht. Von nun an werden Sie mehr erhalten als früher." Nach einigen Wochen kam der Mann wieder zu dem auf der Brücke um milde Gaben bittenden Blinden. „Gnädiger Herr", sagte der Bettler, „wie soll ich Ihnen danken? Ich bekomme nunmehr täglich zweihundertfünfzig und bisweilen sogar dreihundert Schilling. Es ist das reinste Wunder. Haben Sie mir einen Zauberspruch auf das Schild an meiner Brust geschrieben?" — „Ganz einfach", antwortete der Mann, „auf Ihrem Schild stand: ‚Von Geburt an blind'; ich habe stattdessen daraufgeschrieben: ‚Der Frühling wird kommen, und ich werde ihn nicht sehen'."

Warum erzähle ich diese Geschichte? Sie beweist zum einen, daß Wörter unser Leben verändern können. Doch dies ist eine altbekannte Tatsache; ohne sie gäbe es weder Politik noch Liebe im uns vertrauten Sinn. Zum andern bietet uns die Anekdote einen Fingerzeig zum Thema Dichter und Dichtung. Sie gibt uns ein Bild von der Eigenart und Eigenmacht des Dichterischen, von der Macht der Poesie. „Von Geburt an blind" ist eine Information, kurz und zutreffend, so wie es auch die in unseren Reisepässen und anderen amtlichen Papieren enthaltenen Angaben sind — präzise und exakt, doch ohne unsere Phantasie, ohne unsere Sinne und Gefühle zu erregen.

„Der Frühling wird kommen, und ich werde ihn nicht sehen": Wer diesen Satz liest oder hört, dessen Einbildungskraft gerät in Schwingung; Schauer, Mitleid und das Gefühl unendlicher Dankbarkeit für die Gnade des eigenen Augenlichts bemächtigen sich seiner. Der Satz bringt einem erschreckend zu Bewußtsein, was es bedeutet, blind zu sein. Er zeigt es nicht abstrakt und allgemein, sondern konkret, individuell und höchstpersönlich, an diesem bestimmten Fall, dem die Kraft des Augenfälligen innewohnt: *Tua res agitur,* um deine Sache geht es hier und jetzt! Er vergegenwärtigt uns den leuchtenden Glanz, die Farbenpracht und die liebliche Bläue des Frühlings, den der Blinde nicht wahrnehmen kann, von dem er ausgeschlossen ist, und vielleicht macht er uns nicht nur geneigt, die Not des Bettlers durch eine Geldspende ein wenig zu lindern, sondern nötigt uns auch das Eingeständnis ab, daß wir, obwohl mit gesunden Augen begabt, uns nur allzuoft wie Blinde verhalten. Wann haben wir einen Frühlingsmorgen wirklich mit allen Sinnen wahrgenommen? Gehen wir nicht ständig zerstreut, achtlos und in einem sehr schlimmen Sinne unhöflich an den schönsten Dingen vorbei? Kennen wir überhaupt aus eigenem Anschauen die uns nächsten, die uns durch täglichen Umgang angeblich so vertrauten Wesen und Dinge? Es sind die Dichter, die uns zu dem beschämenden Geständnis zwingen, daß wir, ungeachtet aller Kenntnisse, Informationen und Erfahrungen, uns nur zu oft wie Blinde benehmen. Wie durch eine Ritze blitzt in unser betriebsam zerstreutes Dasein plötzlich, um wieder auf unsere einleitende Geschichte zurückzukommen, die Wirklichkeit des Frühlings hinein. Der Dichter läßt uns ahnen, daß wir, hier und jetzt, von Wundern und Geheimnissen umgeben sind, und er sagt uns wie Shakespeares Antonius zu Kleopatra in der Dämmerung: „Wohlan, Königin, das Leben ist noch nicht versiegt!"

Das Leben ist noch nicht versiegt, und ein einziger Frühling vermag, beschworen durch das Wort eines Dichters, zum Symbol für die Rhythmen des Lebens, für das Geheimnis des Universums, für das in einer rätselhaften Welt sich abspielende Abenteuer unseres Menschseins zu werden.

Wir wollen, bevor ich auf Hölderlin zu sprechen komme, drei große deutsche Dichter hören: Novalis, Goethe und Rilke.

Novalis schreibt in seinen Fragmenten:

„Es sind nicht die bunten Farben, die lustigen Töne und die warme Luft, die uns im Frühling begeistern. Es ist der stille weissagende Geist unendlicher Hoffnungen, ein Vorgefühl vieler froher Tage, des gedeihlichen Daseins so mannigfaltiger Naturen, die Ahndung höherer ewiger Blüten und Früchte, und die dunkle Sympathie mit der gesellig sich entfaltenden Welt."

Hören wir den Anfang von Goethes „Ganymed":

Wie im Morgenglanze
Du rings mich anglühst,
Frühling, Geliebter!
Mit tausendfacher Liebeswonne
Sich an mein Herz drängt
Deiner ewigen Wärme
Heilig Gefühl,
Unendliche Schöne!

Daß ich dich fassen möcht
In diesem Arm!

Und nun einige Verse aus der neunten Elegie von Rilke:

Erde, ist es nicht dies, was du willst: u n s i c h t b a r
in uns erstehn? — Ist es dein Traum nicht,
einmal unsichtbar zu sein? — Erde! unsichtbar!
Was, wenn Verwandlung nicht, ist dein drängender Auftrag?
Erde, du liebe, ich will. Oh glaub, es bedürfte
nicht deiner Frühlinge mehr, mich dir zu gewinnen — e i n e r,
ach, ein einziger ist schon dem Blute zu viel.

Novalis, Goethe und Rilke sprechen von demselben, vom Frühling, und doch wie verschieden sprechen sie von ihm, indem sie ihn dichterisch vergegenwärtigen! Rilke legt sogar der Erde den Wunsch nach Unsichtbarkeit bei: „Ist es nicht dies, was du willst: *unsichtbar* / in uns erstehn? — Ist es dein Traum nicht, / einmal unsichtbar zu sein?" Doch dieses Unsichtbarsein ist nicht dasselbe wie die Unsichtbarkeit der sich dem blinden Bettler entziehenden Dinge. Der Dichter meint damit etwas völlig anderes. Der Bereich des Menschen ist, wie er an anderer Stelle sagt, der des „Säglichen": die „Ortschaft der Worte". Der Mensch ist nicht nur ein fühlendes, erkennendes und handelndes Wesen, sondern auch ein sagendes. Als sagendes Wesen ist er ein dichterisches Wesen. Sagend und dichtend vermag er die Welt zu verwandeln, ihre Dinge ins Unvergängliche zu erheben: durch das sie benennende und rühmende Wort der Dichtung. Sie werden gerettet und aufgehoben im unsichtbaren Weltinnenraum der Dichtung. [1]

Doch es geht hier nicht um Rilke, sondern um eine Erörterung der Eigenart des Dichterischen. *Erörterung* heißt soviel wie *Ortsbestimmung.* Es geht darum, die Stellung des Dichterischen im Leben zu bestimmen und den Ort zu finden, von dem aus wir angemessen über Dichtung und Dichter sprechen können. Dabei gehe ich von der Vermutung aus, daß das Dichterische mehr ist als eine bloße Fähigkeit des Menschen neben vielen anderen. Ich glaube, daß es nicht bare Schwärmerei und Romantik im abschätzigen Sinne des Wortes ist, wenn man die Aussage riskiert, daß die Gabe des Dichterischen ein Wesensmerkmal der menschlichen Natur ausmacht. Der Einwand, daß doch viele Menschen Gedichte weder schreiben noch lesen, ist in diesem Zusammenhang nicht stichhaltig. Das Dichterische, verstanden als eine Urfunktion des Menschen, äußert sich nicht nur im Schaffen oder Auswendiglernen oder Zitieren von Versen, sondern als eine bestimmte und unverwechselbare Art zu leben, zu fühlen und mit der Wirklichkeit umzugehen. So verstehe ich auch Hölderlins rätselhaftes Wort:

Voll Verdienst, doch dichterisch wohnet
Der Mensch auf dieser Erde. [2]

Laßt uns diesem Fingerzeig des Dichters nachgehen. Wir wollen uns dessen, was Hölderlin damit auf eine einprägsame Formel gebracht hat, von verschiedenen Ausgangspunkten aus erörternd vergewissern.

1. Was immer Dichtung sein mag und so vielfältig ihre Aufgaben, Formen, Ausdrucksweisen, Stile und Aussagen auch sein mögen, eines steht fest: Dichtung ereignet sich im Medium der *Sprache*, und nur der Mensch kann sprechen. Der Mensch ist wesentlich ein sprachfähiges Wesen, und nur zu oft erweist er sich auch als ein redseliges. Die Sprache aber dient nicht nur der Information, der Vermittlung von Tatsachen; sie ist auch Vehikel von Gebet und Fluch, von Beschwörung und Täuschung, von Sehnsucht und Jubel, von Befehl und Klage. Und je ursprünglicher die Sprache ist, desto dichterischer erscheint sie uns, voll von Symbolen, Metaphern und Bildern. [3] Die Sprache, so dürfen wir sagen, ist der größte Dichter. Sie selber ist's, die dichtet. Jede Sprache, sagt Jean Paul, ist „in Rücksicht geistiger Beziehungen ein Wörterbuch erblasseter Metaphern". [4] Doch das, was heute eine blasse Metapher ist, deren Bildhaftigkeit uns gar nicht mehr zu Bewußtsein kommt, war einmal ein lebendig-herzhaftes Urwort, ein dichterischer Keim, ein kleiner Mythos.

So reden wir etwa von *„Handel"* und *„Handlung"*. Es gibt Handlungen, die man tut, und Handlungen, die man aufsucht, um etwas zu kaufen.
Die Taufe ist eine heilige Handlung, ein Sakrament; doch es gibt auch Gemischtwarenhandlungen. Man spricht von der Handlung eines Dramas oder eines Romans und im geschäftlichen Leben von Handlungsvollmacht. Die juristischen Einzelheiten bestimmt das Handelsrecht.

Doch wer denkt schon daran, daß in all diesen Wörtern unsere *Hand* enthalten ist, die Hand, mit der wir arbeiten und kämpfen, beten und grüßen, einen Bissen zum Mund führen und uns waschen, ein Kind liebkosen und eine Blume pflücken, eine Übereinkunft besiegeln und jemandem den Weg weisen? Überall ist die Hand im Spiel — die Hand als das Signum der Menschwerdung, die Hand als Mutter der Technik, der Kunst, des Ritus, des Spiels, des Vertrags. [5]

Oder nehmen wir das Wort *„Wirklichkeit"*! In ihm verbirgt sich wie hinter einem fast durchsichtigen Schleier die Vorstellung, daß die Welt gewirkt und gewebt ist wie ein Tuch. Die Wirklichkeit als Gewebe, in dem alles mit allem verflochten ist. Als Teppich mit unendlich vielen Ranken und Figuren. Als Mantel und, wie es in Goethes Faust der Erdgeist verkündet, „der Gottheit lebendiges Kleid". Uralt ist die Vorstellung von der Welt als gewirktem Gewand; die Schau der Wirklichkeit durch das Webegleichnis von Kette und Einschlag; das Bild vom Weltenschleier, in den die Göttin, die Große Mutter, sich hüllt; wenn sie ihn „entfaltet", dann gedeihen die Wesen und Dinge; wenn sie ihn „zusammenrafft", kommt es zum Weltenuntergang. Hierher gehört auch noch das uns aus dem Volkslied vertraute Wort vom „Himmelszelt", auf dem die Sterne prangen, und dessen Abbild die Baldachine der Könige wie die Kuppeln der Kirchen sind. [6]

Ganze Welten erschließen sich uns, wenn wir uns in die Welt des Mythos und der Religionen vertiefen. Ich erinnere an die indische Weltenmutter *Maya,* wobei Maya den scheinhaft-illusorischen Charakter der sinnlich wahrnehmbaren Welt bezeichnet; sie ist gleichsam ein bunter Schleier, der das zeitlose Wesen des göttlichen Urgrundes täuschend verbirgt. [7] Ich erinnere an die *Moiren,* die griechischen Schicksalsgöttinnen, welche Spinnerinnen sind; was sie spinnen, sind unsere Lebenstage, und jedem Lebenslauf entspricht ein mehr oder weniger langer Faden, den sie bemessen. [8]

Den griechischen Moiren entsprechen im Glauben der Römer die *Parcae,* die ursprünglich Geburtsgöttinnen waren: Gebären ist Ent-Binden! Auch *Penelope,* die treue Gemahlin des Odysseus, die das tagsüber gewebte Gewand des Nachts wieder auftrennt, war vielleicht ursprünglich eine arkadische Lebens- und Todesgöttin. Ich erinnere an den Webwettstreit zwischen der Göttin *Athena* und der *Arachne,* die dann in eine Spinne verwandelt wird. *Persephone* webt in einer sizilischen Höhle ein großes Gewebe mit dem Bild der ganzen Welt. [9] Leicht ließe sich das Thema der göttlichen Weberinnen, die den Weltenschleier anfertigen, in den alle Wesen verstrickt sind, noch fortspinnen — gedenken wir noch der germanischen *Nornen,* die jedem Menschen sein Geschick zuteilen, und der schließlich zur Himmelskönigin aufgestiegenen ägyptischen Urmutter *Isis,* deren Schleier zu heben Verderben bringt [10] —; doch wir brechen ab. [11]Alle diese Bilder stellen uns die Wirklichkeit als Gewebe,

Schleier und Kleid vor, so wie es auch noch Goethes Erdgeist tut:

Ein wechselnd Weben,
Ein glühend Leben:
So schaff ich am sausenden Webstuhl der Zeit
Und wirke der Gottheit lebendiges Kleid.

„Entwicklung" ist ein anderes Wort, das in der Biologie eine so wichtige Rolle spielt, in der Theorie der Evolution. „Evolutio", von uns mit Entwicklung übersetzt, bezeichnet ursprünglich das Auseinanderwickeln einer Buchrolle. Wenn in übertragenem Sinn von der geschichtlichen Entwicklung geredet wird, dann schwingt allemal noch diese suggestive Buch-Metapher mit: die Weltgeschichte gleichsam als Buch, das entrollt wird und dessen Inhalt wir zugleich niederschreiben und entziffern. [12] Die Welt als Buch, als Text, als Gedicht und Chiffernschrift — wir werden darauf noch zurückkommen. Soeben gebrauchte ich das Wort *„übersetzen"* — wer ein Buch aus einer Sprache in eine andere übersetzt, der ist ein Fährmann, der eine Fracht von einem Ufer zum andern bringt.

Die Sprache selber dichtet; der Dichter ist gleichsam ihr Organ. Schillers Distichon über den Dilettanten spricht eine tiefe Wahrheit aus:

Weil ein Vers dir gelingt in einer gebildeten Sprache,
Die für dich dichtet und denkt, glaubst du schon Dichter zu sein?

2. Laßt uns, nach getanem Hinweis auf die selber dichtende Sprache, nun von einem zweiten Ansatz aus die Eigenart des Dichterischen erörtern. Zunächst möchte ich daran erinnern, daß man schon umgangssprachlich von „poetischen Stimmungen" redet. Es gibt *dichterische Erregungen, Affekte und Gemütszustände.* Manchmal heißt es auch, dieser oder jener Mensch habe etwas von einem Dichter in sich. Man spricht auch von dichterischer Inspiration. Stellen wir uns für wenige Augenblicke vor, wir befänden uns in Athen, und wir lebten etliche Jahrhunderte vor Christi Geburt, etwa zur Zeit Pindars, Sapphos oder Sophokles'. Stellen wir uns vor, damals hätte es bereits den

schönen Brauch gegeben, alljährlich im Herbst Literatur und Dichtung — beides ist freilich nicht dasselbe, doch davon später! — in öffentlichen Veranstaltungen zu feiern. Wie würde wohl derjenige, dem der Auftrag zuteil geworden wäre, in diesem Rahmen über Dichter und Dichtung zu sprechen, seine Rede begonnen haben?

Er hätte zuerst, ihre Huld und ihren Beistand erflehend, die *Musen* angerufen, so wie es auch Homer in den ersten Versen der Ilias wie der Odyssee tut —

Singe den Zorn, o Göttin, des Peleiaden Achilleus ...

und

Sage mir, Muse, die Taten des vielgewanderten Mannes ...

— so wie auch Vergil zu Beginn seiner Aeneis die Muse anruft:

Muse, sag mir die Gründe, ob welcher Verletzung des hohen
Willens, worüber voll Gram die Götterkönigin jenen
Mann, das Vorbild der Ehrfurcht, in so viel Jammer, in so viel
Mühsal gejagt ...

Wollte heute ein Redner in dieser Weise beginnen, so würde er Gefahr laufen, für verrückt gehalten zu werden. Die Anrufung der Musen paßt nicht mehr in unsere Welt. Ist deshalb unsere musenlose Welt auch eine a-musische? Oder ist das, wofür die Musen einst standen und einstanden, auch heute noch wirksam?

Wer aber sind die Musen, die uns entschwunden zu sein scheinen, obgleich ihr Name noch immer enthalten ist in Wörtern wie Museum, Musik, Musikant, in etwas verstaubt wirkenden Ausdrücken wie Musensohn oder Musenjünger (für Dichter) oder Musentempel (für Theater)?

Für die Griechen waren sie gestalthafte Mächte, mädchenhafte Göttinnen. Sie galten als Töchter des Zeus, also des höchsten der olympischen Götter, und der Mnemosyne, der Erinnerung. Es gibt auch Sprachforscher, die annehmen, daß das Wort Muse ursprünglich „die Sinnende" oder „die Erinnernde" bedeutet habe. [13] Die Musen stehen in enger Beziehung zu Apollo, dem Licht- und Sonnengott, der in der einen Hand den Bogen hält, in der andern die Leier oder Kithara. Apollo heißt auch

Musagetes, Musenführer.[14] Die Angaben über die Zahl der Musen schwanken stark; meist werden neun genannt. Platon nannte die Dichterin Sappho rühmend „die zehnte Muse". Die den Humanisten geläufige Zuordnung bestimmter Künste zu einzelnen Musen, etwa der Lyrik zu Euterpe, der Komödie zu Thalia, war in der Antike noch sehr unbestimmt. Eines ist jedoch von allem Anfang an gewiß: für die Griechen waren die Musen mehr als rhetorische Figuren; sie erfuhren sie als göttliche Wirklichkeiten. Und zweitens: die Muse ist primär der himmlische Beistand des *Dichters.* Jeder Dichter hat eine Muse, ohne daß man sagen kann, ob es dieselbe sei. In der Muse erscheint gestalthaft, was zum Wesen des Dichterischen gehört: die dichterische Erregung und Stimmung, Inspiration und Enthusiasmus des Dichters.

„Der Gott selbst ist es, der spricht, durch sie — die Dichter — tönt er zu uns."[15] Platon faßt in diesem Satz eine Überzeugung formelhaft zusammen, die für den Griechen zweifelsfrei feststand. Sie meinten in allem Ernste, daß es in letzter Hinsicht nicht der Mensch sei, der das dichterische Kunstwerk hervorbringe, sondern die Gottheit, insbesondere die Muse. Der inspirierte Dichter dient dem Gott als Instrument. Im Zustand der Inspiration — wörtlich: der Einhauchung — wird durch den sprechenden oder singenden Dichter etwas laut, das sich göttlicher Herkunft verdankt. Durch ihn hindurch spricht eine göttliche Macht. Der Dichter schafft nicht aus eigenem; sein Tun ist Vollzug dessen, was die Musen ihm eingeben. Von der Gottheit angetrieben, von göttlichem Pneuma erfüllt, spricht er zu den Menschen. Homer ruft die Muse an, damit *sie* — nicht er, der Sänger — von den Taten und Abenteuern des Helden erzähle. Dichtung ist ein göttliches Amt. Überall, wo in einem hohen Sinne gedichtet wird, ist *Enthusiasmus* im Spiel. Enthusiasmus bedeutet aber wörtlich: von Gott erfüllt sein. Die Musen, ohne deren Beistand nichts geschaffen wird, verkörpern gestalthaft diesen *ekstatischen* Zug im Wesen der Dichtung. Sie sind im Schaffen des Menschen die wahren Schaffenden. Sie offenbaren die Schönheit und Tiefe der Welt. Dichtung ist nicht bloß schöner Überfluß, heitere Zutat oder entbehrlicher Zierrat, sondern entspringt dem Wesen der Welt. Sie hat, mit anderen Worten, nicht eine kosmetische Funktion, sondern eine kosmische. Die Welt wäre nicht so abenteuerlich, reich und tief, gäbe es nicht auch die Möglichkeit, das, was ist, dichterisch darzustellen und zu preisen. Erst in der Dichtung vollendet sich die Ordnung der Welt. Es ist gleichsam so, daß die Dinge danach verlangen, benannt, erinnert und gerühmt zu werden. Denken wir in diesem Zusammenhang an Rilkes neunte Duineser Elegie:

„Erde, ist es nicht dies, was du willst: *unsichtbar*
in uns erstehn? — "

Denken Sie auch an den biblischen Schöpfungsbericht, wo es heißt (1 Mose 2, 19):

„Als Gott der Herr gemacht hatte von der Erde allerlei Tiere auf dem Felde und allerlei Vögel unter dem Himmel, brachte er sie zu Adam, daß er sähe, wie er sie nennte; denn wie Adam allerlei lebendige Tiere nennen würde, so sollten sie heißen."

Adam war ein Dichter. Erst indem er den sprachlosen Geschöpfen Namen gab, verlieh er ihnen recht eigentlich Wirklichkeit und vollendete er die Erschaffung der Welt. Zum Paradies gehört auch dies: Adam sah die Tiere, bevor er sie benannte und dichterisch vollendete; heute lernen die Kinder die Namen der Tiere, bevor sie sie gesehen haben. [16]

„Voll Verdienst, doch dichterisch wohnet / Der Mensch auf dieser Erde." [17] Das bedeutet auch, daß das Dichterische, schon vor aller Poesie und Literatur, die menschliche Seinsweise als solche auszeichnet. Der Mensch ist nicht nur *Homo sapiens* und *Homo faber*, sondern auch *Homo poeta* und *Homo ludens.* [18] Er ist ein spielendes, ein feierndes und ein ekstatisches Wesen, und so weit wir in die Vergangenheit zurückblicken, immer sehen wir ihn auch damit beschäftigt, sich durch Erregungen der verschiedensten Art — durch Rhythmus und Tanz, durch Musik und Drogen, durch Magie und Kult — in außeralltägliche Zustände zu versetzen. Ja, er scheut sich nicht, diese ungewöhnlichen, gefährlichen und extremen Zustände als höchste Erfüllung, Vollendung und Begnadung zu ersehnen und zu erfahren. Keine Anthropologie ist vollständig, die diese Seite des Menschen nicht ernst nimmt: seine Neigung zum Exzeß, zum Rausch, zur Verzückung, zum Außer-sich-sein, zur Entfesselung, zum Aufbruch ins Imaginäre, Phantastische und Hybride. Man macht sich viel zu wenig Gedanken über das „Erdbebenhafte" in der menschlichen Natur. Wie nur der Mensch lachen und weinen kann; wie seine Erotik heftiger, konvulsivischer und grenzenloser ist als die der Primaten; wie er nicht nur im Schlaf träumen kann, sondern auch am Tage, und seine Einbildungskraft alle andern Fähigkeiten sich unterzuordnen vermag, so ist er auch ein dichterisches Wesen. Seine träumerische, ekstatische, orgiastische, ins Imaginäre und Unvordenkliche schweifende Existenz ist gleichsam eine Bresche in der Schöpfung. [19] Das kosmogonische Abenteuer ist noch unabgeschlossen, es geht weiter; wie auch der Mensch, dieses extrem erregbare Wesen, nach Nietzsche, das noch nicht fest-gestellte Tier ist.

3. Haben wir bislang der dichterischen Potenz der menschlichen Sprache gedacht und dann, ausgehend von dem Phänomen musischer Inspiration, das Dichterische im Element menschlicher Erregungen und Stimmungen, als überwältigende Erfahrung der Welt im Lichte eines die gesamte Existenz durchwaltenden Affekts, angesprochen, so sei nun, drittens, der *Leistungs-, Werk- und Gebildecharakter,* der Niederschlag oder die Kristallisation des (Sprache und Leben durchflutenden) Dichterischen in *künstlerischer Form* behandelt.

Das Dichterische offenbart sich bereits in der Sprache als solcher, vor allem in der Sprache, die ursprünglich ist, und nicht ganz zu Unrecht haben Denker wie Hamann und Herder den poetischen Charakter der frühmenschheitlichen Sprache hervorgehoben, ihre magische Bildhaftigkeit und ihren Ausdrucksreichtum. Und es gibt gewisse Gemütsbewegungen, Stimmungen und Erregungen, die man ebenfalls als dichterisch bezeichnen kann. Wie verhält sich nun dieses elementar Dichterische zu dem, was uns in Dichtung als Ergebnis schöpferischer Arbeit, als Werk und Gebilde begegnet? Dichtung ist ja alles andere als regelloser Überschwang, ungezähmte Begeisterung, improvisierte Herzensergießung — sondern eine überaus strenge, größte Bestimmtheit, Genauigkeit und peinliche Kleinarbeit erfordernde Kunst. Ein französischer Dichter hat einmal gesagt: „Ein Autor, der ein Sonett vollendet hat, verdient zehn Jahre Ruhe." [20] Auch Wladimir Majakowski, der bedeutende russische Lyriker, verkündet den Arbeitscharakter von Dichtung mit eindringlich hämmerndem Pathos:

Dichten
ist dasselbe wie Radium gewinnen.
Arbeit: ein Jahr.
Ausbeute: ein Gramm.
Man verbraucht,
um ein einziges Wort zu ersinnen,
Tausende Tonnen
Schutt oder Schlamm.
Doch neben dem Erz,
dem zerfallenden, fahlen,
brennt
jenes Wort
ur-elementar;
es setzt in Bewegung
mit seinen Strahlen
Millionen Herzen
durch tausend Jahr. [21]

Aussagen dieser Art finden sich auch bei Josef Weinheber und Gottfried Benn, und schon Novalis legt im „Heinrich von Ofterdingen" dem Dichter Klingsor die Worte in den Mund:

„Nichts ist dem Dichter unentbehrlicher als Einsicht in die Natur jedes Geschäfts, Bekanntschaft mit den Mitteln, jeden Zweck zu erreichen, und Gegenwart des Geistes, nach Zeit und Umständen die schicklichsten zu wählen. Begeisterung ohne Verstand ist unnütz und gefährlich ... Der junge Dichter kann nicht kühl, nicht besonnen genug sein. Der Dichter ist reiner Stahl, ebenso empfindlich, wie ein zerbrechlicher Glasfaden, und ebenso hart, wie ein ungeschmeidiger Kiesel ... Die Poesie will vorzüglich als strenge Kunst getrieben werden. Als bloßer Genuß hört sie auf, Poesie zu sein." [22]

Also auch hier: Dichtung als Arbeit, als Handwerk, als Anstrengung und Mühe. Und das Ergebnis solcher Anstrengung ist schließlich eine bestimmte „*Welt*". Jede Dichtung, auch noch das kürzeste Gedicht, etwa ein japanischer Haiku oder ein Sinnspruch von Angelus Silesius, ist eine Welt für sich. Wer sich in sie versenkt, begibt sich, mitten in der Welt des Alltags, in eine andere Welt. In welcher Beziehung steht nun diese andere Welt, das Universum der Dichtung als *Werk*, zum Dichterischen, wie es sich in der *Sprache* überhaupt und in gewissen *Stimmungen* ausdrückt? Zwischen dieser Sphäre und jener bestehen, so kann man im Bilde sagen, dic gleichen Beziehungen wie zwischen dem Duft einer Blume auf der Wiese und den Verfahren eines Chemikers, der diesen flüchtigen Duft rein, konzentriert und haltbar in einem Parfum herzustellen trachtet. Künstlich, durch Artistik und Alchymie der Sprache, soll reiner, dichter und dauernder das von neuem erstehen, was im Leben nur flüchtig, trüb und unvollständig, mit anderen Elementen vermischt und zufällig uns widerfährt. Diese Zustände sollen in geläuterter Form festgehalten, dem Schicksal der Verflüchtigung entrissen werden. Ich habe oben vom Dichterischen als Stimmung und Affekt gesprochen und folge nun Paul Valéry, der im Hinblick auf unser Problem folgendes ausführt:

„Für diese höhere Erregung hat der Mensch also getan, was er für alle vergänglichen Dinge, um die es schade ist, getan oder zu tun versucht hat. Er hat Mittel gesucht und gefunden, die schönsten oder die reinsten Zustände seines Selbst nach Belieben wiederzuerwecken, die Formeln für seine Begeisterung, seine Ekstase, seine persönliche Schwingung durch Jahrhunderte hindurch zu reproduzieren, zu überliefern, zu bewahren; und durch eine glückliche und bewundernswerte Konsequenz hat ihm die Erfindung dieser Konservierungsverfahren zugleich die Anregung und die Fähigkeit gegeben, die Bruchstücke poetischen Lebens, die ihm die Natur dann und wann zum Geschenk macht, künstlich zu entfalten und zu bereichern ... Alle Künste sind geschaffen worden, um, jede nach ihrer eigenen Wesensart, einem Augenblick flüchtiger Köstlichkeit Dauer zu verleihen und ihn in die Gewißheit einer unendlichen Anzahl köstlicher Augenblicke zu verwandeln. *Ein Werk ist nichts anderes als das Instrument dieser Vervielfältigung oder dieser möglichen Wiedererzeugung.* Musik, Malerei, Architektur sind die verschiedenen Formen, die der Verschiedenartigkeit der Sinnesorgane entsprechen. Nun, unter diesen Mitteln, einen poetischen Zustand zu erzeugen oder wiederzuerzeugen, ihn für den Fortbestand zu ordnen und ihn durch überlegte Arbeit zu erweitern, ist vielleicht das älteste, das unmittelbarste, und doch das umfassendste — die Sprache." [23]

Durch das dichterische Wort werden also Zustände, die sich etwa der Liebe, dem Wein, dem Schauer angesichts einer unberührten Landschaft, dem Entzücken eines Frühlingsmorgens oder der Trauer verdanken, werden die unhörbaren Akkorde, die unser Tun und Lassen begleiten, für uns und für andere nachvollziehbar, potentiell unbegrenzt wiederholbar. [24] Wir können, unter diesem Gesichtspunkt, auch vom *Partitur*-Charakter der Dichtung sprechen. Indem sie die Sympathie, die Einbildungskraft und auch die Lebenserfahrungen des Lesers oder Hörers aktiviert, vermag dieser gleichsam stellvertretend in der relativ gefahrlosen (doch darum keineswegs gefühllosen) Zone der Vorstellung das mit- und nachzuerleben, was im geformten Werk sich kristallisiert hat.

Doch dies ist keineswegs alles, was Dichtung als Kunst zu leisten vermag. Sie ist durchaus nicht nur eine Konserve, die bestimmte Erfahrungen und Stimmungen speichert und — merkwürdig schwebend zwischen Abstraktem und Konkretem, Sinnlichem und Geistigem, Gedanke und Empfindung — allgemein zugänglich macht. Vor allem müssen wir uns des Gedankens entschlagen, daß Dichtung, um dies leisten zu können, vorwiegend beschreiben oder gar detailliert-minutiös darstellen müsse. Dies ist keineswegs der Fall. Homer vermittelt uns eine bezwingende Ahnung von der verhängnisvollen Schönheit Helenas, deren Raub zum Trojanischen Krieg geführt hat, obwohl die Ilias nicht die geringste Einzelheit über das Aussehen dieser betörenden Frau verrät. Der Dichter erwähnt bloß, wie die Ältesten der Stadt, mit König Priamos beim skaiischen Tor versammelt, Helena kommen sehen und zueinander sagen:

Tadelt nicht die Troer und hellumschienten Achaier,
Die um ein solches Weib so lang' ausharren im Elend!
Einer unsterblichen Göttin fürwahr gleicht jene von Ansehn!

Trotz dieser Knappheit, die der Phantasie des Lesers den größten Spielraum läßt, steht Helena strahlender, klarumrissener und berückender vor uns, als wenn sie Homer lang und breit beschrieben hätte. Nur nebenbei verrät uns der Dichter, daß Helena weiße Arme und schöne Haare hatte, nicht mehr; und doch hinterläßt die kurze Szene, in der die greisen Würdenträger der Stadt sie als des Krieges wert erkennen, im Leser einen kaum überbietbaren Eindruck von der Schönheit dieser Frau. [25]

Diese wunderbare Fähigkeit der Poesie zeigt sich auch darin, daß sie in den Menschen, die sich ihr zuwenden, nicht nur frühere Erfahrungen wieder ins Bewußtsein zurückzurufen vermag, sondern darüber hinaus ihnen gewisse Erfahrungen überhaupt erst zugänglich macht. „Romeo und Julia" sind grundsätzlich auch dem verständlich, der die in diesem Drama dargestellten Möglichkeiten menschlicher Liebe selber noch nie erlebt hat.

Dichtung vermag dem Menschen, der sich in sie versenkt, ungeahnte Möglichkeiten zu erschließen — Möglichkeiten, die zwar grundsätzlich zur Wirklichkeit eigener Erfahrung werden können, aber nicht werden müssen. [26] Eine zweideutige Möglichkeit, gewiß, die jedoch ihren Grund darin hat, daß der Mensch selber zweideutig, oder, wie Nietzsche sagt, noch nicht fest-gestellt ist, daß seine Natur weit mehr „Möglichkeit" ist als gegebenes Faktum. Das Mögliche aber umfaßt, wie Robert Musil schreibt, „nicht nur die Träume nervenschwacher Personen, sondern auch die noch nicht erwachten Absichten Gottes". [27] Der Mensch ist ein dichterisches Wesen, er ist *Homo poeta*, weil er nicht nur in der Wirklichkeit lebt, sondern auch in der Möglichkeit, „in einem Gespinst von Dunst, Einbildung, Träumerei und Konjunktiven", wie Musil sagt. [28] Er lebt ununterbrochen, auch wenn er sich für einen Realisten hält, in einer ihn begleitenden Welt von Symbolen, Mythen, Imaginationen.Er führt nicht nur sein Leben, sondern er dichtet es auch.

La Rochefoucauld hat einmal gefragt, wieviele Menschen daraufgekommen wären, sich zu verlieben, wenn sie nie von Liebe hätten reden hören, und Michel Tournier hat darauf geantwortet: nicht ein einziger. [29] Es ist eine kulturgeschichtliche Tatsache, daß auch unsere intimsten Gefühle durch den jahrhundertelangen Einfluß der Dichtung sich gewandelt haben, ja teilweise überhaupt erst entstanden sind. Man kann ohne Übertreibung sagen, daß auch Hans und Grete, die literarisch desinteressiert sind, anders lieben würden, wenn nicht Sappho, Platon und Paulus (1 Korinther 13), die Troubadoure, Goethe und die Romantiker die Erfahrung der Liebe in weiterwirkenden Werken dargestellt, beschworen und verherrlicht hätten.Dichtung läßt bisweilen auch ganze Bereiche der Natur erst sichtbar werden, die uns ohne sie verborgen geblieben wären. Erst der Berner Albrecht von Haller und der Genfer Rousseau haben die Schönheit der Alpen wahrgenommen, um nicht zu sagen: dichterisch *erfunden;* vorher galten die Berge als häßlich und abstoßend. Was wäre uns die Rose, wenn sie nicht durch Jahrtausende die Dichter inspiriert hätte? Es gibt eine Reihe von Pflanzen, die sich uns erst vermittelst der Dichtung unvergeßlich eingeprägt haben. Rousseau hat das Immergrün, Chateaubriand den Heliotrop, Goethe Gingo biloba, Lenau das Schilf, Aloysius Bertrand die Levkoje, Trakl und Benn haben die Aster verewigt. Oscar Wilde hat geistreich bemerkt, daß der Nebel in London erst gesehen wurde, als die Dichter und Maler ihn entdeckt hatten; er existierte nicht, bis ihn die Kunst vorstellte. [30]

Dichtung ist Vertrauen in das Wort, und eben dieses Vertrauen verbindet sie mit der *Magie.* Wieder begegnen wir der Ambivalenz, der Doppeldeutigkeit alles Menschlichen. Es gibt eine weiße und eine schwarze Magie. Das Wort kann verbinden und trennen. Es kann der Mitteilung dienen und der Täuschung. „Der Frühling wird kommen, und ich werde ihn nicht sehen": dieser Satz, der den Anfang der Poesie verkörpert, bleibt auch dann dichterisch und erregend, wenn er auf dem Schild eines Simulanten stünde . . .

Dichtung ist Vertrauen in das Wort, und dem Dichter ist das Wort anvertraut. Wort und Wort ist jedoch nicht dasselbe. Es gibt

Worte, die gleichsam Fenster hinein in die Tiefe der Wirklichkeit sind. Es gibt Worte, in denen, wie in einer Muschel, die ozeanische Unendlichkeit des Lebens zittert und dröhnt. Es gibt Worte, die dem Herzen des Seins selber entsprungen zu sein scheinen und wie Hymnen erklingen. Worte haben ihre Schicksale. Es gibt Worte, die ausgeleiert, verbraucht, zerschlissen sind. Worte, die noch vor einigen Jahrzehnten lebendig waren, volltönend und erhellend, und heute sind sie verdorrt und tot.

Es verhält sich mit der Sprache wie mit einem Baum, der wächst und blüht, im Licht der Sonne und im Wehen des Windes atmet und seine Säfte von den Wurzeln in der Tiefe der Erde empfängt. Am Anfang steht das lebendige Bild, das uns beseligt, tröstet und anspornt, aber auch erschreckt, bedroht und bannt. Doch mit der Zeit wird der Baum morsch, er wird zu Torf mit der Zeit; die visionär geschauten Bilder werden zum gedankenlos gebrauchten Kleingeld der Umgangssprache und des Geschwätzes; der Torf wird zur Kohle; was früher Stamm, Ast, Laub und Blüte war, verliert seine ursprüngliche Gestalt; und doch empfängt das Feuer, dem die Kohle zur Speise dient, seine Kraft von dem Leben, das einst in Wurzel, Rinde, Blatt und Same pulsierte. Die ursprünglich lebendigen Wörter und Bilder verhärten, versteinern und verkohlen. [31] Aus dem Wasser, dem alles Leben entsprungen ist, wird das sterile H_2O des Chemikers. Aus dem Gespräch, das, nach einem schönen Wort Hölderlins, wir selber sind —

Viel hat von Morgen an,
Seit ein Gespräch wir sind und hören voneinander,
Erfahren der Mensch . . .

— aus dem Gespräch werden die „Kommunikationsprozesse" der Sozialingenieure. Aus dem Volkslied wird der Schlager der Saison, aus dem Märchen das Protokoll . . . Und dann kommen plötzlich Shakespeare oder Hölderlin oder Baudelaire, kommen Rilke oder Benn oder Ezra Pound, kommen Else Lasker-Schüler, Ingeborg Bachmann und Gabriela Mistral unvorhergesehen, unerklärlich und wunderbar, und alles ist mit einem Schlage anders. Sie schlagen Feuer aus der versteinerten Sprache, und sie vermögen sogar die Sprache neu blühen zu lassen, und wie der

Baum seine Samen dem über die Erde wehenden Wind überläßt, bis sie hier und da auf fruchtbaren Boden fallen, so pflanzen sich auch ihre Worte fort, und sie bürgen dafür, daß das Abenteuer der Schöpfung weitergeht. Der Dichter, schon Gefährte des steinzeitlichen Höhlenbewohners, begleitet uns auch noch im Atomzeitalter. Er wird immer wieder erscheinen, solange es Menschen geben wird, weil der Mensch selber ein dichterisches Wesen ist, weil wir, genau genommen, nur so weit existieren, als wir uns dichterisch verhalten — auch wenn wir keine Gedichte schreiben oder lesen. Dichtung ist ursprünglicher und umfassender als Literatur; sie ist nicht notwendig an schriftliche Aufzeichnungen gebunden. Manche Gleichnisse Jesu, etwa die vom verlorenen Sohn oder vom armen Lazarus oder vom Getreidekorn, sind tiefsinnige Poesie, obwohl sie nur ganz schlichte, alltägliche Worte verwenden; doch sie gehörten usprünglich nicht zur Literatur. Und es gibt darüber hinaus eine elementare, eine kosmische Poesie noch vor aller menschlichen Kunst; sie verhält sich zur Dichtung im uns vertrauten Sinne wie das Meer zur schaumgeborenen Aphrodite. Das Universum selbst ist ein Gedicht. Eine Dichtung, die noch nicht zu Ende ist. Ein Gedicht, das vom Grashalm vor unseren Füßen bis zu den Planeten reicht, vom Tanz der Elektronen bis zu den Sternensystemen jenseits der Milchstraße. Eine Dichtung, die wir entziffern und auch mitschaffen — in eine offene Zukunft hinein.

Doch über die Zukunft möchte ich nichts sagen. Wenn Sie es mir erlauben, so will ich schließen mit dem Zweizeiler, den der Priester, Dichter und Mystiker Angelus Silesius an den Schluß seines „Cherubinischen Wandersmanns" gestellt hat:

Freund, es ist auch genug. Im Fall du mehr willst lesen,
So geh und werde selbst die Schrift und selbst das Wesen. [32]

Anmerkungen

1) Vgl. Käte Hamburger: Rilke. Eine Einführung. Stuttgart 1976, S. 157 f.

2) Hölderlin: Sämtliche Werke. Hrsg. von Norbert Hellingrath. München ^{2}1923, Bd. 6, S. 25.

3) Vgl. Gerd-Klaus Kaltenbrunner: Der Dichter im Ernstfall. In: Noch gibt es Dichter. INITIATIVE 31. München-Freiburg i. Br. 1979, S. 7 ff., bes. S. 21 ff.

4) Zit. bei Dolf Sternberger: Die Bilder, in denen wir denken (Besprechung von Alexander Demandts Buch „Metaphern für Geschichte"). In: Frankfurter Allgemeine Zeitung, 30. Oktober 1979.

5) Vgl. Leopold Ziegler: Überlieferung. München ^{2}1949, S. 71 f.

6) Vgl. Robert Eisler: Weltenmantel und Himmelszelt. München 1910; E. Baldwin Smith: The Dome. A Study in the History of Ideas. Princeton 1950; H. P. L'Orange: Studies on the Iconography of Cosmic Kingship in the Ancient World. Oslo 1953.

7) Vgl. Heinrich Zimmer: Maya. Zürich 1952.

8) Vgl. Karl Kerényi: Die Mythologie der Griechen. Bd. 1. Zürich ^{3}1964, S. 37 f.; E. Steinbach: Der Faden der Schicksalsgöttinnen. Diss. Leipzig 1931.

9) Vgl. Karl Kerényi, aaO., S. 245.

10) Vgl. Ludwig Klages: Warum bringt es Verderben, den Schleier des Isisbildes zu heben? In: Mensch und Erde. Gesammelte Abhandlungen. Stuttgart 1956, S. 111 ff.

11) Vgl. Franz Vonessen: Der Mythos vom Weltschleier. In: Mythische Entwürfe. Hrsg. von Philipp Wolff-Windegg. Stuttgart 1975, S. 10 ff., bes. 16 ff.

12) Alexander Demandt: Metaphern für Geschichte. Sprachbilder und Gleichnisse im historisch-politischen Denken. München 1979.

13) Vgl. Walter F. Otto: Die Musen und der göttliche Ursprung des Singens und Sagens. Darmstadt 1954.

14) Vgl. Hans Walter: Griechische Götter. München 1971, S. 304 ff., bes. 331 f.

15) Ion 534 a.

16) Alfred North Whitehead: Wissenschaft und moderne Welt. Zürich 1949, S. 257 f.

17) Vgl. dazu Martin Heidegger: „... dichterisch wohnet der Mensch ..." In: Akzente 1 (1954), S. 57-71. Wiederabgedruckt in: Vorträge und Aufsätze. Pfullingen 1954.

18) Vgl. Johan Huizinga: Homo Ludens. Vom Ursprung der Kultur im Spiel. Hamburg 1956, bes. S. 117 ff. (Spiel und Dichtung).

19) Vgl. Edgar Morin: Das Rätsel des Humanen. Grundfragen einer neuen Anthropologie. München-Zürich 1974, S. 129 ff., 137 ff., 145 ff.

20) Zit. bei Paul Valéry: Zur Theorie der Dichtkunst. Frankfurt a. M. 1975, S. 28.

21) Wladimir Majakowski: Werke. Hrsg. von L. Kossuth. Wiesbaden-Berlin 1973, Bd. 1, S. 15.

22) Novalis: Heinrich von Ofterdingen, Teil 1, Kap. 7.

23) Paul Valéry, aaO., S. 14 f.

24) Vgl. dazu Adam Müller: Von der Idee der Schönheit (1807/1808). In: Kritische, ästhetische und philosophische Schriften. Hrsg. von Walter Schroeder und Werner Siebert. Bd. 2. Neuwied-Berlin 1967, S. 12 f. 20 ff.

25) Vgl. dazu Edmund Burke: Vom Erhabenen und Schönen. Hrsg. von Friedrich Bassenge. Berlin (Ost) 1956, S. 215 f.; Lessing: Laokoon oder über die Grenzen der Malerei und Poesie, Kap. XXI.
26) Vgl. Hans Jonas: Wandel und Bestand. Vom Grunde der Verstehbarkeit des Geschichtlichen. Frankfurt a. M. 1970, S. 16 f.
27) Robert Musil: Der Mann ohne Eigenschaften. Hamburg 1965, S. 16.
28) Ebd.
29) Michel Tournier: Der Wind Paraklet. Hamburg 1979, S. 176 f.
30) Oscar Wilde: Der Verfall der Lüge. In: Werke. München 1970, Bd. 2, S. 418 f.
31) Dieses Bild verdanke ich Ernst Benz: Adam. Der Mythus vom Urmenschen. München-Planegg 1955, S. 30.
32) Gerhard Wehr (Hrsg.): Angelus Silesius — Der Cherubinische Wandersmann. Schaffhausen 1976, S. 237.

(1979)

Novalis

Der deutsche Orpheus und seine Braut

I.

„Fern ab liegt mir alle Habsucht: aber die blaue Blume sehn ich mich zu erblicken. Sie liegt mir unaufhörlich im Sinn, und ich kann nichts anders dichten und denken."

Selten hat ein Symbol die allgemeine Vorstellung von einem Dichter in solchem Ausmaße bestimmt wie die blaue Blume im Falle von Novalis, der mit bürgerlichem Namen Georg Philipp Friedrich von Hardenberg hieß und am 2. Mai 1772 geboren wurde. Die blaue Blume, nach der den Helden seines 1802 postum erschienenen Romans „Heinrich von Ofterdingen" träumerisch verlangt, ist nicht nur das bekannteste poetische Bild von Novalis, sondern auch das volkstümlichste Symbol dessen, was wir, unbestimmt genug, Romantik nennen. Novalis ist in die Literaturgeschichte als der Dichter der blauen Blume eingegangen.

Blau — das ist die Farbe der Elemente Wasser und Luft, das läßt denken an ferne Horizonte und kosmische Sphären, an Zukunft, Wunder und Unendlichkeit, an den gestirnten Schleier der Madonna und die absolute Sehnsucht nach dem utopisch entrückten Ideal: „Dem Traum folgen und nochmals dem Traum folgen und so ewig — usque ad finem." Die berühmte blaue Blume erscheint um so geheimnisvoller, weil sie botanisch unbestimmt bleibt; sie steht für Dichtung, Liebe, Magie, für das Wunderbare schlechthin und die Möglichkeit einer ekstatischen Wirklichkeitserfahrung, die ganz anders ist als unser gewohnter Kontakt zur Welt. „Trägt nicht alles, was uns begeistert, die Farbe der Nacht?", heißt es in diesem Sinne in der vierten „Hymne an die Nacht".

Die blaue Blume, nach der Heinrich von Ofterdingen auszieht wie Parzival nach dem Gral, versinnbildlicht des Esoterische und Transparente in Novalis' Stil, die visionäre Alltagsferne im Gehalt seiner Poesie, den Tiefsinn seiner Deutung des Universums. Der Quell, an dem er die Wunderblume im Traume findet, ist der Brunnen der Erkenntnis, die Blume — in ihrem Kelch schwebt ein zartes Mädchenantlitz — die Liebe als der Urquell der Erkenntnis. Der Ofterdingen-Roman sollte eine Apotheose der Poesie sein. Novalis starb vor der Vollendung dieses Werkes, so daß von der eigentlichen „Erfüllung" — wie der zweite Teil heißen sollte — nur rätselhafte Bruchstücke und Skizzen andeutungsweise Kunde geben. Wie der Roman, blieb das meiste von Novalis Ahnung, Entwurf, Fragment und eben deshalb so vieldeutig, zu verwandelnder Auslegung einladend. Man hat sein Lebenswerk mit einem unvollendeten Dom verglichen, dessen Dreiflügelaltar die „Hymnen an die Nacht", die „Geistlichen Lieder" und das geschichtsmystische Manifest „Die Christenheit oder Europa" bilden, während die naturphilosophische Schrift „Die Lehrlinge zu Sais" das weite Schiff darstellt und der „Ofterdingen" die sich mächtig darüber wölbende Decke, die jedoch, nie geschlossen, den Himmel hereinleuchten läßt, den blauen Schleier Sophiens, wie es im Märchen von Eros und Fabel heißt, mit dem der erste Teil des Romans ausklingt.

So haben Symbolik, Melodie und Aura seines dichterischen Werkes, aber auch gewisse Ereignisse im Leben dieses „Frühvollendeten", insbesondere dessen Liebe zu der kindlichen Sophie von Kühn, den Zugang zu Novalis sowohl eröffnet als auch verbaut. Die Gestalt dieses Zeitgenossen von Hölderlin, Schlegel und Schelling wurde verfälscht zum süßlichen Andachtsbild einer emsigen Gemeinde von Suchern und Süchtigen. Dieser sektiererische Zug zeichnete sich schon zu Lebzeiten des Dichters ab, als Friedrich Schlegel dem Freunde schrieb, er habe vielleicht „Talent zu einem neuen Christus", dann in Kreisen mancher Konvertiten und Schöngeister wie Otto Heinrich Graf von Loeben und hörte mit Rudolf Steiners Emphase für den „wiedergeborenen Raffael, Elias und Johannes", den deutschen Seher und Christuskünder noch lange nicht auf. Teuer ist dieser Novalis-Kirche, wie man sie nennen könnte, die Ikone vom blassen, erdenfernen, an Schwindsucht dahinsiechenden Schwärmer mit der kindlichfrommen Miene, vom träumerischen Liebhaber eines todgeweihten adeligen Fräuleins, vom weltflüchtigen und jenseitstrunkenen Mystiker. Es ist nicht ausgeschlossen, daß die Sucht- und Rausch-Welle, die gegenwärtig unter den jungen Menschen Westeuropas und Amerikas grassiert, nach Hermann Hesses „Steppenwolf" auch noch Novalis' romantische Todeserotik und Mystik der Nacht für sich entdecken wird.

Es wäre nicht der ganze Novalis, der damit in den Blick rückte, jener Novalis, den die neueren Forschungen von Richard Samuel, Heinz Ritter und Gerhard Schulz sowie Thomas Manns bahnbrechende Hinweise in seiner Rede „Von deutscher Republik" (1922) uns erschlossen haben.

Da ist einmal Friedrich von Hardenberg, der juristisch, kameralistisch und naturwissenschaftlich hervorragend geschulte Verwaltungsbeamte und Manager, der als einziger Romantiker — wenn man von Franz Baader absieht — einem nichtliterarischen Beruf nachging und die Schriftstellerei ausdrücklich nur als Nebensache ansah. Briefe, Tagebücher, Memoranden und Gutachten geben Aufschluß über seine rastlose berufliche Aktivität. Sie lassen sein Gefühl für soziale Nöte, sein ausgeprägtes Interesse an wissenschaftlich-technischen Neuerungen erkennen. Nach seinen Universitätsstudien in Jena, Leipzig und Wittenberg zuerst Aktuarius in einem Kreisamt, wurde er 1796 Akzessist bei der kursächsischen Salinenbergwerksverwaltung in Weißenfels und schließlich Mitglied des Salinendirektoriums. Daß Novalis im Bergbau tätig war, ist eine der schönsten Übereinstimmungen zwischen seiner äußeren und inneren Existenz. Es kann keine Rede bei ihm sein von einem Doppelleben zwischen Beruf und Berufung: er suchte und bejahte die tätige Berührung mit der Welt in Arbeit, Forschung und Verwaltung. Stets bewährte sich sein Fleiß, seine Umsicht und Genauigkeit, die Dinge zu überblicken und praktisch zu meistern, mochte es sich um Gutachten über das Vorkommen von Bodenschätzen, Vorschläge für die Verbesserung von Schmelzöfen und Fabrikationsmethoden, Berichte über administrative und personelle Probleme handeln. Hardenberg war überdies auf Veranlassung des weltberühmten Freiberger Mineralogen Abraham Gottlieb Werner, bei dem er 18 Monate studiert hatte, an verantwortlicher Stelle bei der geologischen Erschließung und Kartographierung Sachsens tätig und hat insofern maßgebenden Anteil an der Entdeckung eines der reichsten Braunkohlevorkommen in Deutschland. Seine poetischen und philosophischen Hauptwerke entstanden durchwegs in Zeiten angestrengtester und vorbildlicher beruflicher Arbeit; sie wurden geschrieben von einem jungen Mann, der ununterbrochen in praktischem Kontakt mit der natürlichen, gesellschaftlichen und ökonomischen Wirklichkeit stand und der diese Wirklichkeit nicht nur interpretieren, sondern auch verändern wollte.

Ein Mann, der dies alles geleistet hat, der fast ständig — meist zu Pferde — unterwegs war, der immense Konzentration, produktive Vielseitigkeit und nüchterne Rationalität mit einem Enthusiasmus für Metaphysik, Theosophie und Mystik in sich vereinigte, kann denn nicht von so kränklicher Konstitution gewesen sein, wie meistens unterstellt wird. Er muß ein überaus robustes Naturell gehabt haben, um überhaupt eine derartige berufliche Laufbahn einschlagen und eine solche Fülle enzyklopädischer Studien hinterlassen zu können. Es leidet keinen Zweifel, daß er alle Anlagen zu einem genialen Manager aufwies, daß ihm, lebte er heute, die Leitung eines multinationalen Konzerns oder einer Raumfahrtbehörde durchaus zugemutet werden könnte. Novalis hat nichts mit der Idyllik der Biedermeierzeit, sehr viel aber mit dem Zeitalter der Computertechnik, der Kybernetik und der technologischen Langfristplanung zu tun.

„Man muß die ganze Erde wie ein Gut betrachten und von ihr Ökonomie lernen", dieser Satz stammt ebenso von ihm wie die Prägung „Zukunftslehre", also Futurologie, und das Postulat, „die Vergangenheit aus der Zukunft" zu erklären. „Maschinen und chemische Bereitungsarten zu erfinden, ist für den szientifischen Kopf das fruchtbarste Feld", notierte dieser hochintellektuelle Träumer, und an anderer Stelle: „Wolkenerzeugungsapparate im großen, um Wasser an wasserleere Orte zu bringen." Fremd war ihm die Wirtschaftsfeindlichkeit so vieler deutscher Romantiker, wie ein weiteres Fragment beweist: „Der Handelsgeist ist der Geist der Welt. Er ist der großartigste Geist schlechthin. Er setzt alles in Bewegung und verbindet alles. Er weckt Länder und Städte, Nationen und Kunstwerke. Er ist *der* Geist der Kultur, der Vervollkommnung des Menschengeschlechts." Ein halbes Jahrhundert nach Novalis wird Marx im Kommunistischen Manifest in ähnlich hymnischen Worten die weltgeschichtlich revolutionäre Rolle des aufstrebenden Kapitalismus preisen. Es finden sich aber auch sozialistische — freilich: staatssozialistische — Ansätze bei diesem vielfach zum reaktionären Monarchisten abgestempelten Aristokraten: „Zur Holzersparung — gemeinschaftliche Küchen — gemeinschaftliche Wohngebäude . . . Die ganze Ökonomie im Staate könnte im großen betrieben werden . . . Taxation der Arbeiten." Und im „Ofterdingen" läßt Novalis einen alten Bergmann folgendes sagen: „Die Natur will nicht der ausschließliche Besitz eines einzigen sein. Als Eigentum verwandelt sie sich in ein böses Gift, was die Ruhe verscheucht, und die verderbliche Lust, alles in diesen Kreis des Besitzers zu ziehn, mit einem Gefolge von unendlichen Sorgen und wilden Leidenschaften herbeilockt." Der Novalis, der aus diesen Sätzen spricht, war es auch, der, wie einem Brief an Friedrich Schlegel zu entnehmen ist, „die Errichtung eines literärischen, republikanischen Ordens — der durchaus merkantilisch politisch ist — einer echten Kosmopolitenloge" projektierte. Geplant war so etwas wie ein den Autoren eigener Verlag mit angeschlossener Druckerei und einem Büro in Jena, Hamburg oder der Schweiz. Eine solche übernationale Assoziation sollte nicht zuletzt Schutz vor staatlicher Bevormundung und verlegerischer Abhängigkeit gewähren. Novalis, der dem preußischen Königspaar Friedrich Wilhelm III. und Luise mit seiner Schrift „Glauben und Liebe" huldigte, war sogar der ganz radikaldemokratische, geradezu proto-marxistische Gedanke nicht fremd, daß es nur „aus Ökonomie" *einen* König gebe; müßten wir mit unseren Mitteln weniger haushälterisch umgehen, so wären „wir alle

Könige". Die Marxsche Idee, daß ein entwickelter Stand der Produktivkräfte die Herrschaft eines oder weniger obsolet machen würde, hat Novalis mit seiner freundlichen Utopie einer Republik von Königen bereits vorweggenommen: „Alle Menschen sollen thronfähig werden. Das Erziehungsmittel zu diesem fernen Ziel ist ein König. Er assimiliert sich allmählich die Masse seiner Untertanen. Jeder ist entsprossen aus einem uralten Königsstamm. Aber wie wenige tragen noch das Gepräge dieser Abkunft." Zweck des Staates sei es, „den Menschen absolut mächtig — und nicht absolut schwach — nicht zum trägsten — sondern zum tätigsten Wesen zu machen . . . Die Staaten müssen endlich gewahr werden, daß die Erreichung aller ihrer Zwecke bloß durch Gesamtmaßregeln möglich ist."

Antonio Gramsci, der bedeutende italienische Marxist, hatte nicht so unrecht, wenn er in einem Artikel aus dem Jahre 1916 Novalis für den Sozialismus reklamierte. Ich würde es freilich vorziehen, die Aktualisierung nicht so weit zu treiben, und den Romantiker statt dessen einen konservativen Revolutionär nennen. Diese dialektische Formel scheint mir die ganze Spannweite des Novalisschen Geistes besser zu charakterisieren als andere, direktere Etikettierungen. Doch bevor wir uns am Schluß diesem Aspekt Hardenbergs zuwenden, sei noch versucht, seine Seelenlandschaft, sein Lebensgefühl wenigstens andeutungsweise zu umreißen.

Das Rätsel von Novalis' Dasein liegt nicht zuletzt darin, wie dieser von hellwacher Aufmerksamkeit, grenzenloser intellektueller Neugier und ungemein praktischem Verstand erfüllte Mann zugleich wie nur noch einige seltene homines religiosi ständig in einer Welt des Wunderbaren zu leben vermochte, gleichsam als ein frei in seiner irdischen Verkörperung spielender Geist, der unendlicher Metamorphosen sich lächelnd bewußt ist. Es gibt wohl in jedem Leben — in dem einen häufiger, dem andern seltener — bevorzugte Augenblicke, in denen unser gewohnter Kontakt zur Welt und zu uns selbst von einer spontanen, ursprünglicheren und ungetrübteren Wirklichkeitserfahrung außer Kraft gesetzt wird. Die scheinbar undurchdringliche, in langer Gewöhnung erstarrte Realität bricht dann in sich zusammen, ohne jedoch zum Chaos zu werden, sondern eine tiefere, umfassendere und reinere Sicht der Dinge freigebend. Echtes Staunen ist bereits der Anfang eines solchen ekstatischen Moments, in dem sich das wahre Antlitz des Seins zu enthüllen scheint und alles in einem neuen Licht erstrahlt. Selbst wenn wir von der Frage absehen, ob das, was er am Grabe seiner Verlobten erlebte — die dritte Hymne an die Nacht berichtet davon —, eine Vision genannt werden kann oder nicht, so steht doch außer Zweifel, daß Novalis mit einem eminenten Sinn für das Wunderbare begabt war.

„Es liegt nur an der Schwäche unserer Organe und der Selbstberührung, daß wir uns nicht in einer Feenwelt erblicken. Alle Märchen sind nur Träume von jener heimatlichen Welt, die überall und nirgends ist." — „Die höhere Welt ist uns näher, als wir gewöhnlich denken. Schon hier leben wir in ihr, und wir erblicken sie auf das innigste mit der irdischen Natur verwebt." — „Wünsche und Begehrungen sind Flügel. Es gibt Wünsche und Begehrungen, die so wenig dem Zustande unseres irdischen Lebens angemessen sind, daß wir sicher auf einen Zustand schließen können, wo sie zu mächtigen Schwingen werden, auf ein Element, das sie heben wird, und Inseln, wo sie sich niederlassen können." — „Das willkürlichste Vorurteil ist, daß dem Menschen das Vermögen außer sich zu sein, mit Bewußtsein jenseits der Sinne zu sein, versagt sei: Der Mensch vermag in jedem Augenblicke ein übersinnliches Wesen zu sein. Ohne dies wäre er nicht Weltbürger, er wäre ein Tier." Dies sind nur einige Beispiele, die bezeugen, wie sehr Novalis mit dem vertraut war, was Robert Musil den „anderen Zustand" genannt hat. Bemerkenswert sind diese Stellen vor allem insofern, als sie durchwegs nicht auf religiöse Offenbarung zurückgreifen und auch nicht dem Gebrauch von halluzinogenen Drogen zwecks Erzwingung solcher metaphysischer Zustände das Wort reden. Weder Theologie noch Pharmazie bemühend, notiert Novalis vielmehr in bemerkenswert nüchternen Sätzen die möglichen Anlässe jenes wunderbaren Erlebens: „Freilich ist die Besonnenheit, Sichselbstfindung, in diesem Zustande sehr schwer, da er so unaufhörlich, so notwendig mit dem Wechsel unserer übrigen Zustände verbunden ist... Auffallend wird die Erscheinung besonders beim Anblicke mancher menschlichen Gestalten und Gesichter, mancher Mienen, mancher Bewegungen, beim Hören gewisser Worte, beim Lesen gewisser Stellen, bei gewissen Hinsichten auf Leben, Welt und Schicksal. Sehr viele Zufälle, manche Naturereignisse, besonders Jahres- und Tageszeiten, liefern uns solche Erfahrungen. Gewisse Stimmungen sind vorzüglich solchen Offenbarungen günstig. Die meisten sind augenblicklich, wenige verweilend, die wenigsten bleibend. Hier ist viel Unterschied zwischen den Menschen." Grundsätzlich vermag alles zum Anlaß solcher tiefen Verwunderung zu werden und uns die über die ganze Erde verstreuten Spuren des Paradieses finden lassen. „Jedes Willkürliche, Zufällige, Individuelle kann unser Weltorgan werden. Ein Gesicht, ein Stern, eine Gegend, ein alter Baum usw. kann Epoche in unserm Innern machen."

Novalis hat diese und ähnliche Erfahrungen mit seiner Lehre vom „magischen Idealismus" zu erklären versucht, die Gedanken Fichtes und Schellings aufgreift und radikalisiert. Sie ist gewissermaßen ein Versuch, die archaische Weltbeseelung des Schamanentums mit Hilfe des Instrumentariums der Transzendentalphilosophie zu erneuern. Ihm zufolge ist die dem natürlichen Bewußtsein erscheinende und von den Naturwissenschaften erforschte Natur „eine versteinerte Zauberstadt", ins Gegenständliche verhexter Geist. Die Natur bedarf eines Gegenzaubers, eines Wortes, das die Kraft hat, den Bann zu brechen und sie in ihr wahres Wesen zu befreien. Dieses die Natur aus ihrer Entfremdung erlösende Wort ist das Wort der Poesie. Für Novalis ist das Märchen „gleichsam der Kanon der Poesie". Diese Philosophie des magischen Idealismus hat Novalis in seinem Märchen von Rosenblütchen und Hyazinth (in den „Lehrlingen zu Sais") und der Erzählung Klingsohrs im „Ofterdingen" niedergelegt, am ergreifendsten aber in jenem apokalyptischen Zaubergedicht:

Wenn nicht mehr Zahlen und Figuren
Sind Schlüssel aller Kreaturen,
Wenn die, so singen oder küssen,
Mehr als die Tiefgelehrten wissen,

Wenn sich die Welt ins freie Leben
Und in die Welt wird zurückbegeben,

Wenn dann sich wieder Licht und Schatten
Zu echter Klarheit werden gatten
Und man in Märchen und Gedichten
Erkennt die wahren Weltgeschichten,
Dann fliegt vor e i n e m *geheimen Wort*
Das ganze verkehrte Wesen fort.

So märchenhaft und kindlich-schlicht sich diese orphischen Verse auch geben, so ungeheuerlich und maßlos ist doch ihr Anspruch, wenn man sie, im Sinne des magischen Idealismus, als philosophisches Programm nimmt. Doch auch wer jenes Programm für gefährlich hält und im magischen Idealismus nur einen fragwürdigen Rehabilitierungsversuch archaischer Bewußtseinsformen zu sehen vermag, wird nicht umhin können, in Novalis einen Kronzeugen für die Möglichkeit des Wunderbaren in dieser Welt, für den Wunder-Charakter der Welt überhaupt und für die Möglichkeit eines „anderen Zustandes" anzuerkennen. All dies hat sein Recht und seine Gültigkeit unabhängig von den philosophischen Begründungen, die Friedrich von Hardenberg dafür gegeben hat. Es handelt sich hier um transzendentale Erfahrungen, die auch eine ganz andere Interpretation zulassen als die des magischen Idealismus. Ihren gültigsten Niederschlag finden sie nicht in philosophischen Doktrinen, sondern in künstlerischen Gebilden, oft in wenigen dichterischen Zeilen, die das Geheimnis des anderen Zustands ebenso ahnen lassen wie jener Frühlingstag, von dem Novalis bedeutungsvoll sagt: „Es sind nicht die bunten Farben, die lustigen Töne und die warme Luft, die uns im Frühling so begeistern. Es ist der stille weissagende Geist unendlicher Hoffnungen, ein Vorgefühl vieler froher Tage, des gedeihlichen Daseins so mannigfaltiger Naturen, die Ahnung höherer ewiger Blüten und Früchte, und die dunkle Sympathie mit der gesellig sich entfaltenden Welt."

Am 19. März 1797 war Sophie von Kühn gestorben. Erst dieser Tod, der Hardenbergs Glauben an ein gemeinsames Glück im Diesseits zerschlug, hat die schöpferischen Kräfte des damals

25jährigen entbunden und ihm den „geheimnisvollen Weg nach innen” gewiesen. Zur Erkundung dieses Weges bedurfte es eines neuen Ausdrucksmittels. Es ist das Fragment. Von August an schrieb und sammelte Hardenberg Gedankenblitze, Aphorismen und Aperçus, oft antithetisch-dialektisch gefaßt. „Es sind Bruchstücke des fortlaufenden Selbstgesprächs in mir — Senker... Revolutionären Inhalts scheinen sie mir hinlänglich”, teilt er dann in den Weihnachtstagen 1797 Friedrich Schlegel, dem Freunde, mit. Es handelt sich um jene Fragmente, die 1798 im ersten Stück des „Athenäums”, der programmatischen Zeitschrift der Frühromantik, unter dem harmlos scheinenden Titel „Blütenstaub” erschienen sind. Ihr Verfasser hatte sich ausbedungen, daß diese Bruchstücke unter der Chiffre *Novalis* veröffentlicht würden, „welcher Name ein alter Geschlechtsname von mir ist und nicht ganz unpassend”. Hardenberg wählte diesen bereits um 1200 von im Hannoverschen lebenden Vorfahren verwendeten Namen, um den „revolutionären Inhalt” seiner Fragmente zu unterstreichen. Novalis bedeutet Neuerer, Erneuerer, der Neuland begeht, besät oder auch rodet.

Und in der Tat: neu sind nicht nur Form, Ausdrucksgewalt und Kühnheit seiner Gedankenblitze, sondern auch die Art seines Anspruchs und Selbstverständnisses: „Wir sind auf einer Mission: zur Bildung der Erde sind wir berufen.”

Novalis war ein Revolutionär — Ludwig Pesch nennt ihn den „sonderbarsten Revolutionär der europäischen Geschichte” —, und er hatte auch ein klares Bewußtsein davon. Er verkörpert wie kein anderer den revolutionären Gehalt der romantischen Bewegung. Die Romantik war eine Freiheitsbewegung, mitbewegt von dem säkularen Ereignis der Französischen Revolution und diese in ihren verschiedenen Etappen kritisch begleitend. Auch die Romantik, wie sie in Novalis Gestalt geworden ist, war an der Emanzipation leidenschaftlich interessiert: die Befreiung von Eros, Phantasie und Gefühl, des Individuellen, aber auch des Weiblichen wie des Jugendlich-Kindlichen lag ihr ebenso am Herzen wie die Hinwendung zu den „unteren” Mächten in Gesellschaft, Kultur und Psyche: zum „Volk”, zu Märchen, Sage, Legende und Volkslied, zum Unbewußten und Archetypischen. Bei

Novalis selbst hat dies alles mit reaktionärer Verfinsterung und Irrationalismus nichts zu tun: er war ein subtiler Denker, Reflexion auf Reflexion türmend, und wagte sich als erster analytisch in Regionen vor, die ein Jahrhundert später von Freud und C. G. Jung wissenschaftlich erforscht, von Joyce und Yeats poetisch erobert wurden.

Und dennoch war dieser Revolutionär zugleich wie kein anderer ein Liebhaber des Uralten, des Unvordenklichen, des Ewig-Gestrigen, Bergmann nicht nur dem bürgerlichen Berufe nach. Novalis wuchs in den vier Jahren seiner dichterischen und denkerischen Entfaltung immer tiefer hinab in die Welt der Überlieferung, in vorgeschichtliche, vorzeitliche Kontinente. In seinem „Ofterdingen" gedachte er Mittelalter und Antike, Orient und Okzident, Christentum und Heidentum zur Darstellung zu bringen. Er ließ sich ergreifen von dem Reich des Todes und der Toten, wie er auch auf bestürzende, doch wieder nicht unfromme Weise Christus und den Tod ineins zu sehen vermochte. Er wußte um die tiefsten Grundwasser menschlicher Geschichte, die man nicht ungestraft verwahrlosen lassen und vergeuden kann. Er meinte, daß nur dem die Zukunft zu deuten gelingt, der den Schlüssel zu den Krypten der Vergangenheit innehat: „Echt historischer Sinn ist der prophetische Visionssinn — erklärbar aus dem tiefen unendlichen Zusammenhang der ganzen Welt." Kern des Christentums war ihm die „Apotheose der Zukunft, dieser eigentlich besseren Welt", doch gerade in seinem geschichtsphilosophischen Traktat „Die Christenheit oder Europa" wendet er sich gegen jene, die Vergangenheit und Zukunft, Fortschritt und Tradition, Geschichte und Übergeschichte trennen wollen: „Beide Teile haben große, notwendige Ansprüche und müssen sie machen, getrieben vom Geiste der Welt und der Menschheit. Beide sind unvertilgbare Mächte der Menschenbrust: hier die Andacht zum Altertum, die Anhänglichkeit an die geschichtliche Verfassung, die Liebe zu den Denkmalen der Altväter und der alten glorreichen Staatsfamilie, und Freude des Gehorsams; dort das entzückende Gefühl der Freiheit, die unbedingte Erwartung mächtiger Wirkungskreise, die Lust am Neuen und Jungen, die zwanglose Berührung mit allen Staatsgenossen, der Stolz auf menschliche Allgemeingültigkeit, die Freude am persönlichen Recht und am Eigentum des Ganzen, und das kraftvolle Bürgergefühl. Keiner hoffe, die anderen zu vernichten, alle Eroberungen wollen hier nichts sagen, denn die innerste Hauptstadt jedes Reiches liegt nicht hinter Erdwällen und läßt sich nicht erstürmen."

Dies sind die Worte des konservativen Revolutionärs Novalis.

Seine Jünglingsgestalt scheint ferner als ein Gestirn und doch brüderlich nahe wie es ein Klassiker nie sein könnte. Es ist ein Abenteuer, sich in ihn zu vertiefen, ihn zu lesen und zu befragen, mit seinen staunenden Fremdlings-Augen in jenes „innere, äußerst weite und unendliche Weltall" zu blicken, als dessen Bürger er sich fühlte.

Ist Novalis ein Vorbild? Nein und ja. Nein: da für Menschen seines Schlages das Ofterdingen-Wort gilt, „daß eine besondere Gestirnung dazu gehört, wenn ein Dichter zur Welt kommen soll"; für sie scheinen Laufbahn, Aufgabe und Wirkung von Geburt an vorbestimmt. Ja: da er kein Vergangener und Begrabener ist, sondern Zeitgenosse unserer Zukunft, von der so viele seiner erregenden Texte vibrieren; da es heute mehr denn je darauf ankommt, in einer von „harter" Wissenschaft und Technik geprägten Welt die „weiche" Neigung zu den Randzonen des Unerforschten zu kultivieren, die Zukunft zu gestalten und gleichwohl die Erinnerung nicht zu verlieren, revolutionär zu sein und Tradition wenigstens zuzulassen.

Auf dem westdeutschen Germanistentag 1968 wurde die Parole laut: „Macht die blaue Blume rot . . ." Sofern damit die herkömmliche Literatur- und Sprachwissenschaft kritisiert wird, sind keine Worte zu verlieren. Novalis selbst freilich ist nicht nur der Dichter der blauen Blume und auch diese steht für mehr denn bloßen Muff von tausend Jahren. Gut wird es erst dann stehen um Deutschland, und dieses wird sich selbst gefunden haben, wenn Karl Marx den Novalis gelesen haben wird — eine Begegnung übrigens, die in Frankreich bereits vor einem halben Jahrhundert im Surrealismus Ereignis geworden ist. Bis dahin bleibt, verglichen mit seinen bilder- und bildungsstürmerischen Kritikern, Novalis der wahre Revolutionär. Wenn wir seinen Namen zurückrufen, dann als Chiffre für das Abenteuer menschlicher

Subjektivität, die gewaltlose Macht schöpferischer Erneuerung und die Möglichkeit sinnvollen Lebens in einer rätselhaft bleibenden Welt.

(1972)

II.

Solange wir das Geheimnisvolle gelten lassen, sind wir gesund; sobald wir dem Geheimnisvollen ein Ende machen, geben wir dem Krankhaften Raum.

G. K. Chesterton

Sophie von Kühn (1782 - 1797) geistert durch die Literaturgeschichte als Braut des Dichters Novalis, der mit bürgerlichem Namen Friedrich von Hardenberg hieß. Sie war keine von jenen gebildeten oder gar kongenialen Romantiker-Frauen und -Geliebten, zu denen Caroline Böhmer-Schlegel-Schelling, Dorothea Schlegel oder Bettina von Arnim zu zählen sind. Sie hat auch, anders als Karoline von Günderode oder Rahel Varnhagen, außer einigen belanglosen Briefen und Zettelchen mit kurios malträtierter Rechtschreibung nichts Schriftliches hinterlassen. Sie machte sich nicht viel aus Poesie, rauchte hin und wieder Pfeife, trank gern Wein, fürchtete sich vor Gespenstern und glaubte nicht an den christlichen Himmel, sondern an die Seelenwanderungslehre der Inder und Pythagoreer. Sie war ein Kind, solange sie lebte, denn sie wurde nur fünfzehn Jahre und zwei Tage alt. Man hat Sophie von Kühn für einen himmlischen Engel, eine dumme Gans und eine pikante Lolita gehalten. Sie war weder dies noch jenes. Auf jeden Fall war sie aber ein frühreifes und kapriziöses Wesen von elfenhafter Anmut. Alle, die ihr begegnet sind, eingeschlossen Goethe, waren von ihrem Gesicht und ihrer Gestalt angetan.

Vieles an der Verbindung von Novalis und Sophie von Kühn erscheint bis heute rätselhaft. Was konnte sie außer jugendlichem Charme und einer gewissen Drolligkeit dem um zehn Jahre älteren Mann bieten? Muß man nicht an die Miniaturszene von Peter Altenberg denken: „‚Woran denkst Du, Mädchen?!?' — ‚An nichts'. — ‚Aus diesem Nichts machen wir unsere tiefsten Lieder', sagte der Dichter."

Kann man das Verhältnis zwischen den beiden, die sich bis zuletzt mit *„Sie"* anredeten, überhaupt als „Liebe" kennzeichnen? Novalis deutete es so; aber was empfand Sophie für ihn? Wir kennen von diesem Mädchen, das zwölf Jahre alt war, als der Dichter ihm begegnete, keine einzige Äußerung, die den Schluß auf eine tiefere seelische Verbundenheit mit ihm zuläßt. Er war ihr, günstigstenfalls, bloß sympathisch.

Für Novalis hingegen bedeutete Sophie die Mitte seines Lebens; von dem Tag an, da er sie kennenlernte, datierte für ihn eine neue Zeitrechnung. Er hat nie im geringsten daran gezweifelt, daß Sophie die für ihn von Ewigkeit her prädestinierte Geliebte sei. Dennoch war er sowenig blind für die Realität, daß er nach bald zweijähriger Bekanntschaft auf einem Tagebuchblatt seine Braut so charakterisieren konnte: „Hang zum kindlichen Spiel. — Ihr Schreck vor der Ehe. — Herrschsucht. — Sie will sich nicht durch meine Liebe genieren lassen. — Meine Liebe drückt sie oft. — Sie ist kalt durchgehends. — Sie läßt sich nicht duzen." Er bescheinigt ihr aber auch Anstand, vornehme Zurückhaltung, „Passion für das Schickliche", Taktgefühl und „unschuldige Treuherzigkeit", imitatorisches Talent, „Wohltätigkeit" und faßt schließlich die widerstreitenden Eindrücke in das allerdings glanzvolle Kompliment zusammen: „Sie will nichts sein, sie ist etwas."

Dieses zarte, kränkliche und schließlich moribunde Geschöpf, eine letzte Blüte des Rokoko, hat Friedrich von Hardenberg zu dem romantischen Dichter Novalis, dem „deutschen Orpheus" werden lassen, als der er in die Weltliteratur eingegangen ist. Nicht die lebende Sophie von Kühn war dazu imstande, sondern die tote.

Zwischen dem 8. und 10. März 1797 hatte Novalis seine Braut, die junge Sophie von Kühn, zum letzten Mal in Grüningen besucht. Die von einem Leberleiden, zu dem dann noch eine Tuberkulose kam, heimgesuchte Patientin war damals schon seit langem schwerkrank.

Am 19. März 1797 um neun Uhr morgens starb Sophie — zwei Tage nach ihrem 15. Geburtstag. Zwei Tage später erfährt Novalis vom Tode des Mädchens.

Der erste Brief, in dem er sich auf ihr Ableben bezieht, ist vom 23. März 1797:

„Es ist Abend um mich geworden, während ich noch in die Morgenröte hineinsah. Meine Trauer ist grenzenlos, wie meine Liebe. Drei Jahre ist sie mein stündlicher Gedanke gewesen. Sie allein hat mich an das Leben, an das Land, an meine Beschäftigung gefesselt. Mit ihr bin ich von allem getrennt, denn ich habe mich selbst fast nicht mehr. Aber es ist Abend geworden, und es ist mir, als würde ich früh weggehen."

So Novalis an den in Jena lehrenden Historiker Prof. Dr. Karl Ludwig von Woltmann. Seine Ahnung, daß er „früh weggehen" würde, hat sich, beinahe auf den Tag, vier Jahre später erfüllt: Novalis starb am 25. März 1801 in Weißenfels, noch keine 29 Jahre alt.

Am 24. März 1797 schreibt Novalis an Caroline Just, die Nichte des Kreisamtmanns August Coelestin Just, seines Vorgesetzten in Tennstedt:

„Mich selbst hab ich verloren — die wichtigsten Jahre meines Lebens, wo ich zu mir selbst kam, wo ich zu leben anfing, die muß ich wie ein verbranntes Blatt abreißen — wenn ich kann. Grüningen, die Wiege meines besseren Selbst, ist mir zur Grabstätte geworden ... Wie oft denk ich mir jetzt, daß ein geöffneter Sinn längst ihre Bestimmung für den Himmel hätte ahnden sollen ... Sie war zu schön ..."

Schon in der Trauer und Wehmut der ersten Tage seines Verlassenseins, die mit dem beginnenden Frühling zusammenfallen, beginnt sich das Bild der kindlich jungen Geliebten zu verklären. Daß sie nicht wirklich tot sei, daß Sophies Seele weiterlebe, ist für Novalis eine Gewißheit, die er nie bezweifelt. Sie selbst hat, wie er etwa ein halbes Jahr vor ihrem Tode notierte, an kein dauerndes Leben der abgeschiedenen Seelen im Himmel, „aber an die Seelenwanderung" geglaubt.

Novalis erhebt die verstorbene Braut zu seinem Genius, zu seiner Seelenbegleiterin, zu seinem ihm bestimmten Engel. Sein Verlobungsring zeigt außen ein Medaillon der Geliebten: ein sehr feines Gesicht in reinem Profil, mit schmaler Nase, die oben beinahe bruchlos in die Stirne übergeht, knapp geschlossenen Lippen und großen Augen mit langen Wimpern. Es läßt ahnen, was Novalis meinte, als er von der „sittlichen Grazie", der inneren Anmut dieses holden Wesens sprach. In die Rückseite sind, etwas ungeschickt, die für den Besitzer des Ringes so kennzeichnenden Worte eingepunzt: „Sophia sey mein Schuz-Geist." „Sophie heißt sie — Philosophie ist die Seele meines Lebens und der Schlüssel zu meinem eigensten Selbst", hatte Novalis im vergangenen Sommer Friedrich Schlegel, dem Freund, mit geistreichem Doppelsinn bekannt. Philosophie — Liebe zur Weisheit, Liebe zu einem Mädchen namens Sophie. Nach ihrem Tode vertraut Novalis auf ihren Beistand, auf ihre Winke aus dem Jenseits. Er schreibt in dem Brief an Caroline Just weiter:

„Ihr Bild soll und wird mein besseres Selbst sein — das Wunderbild, das in meinem Innern von einer ewigen Lampe erleuchtet wird und das mich gewiß retten wird vor so manchen Anfechtungen des Bösen und Unlautern ... Sie soll mein Vorbild sein. Um Tote weht der Geist des ewigen Friedens, und dieser Geist der Eintracht, Liebe, Herzensgüte, Sanftheit und Demut soll mich auch umwehen."

Für sich selbst erhebt er Sophie in eine mystische Dimension. In seinem Herzen errichtet er ihr einen Altar, auf dem ihr Bildnis von einem Ewigen Licht erhellt wird. Was er in einem Gedicht mit der Überschrift „Anfang" unmittelbar unter dem Eindruck der ersten Begegnung im Spätherbst des Jahres 1794 gesagt hatte:

Einst wird die Menschheit sein, was Sophie mir
Jetzt ist — vollendet sittliche Grazie —
Dann wird ihr höheres Bewußtsein
Nicht mehr verwechselt mit Dunst des Weines —

dies gilt, nachdem sie gestorben ist, nun erst recht. Novalis hält inne und wird sich plötzlich bewußt, daß er gar nicht klagen dürfe. Das wäre bloß selbstsüchtig, kleinlich und beschränkt. Er bemerkt dazu in dem Brief vom 24. März 1797 an Caroline Just:

„Sollte nicht jetzt eine ewige Heiterkeit meine Augen und meine Stirn beseelen und himmlischer Enthusiasmus meine Brust erfüllen? Wer bin ich, daß ich so irdisch klage? Sollt' ich nicht Gott danken, daß er mir so früh meinen Beruf zur Ewigkeit kund machte? Ist es nicht ein Beruf zur apostolischen Würde? Kann ich im Ernst Sophiens Schicksal beklagen? Ist es nicht ein Vorzug für sie, ist nicht ihr Tod und mein Nachsterben eine Verlobung im höhern Sinn?"

Novalis ist davon überzeugt, daß Sophie nicht nur im Jenseits weiterlebt, sondern sich dort noch geistig-seelisch zu höherer Reife entfaltet. Gott hat sie gleichsam in eine höhere Schule versetzt, wo sie vor der Ansteckung durch irdische Gemeinheit bewahrt wird. Er hingegen müsse, als Mann, noch eine Weile hier auf Erden seine Probezeit tüchtig ableisten. Doch auch er fühlt sich ahnungsvoll zu Großem beauftragt, indem er von seinem „Beruf zur apostolischen Würde" spricht. Später wird sich Ludwig Tieck erinnern: „Dem geübteren Auge bot Novalis die Erscheinung der Schönheit dar. Der Umriß und der Ausdruck seines Gesichtes kam sehr dem Evangelisten Johannes nahe, wie wir ihn auf der herrlichen Tafel von Albrecht Dürer sehn."

Friedrich Schlegel versicherte ihm einmal verheißungsvoll: „So wahrsagst und ahndest Du doch mit echtem Geist Gottes, der Geist des Herrn ruht auf Dir, und seine Liebe schlägt in Deinem Herzen. Du bist ein Prophet." Was Schlegel damals vielleicht mit halb ironischem Unterton gesagt haben mag, wird nun beginnende Wirklichkeit. Novalis ist zu besonderer Mission bereit. Fühlt er doch, daß die Geliebte nur entrückt wurde, um ihm desto besser bei seinem wahren Beruf nahe sein zu können.

Ähnlich äußert Novalis sich auch in anderen Briefen, die er von Ende März bis etwa Mitte April 1797 an Freunde und Bekannte schreibt, so etwa besonders ergreifend in dem Brief an Sophies ältere Halbschwester, die jung verwitwete Wilhelmine von Thümmel (13. April 1797):

„Das Blütenblatt ist nun in die andre Welt hinübergeweht ... Ich habe noch einiges zu verrichten — dann mag die Flamme der Liebe und Sehnsucht auflodern und dem geliebten Schatten die liebende Seele nachsenden ... *Sie* umgibt mich unaufhörlich. Alles, was ich noch tue, tue ich in *ihrem* Namen. Sie war der Anfang — sie wird das Ende meines Lebens sein. Ihre Leiden sind mir Wunden, die nur die balsamische Luft einer bessern Welt heilen wird."

Der Tod der Geliebten ist der Beginn seiner Berufung, die Erweckung Novalis' zu der ihm aufgetragenen Sendung, die nur er, niemand sonst, zu erfüllen vermag. Am selben 13. April — es ist der Gründonnerstag des Jahres 1797 — schreibt der Dichter an Friedrich Schlegel, den gleichaltrigen Freund:

„Mein Herbst ist da und ich fühle mich so frei, gewöhnlich so kräftig — es kann noch etwas aus mir werden. Soviel versichre ich Dir heilig, daß es mir ganz klar schon ist, welcher himmlische Zufall ihr Tod gewesen ist: ein Schlüssel zu allem, ein wunderbar schicklicher Schritt ... Eine einfache, mächtige Kraft ist in mir zur Besinnung gekommen. Meine Liebe ist zur Flamme geworden, die alles Irdische nachgerade verzehrt ... Es ist weit mehr Heilkraft, Ausdauer und Widerstand in meiner Seele, als ich selbst wußte — eine Heilkraft, die dem Übel die Quelle abgräbt; eine Ausdauer, die die Stunden nicht messen; Widerstand gegen alles, was mein Heiligtum entweihen will."

Am nächsten Tag — es ist Karfreitag, 14. April 1797 — stirbt auch Novalis' jüngerer Lieblingsbruder Erasmus von Hardenberg im Alter von nur dreiundzwanzig Jahren. Novalis erfährt davon wohl erst am nächsten Tag, doch immer mehr fühlt er sich beheimatet im Zwischenreich zwischen Lebenden und Toten, als Mittler zwischen Diesseits und Jenseits, als bereits im irdischen Dasein in die Geheimnisse ewiger Nacht Eingeweihter. Er schreibt an Professor Woltmann, der Sophie auf dem Krankenlager besucht hatte, er wolle nicht schwächlich und kleinmütig der Geliebten ins Totenreich folgen, sondern sei bestrebt, die ihm bestimmte Frist mit energischer Tätigkeit zu erfüllen. Dann aber werde er „im vollen Gefühl der Freiheit" zu ihr kommen: „wie ein Zugvogel". Er stellt sich die Wiederbegegnung ganz deutlich vor. Es wird wie ein Erwachen sein, das Erdenleben wird als Traum erscheinen:

„Wie entzückt werde ich ihr erzählen, wenn ich nun aufwache, und mich in der alten, längstbekannten Urwelt finde, und sie vor mir steht: ‚Ich träumte von Dir, ich hätte Dich auf der Erde geliebt — Du glichst Dir auch in der irdischen Gestalt — Du starbst — und da währte es noch ein ängstliches Weilchen, da folgte ich dir nach'."

Auch Goethe, von dem Novalis einmal sagt, daß er „jetzt der wahre Statthalter des poetischen Geistes auf Erden" sei, hatte der todkranken Sophie von Kühn, als sie sich vorübergehend in Jena zwecks ärztlicher Behandlung aufhielt, eine kurze Visite gemacht. Der damals fast fünfzigjährige Dichter des „Werther", der „Iphigenie" und von „Wilhelm Meisters Lehrjahren", war von der Anmut des so tapfer leidenden Mädchens bezaubert. Auch daran erinnert sich Novalis in seinem Karfreitagsbrief an Woltmann:

„Goethes Anhänglichkeit an das erhabene Bild Sophieens hat mir ihn lieber gemacht, als alle seine trefflichen Werke. Jetzt habe ich ihn wahrhaft lieb — er gehört zu meinem Herzen. Ich verhehle Ihnen nicht, daß ich Goethe nicht für den Apostel der Schönheit halten könnte, wenn ihn nicht schon das bloße Bild ergriffen hätte . . . Ich fühle es zu unwidersprechlich, daß sie eine der edelsten, idealischen Gestalten war, die je auf Erden gewesen sind und sein werden. Die schönsten Menschen müssen ihr ähnlich gewesen sein. Ein Bild von Raffael hat in der Physiognomik die treffendste Ähnlichkeit von ihr, die ich noch fand . . ."

Doch nicht am Karfreitag, sondern am *Ostersonntag*, an dem alle Christen die Auferstehung des Herrn feiern, nähert sich Novalis zum ersten Mal dem Grab der Frühverstorbenen.

Am Dienstag nach Ostern — man schreibt den 18. April 1797 — beginnt Novalis ein *Tagebuch* zu schreiben. Es ist der einunddreißigste Tag nach Sophies Tod. Zu jedem Datum fügt der Verfasser des Diariums jeweils eine Zahl hinzu, die anzeigt, wie viele Tage seit dem Hinscheiden der Geliebten verflossen sind. Eine neue Zeitrechnung hat begonnen. Sein Leben gliedert sich in drei Teile. Es erscheint ihm wie ein Triptychon: ein Dreiflügelaltarbild. Eine Tafel zeigt das Leben vom 2. Mai 1772 bis zum 17. November 1794: von der Geburt Novalis' bis zu seiner ersten Begegnung mit der damals erst zwölfeinhalb Jahre alten Sophie (die er für älter hielt). Das zweite Bild erfüllt die knappen drei Jahre vom Herbst 1794 bis zum Frühjahrsbeginn 1797, in denen er das Fräulein von Kühn und ihre Familie im Grüninger Schloß bei jeder sich bietenden Gelegenheit besuchte. Der dritte Flügel, der recht eigentlich das zentrale Mittelbild des ganzen Altars darstellt, ist dem Leben nach Sophies Tod gewidmet. Was zu Beginn des entscheidenden dritten Zeitraums Novalis bewegt, beschäftigt, schmerzt und beschwingt, erfahren wir durch sein Tagebuch, das er am einunddreißigsten Tag nach dem Tode der Geliebten beginnt und am hundertzehnten Tag nach ihrem Tode abbricht.

Dieses „Journal" ist in jeder besseren Novalis-Ausgabe enthalten. Nicht nur die große historisch-kritische Ausgabe des W. Kohlhammer Verlags, Stuttgart, bringt es vollständig im vierten Band („Tagebücher, Briefwechsel, zeitgenössische Zeugnisse"), sondern auch die einbändige Auswahl „Werke und Briefe", die Alfred Kelletat im Winkler-Verlag, München, herausgebracht hat. Das den Kult der toten Sophie feiernde Tagebuch ist ein einzigartiges Dokument aus der Wendezeit zwischen deutscher Klassik und Romantik. Es ist unvergleichlich, obwohl doch die damalige Epoche geistiger Hochblüte, etwa zwischen 1770 und 1830, überaus mitteilsam und in Herzensdingen sehr geständnisfreudig war. Schwärmerisch zärtliche Seelen von Freunden, Liebenden und Vertrauten ließen ihre geheimsten Gedanken in unzählige Briefe, Tagebücher oder „Confessions" verströmen. Es war die hohe Zeit einer gelegentlich schon fast etwas exaltierten Innerlichkeit, des feierlichen Überschwangs der Gefühle und der die eigene Subjektivität wie einen vordem unbekannten tropischen Erdteil genießerisch erkundenden Neugier. Es war eine Epoche freundschaftlicher „Herzensergießungen" (um an den Titel einer Schrift von Heinrich Wackenroder zu erinnern), einer die eigenen intimsten Stimmungen schriftlich festhaltenden und ausgewählten Eingeweihten geschwisterlich mitteilenden Redseligkeit. Die deutsche Briefkultur, die deutsche Lust am Tagebuch stand im Zenit. Es gab ja damals auch noch kein Telefon, kein Radio, kein Fernsehen, keine Eisenbahn, kein Flugzeug, keine Kongresse, Demonstrationen und massentouristischen Unternehmungen. Obwohl die durchschnittliche Lebenserwartung erheblich geringer als heute war, hatten die meisten Leute um 1800 unwahrscheinlich viel Zeit: Zeit für Brieffreundschaften, Zeit zum Lesen, Zeit zum Nachdenken, Zeit zum Musizieren und, wie gesagt, auch Zeit für das Schreiben von Tagebüchern. Es kam damals gar nicht selten vor, daß ein Freundeskreis ein gemeinsames Diarium führte, zu dem abwechselnd jeder etwas beisteuerte. Ebenso war es kein ungewöhnlicher Fall, daß in einem Zirkel seelenverwandter Menschen die privaten Tagebuchaufzeichnungen der einzelnen Mitglieder von Hand zu Hand gingen. Man vertraute denen, die sympathetisch „dazugehörten"; man mußte nicht befürchten, daß innige Bekenntnisse demnächst von sensationsgierigen „Medien" publik gemacht würden.

Dies alles muß man wissen, um die Singularität von Novalis' Tagebuch vor dem allgemeinen kultur- und seelengeschichtlichen Hintergrund würdigen zu können. Es ist nicht nur ein Zeugnis rücksichtsloser Selbstbeobachtung und Gewissenserforschung, sondern auch das Dokument eines über die „letzten Dinge" meditierenden Philosophen und darüber hinaus die erste Urkunde von Novalis' Dichtertum. Von einigen wenigen Versen abgesehen, zu denen ich „Walzer", „Was paßt, das muß sich ründen" (an Adolph von Selmnitz) und das psalmodierende „Berge jauchzet, Hügel hüpfet" zähle, verrät keines der vielen Gedichte, die Novalis bis zu Sophie von Kühns Tod geschrieben hat, den Stempel des Genies, dessen geglückteste lyrische Hervorbringungen mit zum deutschen Anteil an der Weltliteratur gehören. Erst die Briefe, aus denen ich zitiert habe, und vollends das Tagebuch lassen ahnen, daß ihr Verfasser ein begnadeter Dichter war und nicht bloß ein epigonaler Reimeschmied.

Am 13. Mai 1797 — dem sechsundfünfzigsten Tag seit dem Tode der Braut — notiert Novalis in sein Diarium, daß er von Friedrich Schlegel einen Brief mit „dem ersten Teil der neuen Shakespeare'schen Übersetzungen" erhalten habe. Es handelt sich, wie Heinz Ritter ermittelt hat, um *„Romeo und Julia"*, jene

Tragödie, von der jemand einmal gesagt hat, daß an ihr die Liebe selbst mitgedichtet habe. „Nach Tisch ging ich spazieren — dann Kaffee — das Wetter trübte sich, erst Gewitter, dann wolkig und stürmisch — sehr lüstern — ich fing an, in Shakespeare zu lesen — ich las mich recht hinein." Bis hierher ist es noch eine der üblichen Tagebuchnotizen, in denen Novalis die Bücher, die er gerade liest, und das jeweilige Wetter ebenso gewissenhaft festhält wie die Schwankungen seines körperlichen Befindens und die ihn gelegentlich beunruhigenden erotischen Phantasien. Doch nun folgt unmittelbar die Stelle, an welcher der Fünfundzwanzigjährige, der mit bürgerlichem Namen Friedrich von Hardenberg heißt, zu dem todesseligen, im Tod das Leben, das unsichtbare und gesteigerte „Über-Leben" eräugenden Dichter und Seher wird: zu dem *„Novalis"*, als der er in die Geschichte deutscher Poesie eingegangen ist.

Es ist ein Samstagabend, den er in Grüningen verbringt, an dem Ort, wo Sophie aufgewachsen, wo er ihr zum ersten Mal begegnet ist, wo er sie des öfteren besucht hat, wo sie auch gestorben und am 22. März 1797 begraben worden ist. Novalis war schon einigemal auf dem Friedhof gewesen, wo sich die — seit langem schon eingeebnete — Grabstelle befand, um dort an die tote Geliebte zu denken. Gestern erst hatte er, wie er genau vermerkt, das Grab Sophies besucht, „wo ich bis um 7 blieb — und recht innig für mich war, ohne jedoch zu weinen." Heute, am Samstag, zieht es ihn wieder zum Kirchhof:

„Abends ging ich zu Sophien. Dort war ich unbeschreiblich freudig — aufblitzende Enthusiasmusmomente — das Grab blies ich wie Staub vor mir hin — Jahrhunderte waren wie Momente — ihre Nähe war fühlbar — ich glaubte, sie solle immer vortreten."

Dieses Erlebnis am Grabe, dem am nächsten Abend abermals „einige wilde Freudenmomente" folgten, markiert eine entscheidende Wende. Auch wenn es keine „Vision" von der Art war, wie sie manchen Religionsstiftern, Propheten und Mystikern zuteil wurde, stellt es jedenfalls die Keimzelle von Novalis' „Hymnen an die Nacht" dar. Diese aber sind, neben Rilkes „Sonetten an Orpheus", das alles überragende Monument dichterischen Totengedenkens und Grenzgängertums zwischen Schattenreich und

Oberwelt, das die deutsche Literatur aufweist. Wenngleich durch manche ahnungsvolle Winke vorbereitet, erfuhr Novalis in dem Samstagabenderlebnis vom 13. Mai 1797 auf dem Grüninger Friedhof seine Berufung zum Dichter des Todes, der Toten und des Lebens nach dem Tode, zum Künder der geheimnisvollen Symbiose von Lebenden und Verstorbenen, der Durchlässigkeit der Trennwände zwischen Himmel, Erde und Hades. Eine der letzten Tagebucheintragungen lautet lapidar: „Christus und Sophie". Sie beschwört den auferstandenen Gottmenschen und das verstorbene Mädchen als Mittler zwischen Diesseits und Jenseits. Und an anderer Stelle: „Ich habe zu Söphchen Religion — nicht Liebe. Absolute Liebe, vom Herzen unabhängige, auf Glauben gegründete Liebe, ist Religion." Dieses Erlebnis blieb einmalig, aber entscheidend. Es hat sich nicht wiederholt, aber unendlich nachgewirkt. Es vermittelte Novalis, diesem deutschen Orpheus, die zentrale Inspiration seines ihm noch verbliebenen Lebens. Nur noch knapp vier Jahre blieben ihm, da er bereits am 25. März 1801, fünf Wochen vor seinem 29. Geburtstag, im elterlichen Wohnhaus zu Weißenfels starb — etwa sechzig Kilometer von Grüningen entfernt. In diesen spärlichen vier Jahren hat Novalis, neben seinem Studium an der Bergakademie Freiberg in Sachsen und den beruflichen Verpflichtungen als Salinenbeamter, all das geleistet und hervorgebracht, wodurch er zu einem Fürsten romantischer Dichtung, Bildung und Philosophie aufgestiegen ist: die „Hymnen an die Nacht", die „Geistlichen Lieder", die „Blütenstaub"-Fragmente, die politischen Aphorismen „Glauben und Liebe oder Der König und die Königin", die visionäre geschichts- und religionsphilosophische Abhandlung „Die Christenheit oder Europa", die naturmystischen Dialoge der „Lehrlinge zu Sais", den als kühne Überbietung von Goethes „Wilhelm Meister" konzipierten, aber Torso gebliebenen Roman „Heinrich von Ofterdingen", die unzähligen, teilweise erst in den sechziger und siebziger Jahren vollständig veröffentlichten enzyklopädischen Einfälle, Gedankensplitter und Sinnsprüche, bei deren Lektüre man der Äolsharfe eines Magiers, Polyhistors und alle Bereiche der Welt überblickenden Universalisten zu lauschen meint.

Am Grabe Sophies erfuhr er seine Berufung zum Dichter-Seher, dem es gegeben war, in einer völlig neuen Weise „den Sinn des Todes zu fassen". In seinem kurzen Leben wurde er noch von anderen Menschen, lebenden wie toten, unverkennbar geprägt: durch den Umgang mit Friedrich Schlegel und Ludwig Tieck, durch die Begegnung mit den Philosophen Fichte, Schelling und Baader, durch die Lektüre der Schriften Spinozas, Jakob Böhmes, Frans Hemsterhuis', Goethes und anderer. Er hat sich sogar, kaum zwei Jahre nach Sophie von Kühns Tod, mit der liebenswürdigen und fraulich reiferen Julie von Charpentier (1776 - 1811) verlobt. Die Spuren dieser Einflüsse lassen sich allenthalben in Novalis' Werk nachweisen: in seiner Lyrik, seinem unvollendeten Dichter-Roman „Heinrich von Ofterdingen" und den tausend und abertausend Fragmenten zu der von ihm geplanten Enzyklopädie, einer in romantischem Hochflug konzipierten Summe alles Wissens. Dennoch bleibt die Inspiration, die er am Grab zu Grüningen empfing, für Novalis bis zuletzt bestimmend. Die Spuren Sophies begegnen uns in der dritten „Hymne an die Nacht", in der der Dichter sein im Tagebuch kurz angedeutetes Erlebnis ausführlicher und vor allem ekstatischer besingt und einem umfassenderen heilsgeschichtlichen Zusammenhang eingliedert. Sie finden sich in dem vierten der „Geistlichen Lieder", das mit den Worten beginnt:

Unter tausend frohen Stunden,
So im Leben ich gefunden,
Blieb nur eine mir getreu . . .

und mit dem beglückenden Gesicht endet, daß Christus Sophie in seine himmlische Obhut genommen hat, wodurch er — Novalis —, der anfänglich der Geliebten „nachsterben" wollte, frei wird zum Wirken auf dieser Erde. Er vermag sich wieder den Freuden der Welt ohne Schuldgefühl hinzugeben. Doch die ständige Verbundenheit mit einem geheimnisvollen Reich, in dem christliche, griechische und germanische Jenseitsvorstellungen mit seinem höchstpersönlichen Sophien-Erlebnis sich zusammenfinden, bleibt ihm eine unerschütterliche Gewißheit. Weitere Spuren der Frühverstorbenen finden sich im Roman

„Ofterdingen", zu Beginn des zweiten (unvollendet gebliebenen) Teils, vor allem aber in dem Märchen, das der weise Klingsor dem jungen Ofterdingen und seiner Braut Mathilde erzählt. Eine Hauptfigur dieses hintergründigen und anspielungsreichen Märchens ist neben „Eros", „Fabel" und „Ginnistan" die mädchenhaft-vestalische „Sophie": nicht mehr das schöne Mädchen aus Grüningen, dessen deutsche Rechtschreibung überaus kläglich war und das sich aus Lyrik nicht viel machte, auch nicht die Kind-Braut des Freiherrn von Hardenberg, sondern ein himmlisches, beinahe madonnenhaftes Wesen mit Zügen der göttlichen „Weisheit". Von ihr heißt es in der Bibel, daß Gott seine Freude daran hat, in Gestalt ihrer geheimnisvollen Schönheit, die schöner als Sonne und Sternbilder ist, bei den Menschen zu wohnen (Sprüche 8,31; Weisheit 7,9-8,2). Bei Novalis sagt diese Sophie: „Die Mutter ist unter uns, ihre Gegenwart wird uns ewig beglücken. Folgt uns in unsere Wohnung, in dem Tempel dort werden wir ewig wohnen, und das Geheimnis der Welt bewahren." Fabel aber singt am Schluß des Märchens das Lied vom wiederkehrenden Goldenen Zeitalter der Liebe und des Friedens im Zeichen der hohepriesterlichen Sophie:

Gegründet ist das Reich der Ewigkeit,
In Lieb' und Frieden endigt sich der Streit,
Vorüber ging der lange Traum der Schmerzen,
Sophie ist ewig Priesterin der Herzen.

Sophie, „ewig Priesterin der Herzen", ist die letzte, die ätherischste Metamorphose jenes Mädchens, dem der Dichter 1794 zuerst begegnet ist, mit dem er sich verlobte und das nur fünfzehn Jahre und zwei Tage alt wurde. Sophie von Kühn starb am 19. März 1797, also vor 190 Jahren. Über diese Gestalt ist viel gerätselt und auch schon viel geschrieben worden. Sie wurde zu einer Heiligen idealisiert und für eine dumme Trine gehalten. Man hat in ihr ein abgefeimtes Nymphchen mit launenhaften und pikanten Zügen sehen wollen, eine Art von vorweggenommener Lolita (so interessanterweise bereits Wilhelm Dilthey); sie wurde aber auch beschrieben als *„überirdisches Wesen"*, das sich mit *„himmlischer Anmut"* unter den Sterblichen bewegt habe (so von Ludwig Tieck, der ihr persönlich nie begegnet ist, sondern nur überschwänglich wiedergab, was andere über sie erzählt hatten). Nun, man kann jetzt beinahe alles vergessen, was bislang über Sophie von Kühn verbreitet worden ist. Ein namhafter Novalis-Forscher, ausgewiesen durch seine Mitarbeit an der historisch-kritischen Gesamtausgabe des Dichter-Philosophen und seine 1967 erschienene Gesamtdarstellung „Der unbekannte Novalis", hat 1986 ein feines und gründliches Buch mit über dreißig Abbildungen vorgelegt, mit dem verglichen die meisten bisherigen Stellungnahmen zu dem Verhältnis zwischen Novalis und Sophie wie Kolportageliteratur oder akademisches Geraune wirken. Der Verfasser heißt *Heinz Ritter.* Sein Werk hat den Titel: „Novalis und seine erste Braut: ‚Sie war die Seele meines Lebens'."

Heinz Ritter ist allen überhaupt noch erreichbaren Fährten nachgegangen. Er hat die durchweg auf dem Gebiet der heutigen DDR liegenden Städte und Ortschaften besucht, die für Novalis und Sophie bedeutungsvoll sind: Weißenfels, Tennstedt, Schlöben und vor allem Grüningen. Er hat im Magdeburger Staatsarchiv insgesamt 48 Folioseiten entdeckt, die von Novalis eigenhändig geschrieben oder signiert sind. Es gelang ihm auf geradezu detektivische Weise, mit Nachkommen der Familie von Kühn förderliche Verbindung aufzunehmen. Auf Umwegen fand er bislang unbekannte oder für endgültig verschollen gehaltene „Reliquien": ein auf Elfenbein gemaltes und mit 27 Perlen eingerahmtes Rundbildchen, das das einzige authentische Porträt Sophies darstellt; eine Vase mit der Darstellung des Grüninger Schlosses, wie es zur Zeit Novalis' aussah; handschriftliche Aufzeichnungen sowohl des Fräuleins von Kühn als auch von ihr nahestehenden Menschen. Trotz all der unumgänglichen und vom Thema her gebotenen Sorgfalt ist Heinz Ritters Buch überhaupt nicht pedantisch geschrieben. Die notwendigen Anmerkungen stehen am Schluß, so daß der wissenschaftlich weniger Interessierte den Band wie einen Roman lesen kann. Er erzählt die merkwürdigste und wohl auch literarisch folgenreichste Liebesgeschichte aus der Zeit der deutschen Frühromantik. Nicht eine erfundene, sondern eine wahre, durch unzählige und teilweise völlig neuentdeckte Lebenszeugnisse urkundlich beglaubigte Liebesgeschichte.

Doch hier stocke ich bereits, weil ich bedaure, daß die neuere deutsche Sprache so wenig Ausdrücke für das hat, worum es in Heinz Ritters Buch geht. Das Mittelalter verfügte hier über einen weit größeren Wortschatz, manche Negerstämme — so ließ ich mir sagen — sogar noch heute. Was kann nicht alles „Liebe" oder „Liebesgeschichte" bedeuten! Es ist wirklich jammerschade, wie arm unsere Sprache geworden ist, wenn es gilt, das zu kennzeichnen, was Menschen zu anderen Menschen magnetisch hinzieht, was sie entflammt, verzaubert, verbindet, beseligt und ihnen immer wieder als Alibi für die größten Torheiten dient, sie in grundlose Verzweiflung oder auch in wirkliches Unglück lockt.

Die Minnesänger und Troubadoure, die deutschen Barock-Poeten und Christoph Martin Wieland, zuletzt einige Romantiker, unter ihnen vor allem Novalis und der frühe Friedrich Schlegel („Lucinde"), verfügten über ein weit reicheres Vokabular, wenn es darauf ankam, etwas zur Sprache zu bringen, das so zart wie eine Kirschblüte oder der schwerelose Hauch eines Lächelns auf einem Spiegel, aber auch ungeheuer wie ein Vulkanausbruch oder Erdbeben sein kann: „Ich will in deinem Herzen leben, in deinem Schoße sterben, und in deinen Augen begraben sein."

Wie dürftig sind doch die verbalen Ausdrucksformen, mit denen wir uns heute verführen lassen, Huldigungen darbringen, Zuneigungen erwidern und Zärtlichkeiten austauschen. Im Paradies herrschte wahrscheinlich in dieser Hinsicht ein göttlich erleuchteter „Nominalismus": für jeden glückseligen Augenblick gab es ein eigenes taufrisches Wort. Johann Georg Hamann, der „Magus in Norden", hat sich dies ungefähr so vorgestellt und ebenso, ihm folgend, der alte Goethe, wenn er in „Höheres und Höchstes" sagt:

Und so möcht ich alle Freunde,
Jung und alt, in eins versammeln,
Gar zu gern in deutscher Sprache
Paradieses-Worte stammeln.

Doch man horcht nun Dialekten,
Wie sich Mensch und Engel kosen,
Der Grammatik, der versteckten,
Deklinierend Mohn und Rosen.

Mit dieser Einschränkung, die der Autor selbst in etwas anderer Weise zieht, möchte ich trotzdem das Buch von Heinz Ritter als eine wahre Liebesgeschichte ansprechen. Die Geschichte eines Mädchens, fast noch eines Kindes, das dem späteren Dichter geistig überhaupt nicht gewachsen war, ja kaum nachempfinden konnte, was in ihm seelisch vorging. Die Geschichte eines jungen Wesens, von dem Novalis gleichwohl anerkennend sagte: „Sie will nichts sein, sie ist etwas", und das durch seinen frühen Tod ihn überhaupt erst zum großen Lyriker werden ließ. Die Geschichte einer schicksalhaften Begegnung, von der Novalis selbst bekennt, daß eine Viertelstunde ihn gänzlich verwandelt habe. Die geheimnisvolle Geschichte von Liebe, Tod und Verklärung, in der, wie dem Leser erst am Schluß bewußt wird, kein einziges Wort über „Sex" vorkommt, weil es zwischen den beiden Partnern niemals zu dem gekommen ist, was man heute „intime Kontakte" oder noch vulgärer nennt. Eine Geschichte, die von allem Anfang an zugleich in zwei Welten spielt: in der einen Welt, in der es Rindfleisch, Bohnen, Kartenspiel, Tabakrauchen, Behörden, Ämter und Tratsch gibt; und in einer andern geisterhaften Welt, die sowohl himmlisch-astral als auch unterirdisch-heimelig ist, als deren Symbole die berühmte „Blaue Blume" gilt und eben die verklärte Sophie.

(1986)

Friedrich W. J. Schelling

Klassiker romantischer Philosophie

Ein wirklich großer Philosoph kann auch nach Jahrhunderten nicht „überholt" sein. Gewiß: jahrzehntelang (oft sogar weit länger) steht eine Gestalt ganz im Schatten. Vergessen oder verkannt, ist sie dann oft nicht viel mehr als ein Gerücht, eine Phrase oder auch ein Schimpfwort (wie es etwa Epikur und später Machiavelli, Hobbes und Spinoza erging). Dann aber ereignet sich eine Art von Wiedergeburt. Das philosophische Aschenbrödel wird aufgenommen ins Pantheon der großen Denker und erlebt seinen Himmelfahrtsmoment. Während wissenschaftliche Theorien unvermeidlich veralten, unterliegt Philosophie nicht diesem Prozeß des Obsoletwerdens. Sie unterliegt ihm nur insofern, als sie mit Fakten-Wissenschaft konkurrieren will, als sie Aussagen über seither empirisch besser erforschte Tatsachen enthält. Sie unterliegt ihm nicht als eine eigentümliche Art, des Ganzen der Wirklichkeit innezuwerden, den Sinn des Lebens zu ergründen oder gar als Versuch des Menschen, die Schranken seines endlichen Hier-und-Jetzt-Seins zu durchbrechen und alles, was es gibt, zu transzendieren — einschließlich seiner eigenen Existenz.

Als eigentümliche Geisteshaltung kann Philosophie nie Vergangenheit werden, solange es denkende Wesen gibt. Deshalb finden auch immer wieder Denkende sich selbst in der Begegnung mit Philosophen, auch wenn diese schon vor Jahrtausenden verstorben sein mögen. Eisen schärft sich an Eisen, ein Diamant erhält seinen Schliff von einem andern. So kann es geschehen, daß Plotinos, ein Ägypter des dritten nachchristlichen Jahrhunderts, die Philosophie des Atheners Platon in mystischem Glanz neu zum Leben erweckt. So hatte schon früher der römische Dichter-Philosoph Lukrez in seinem großartigen Epos „De rerum natura" die Atomlehre des Vorsokratikers Demokrit erneuert. Im Hochmittelalter geht der Dominikanermönch Thomas von Aquin bei dem vorchristlichen Heiden Aristoteles in die Lehre, und im 15. Jahrhundert bringen aus dem türkisch gewordenen Konstantinopel fliehende Griechen Platon und Plotinos in Italien wieder zu Ehren. Descartes wie sein Intimfeind Pascal wären nicht, was sie sind, ohne Augustinus, den nordafrikanischen Kirchenvater der Völkerwanderungszeit. Und Ende des 18. Jahrhunderts beginnt plötzlich der Stern Spinozas über dem Geisteshimmel der deutschen Nation zu leuchten: Lessing und Lichtenberg, Herder und Goethe, Schleiermacher und Hegel huldigen dem so lange als Ketzer, Betrüger und Teufel im Philosophenmantel gescholtenen Denker aus Amsterdam. Bald darauf entdecken die Romantiker die deutsche spekulative Mystik des Mittelalters und der Barockzeit, werden Meister Eckhart, Jakob Böhme und Angelus Silesius zum Jungbrunnen deutscher Philosophie.

Sowohl bei der Wiederentdeckung Spinozas als auch Jakob Böhmes um 1800 spielte ein junger, hochbegabter Mann eine bedeutsame Rolle, der mit Hegel und Hölderlin gemeinsam im Tübinger Stift studiert, dann die Förderung, ja Zuneigung Goethes gefunden und schließlich die um zwölf Jahre ältere Caroline Schlegel geheiratet hatte: *Schelling*. Geboren 1775 in dem schwäbischen Städtchen Leonberg, waren seine großen Stationen Jena, Würzburg, Erlangen, München und zuletzt Berlin, wo den Greis Jacob Burckhardt, Sören Kierkegaard, Friedrich Engels und Nikolai Bakunin — alle noch im Jünglingsalter stehend — mit gemischten Gefühlen hörten. 1854 starb Schelling, einige Monate vor seinem 80. Geburtstag, in Bad Ragaz, wo er auch begraben wurde. König Maximilian II. von Bayern stiftete ihm auf dem Friedhof ein Grabdenkmal mit der Inschrift: „Dem ersten Denker Deutschlands".

Damals freilich schien Schelling schon seit langem „überholt" zu sein. Wer hatte schon Neigung oder Geduld, sich im angebrochenen Zeitalter des Materialismus, aber auch ungeahnter naturwissenschaftlicher Entdeckungen in einen Denker zu vertiefen, der in seiner Jugend über die Weltseele, im Alter über die Geheimnisse von Mythos und Offenbarung, ja sogar über das innergöttliche Geschehen vor Erschaffung der Welt gegrübelt hatte? Er wurde verhöhnt, als „philosophischer Cagliostro", als Falschmünzer und Possenreißer abgekanzelt. Schopenhauer dekretierte, Schelling könne „nicht eingelassen werden in die ehrwürdige Gesellschaft der Denker des Menschengeschlechts". Marx wollte nur den „aufrichtigen Jugendgedanken Schellings" loben; alles, was darauf noch folgte, war ihm nur reaktionäre Romantik und intellektuelles Opium. Der Marxist Georg Lukács stellte den Philosophen als Vorläufer der „Faschisten" hin; eines seiner Bücher hat den Untertitel: „Der Weg des Irrationalismus von Schelling zu Hitler"...

Auch in unserem Jahrhundert, das allerlei Kant-, Hegel- und Marx-Renaissancen erlebt hat, blieb es um Schelling merkwürdig still. Es waren meist nur Außenseiter und „Stille im Lande", wie Leopold Ziegler, Manfred Schröter und manche von Rudolf Steiner inspirierte Forscher, die mit dem verkannten Denker etwas anzufangen wußten oder ihn gar verehrten. Typisch für die Grenzen, die einem Verständnis Schellings gesetzt waren, ist das Geständnis des Neukantianers Vorländer, daß es ihm nicht geringe Überwindung gekostet habe, „den verschlungenen Gedankengängen dieser ungesunden Phantastik zu folgen". Noch vor einigen Jahren mochte sogar der äußerst schwierige Fichte mehr Liebhaber besitzen als Schelling, sein ungetreuer Jünger.

Heute, gut zehn Jahre nach seinem 200. Geburtstag, mehren sich die Anzeichen, daß Schelling im Kommen ist. Der Verlag Frommann-Holzboog (Stuttgart) hat eine historisch-kritische Gesamtausgabe der Werke des Philosophen unter den Auspizien der Bayerischen Akademie der Wissenschaften gestartet. Im Suhrkamp Verlag (Frankfurt a. M.) erschien 1985 eine sechsbändige Auswahl aus Schellings Schriften. Ebenso hat die Wissenschaftliche Buchgesellschaft (Darmstadt) einen Nachdruck der Sämtlichen Werke (zuerst 1856 - 1861 erschienen) vorgelegt.

Historisch-kritische Ausgaben und Auswahleditionen sind freilich nicht unbedingt ein Indiz für die Aktualität eines Denkers, eher im Gegenteil; sie könnten auch eine noble Einsargung bedeuten. Doch im Fall Schellings spricht vieles für eine echte Entdeckung und neue Zuwendung. Daß über ihn in letzter Zeit immer mehr Arbeiten erscheinen, ist zwar allein noch nicht von Gewicht. Bedeutsamer ist, daß ursprünglich Schellingsche Themen, Gedanken und Ansätze irgendwie in der Luft liegen. Die banausische Überschätzung des „Gesellschaftlichen", die vor zwanzig Jahren zu grassieren begann, hat ihren Höhepunkt überschritten. Die feineren Intelligenzen unter den jüngeren Menschen wenden sich von dem vulgärmarxistischen „sola societas"-Dogma ab. Sie ahnen, daß die großen Fragen, die vielleicht nie beantwortet werden können, mit denen wir aber als Denkende leben müssen, in eine Tiefendimension jenseits des Gesellschaftlichen oder Ökonomischen zielen.

Es ist in letzter Zeit von manchen Seiten das Ende des cartesianischen Zeitalters verkündet worden. Unter den verschiedensten Masken erhebt sich allenthalben ein Protest gegen den Dualismus, gegen den anthropozentrischen Hochmut, der die außermenschliche Natur bloß als Rohstoff ansieht und behandelt. Nur wenige wissen, daß bereits der junge Schelling als erster diesen antidualistischen Protest philosophisch formuliert hat — im Widerspruch zu den „logokratischen" Idealisten Fichte und Hegel, denen die Natur nur „Abfall von der Idee" oder „Material moralischer Pflichterfüllung" war. Schelling hat die Natur, die in den Systemen von Descartes bis zu Hegel zunehmend herabgesetzt worden war, philosophisch rehabilitiert. Natur ist ihm kein Sachbereich unter anderen Sachbereichen, die der Mensch zum Gegenstand seiner Reflexionen wählen kann, sondern der aller Reflexion vorausliegende Urgrund: „Alles Philosophieren besteht in einem Erinnern des Zustandes, in welchem wir eins waren mit der Natur." Durch alle Epochen seines Denkens zieht sich Schellings Ringen um eine umfassende Synthese, die die dualistische Entgegensetzung von Geist und Materie, Leib und Seele, Gott und Natur beendet. Wer sich in seine Schriften versenkt, wird hier überrascht die Elemente zu einer ökologischen Philosophie entdecken, die fundierter ist als das modische Gerede „grüner" Ideologen. Gustav Theodor Fechners Lehre von der All-Beseelung ist, wie er selbst einmal bekannte, ein wenngleich weit vom Mutterstamm abgezweigter Ableger Schellingscher Spekulation.

Faszinierend ist die weitgehende, oft sogar wörtliche Übereinstimmung Schellings mit den großen Weisheitslehren Asiens, insbesondere mit den Upanishaden und dem Vedanta, obwohl er diese Schriften kaum näher gekannt hat. Er hat darüber hinaus die deutsche Mystik von Meister Eckhart und Tauler über Böhme und Angelus Silesius bis zu den „Schwabenvätern" (J. A. Bengel, vor allem F. Chr. Oetinger) philosophisch ernst genommen; dem letzten der Schwabenväter, Philipp Matthäus Hahn, hat der fünfzehnjährige Schelling ein Gedicht gewidmet, das im ersten Band der neuen Gesamtausgabe veröffentlicht ist. Es ist das erste Zeugnis einer andauernden Faszination, die offenbar ausging von einer nicht-rationalistischen, aus mystischem Geiste gespeisten Hinwendung zur Natur.

„Alle Geburt ist Geburt aus Dunkel ans Licht", heißt es bei Schelling. Die lichtesten Gedanken erwachsen aus nächtlichem Grunde. Schelling hat, hierin auf Nietzsche vorausweisend, das unaufhebbar Dunkle, Abgründige, ja Dämonische in allem Sein gesehen. „Die Welt ist tief, und tiefer als der Tag gedacht." Er wußte um den „nie aufgehenden Rest", die „unergreifliche Basis der Realität". Einmal spricht er von dem „Schleier der Schwermut", der über die ganze Natur sich ausbreite, von der „tiefen unzerstörlichen Melancholie alles Lebens". Das hat nichts mit billig sentimentalem „Weltschmerz" zu tun. Hier werden die Abgründe und Düsternisse des Lebens ernst genommen. Krankheit, Krisis, Wahnsinn, Schrecken und Katastrophe sind immer wiederkehrende Zentralworte in den Schriften des reifen Schelling. Die Vorstellung eines endlosen Fortschritts erschien ihm angesichts solcher Aspekte des Daseins als frivol und trostlos zugleich. Auch dieser Schelling, der, im Anschluß an Jakob Böhme, eine Theorie des Dämonischen und Bösen entworfen hat, mag heute mehr willige Leser finden als vor einem Jahrhundert, als die meisten noch ganz in den illusions du progrès befangen waren.

In diesem Zusammenhang ist noch eines Umstandes zu gedenken, der Schellings mögliche Wiederkehr zu einem geistespolitischen Ereignis erster Ordnung machen könnte: die gesamte russische Philosophie huldigt seit mehr als hundert Jahren, sofern sie nicht marxistisch ist, dem Genius Schellings. Die beiden großen Religionsphilosophen Rußlands, Solowjow und Berdjajew, sind kongeniale Schüler des deutschen Denkers. Berdjajew, der 1948 im Pariser Exil starb, war den Weg von Marx und Lenin zurück zu Schelling gegangen. Obwohl in der Sowjetunion Berdjajews und Solowjows Werke seit mehr als einem halben Jahrhundert aus dem Verkehr gezogen sind, existieren in Moskau, Leningrad und anderen Städten geheime Studienkreise, die sich in diese Denker leidenschaftlich vertiefen. Sie verschaffen sich deren Bücher auf oft abenteuerlichen Wegen und fertigen illegal Abschriften an. Auf diese Weise ist in Rußland auch heute noch Schelling präsent: der Schöpfer einer weder die Materie noch den Geist verabsolutierenden All-Einheitslehre; der sich den großen Mystikern aller Zeiten verwandt fühlende homo religiosus; der über Tragik und Dämonie des Seins sinnende Grübler; der die christliche Überlieferung deutende Bewunderer Dantes und Jugendfreund Hölderlins, der im Alter öffentlich aussprach: „Wir können mit allen Künsten das Christentum nicht aus der Welt schaffen."

Im Osten Europas ist Schelling, vielfach incognito auftretend, durchaus gegenwärtig; auch in der französischen Philosophie von Bergson bis Gabriel Marcel wurde er als „compagnon exaltant" gepriesen. Wird er nun — auf mancherlei Umwegen — nach Deutschland heimkehren? Er wird wiederkehren, sofern seine Sätze aus dem Jahre 1803 noch immer gültig sind:

„Was man auch sagen möge, alles Hohe und Große in der Welt ist durch etwas geworden, das wir im allgemeinsten Sinne Metaphysik nennen ... Wiedergeburt der Religion durch die Wissenschaft, dieses eigentlich ist die Aufgabe des deutschen Geistes, das bestimmte Ziel aller seiner Bestrebungen."

(1986)

Justinus Kerner

Geisterseher, Melancholiker und Humorist aus Schwaben

Schwäbischer Herkunft sind neben Hölderlin, Schiller, Schelling und Hegel, also einigen der größten deutschen Dichter und Philosophen, deren Werke nicht allein der Nation gehören, sondern zum ideellen Besitz der Menschheit zählen, auch manche weniger große Gestalten unserer Literatur, denen im geistigen Haushalt Deutschlands ein ehrenvoller Platz gebührt. Zu ihnen gehören — ohne Anspruch auf Vollständigkeit — Johann Valentin Andreae, der Verfasser der mystagogischen Rosenkreuzerschriften und der ersten deutschen Utopie „Christianopolis" (1619), die nachweisbar Francis Bacons Idealstaatsmodell „Nova Atlantis" beeinflußt hat; die sich durch esoterischen Tiefsinn und praktische Nüchternheit auszeichnenden „Schwabenväter" Friedrich Christoph Oetinger, Philipp Matthäus Hahn und Johann Albrecht Bengel, deren dauernden Spuren wir nicht nur im Pietismus, sondern auch bei Schelling, Hegel und manchen Romantikern begegnen; der Dichter Christoph Martin Wieland, der vollendetste Repräsentant des literarischen Rokoko und Bahnbrecher der deutschen Klassik; der Lyriker, Dramatiker und Sprachwissenschaftler Ludwig Uhland; der ruhelose Griechenland- und Italienschwärmer und von Hölderlin wie Lord Byron beeinflußte Poet Wilhelm Waiblinger; die Nationalökonomen Friedrich List und Gustav Schmoller; die Philosophen Friedrich Theodor Vischer und Karl Christian Planck; die Theologen Ferdinand Christian Baur, Johann Adam Möhler und David Friedrich Strauß; der Entdecker des Gesetzes von der Erhaltung der Energie Julius Robert Mayer; der Geologe und Forschungsreisende Ferdinand von Hochstetter; und der Ingenieur, Erfinder, Schriftsteller und Gründer der Deutschen Landwirtschaftsgesellschaft Max Eyth.

Einen bedeutenden Beitrag zur deutschen Kultur stellt auch die sogenannte Schwäbische Schule dar, deren Mittelpunkt Justinus Kerner war. Diese Schwäbische Schule war alles andere als eine geschlossene, auf ein verbindliches Programm eingeschworene Organisation von der Art der Sprachgesellschaften des Barockzeitalters, sondern ein württembergischer Dichterkreis, dem Ludwig Uhland, Gustav Schwab, Wilhelm Hauff und Eduard Mörike sich verbunden fühlten. Auch Karl Mayer, Johann Georg Fischer und Gustav Pfizer wären in diesem Zusammenhang noch zu nennen — aber hier handelt es sich ja nicht um eine literaturwissenschaftliche Gesamtdarstellung, sondern bloß um eine essayistische Erinnerung. Mörike ist zwar der Größte unter ihnen allen. Auf die Frage nach den reinsten Lyrikern ihrer Sprache werden Deutsche neben Goethe, Hölderlin, Eichendorff und Brentano auch Mörike nennen müssen. Dann folgt im künstlerischen Range Ludwig Uhland, dem im neunzehnten Jahrhundert die größte Breitenwirkung zuteil wurde. Seine Gedichte, Lieder und Balladen waren damals bekannter und verbreiteter als die Goethes. Sie wurden teilweise von den ersten Musikern der Zeit vertont und haben als „Lesebuchgut" bis weit in unser Jahrhundert hinein den poetischen Sinn ganzer Generationen geprägt.

Die originellste Gestalt der Schwäbischen Dichterschule ist jedoch *Justinus Kerner*, der am 18. September 1786 — also vor zweihundert Jahren — in Ludwigsburg geboren wurde. Er studierte Medizin und wirkte nach Reisen durch Norddeutschland und Österreich als Amtsarzt in verschiedenen Orten Württembergs, seit 1819 in dem von den Staufern gegründeten Städtchen Weinsberg, wo er am 21. Februar 1862 starb. Kerners Wohnhaus, vor dem sein Denkmal steht, hat sich bis heute erhalten und ist seit 1907 als Museum allgemein zugänglich. In ihm lebte der Dichter-Arzt, nachdem er 1851 durch ein Augenleiden seine Praxis aufgeben mußte, von einer Pension, die ihm die Könige von Bayern und Württemberg gestiftet hatten, inmitten einer Fülle von Gemälden, Büchern, Handschriften und kostbaren Erinnerungsstücken, aber auch trödelhaftem Wust bis zu seinem Tode. Zu den prominentesten Besuchern, die er hier empfing, gehören die Dichter Uhland, Mörike, Tieck und der schwermütige Österreicher Nikolaus Lenau. Außerdem stand er mit dem romantischen Polyhistor Görres, dem Münchner Philosophen Franz von Baader und dem Naturforscher, Mediziner und Parapsychologen Gotthilf Heinrich Schubert in Verbindung. Der aus dem Erzgebirge stammende, dann in Bayern wirkende Schubert verstand die Natur als ein organisches, beseeltes Ganzes. Er verfaßte eine *„Symbolik des Traumes"* und interessierte sich insbesondere für außergewöhnliche seelisch-geistige Erscheinungen wie Hellsehen, Mondsüchtigkeit und verwandte okkulte Dinge, denen auch Justinus Kerner eine lebenslange Neigung darbrachte. Kurz bevor er starb, hatte Kerner noch gegenüber seinem Sohn Theobald den Wunsch ausgesprochen, daß das Innere des Hauses unverändert bleiben möge: „Das Haus soll auch nach meinem Abscheiden noch mein Haus sein. Ich will darin wohnen bleiben. Die Fremden, die es besuchen, sollst Du in meinem Namen empfangen und sie sollen sich heimisch darin fühlen und Du sollst ihnen von mir erzählen und sollst Haus und Garten und jeden Baum, den ich gepflanzt, ehren und lieb haben."

Kerners Sohn und (nach dessen Tod) die Stadtverwaltung haben diese Bitte des Dichters beherzigt. Noch immer kann der neugierige Gast durch die meist dunkel tapezierten und überfüllten Zimmer halb andächtig, halb beklommen wandeln. Er kann mit Plüsch bezogene Spätbiedermeiermöbel und längst vergilbte Daguerreotypien an den Wänden und ein ganzes Sammelsurium von Andenken, Nippsachen und Flitterkram bestaunen; auch das Gemach sehen, in dem Kerner jahrelang die medial veranlagte Kaufmannsfrau Friederike Hauffe beherbergte; und ebenso im Garten den Geisterturm aufsuchen, in dem Lenau wiederholt untergebracht war.

Die romantische Atmosphäre, die hier herrscht, vermittelt eindrücklich etwas von der Eigenart des Dichters und Arztes, der hier gelebt und seine Beobachtungen an der mit okkulten Fähigkeiten begabten Friederike Hauffe in dem spiritistischen Roman „Die Seherin von Prevorst" schriftlich zusammengefaßt hat. Das zweibändige Werk erschien 1829 im Verlag J. G. Cotta und hat den bezeichnenden Untertitel „Eröffnungen über das innere Leben des Menschen und über das Hereinragen einer Geisterwelt in die unsere". Es hat damals großes Aufsehen erregt und eine wichtige Rolle in dem leidenschaftlich geführten Streit über die Möglichkeit dämonischer Besessenheit gespielt. Der Philosoph Franz von Baader schrieb dazu Erläuterungen, die der Interessierte im vierzehnten Band der Gesamtausgabe finden kann. Sieben Jahre später (1836) veröffentlichte Kerner ein an Schelling gerichtetes Sendschreiben mit dem umständlichen Titel „Nachricht von dem Vorkommen eines Besessenseins, eines dämonisch-magnetischen Leidens und seiner schon im Altertum bekannten Heilung durch magisch-magnetisches Einwirken". Schon etwas früher hatte er „Geschichten Besessener neuerer Zeit, nebst Reflexionen über Besessensein und Zauberei" herausgegeben, dem später eine Biographie des in Meersburg am Bodensee zur letzten Ruhe bestatteten Wunderheilers Franz Anton Mesmer folgte (1856), den man heute als Vater der Hypnosetherapie ansieht. Er bewunderte auch den priesterlichen Exorzisten und Heilkünstler Johann Joseph Gaßner sozusagen als Repräsentanten einer antiaufklärerischen „alternativen Medizin". Es fällt einem gar nicht so schwer, dem Gerücht zu glauben, daß es im Kernerhaus noch heute spuke und sowohl der Dichter als auch die nonnenhaft von einem weiten weißen Tuch umhüllte Seherin von Prevorst darin umgehen. Die zwar künstlerisch nicht wertvollsten, jedoch eigentümlich suggestiven Verse Justinus Kerners gewinnen hier einen eindringlichen Klang:

Geh ich in der Mitternacht
Durch der Häuser enge Reihn
Hin, wo noch ein Kranker wacht
Bei der Lampe mattem Schein.

Blick ich in die Fenster oft,
Hinter denen fruchtlos ich

Auf Metall und Kraut gehofft,
Lausch ich und es reget sich.

Und es kommt herab im Haus,
Als hätt ich geklopfet an —
Ein Verstorbner tritt heraus,
Gehet stumm mit mir die Bahn.

Und mein Hündlein stutzt und bellt,
Will mit mir nicht weiter gehn.
Wolken, fliegt vom Himmelszelt,
Daß die Sterne leuchtend stehn!

Das sind ausgeprägt Kernersche Verse, kennzeichnend für seine dem Nächtlichen, Ahnungsvollen und Gespenstischen zugewandte, es geradezu osmotisch in sich einsaugende Dichtung. Er war ein merkwürdiger, von Widersprüchen nicht freier Mann. Die Mitmenschen bezauberte er durch Heiterkeit, Humor und Charme; er schrieb auch einige frohbewegte Lieder und Gedichte wie das „Trinklied im Juni" oder das frische „Wanderlied". Doch insgesamt ist Justinus Kerners Schaffen ein schwermütig-düsterer Grundzug eigen. Immer wieder erinnert er den Menschen an seine Vergänglichkeit und Gebrechlichkeit, an Tod, Grab und Jenseits. Schon die Überschriften sind aufschlußreich: „Die Heimatlosen", „Der Einsame", „Maienklage", „Die Mitternachtsglocke", „Herzenslast", „Der schmerzreiche Ton", „Stille Tränen", „Wer machte dich so krank?", „Letzter Trost", „Sehnsucht", „Zwei Särge". Eine gewisse weltschmerzlich-hypochondrische Neigung ist unverkennbar.

„Schmerz ist der Grundton der Natur", heißt es in einem seiner Gedichte. Der Lyriker vernimmt ihn im Rauschen des Waldes, im Murmeln des Baches, und auch noch aus den Scherzen der Menschen tönt er ihm entgegen. Es gibt Tränen, die nur „in stillen Nächten" geweint werden, so daß es bei Tag scheint, der Unglückliche sei stets fröhlich. Doch immer wieder gelingen Kerner Gedichte, in denen er Wehmut, Melancholie und Schicksalsergebenheit überzeugend zum Klingen bringt, so etwa in dem tiefgefühlten „Lied", das mit den Worten beginnt:

Im Gram durchschiffet leise
Der Schwan die blaue Flut.

Dazu gehören auch die vier Strophen des Gedichtes „Liebespein", die den Schluß haben:

Sterne! o lasset
Mich nicht allein!
Blumen und Sterne,
Ach, ihr nur kennet
Der Liebe Pein.

Dazu gehört auch „Das Gewicht":

Was in stiller Mitternacht,
Wenn die Erde ringsum schlief,
Mir oft aus dem Herzen tief
Lieder hat hervorgebracht,
War des Lebens Schwere nur,
Die mir oft am Herzen zieht,
Wie's Gewicht zieht an der Uhr,
Bis sie flötet laut ein Lied.

Kerners Phantasie waren Untergang und Grab stets gegenwärtig. Dem Tode, den er als Mediziner so oft in seiner Unerbittlichkeit erblicken mußte, widmete er eine beinahe sehnsüchtige Liebe, hierin dem Novalis der „Hymnen an die Nacht" verwandt. Schon in jüngeren Jahren ließ er sich einen Sarg anfertigen, den er in einem besonderen Zimmer seines Hauses aufbewahrte. Im „Preis der Tanne" rühmt zuerst der Weinstock seine menschenbeglückenden Vorzüge. Die Tanne aber erwidert:

Eines doch ist mir beschieden:
Mehr zu laben als der Wein
Lebensmüde. — Welchen Frieden
Schließen meine Bretter ein!

„Der schmerzreiche Ton" und „Der Wanderer in der Sägemühle" — eines von Justinus Kerners volkstümlichsten Liedern — behandeln denselben unheimlichen Gegenstand — den Totenschrein aus Holz:

Dort unten in der Mühle
Saß ich in süßer Ruh
Und sah dem Räderspiele
Und sah den Wassern zu.

Sah zu der blanken Säge,
Es war mir wie ein Traum,
Die bahnte lange Wege
In einen Tannenbaum.

Die Tanne war wie lebend;
In Trauermelodie,
Durch alle Fasern bebend,
Sang diese Worte sie:

‚Du kehrst zur rechten Stunde,
O Wanderer, hier ein,
Du bist's, für den die Wunde
Mir dringt ins Herz hinein;

Du bist's, für den wird werden,
Wann kurz gewandert du,
Dies Holz im Schoß der Erden
Ein Schrein zur langen Ruh.'

Vier Bretter sah ich fallen,
Mir ward's um's Herze schwer,
Ein Wörtlein wollt ich lallen,
Da ging das Rad nicht mehr.

Auch die schöne Ballade „Kaiser Rudolfs Ritt zum Grabe" gehört zum selben Stimmungskreis. Gedichte dieser Art sind gewiß nicht für jeden Tag eine geeignete lyrische Kost. Sie haben mit manchen anderer Dichter insbesondere in Frankreich den Deutschen den Ruf eines todeswollüstigen Volkes von morbiden Romantikern eingetragen. So sagte etwa der extrem deutschfeindliche Politiker Clemenceau: „Dem Menschen ist es eigentümlich, das Leben zu lieben; die Deutschen haben diesen Trieb nicht. Wie lieben diese Menschen den Tod. Den Tod zu Fuß und den Tod zu Pferde, den Tod in allen Posen und Gewändern ..." Dabei übersah Clemenceau geflissentlich, daß dieser „germanische" Hang zu Kreuz, Tod und Gruft auch in der französischen Poesie seine Blüten trieb. Man denke etwa an Maurice de Guérin, Louis Bertrand, Charles Baudelaire, Barbey d'Aurevilly, Villiers de l'Isle-Adam und vor allem auch an Gérard de Nerval, von dem das bekenntnishafte Huldigungswort stammt: „*Deutschland, unser aller Mutter . . .*"

Vieles von Kerner ist im innigen Ton alter deutscher Volkslieder verfaßt. So wundert es nicht, daß Achim von Arnim und Clemens Brentano eines seiner Gedichte („Mir träumt, ich flög' gar bange") für ein wirklich aus volkstümlicher Überlieferung entstammendes hielten und deshalb in ihre berühmte Sammlung „Des Knaben Wunderhorn" aufnahmen. Eine ganze Reihe Kernerscher Lieder sind Lieblinge des Volkes geworden, zum Beispiel: „Preisend mit viel schönen Reden", „Wohlauf, noch getrunken den funkelnden Wein!" und das bereits erwähnte „Dort unten in der Mühle".

Immer wieder zieht es den Dichter ins Unbekannte, Grenzenlose und Magische. Er ist im Hiesigen nicht ganz zu Hause, fühlt sich als Wanderer und Fremdling, der den Mitmenschen zu predigen scheint: „Geht an der Welt vorüber, es ist nichts!" So schildert er in den „Heimatlosen" den Schattenspieler Luchs, der als Kind aus vornehmer Umwelt, von der ihm deutliche Erinnerungen verblieben, durch Raub in die Hände herumziehender Marionettenspieler geriet. Er verläßt die Truppe in reiferen Jahren, wird von einer inneren Unruhe von Ort zu Ort getrieben und verfällt dann auf die Kunst des chinesischen Schattenspiels. In dem Gedicht „Wanderer" sagt er:

Die Straßen, die ich gehe,
So oft ich um mich sehe,
Sie bleiben fremd doch mir.
Herberg', wo ich möcht weilen,
Ich kann sie nicht ereilen,
Weit, weit ist sie von hier.

So fremd mir anzuschauen
Sind diese Städt' und Auen,
Die Burgen stumm und tot;

Doch fern' Gebirge ragen,
Die meine Heimat tragen,
Ein ewig Morgenrot.

Und an anderer Stelle heißt es:

Die Mücke darf zum Himmel sich erheben,
Frei schwebt sie auf und tanzt im Morgenstrahl,
Der Mensch nur soll, gebannt in's niedre Tal,
Mit Moos und Schwamm an Stein und Erde kleben?

Doch trotz Düsterkeit, Schwermut und seiner — wie er es selbst nannte — „Vorliebe für die Erscheinungen des Nachtlebens der Natur" leuchtet in seinem Werk manchmal auch etwas von dem Frohsinn der Schwaben auf. Wie ein Sonnenstrahl blitzt er aus der kleinen Romanze „Der Geiger von Gmünd", in der das Bild der heiligen Cäcilia, der Schutzherrin der Musikanten, dem Violinspieler zum Dank für sein Ständchen die goldenen Schuhe schenkt. Er verherrlicht den „Schönsten Augenblick":

Schön ist's, wenn zwei Sterne
Nah sich stehn am Firmament,
Schön, wenn zweier Rosen
Röte ineinander brennt.

Doch in Wahrheit! immer
Ist's am schönsten anzusehn:
Wie zwei, so sich lieben,
Selig beieinander stehn.

Wenn schon nicht Lebenslust, so spricht doch ein freudiges Urvertrauen aus dem Spruch:

Weiß nicht, woher ich bin gekommen,
Weiß nicht, wohin ich werd' genommen,
Doch weiß ich fest, daß ob mir ist
Eine Liebe, die mich nie vergißt.

Bis zu tollstem Übermut und närrischster Laune schwingt sich Kerner in seinem satirischen Roman „Reiseschatten" von 1811 auf. Aus ihnen stammt auch der Schattenspieler Luchs, ein romantisches Selbstporträt des Dichters. Nirgends sonst sind Kerners überquellender Einfallsreichtum, sprühendes Temperament und ironischer Humor, aber auch seine Neigung zu Schwermut und zu den „Nachtseiten der Natur" so blühend vereint wie hier. Von diesem Werk sagt Friedrich Notter: „Ohne daß der Verfasser in das eigentliche Gebiet des Märchens eingriffe, ja während er vielmehr dem Äußeren nach beinahe immer auf dem Boden der Wirklichkeit, meistens sogar der ganz alltäglichen Wirklichkeit, in Wirtshäusern, auf Postwägen, im Getümmel der Jahrmärkte und so weiter sich umtreibt, macht doch alles einen märchenhaften, schattenartigen Eindruck. Die sich oft verlierenden, dann plötzlich an unerwarteter Stelle wieder auftauchenden Gestalten, das blitzartige Vorbeihuschen und Nimmerwiederkehren anderer, versetzen uns ganz in die Magie eines Traums oder eines aufgeregten Herbsttages, wo Wolken und Sonnenschein wechselnd am Himmel hinjagen und ihre wunderlichen Streiflichter und Schatten wie eine Zauberschrift auf die farbig abwelkenden Wälder und Wiesen werfen."

Nicht alles, was Justinus Kerner an Werken hinterlassen, wird uns heute noch ansprechen können — obwohl gewisse okkultistische und irrationalistische Strömungen der Gegenwart dafür sprechen, daß sogar jene seiner Schriften, die man vor kurzem noch für völlig überholt und ungenießbar hielt, neuerdings wieder ihre Liebhaber gefunden haben oder im Falle einer Wiederausgrabung finden würden. Immerhin sind ja seit einiger Zeit Geister, Hexen und Spuk, Magie, Ekstase und Trancezustände, Astrologie und andere Geheimlehren wieder en vogue. Doch sei dem wie immer. Manche von Kerners Gedichten, Liedern, Erzählungen und anderen Prosaarbeiten sind unvermindert frisch. Sie verdienen es, erneut entdeckt, gelesen und, sofern es sich um Lieder handelt, auch gesungen zu werden. Neben den von wunderbarem, zwielichtigem Humor und romantischem Tiefsinn erfüllten „Reiseschatten", die ich schon erwähnt habe, möchte ich abschließend noch das autobiographische „Bilderbuch aus meiner Knabenzeit" (zuerst 1849 erschienen) besonders hervorheben. Justinus Kerners Erinnerungen reichen zwar nur bis zum Beginn seines medizinischen Studiums in Tübingen; sie enthalten jedoch den ganzen Mann: seinen stets bereiten Sinn für das Wunderbare, Geisterhafte und Nächtliche, aber auch seine Neigung zum Humorvollen, ja Grotesken, wobei eins dem andern die Waage hält. Dieses Buch, das ein so bedeutender deutscher Dichter unseres Jahrhunderts wie Alexander von Bernus sehr geliebt hat, wäre einer verlegerischen Wiederentdeckung würdig. Erwarten wir sie in Demut, so wie auch des Dichters Geist demütig wartet, ob Gott ihn erkennt:

Wißt ihr, wo sind die Myriaden,
Die da waren, seit die Erde steht?
Hat sie ein Gott zu sich geladen?
Hat eine Windsbraut sie verweht?

Ich kann nicht fordern noch ein Leben,
Ein Paradies noch nach dem Tod.
Was hab' ich dieser Welt gegeben?
Nichts — gegen das, was sie mir bot.

Ich kann nur stehn in stummer Wehmut
Und, wenn mein Geist vom Leib sich trennt,
Erwarten nur in tiefer Demut,
Ob Gott ihn noch als Geist erkennt.

(1986)

Carl Gustav Carus

Seelenforscher und Ökologe in der Nachfolge Goethes

Als Carl Gustav Carus, geboren 1789, im Jahr der Französischen Revolution, im Sommer 1869 vereinsamt starb, folgten nur wenige Freunde und Familienangehörige seinem Begräbnis auf dem Trinitatisfriedhof zu Dresden. Mitten im Zeitalter des aufsteigenden Materialismus, Positivismus und Szientismus schien dieser vielseitige Mann völlig überholt zu sein. Erst nach Jahrzehnten begannen einige Außenseiter deutscher Geisteswissenschaft den denkerischen Rang Carus' zu verkünden. Zu seinen Wiederentdeckern gehören Ludwig Klages, Theodor Lessing und Rudolf Steiner, also drei untereinander überaus verschiedene Gestalten. Sie würdigten den Zeitgenossen der Klassiker und Romantiker als letzten „uomo universale", als einen Goethe kongenialen Naturforscher, als Entdecker des Unbewußten (viele Jahrzehnte vor Freud und C. G. Jung), als einen Alexander von Humboldt ebenbürtigen Erdbeobachter, als Vorläufer der Lebensphilosophie, Physiognomik und Ausdruckskunde, als Geistesverwandten Bachofens und der Brüder Grimm, auch als Esoteriker und in manche vergessene Mysterien eingeweihten religiösen Denker.

Carl Gustav Carus war in der Tat ein überaus produktiver und gleichwohl in seiner geistigen Statur ein ausgeglichener Polyhistor. Hauptberuflich Mediziner, verfaßte er das erste große deutsche Lehrbuch der Gynäkologie und wirkte jahrzehntelang als Leibarzt der Könige von Sachsen. Er schrieb Werke zur Anatomie, über den Blutkreislauf der Insekten, zur Ästhetik, Völkerkunde,

Psychologie, Schädellehre und Zoologie, mehrere Bücher über Goethe, Reisebeschreibungen, eine Hinführung zur „Lebenskunst” und vier Bände „Lebenserinnerungen und Denkwürdigkeiten”, die nicht nur biographisch aufschlußreich, sondern auch kulturgeschichtlich kostbar sind.

Lange vor Eduard von Hartmann und Sigmund Freud hat er das „Unbewußte” thematisiert, wenn er erkärt: „Der Schlüssel zur Erkenntnis vom Wesen des bewußten Seelenlebens liegt in der Region des Unbewußtseins. Alle Schwierigkeit, ja alle scheinbare Unmöglichkeit eines wahren Verständnisses vom Geheimnis der Seele wird von hier aus deutlich. Wäre es eine absolute Unmöglichkeit, im Bewußten das Unbewußte zu finden, so müßte der Mensch verzweifeln, zum Erkennen seiner Seele, das heißt zur eigentlichen Selbsterkenntnis zu gelangen. Ist diese Unmöglichkeit nur eine scheinbare, so ist es die erste Aufgabe der Wissenschaft von der Seele, darzulegen, auf welche Weise der Geist der Menschen in diese Tiefe zu steigen vermag.” (Psyche, 1846)

Bereits seine früheste Kindheitserinnerung betrifft die menschliche Seele. Der „Orbis pictus” (Der gemalte Erdkreis) des tschechischen Pädagogen Johann Amos Comenius (Komenský, 1592 - 1670) war sein liebstes Buch. In seine Holzschnitte, die dem Kinde die ganze geheimnisvolle Welt anschaulich vor Augen führten, konnte sich der kleine Carus stundenlang vertiefen. „Wenn ich nun so darin blätterte und las, hielt mich immer *ein* Blatt fest, auf dem geschrieben stand: ‚Die menschliche Seele'. Da sah man einen Tisch abgebildet, darüber ein Dreieck mit dem göttlichen Auge und dabei die mit bloßen Punkten angegebene Figur eines Menschen. Dies Geheimnis — denn daß es ein solches andeute, verstand ich wohl — war es, wodurch der Blick meines Geistes zuerst ganz ins Innere gelenkt wurde. ‚Auch du hast eine Seele oder bist eine Seele!' Dieses Denken ließ mich nicht los, und dieser zuhöchst doch immer ein Mysterium bleibende Gedanke, freilich noch in voller Naivität und im sonderbaren Staunen des kleinen Knaben, war der erste, dessen ich mich noch heute entsinne und welchen mir immer klarer zu machen ich später ein halbes Jahrhundert hindurch treulich gestrebt habe.” (Lebenserinnerungen 1865/66, I, S. 16)

Auch als Übersetzer Dantes hat Carus sich betätigt, vor allem aber als Landschaftsmaler, dessen beste Bilder neben denen seines Freundes Caspar David Friedrich bestehen können.

Daß dieser Philosoph, Künstler, Mediziner und geistesgeschichtlich zwischen Goethe, Schelling und den Brüdern Humboldt seinen eigenen Rang behauptende Natur- und Geisteswissenschaftler darüber hinaus auch als Prophet eines neuen und heute sehr zeitgemäßen Bildes der Biosphäre, als Künder einer die Erde als lebendigen Organismus auffassenden Ökologie gewürdigt werden muß, können wir erst seit kurzem wieder wissen. Wir verdanken diese wichtige Nachricht einem jungen Bonner Universitätsprofessor für Geographie, der zugleich ein geistesgeschichtlich bewanderter Wünschelrutengänger ist, der sich mit Freuden außerhalb akademischer Fachabgrenzungen bewegt: Ekkehard Meffert. Er hat in doppelter Weise an Carus, den bislang zu Unrecht vergessenen Visionär eines lebenerfüllten Kosmos, mit Nachdruck erinnert: zum einen als temperamentvoller Verfasser einer allgemeinverständlichen und überzeugend um Sympathie für Carus werbenden Monographie („Carl Gustav Carus. Sein Leben — seine Anschauung von der Erde"), zum andern als Herausgeber der zuerst 1841 erschienenen „Zwölf Briefe über das Erdleben" von Carus. Die beiden — nur zusammen erhältlichen — Bände sind 1986 im Verlag Freies Geistesleben erschienen, der bereits vor bald zwanzig Jahren Carus' meditative Altersschrift „Die Lebenskunst nach den Inschriften des Tempels zu Delphi" neu herausgebracht hat.

Was Ekkehard Meffert mit diesen beiden Bänden zutage gefördert hat, ist in mehrfacher Hinsicht erstaunlich genug. Dem Erkunder des Unbewußten auf dem Gebiet der Seelenforschung entspricht im Bereich der Naturforschung der mit stark entwickeltem Erdensinn begabte Ökologe Carus. Er selbst hat sich mit Antaios verglichen, dem Sohn der Gaia (Tellus), der Mutter Erde. Sooft Antaios den mütterlichen Boden berührte, flossen ihm neue Kräfte zu. Carus bekennt, daß er im Studium und Erleben des Waltens der Erdkräfte das nötige Gegengewicht gegen das fand, was wir mit dem „stolzen Namen einer Weltgeschichte belegen".

Als die „Völkerschlacht" von Leipzig herannahte, überließ er sich folgenden Betrachtungen:

„Da lag der große Eichenwald in seiner tiefen Ruhe, das Leben der Vögel drang durch die Zweige, die Wiesen wallten in dem vollen Wuchse ihrer Pflanzen, die Wolken zogen so ruhig ihren Weg, gleichgültig, ob die ganze Menschheit schlafe oder wache, und so hatte man das Gefühl, die Erde lebt ihr stilles unbewußtes Leben nach ewigen Gesetzen von Tag zu Tag dahin, und alles, was wir Übermütigen als Weltbegebenheiten preisen, es drängt sich auf schmalen Landstraßen und in verhältnismäßig so kleinen Ortschaften zusammen, dergestalt, daß kein eben sehr entfernter Standpunkt von der Erde dazu gehören würde, um gar nichts mehr davon gewahr zu werden." (Lebenserinnerungen, I, S. 125)

An diesen erdsinnigen und erdenfrommen Carus, den Erbauer einer antäischen Erdkirche mit gestirnter Kuppel, erinnert Mefferts Buch. Es ist auch dann respektgebietend, wenn man die anthroposophischen Neigungen seines Verfassers nicht zu teilen vermag und die vielen Hinweise auf Rudolf Steiners Affinität zu Carus bisweilen für überflüssig und penetrant hält. Was zählt, ist das Ergebnis: Ein deutscher Denker und Naturforscher wird uns kundig vorgestellt, der ein exemplarischer Schriftsteller, ein völlig unverstaubter Essayist, ein Meister wissenschaftlicher Prosa ist. Dieser literarisch versierte Autor, dem bisweilen dichterisch ungemein eindringliche Bilder gelingen, ist alles andere als ein epigonaler Nachzügler der Goethe-Zeit, sondern der Pionier einer neuen Sicht von Erde, Leben und Kosmos. Obwohl in manchen naturwissenschaftlichen Details überholt, sind seine zentrale Idee, sein Grundanliegen und Betrachtungsansatz aktuell und zukunftsweisend: „In den ‚Zwölf Briefen über das Erdleben' liegen immer noch Ideen-Keime für die Zukunft. Der Name von C. G. Carus darf Pate stehen bei der Schaffung und Umsetzung eines erneuerten Menschen- und Erdbildes." Woran später einsichtsvolle und in größeren Zusammenhängen denkende Biologen wie Adolf Portmann und Joachim Illies, aber auch Philosophen wie Alfred N. Whitehead, Hans F. Geyer und Franz Vonessen energisch wiedererinnerten, findet sich bereits bei Carus: die Vision eines Weltalls, in dem imgrunde nichts „tot" ist; die Verbindung von Lebensforschung und Schönheitssinn; die Zurückweisung des unheilvollen Zwiespalts von Leib und Seele, Äußerem und Innerem, Gott und Welt; der Gedanke eines rhythmisch schwingenden Universums und kosmischen Kreislaufs, in dem sich Natur und Idee wechselseitig durchdringen. Menschenbild und Kosmologie hängen bei Carus ebenso zusammen wie Naturforschung, Ethik und erdenfromme Religiosität. Ihre gemeinsame Wurzel ist jene ehrfürchtig bewundernde Haltung gegenüber dem „offenbaren Geheimnis" der Wirklichkeit, wie sie sich in Goethes Ausspruch bekundet: „Das schönste Glück des denkenden Menschen ist, das Erforschliche erforscht zu haben und das Unerforschliche ruhig zu verehren."

Es finden sich bei Carus nicht nur viele schöne Goethe-Zitate und respektvolle Bemerkungen über den Dichter des „Faust", der ein eminenter, wenngleich abseits von der neuzeitlich-modernen Hauptrichtung seine Wege gehender Naturforscher war. Er steht vor uns als der eigentliche Nachfolger Goethes im 19. Jahrhundert, als ein die grandiosen Urphänomene der Natur andächtig betrachtender Morphologe und tiefsinniger Deuter der wunderbaren Gestaltenfülle des Lebendigen. Das Lebendige umfaßt für C. G. Carus nicht nur Pflanze, Tier und Mensch, sondern die gesamte Wirklichkeit, die sich ihm als vielstufiges *„All-Leben"* kundgibt. Die von der Biologie erforschten Organismen und Vitalphänomene erscheinen ihm als Sonderfälle eines umfassenderen Zusammenhangs, der nicht nur die Erde, sondern auch den Himmel mit seinen unzählbaren Sternen umfaßt. Im Universum gibt es nichts grundsätzlich und von vornherein „Totes", sondern allenfalls „Erstorbenes". Ein und derselbe Lebensstrom durchflutet die verschiedenen Bereiche des Seienden. Vom einzelligen Wimpertierchen über den Kreislauf der Gewässer und die Gezeiten der Meere bis zu den rastlos rotierenden Planeten, dem Werden und Vergehen ganzer Sonnensysteme und Galaxien — überall ahnt Carus Lebendiges, Leibliches und, zumindest keimhaft, auch Seelisches, wobei er sich klugerweise vor dem Fehler hütet, Seele mit Bewußtsein oder „Geist" zu verwechseln.

Dies alles mag, wenn es, beinahe unzulässig verknappt, in einem Hinweis referiert wird, wie die Phantasie eines Romantikers wirken. Wenn man aber Carus selbst aufmerksam liest, dann zeigt sich sofort, daß wir es hier zwar mit einem gelegentlich poetisch formulierenden Autor, nicht jedoch mit einem Schwärmer oder Mystizisten zu tun haben. Was die Lektüre der „Briefe über das Erdleben", abgesehen von ihrer sachlichen Aktualität angesichts drohender „Umweltkatastrophen" so reizvoll macht, verdankt sich eben dieser nicht nur biographisch bedeutsamen Tatsache. Carl Gustav Carus war zwar ein Zeitgenosse und Freund der Romantiker, dessen Gemälde bisweilen eine abgründige Vorliebe für mondbeglänzte Zaubernächte verraten; doch als Naturforscher hat er den erzromantischen Hang für das Geheimnisvolle von allem verschrobenen, überspannten und wundersüchtigen Ballast befreit, sozusagen ins Klassische geläutert und apollinisch instrumentiert. Trotz seiner idealistischen Richtung ist er, der ein erfolgreich praktizierender Mediziner war, immer ein von gut beobachteten Tatsachen ausgehender Empirist. Auch wenn er in metaphysische Höhen sich aufschwingt, bleibt er ein wirklichkeitsandächtiger Erfahrungsmensch. Allerdings unterscheidet er sich von den sogenannten Positivisten, daß er „Erfahrung" sehr weit faßt und sich bewußt ist, wie dürftig und blind ein Erfahrungswissen bleibt, das nicht zu den „Urphänomenen" vordringt. Eben hierin erweist sich nicht zuletzt auch Carus' innere Nähe zum alten Goethe, auch seine Seelenverwandtschaft mit Geistern wie Alexander von Humboldt und Adalbert Stifter. Eine der Hauptfiguren in Stifters wunderschönem Bildungs- und Liebesroman „Der Nachsommer" ist der kunst- und natursinnige Baron von Risach, Herr des schlößchenartigen Rosenhauses und eines Musterhofes auf „biologisch-dynamischer" Grundlage. Diese Stiftersche Gestalt habe ich mir von jeher ungefähr so vorgestellt, wie Carl Gustav Carus auf den eindrucksvollen Altersbildnissen aussieht.

(1986)

Auguste Blanqui

Vom proletarischen Aufstand zum planetarischen Fatalismus Ein französischer Berufsrevolutionär zwischen Marx und Nietzsche

Wie Ludwig XIV. im 17. Jahrhundert gesagt hatte: „L'Etat c'est moi", so verkündete ein Franzose des 19. Jahrhunderts sinngemäß: „La Revolution c'est moi." Der anmaßend provozierenden Gleichsetzung von Herrscher und Staat setzte er die nicht weniger herausfordernde Wesenseinheit von proletarischem Umsturz und eigener Persönlichkeit entgegen. Absolutisten waren sie imgrunde ihres Herzens beide: der König wie der Berufsrevolutionär, der mit bürgerlichem Namen Auguste Blanqui hieß.

Als Inkarnation der Revolution, als Menschwerdung des Aufstandes, als absoluter Insurrektionist war er schon zu Lebzeiten ein Mythos. Der Grand Dictionnaire Larousse kennzeichnete ihn als „das Rätsel des sozialen Krieges, als eine Art revolutionärer Sphinx, die sich in der Stille darauf vorbereitet, die Gesellschaft zu verschlingen". Der Dichter Lamartine, kurzfristig Außenminister in der provisorischen Regierung des Jahres 1848, erinnerte sich später indigniert Blanquis: „Er hatte die Revolutionskrankheit." Die gesamte Lebensgeschichte dieses ersten Berufsrevolutionärs ist mit dem sozialen und politischen Vulkanismus seines Jahrhunderts untrennbar verknüpft. Er stand allemal in der Mitte des revolutionären Zyklons. Wo immer die Flamme der Empörung loderte, war er dabei. Er verkörperte das missing link zwischen Jakobinertum, der Babeuf'schen „Verschwörung der Gleichen” und den Karbonari einerseits, der Ersten Internationalen, der Pariser Kommune und — letzten Endes — dem Leninismus andrerseits.

Alle Geheimbünde und Verschwörungen zogen ihn magnetisch an, manche gründete er selbst, darunter die „Gesellschaft der Jahreszeiten”. Ihre kleinste Zelle bildete die „Woche” — sechs Männer mit einem „Sonntag” als Anführer; vier solcher „Wochen” wurden zu einem „Monat” zusammengefaßt, den der hochsommerliche „Juli” leitete; drei „Monate” bildeten eine „Jahreszeit”, an deren Spitze der „Frühling” stand; und vier „Jahreszeiten” schlossen sich zum Kreis eines „Jahres” zusammen, das von einem „Revolutionären Agenten” dirigiert wurde. Bei jedem der vorübergehenden Triumphe des proletarischen Radikalismus befand sich Blanqui im Zentrum der revolutionären Ereignisse; jede Niederlage brachte ihm Verfolgung, Diskriminierung und Kerkerhaft ein. Stolz nannte er sich vor den Tribunalen politischer Justiz einen Proletarier. Als der Richter darauf erwiderte, daß dies doch kein Beruf sei, rief der Angeklagte aus: „Was, kein Beruf? Es ist der Beruf von dreißig Millionen Franzosen, die bloß von ihrer Arbeit leben und ihrer Bürgerrechte beraubt sind!” Als er abermals sich vor Gericht zu verantworten hat, begrüßt ihn der Vorsitzende wie einen alten Bekannten. Etwas perplex stellt er fest: „1832, 1839, 1849 — immer haben Sie konspiriert und stets an den gleichen Ideen festgehalten!” Blanqui antwortet: „Bis zu meinem Tode werde ich daran festhalten.” Er hat dieses Bekenntnis gelebt wie kaum ein zweiter Revolutionär seines Zeitalters, von Bakunin einmal abgesehen.

Schon die äußere Erscheinung begünstigte die Bildung von Mythen und Legenden. Robust scheint er bereits in seiner Jugend nicht gewesen zu sein. Die zahlreichen Gefängnisaufenthalte haben seine ohnehin labile körperliche Verfassung zusätzlich geschwächt. Desto mehr erstaunt es, daß er trotzdem über fünfundsiebzig Jahre alt wurde. Von kleiner Gestalt, hatte er ein bleiches Gesicht mit frühzeitig weißgewordenem Haar und grauen Augen, die sein Gegenüber stechend musterten, ja zu durchbohren schienen. Wenn er überhaupt lächelte, dann war es ein ironisches, fast verächtliches Lächeln. Stets sorgfältig und sauber, aber ganz in Schwarz gekleidet — nur die Handschuhe, die er ebenfalls immer trug, waren manchmal nicht aus schwarzem Zwirn, sondern aus dunkelgrünem Leder —, schauderten seine Gegner schon bei seinem Anblick angewidert zurück. Alexis de Tocqueville berichtet in seinen „Erinnerungen", daß ihm Blanqui wie eine modernde Leiche vorkam: „Er hatte abgezehrte und zerfurchte Wangen und bleiche Lippen. Sein Äußeres war wie von Schimmel überzogen; ein alter schwarzer Mantel umschloß eng seine dünnen und mageren Glieder." Man hat dem liberal-konservativen Aristokraten Tocqueville unterstellt, daß seine abstoßende Schilderung durch Voreingenommenheit tendenziös verzerrt sei. Doch auch der Dichter Victor Hugo, der für den „révolutionnaire professionnel" durchaus Sympathien hegte, sah ihn ganz ähnlich:

„Er war bleich, von mittlerer Größe und schwächlicher Gestalt. Er spuckte Blut. Mit vierzig Jahren hatte er das Aussehen eines alten Mannes. Seine Lippen waren fahl, seine Stirn gefaltet, seine Hände zitterten, aber man sah in seinen grausamen Augen die Jugend eines ewigen Gedankens. Dieser gewalttätige Mensch sagte ungewöhnliche Dinge mit sanftem Ton und ruhigem Lächeln. Sein Blick war so düster und seine Stimme so mild, daß man vor ihm von Panik ergriffen wurde. Man begriff, daß sich unter dieser Sanftmut unerhörte Ausbrüche verborgenen Hasses verdichteten. Alle Schimmer der Schreckensherrschaft von 1793 waren in seinem Blick. Ein entsetzlicher Mensch, düsteren Geschicken geweiht, der das Aussehen eines grauenerregenden Gespenstes hatte, wenn er sich der Vergangenheit erinnerte, und das eines Dämons, wenn er an die Zukunft dachte."

Proudhon, selbst Revolutionär, zeitweise mit Blanqui in derselben Kasematte eingekerkert, vertraut 1850 seinem Tagebuch folgendes Psychogramm seines Mithäftlings an:

„Blanqui ist der Mann des schwarzen Fatalismus. Pessimist und Menschenfeind, der immer das Schlimmste annimmt, aber seine Meinung mit intelligenten und unerbittlichen Gründen stützt; er stimmt einen traurig und jagt einem Schrecken ein. Er ist über seine eigenen Urteile erschrocken. Er befürchtet alles, hat kaum Hoffnung. Er sieht die Republik verloren, die Revolution gescheitert, das Proletariat für immer in Ketten, das Menschengeschlecht am Ende."

Wenn ihn schon linksintellektuelle Gefährten als Schreckgespenst, Dämon und Steinernen Gast aus der Zeit der Terreur empfanden, dann nimmt es nicht wunder, daß konservative Zeitgenossen Blanqui für einen blutrünstigen Besessenen halten konnten, der an der Stelle, wo sonst das menschliche Herz schlägt, die Galle habe, für ein mitleidloses Monster, dessen mörderischen Gelüsten die Guillotine noch zu umständlich und langsam entgegenkam. Der bereits zu Lebzeiten in so düsterem Licht geschaute Revolutionär war sich selbst dieses Mankos nur zu bewußt. Er verhehlte sich nicht, daß er unzähligen Zeitgenossen als Ausgeburt der Hölle und „Herkules des Verbrechens" erschien: finster, hochmütig, kalt, „ein Herz von Marmor, ein Schädel aus Eisen". Anders als Danton, Saint-Just und Trotzki, verkörperte Blanqui keineswegs den Typus des charismatischen Revolutionärs oder Volkshelden, der durch Erscheinung und Charme auch Widerstrebende zu betören vermag. Seine Rednergabe wird allerdings in zeitgenössischen Zeugnissen hervorgehoben: „Blanquis Stimme ist gellend, spitz zischend, metallisch und dann wieder verschleiert, wie das Schlagen eines Tamtams, das jene berauscht, die ihm zuhören. Er zieht nicht an, er beherrscht. Er ersetzt die ihm fehlende physische Stärke durch eine Kraft des Geistes, die bei gewissen Gelegenheiten allmächtig ist."

Derselbe Autor, Alfred Delvau, fügt aber diesem Bild aus dem Revolutionsjahr 1848 auch die vielsagende Charakteristik hinzu: „Blanquis Rhetorik und Wesensart — da ist kein Feuer unter der Asche, sondern, im Gegenteil, Eis unter dem Feuer."

Diese „revolutionäre Sphinx", die gegen Bourbonen und Orleanisten, gegen Bonapartisten und bürgerliche Republikaner Verschwörungen, Demonstrationen und Aufstände organisierte und zu den führenden Köpfen der Pariser Kommune im Frühjahr 1871 gehörte, ist in Frankreich auch heute noch weithin bekannt. In Paris erinnert nicht nur der Boulevard Auguste-Blanqui und eine Gedenktafel auf seinem Sterbehaus an ihn, sondern auch das von Aristide Maillol 1906 im Auftrag Georges Clemenceaus geschaffene Bronzedenkmal „L'Action enchaînée" (Das gefesselte Handeln). Überlebensgroß stellt es eine jugendliche nackte Athletin mit kräftig ausschreitendem Gang und hinter dem Rücken gefesselten Händen dar: Sinnbild des sowohl vorwärtskommenden als auch niemals verwirklichten Traums der Revolution. Eine weitere Skulptur, bereits 1885, vier Jahre nach Blanquis Tod auf dem Friedhof Père-Lachaise enthüllt, stammt von dem Bildhauer Jules Dalou. Sie zeigt den auf dem Totenbett liegenden Revolutionär, der, eingehüllt in ein weites Linnenlaken, endlich das gefunden zu haben scheint, was ihm zeitlebens nie beschieden war: Gelassenheit, Ruhe, Friede. Zu Füßen des seinen Todesschlaf schlummernden Kämpfers, der nicht nur Pfaffentum und Kirche, sondern das Christentum insgesamt in seiner letzten Zeitschrift *„Ni Dieu ni Maître"* (Weder Gott noch Herr) leidenschaftlich bekämpft hatte, liegt eines der Marterwerkzeuge des auf Golgatha gekreuzigten Nazareners: die Dornenkrone.

Blanqui ist in Frankreich mehr als eine Statue. Wie sich in unserem lateinischen Nachbarland von selbst versteht, nimmt sich auch dieses seines hervorragenden Sohnes eine eigene „Société des amis" an. Er gilt insbesondere bei den Kommunisten als Bindeglied zwischen französischer und russischer Revolution, ja als Vorläufer und Inspirator Lenins, so wie Lenin die Rolle eines die Lehren Blanquis praktisch bewahrheitenden Erfüllers zugesprochen wird. Als Roger Garaudy noch Parteikommunist war, nannte er den Blanquismus „das Höchste, was der französische Sozialismus vor der Kenntnis der Lehre von Karl Marx erreichen konnte". André Marty bezeichnete Blanqui als den „wichtigsten Vorläufer des Marxismus-Leninismus", und Maurice Dommanget meinte geradezu apodiktisch: „Blanqui hatte im Grunde nur einen Fehler, den, daß er immer zu früh im Recht war."

In Deutschland hingegen ist der französische Umsturz-Experte sogar in Linkskreisen nicht übermäßig bekannt. Auch die beiden um 1970 erschienenen Bücher des Marburger Politologen Frank Deppe haben daran wenig geändert. Deppe selbst erinnert daran, daß bereits vor dem Ersten Weltkrieg die deutsche Sozialdemokratie alles unternommen habe, um den Marxismus, wie sie ihn vertrat, von allen blanquistischen Elementen zu säubern. Man empfand den vesuvischen Franzosen genierlich. Was man brauchte, war ein braver, reputierlicher und temperamentloser Marxismus, der nicht explosiv, sondern wissenschaftlich dozierend sein sollte. Ein — wie ich noch zeigen werde — halbierter, ja kastrierter Sonntags-Marxismus. Ein achtbarer Marxismus ohne Furien, ohne Apokalyptik und ohne Vernichtungswut. Karl Kautsky hat dieses Bedürfnis nach einem bürgerlich respektablen, etwas anämischen Marxismus minus Blanqui mit den klassischen Worten kundgetan: „Die Sozialdemokratie ist eine revolutionäre, nicht aber eine Revolution machende Partei." Sie stehen in seinem zuerst 1909 erschienenen Buch „Der Weg zur Macht". Der alles sagende, weil programmatische Untertitel lautet: „Politische Betrachtungen über das *Hineinwachsen* in die Revolution." Reif werden und hineinwachsen sollte man in die Revolution, nicht aber — St. Marx sei davor — eine Umwälzung aller Dinge selber bewerkstelligen. Da sich, wie in der Bibel, auch in den kanonisierten Schriften von Marx und Engels für beinahe alles ein Beleg finden läßt, konnte Kautsky seine Stellungnahme sogar als gut marxistisch ausweisen. Wie Kautsky hat auch die sonst nicht zimperliche Rosa Luxemburg den Blanquismus verworfen, indem sie ihn als einen die konkreten gesellschaftlich-geschichtlichen Bedingungen verkennenden abstrakten Putschismus hinstellt. Ausgerechnet der reformistische Revisionist Eduard Bernstein hat hingegen, wenngleich in kritischer Absicht, den durch und durch blanquistischen Bestandteil in der Marx'schen Lehre hervorgehoben — um ihn als veraltet und zweckundienlich zu verwerfen. Auch daran hat Frank Deppe nachdrücklich erinnert. Damit gelang es der SPD, wie Walter Benjamin bedauernd feststellte, „den Namen eines Blanqui fast auszulöschen, dessen Erzklang das vorige Jahrhundert erschüttert hat".

Blanqui als unbekannter Soldat der Weltrevolution — die deutsche Unwissenheit hat, wie man sieht, eine lange Vorgeschichte. Natürlich ist jeder Marx-Leser irgendwann einmal auf diesen merkwürdigen Mann gestoßen, der vielfach als der „Herr vom Berge" eines sozialsubversiven Assassinen-Ordens durch Fußnoten und Lexika geistert. Man weiß, daß Karl Marx ihn, zumindest gelegentlich, als „den Kopf und das Herz der proletarischen Partei in Frankreich" gerühmt hat. Einigen gründlicheren, jedoch selten gelesenen Autoren, zu denen neben dem bereits erwähnten Eduard Bernstein auch Georges Sorel zählt, ist bereits früh aufgefallen, daß sich im Marxismus selbst zwei entgegengesetzte Zutaten nachweisen lassen: der Glaube an die durchsichtig gewordene Gesetzlichkeit der insgesamt fortschrittlichen Weltgeschichte *und* die aktionistische Bereitschaft, der historischen Notwendigkeit mit Gewalt kräftig nachzuhelfen, die Mechanik der sowieso ablaufenden Entwicklung zu forcieren. Diese beiden Gesichter von Marx kann man auch mit zwei Namen kennzeichnen, die völlig verschiedene intellektuelle Haltungen markieren. Die eine Seite des Januskopfs zeigt das Antlitz Hegels, die andere das Blanquis. Marx und seine Erben haben zwar, je nach Situation und Begabung, einmal mehr diesen, ein andermal mehr jenen Teil der Physiognomie betont, jedoch niemals eine endgültige Trennung vornehmen wollen. Entsprechend der jeweiligen Lage wird bloß vorübergehend der eine Pol verdrängt und disqualifiziert, der andere hingegen für alleinseligmachend erklärt. So wird auch das Wort „Blanquismus" stereotyp verwendet, wenn eine kommunistische Partei oder Fraktion einer andern vorwirft, eine abenteuerliche, die „objektiven" Umstände der geschichtlichen Verhältnisse ignorierende Politik zu verfolgen. Bereits 1874 hat Engels eine blanquistische Strategie, zumindest im Hinblick auf die Verhältnisse im Deutschen Reich, für „längst veraltet" erklärt. Wer sich darauf einlasse, sei dazu verurteilt, sich „aus einer Torheit in die andre zu stürzen". Später haben dann die Menschewiki und auch der deutsche Sozialdemokrat Karl Kautsky die russischen Bolschewiki des „Blanquismus" bezichtigt.

Wie wenig mit diesem zum Synonym für „Putschismus", „revolutionärem Subjektivismus" und „linksradikale Romantik" gewordenen Schimpfwort die Gestalt des Mannes getroffen wird, der in dem Ausdruck „Blanquismus" fortlebt, weiß man nach der Lektüre des 1986 erschienenen „Blanqui. Ein Rebell im 19. Jahrhundert" von Karl Hans Bergmann. Der Verfasser, dem wir bereits ein Buch über Babeuf verdanken, hat mit diesem Werk die erste deutsche Blanqui-Biographie vorgelegt. Zum ersten Mal erhellen sich nun für einen größeren Leserkreis die Umrisse einer bedeutenden Figur der revolutionären Szene des vorigen Jahrhunderts und die weitverzweigten Linien ihrer bis heute nachwirkenden Aktivitäten. Bergmann schildert das Leben Blanquis vor dem Hintergrund der französischen, ja der europäischen Geschichte eines ganzen Zeitalters. Es reicht von Napoleon I., in dessen Diensten Blanquis Vater stand, bis zu Georges Clemenceau, der erst 1929 starb und noch in reifen Jahren ein Bewunderer des Mannes gewesen war, vor dem Könige, Präsidenten und Minister ebenso zitterten wie konservative, liberale und sozialistische Politiker. Manche der verschwenderisch ausgebreiteten Details sind geradezu entzückend. Amüsiert nimmt man zur Kenntnis, daß der junge Revolutionär, der eben in den Geheimbund der Carbonari eingetreten war, zugleich als Hauslehrer einen verwöhnten Generalssohn unterrichtete, den er zwang, jede Lektion so lange zu wiederholen, bis er sie im Schlaf aufsagen konnte. Man erfährt auch, daß er zeitlebens nach Art der Pythagoreer kein Fleisch aß, sondern sich ausschließlich von Obst, Gemüse, Salat und Eiern ernährte. Der offenbar einzige Gaumengenuß, den er sich gönnte, bestand darin, daß er ein passionierter Pfirsichesser war. Kaffee, Tee und Wein verschmähte er; seinen Durst stillte er nur mit Wasser. Wann immer es möglich war, ließ er die Fenster seines Zimmers bei Tag und Nacht offen. Sein Bett rückte er so nahe ans geöffnete Fenster, daß im Winter der Schnee in dichten Flocken auf die Decke fiel. Er maß nur ganze 143 Zentimeter und wurde deshalb meist „der Kleine" genannt. 1833 heiratete er eine um neun Jahre jüngere herbe Schönheit namens Amélie-Suzanne, Tochter eines unbegüterten Bourgeois, die ihren Mann an Körperlänge weit überragte. Sie wird von Männern, die ihr begegnet sind, als eine heroisch sich aufopfernde Frau im Sinne des Plutarch geschildert: äußerst schweigsam, kaum lächelnd, verschlossen; mit einem passiven Mut, der nicht vorprellte, aber auch vor nichts zurückschreckte; dennoch alles andere als ein Mannweib. Der Kunstkritiker Théophile Silvestre sagt von ihr: sie war „glühend, bei anscheinender Unempfindlichkeit, ein Vulkan unter einem Gletscher". Nach Louis Nouguès, wie Blanqui Mitglied der Geheimbünde „Les Familles" und „Gesellschaft der Jahreszeiten", glich Amélie-Suzanne mit ihrer hohen schlanken Gestalt, den großen schwarzen Augen, dunkelbraun fülligem Haar und stark gebogenen Augenbrauen einer der schönsten Madonnen von Tizian. Die aristokratische Erscheinung wird ebenso gerühmt wie die wohlklingende Stimme und würdevoll gemessene Art, sich zu bewegen. Diese von Eitelkeit völlig freie Frau, der Blanqui einst, als sie noch Kind gewesen war, Nachhilfestunden gab, schenkte einem Sohn das Leben, der auf den Namen Estève getauft wurde und später ganz andere Wege als der Vater einschlug. Er wird als oberflächlicher, schwacher Charakter geschildert. Durch Erbschaft von den Großeltern mütterlicherseits gelangte er bereits als junger Mann in den Besitz einer schönen Villa. Die einzigen Interessen, die der korpulente Sybarit Blanqui junior neben den Freuden der Tafel und des Bettes pflegte, waren das Spiel auf dem Waldhorn und die Übungen der Feuerwehr. Die Mutter erlag bereits 1841, erst sechsundzwanzig Jahre alt, einem Herzleiden. Ein Freund verglich sie in einem bewundernden Nachruf mit „einer wildwachsenden Skabiose, die auf der Mauer eines Gefängnisses vertrocknete".

Doch auch sonst bietet sich das Leben Blanquis als Vorwurf für einen historischen Roman an. Um so verwunderlicher ist es, daß noch niemand früher diesen geradezu epischen Stoff behandelt hat! Anders als Marx, der überwiegend Theoretiker, Ideologe und Kritiker war, steht Auguste Blanqui als ewiger Verschwörer, Revoltenschmied und — stets scheiternder — Techniker der Machtergreifung vor uns. Der von Ort zu Ort gehetzte Odysseus der sozialen Revolution, der stets neue Geheimbünde gründete, Aufstände, Erhebungen und Handstreiche organisierte, immer wieder verfolgt, inhaftiert und nicht weniger als viermal zum Tode verurteilt wurde, verbrachte knapp die Hälfte seines Lebens in Gefängnissen (darunter auch in der Inselfestung von Mont Saint-Michel) und zusätzlich beinahe zehn Jahre im Exil. In dieser Hinsicht ähnelt sein immer wieder von Mauern und Verliesen gesäumter Lebensweg dem des Marquis de Sade. Doch anders als der seinem ganzen Habitus nach zum Ancien Régime gehörende Adelige war der Bonapartistensohn überhaupt kein Wollüstling, sondern von ausgesprochen asketischem Wesen. Seine ganze Liebeskraft hat dieser Puritaner nur einer einzigen Herzensdame gewidmet: der femme fatale Revolution, so wie sie Delacroix auf dem berühmten Gemälde der halbnackt mit Jakobinermütze und Trikolore über Barrikaden stürmenden Marianne gefeiert hat. Polizeilich überwacht wurde er von frühester Jugend bis zu seinem Begräbnis im Jahre 1881, als rund zweihunderttausend Menschen dem Trauerzug zum Père-Lachaise zuschauten oder folgten.

Blanqui war damals bekannter als Marx, wenngleich er sich als Denker nicht mit ihm messen konnte. Blanquis Schriften haben — mit einer bedeutenden Ausnahme — überwiegend einen agitatorischen und pamphletistischen Charakter. Dennoch ist ihr Kaliber nicht zu unterschätzen. Sie enthalten etliche Elemente, die dann von anderen aufgegriffen und popularisiert worden sind. Der berühmte (und meist nicht ganz korrekt zitierte) Satz von Marx, Religion sei das „Opium des Volkes", findet sich sinngemäß bei Blanqui. Ebenso ist dem Franzosen die Priorität in der Lehre von der „Diktatur des Proletariats" zuzugestehen. Er hat sie bereits 1837, mehr als zehn Jahre vor dem „Kommunistischen Manifest", in den politischen Wortschatz eingeführt. Ein von einem Geheimbund angeleiteter Volksaufstand, an dessen Ende eine vorübergehende Diktatur der Mehrheit die Reichen enteignen und die allgemeine Gleichberechtigung einführen würde — das ist der Kern, um den sich der ganze Blanquismus dreht. Wie der Kommunismus, der schließlich errichtet werden sollte, im einzelnen aussehen würde, darüber schwieg sich Blanqui aus. Wichtiger erschien ihm die unmittelbare Aktion durch revolutionäre Überrumpelung, der bewaffnete Staatsstreich durch einen elitären Vortrupp sozialistischer Jakobiner — Gedanken, die nachweisbar Lenin eingehend studiert hat, nachdem sie bereits von Marx in seiner Schrift „Der Bürgerkrieg in Frankreich" (1871), historisch nicht sehr korrekt, als Grundgesetz der kurzlebigen Pariser Kommune gedeutet worden waren. Auch in Blanquis Zukunftsgesellschaft sollte der Religion durch verstärkte Bildung der Garaus gemacht werden. Im übrigen verfocht er einen verschwommenen „Pluralismus“, trat für einen Wettbewerb der Ideen und Theorien ein und sprach vom Ideal einer „geregelten Anarchie“.

In manchen Punkten hat er gewisse Gefahren klarsichtiger vorweggenommen als viele andere Sozialreformer und -revolutionäre seiner Zeit. Denkwürdig ist zum Beispiel Blanquis Wort, Utopien seien „mörderische Abschweifungen“. Wer sich darauf einlasse, sei auf dem Wege, „neue Zuchthäuser zu errichten, in denen die Menschheit das Glück der vervollkommneten Ketten genießen“ werde. Das ganze Gerede über die Gesellschaft der Zukunft schmeckt ihm nach „revolutionärer Scholastik“. Erwähnt sei noch, daß etwa vierzig Jahre nach seinem Tode ein Italiener, der als radikaler Marxist begonnen und überdies zwei Bücher des russischen Anarchisten Kropotkin in seine Muttersprache übersetzt hatte, Blanquis überaus realistische Parole „Wer Waffen hat, hat Brot!“ zum Motto für die von ihm herausgegebene Zeitung „Popolo d'Italia“ wählte. Der Mann hieß Benito Mussolini. Auch noch in seiner ersten Kammerrede als faschistischer Abgeordneter rühmte sich Mussolini, sowohl den Nachkriegs-Kommunismus, unabhängig von Lenin, als auch den Faschismus ins Leben gerufen zu haben. Blanqui, angereichert mit einer Prise Nietzsche, ist gewiß eine gute Schule für politische Voluntaristen, seien sie nun rechts oder links eingestellt.

So wie Marx ein Januskopf ist, der teils Hegel, teils Blanqui gleicht, so ist auch Blanqui selbst mehrgesichtig. Zum einen ist er der Geheimbündler, Demagoge und Praktiker des revolutionären Handstreichs und Barrikadenkampfes, von dem noch Lenin und Trotzki manches lernen konnten. Zum andern steckt in ihm aber auch ein von aufklärerischem Bildungsoptimismus erfüllter „Kulturrevolutionär“. Unwissenheit ist für ihn die Hauptursache der Armut. Der Umsturz sei mehr eine Frage des Hirns als der Faust. Bildung und Kommunismus seien „zwei siamesische Geschwister“. Dieser könne nicht ohne Ausbreitung jener ins Werk gesetzt werden. Die Revolutionierung des Volksschulunterrichts sei entscheidender als das Ausbrüten sozialistischer Idealgesellschaften. Das Elend der Massen sei primär die Folge eines kulturellen Defizits. Es beruhe auf mangelnder Aufklärung, fehlender Einsicht, ungenügender Schulung ... Dieser Blanqui scheint bei der Abfassung mancher kultusministeriell verordneter Rahmenrichtlinien als Ghostwriter gewirkt zu haben. Es ist auch eine merkwürdige Synchronizität, daß genau in jenem ereignisreichen Jahr 1968, mit dem der Umbruch in den bundesdeutschen Universitäten begann, eine Auswahl seiner Schriften unter dem Titel „Instruktionen für den Aufstand" erschien.

Doch weder der konspirative noch der „kulturrevolutionäre" Blanqui ist der ganze. Es gibt dazu einen dritten, völlig anderen, den kaum jemand erwarten wird. Er enthüllt sich uns, wenn wir eine von Agitation völlig freie Altersschrift des ewigen Rebellen heranziehen. Sie zeigt uns den Astronomen, Kosmologen und Naturphilosophen Blanqui, der, wieder einmal im Kerker, eine phantastische Version des pythagoreisch-stoischen Gedankens eines zyklischen Universums entwickelt: Alles vergeht, alles kommt wieder. Jeder Mensch hat auf irgendwelchen andern Sternen vollständige Doppelgänger. Alles, was man auf Erden bruchstückhaft ist, kann man irgendwo anderwärts komplett sein. Das ist der einzig tröstliche Schimmer: Was man hienieden hätte sein können, ist man hin und wieder irgendwo anders. Dann kann es vorkommen, daß die Engländer die Schlacht von Waterloo vielleicht verlieren, weil Marschall Grouchy, ihr Gegner, seinen Fehler nicht begeht. Anderswo erringt Bonaparte nicht immer den Sieg von Marengo. Aber mag auch dereinst stellarer Determinismus das, was hier wir sind, noch so harmonisch ergänzen, so überwölbt das Gesetz ewiger Wiederkehr und ständiger Vervielfältigung die winzige Ritze, aus der dies versöhnlich stimmende Licht quillt. Der Mensch ist auf Gedeih und Verderb in alle Ewigkeit mit den Sternen verbunden. Er teilt das Schicksal der Planeten, die seine „Mütter" sind. Auch unsere Erde ist ein solcher Stern. Was ich hier tue, werde ich dereinst auf einem anderen Gestirn wieder tun. Das Drama wird sich ewig wieder- und wiederholen. Dies gilt auch für das Drama von Revolution und Gegenrevolution, Befreiungskampf und Unterdrückung, Barrikade und Kerker. Es gibt keinen Fortschritt. Was wir so nennen, spielt sich bloß auf der Erde ab, um mit ihr wieder pulverisiert zu werden und nach Äonen irgendwo von vorn zu beginnen. Ich zitiere die entscheidenden Stellen:

„Unsere Erde ist, ebenso wie die anderen Himmelskörper, die Wiederholung einer uranfänglichen Verbindung, die sich ständig in gleicher Weise wiederholt und die gleichzeitig in Milliarden wesensgleicher Exemplare existiert. Jedes Exemplar wird geboren, lebt und stirbt der Reihe nach. In jeder Sekunde, die verstreicht, kommen Milliarden davon zur Welt, sterben Milliarden ... Folglich vollziehen sich alle geschehenen oder geschehenden Ereignisse auf unserem Globus, vor seinem Tod, genau gleich in den Milliarden gleicher Welten. Und da es sich so mit allen Himmelskörpern verhält, ist das gesamte Universum die permanente, unendliche Reproduktion eines ständig erneuerten, stets gleichen Materials und Personals ...

Der Mensch besitzt auf diese Weise vollständig Doppelgänger und unzählige Varianten von Doppelgängern, die immer seine Person vervielfältigen und darstellen, aber nur Fetzen seines Schicksals nehmen. Alles, was man hienieden hätte sein können, ist man irgendwo anderwärts. Außer seiner vollständigen Existenz, von der Wiege bis zur Bahre, die man auf einer Fülle von Erden lebt, lebt man zehntausend verschiedene Ausgaben davon auf anderen Erden ...

Auf diese Weise hat jeder von uns gelebt, lebt und wird unaufhörlich leben in der Gestalt von Milliarden *alter ego.* Wie man in jeder Sekunde seines Lebens ist, ist man in der Ewigkeit, vervielfältigt in Milliarden Abzügen. Wir teilen das Schicksal der Planeten, unserer selbststillenden Mütter, in deren Innern diese unerschöpfliche Existenz in Erfüllung geht. Die Gestirne ziehen uns hinein in ihr langes Dasein ...

Jeder Stern ... existiert also in unendlicher Zahl in Zeit und Raum, nicht allein unter einem seiner Aspekte, sondern so wie er sich in jeder Sekunde seines Daseins zeigt, von der Geburt bis zum Tode. Alle auf seiner Oberfläche befindlichen Wesen, groß oder klein, belebt oder unbelebt, teilen das Privileg dieser langen — unendlich wiederkehrenden — Existenz.

Die Erde ist eines dieser Gestirne. Jedes menschliche Wesen ist damit ewig in jeder Sekunde seiner Existenz. Das, was ich in diesem Augenblick in einem Kerker des Fort Taureau schreibe, habe ich geschrieben und werde ich in alle Ewigkeit schreiben: an einem Tisch, mit einer Feder, in den gleichen Kleidern, unter genau den gegenwärtigen Umständen. So geht es mit allem.

Die Zahl unserer Doppelgänger ist unendlich in Zeit und Raum ... Diese Doppelgänger haben Fleisch und Blut. Sie sind keine Phantome, sondern verewigte Wirklichkeit. Eines fehlt daran: Fortschritt. Was wir so nennen, ist eingemauert in jede Erde und vergeht mit jeder. Stets und überall auf den Erden das gleiche Drama, die gleiche Dekoration, auf derselben schmalen Bühne eine brausende Menschheit, berauscht von ihrer Größe. Stets und überall hält sie sich selbst für das Universum und lebt in ihrem Gefängnis, als wäre es unermeßlich, um doch alsbald mit dem Erdball in den Schatten zu sinken, der mit ihrem Hochmut aufräumt. Die gleiche Monotonie, die gleiche Unabänderlichkeit auf den andern Sternen ...

Das Universum wiederholt sich endlos und tritt auf der Stelle. Unbeirrt spielt die Ewigkeit im Unendlichen immer wieder das gleiche Stück."

Blanqui hat diese Sätze während seiner Gefangenschaft in Fort Taureau niedergeschrieben. Auch das Universum ist trotz seiner Unermeßlichkeit ein Kerker. So wie Blanqui nur aus der Haft entlassen wurde, um sogleich wieder verhaftet zu werden, so vermögen wir alle der Welt nicht zu entrinnen, in der wir nun einmal drin sind, zu ewiger Reproduktion verurteilt. Wir sind Schablonen unserer selbst, ständig vergehend, ständig wiederkehrend: im kosmischen Eishauch, der uns von unnahbar fernen Galaxien anweht, zitternd glimmende Funzeln, aufflammend gemäß universalem Karma, verlöschend gemäß universalem Karma und wiederaufflammend gemäß universalem Karma. Fortschritt ist in einem solchen Weltall undenkbar. Auguste Blanqui sagt es selber ausdrücklich. Aber eine Art von zyklischer Unsterblichkeit wird immerhin gewährleistet. Der Gedanke der Periodizität aller Dinge und Wesen, seien es nun Spiralnebel, Milchstraßen, Sonnensysteme, Sterne, Menschen, Tische, Schreibfedern, Gefängnisse, Gedanken und Träume, ist die dem neunzehnten Jahrhundert angemessene materialistische Leseart des uralten Menschheitsgedankens von der Seelenwanderung. Wenn der jeweilige Zustand des Universums durch das Gefüge seiner Atome restlos bestimmt und die Anzahl der möglichen Verbindungen zwar riesengroß, jedoch nicht unendlich ist, dann ergibt sich daraus der zwingende Schluß, daß die Geschichte des Kosmos wie der Menschheit sich unzählige Male, ja myriadenmal wiederholen muß, so wie sie sich auch schon unendlichmal abgespielt hat. Es gibt zwar keinen Fortschritt, dafür aber die ewige Wiederkehr der Revolution, einschließlich der des permanenten Revolutionärs Auguste Blanqui. Seinem Richter hatte er trotzig gesagt, daß er bis zu seinem Tode derselbe und seinen umstürzlerischen Ideen treu bleiben werde. Er wird es auch nach seinem Tode sein. Er wird immer wiederkommen, und eben dies ist die Unsterblichkeit des Revolutionärs. Ewig wiederkehren wird aber auch der Richter, Kerkermeister, Geheimpolizist und Bourgeois. Dies ist die Unsterblichkeit der Gegenrevolution. Beide sind nichts als Segmente ein und desselben kosmischen Kreislaufs. Die revolutionäre Empörung versinkt in staunender Emporschau zum gestirnten Himmel. Alles Irdische ist nur ein Gleichnis, die erhabensten Revolutionen ereignen sich am Firmament. Das Wort bedeutete ja noch bis in die frühe Neuzeit hinein nicht gewaltsamen Umsturz auf Erden, sondern das unabänderliche Kreisen der Sterne um einen Mittelpunkt, der Planeten um die Sonne. Kopernikus nannte deshalb nicht umsonst sein Buch „De revolutionibus orbium coelestium", „Über die Revolutionen des Himmelsgewölbes" (1507).

Dies ist die kosmologische Vision des Verschwörers, Klassenkämpfers und Umstürzlers Auguste Blanqui. Mit ihr ergibt er sich einem astralen Fatalismus, der ebenso erhaben wie trostlos ist. Nichts Neues gibt es unter der Sonne. Was neu zu sein scheint, war schon unendliche Male da. Was endgültig überholt zu sein scheint, wird unendlichmal wiederkommen. Dies gilt für Sternensysteme, Lebensläufe, Stimmungen und Revolutionen. „Jede Konterrevolution erbleicht bei einem einzigen Namen — Blanqui", hatte Proudhon einmal ausgerufen. So ist es, so wird es sein. Aber alle Straßenkämpfe, Barrikadenschlachten und Machtergreifungen werden wesenlos vor einem Blick auf den nächtlichen Himmel mit seinen revolutionär-konterrevolutionär verlaufenden

Sternenbahnen. Der in politischer Hinsicht Marx so nahestehende Radikalprogressive Blanqui befindet sich als Verkünder astronomisch verbürgter ewiger Kreisläufe in der Nachbarschaft des radikalkonservativen Einzelgängers Nietzsche, des in seinem Jahrhundert einzigen überragenden Gegenspielers zu Marx. Blanqui stirbt am 1. Januar 1881 in Paris. Sieben Monate später — Anfang August 1881 — überfällt Nietzsche im Engadin, auf einem Spaziergang zwischen Sils Maria und Surlej, der ihn erschütternde Gedanke der „ewigen Wiederkunft", den er im „Zarathustra" und in seinen nachgelassenen Fragmenten immer wieder abwandelt, durchprobiert und auf seine möglichen Einschlüsse hin abklopft. Auf einen Zettel notierte er im Herbst 1883 bloß den Titel eines Buches, auf das er wahrscheinlich durch einen freundschaftlichen Hinweis oder die Lektüre einer bestimmten Fußnote in F. A. Langes „Geschichte des Materialismus" aufmerksam geworden war: „A. Blanqui, l'éternité par les astres. Paris 1872" (vgl. Nietzsche: Kritische Studienausgabe, dtv, Band 10, S. 560). Es ist das die einzige Erwähnung Blanquis in sämtlichen veröffentlichten und unveröffentlichten Schriften Nietzsches. Auch in seinen vielen Briefen taucht der Name des Franzosen kein einziges Mal auf. Die Ähnlichkeit der Auffassungen beider Autoren ist in der Tat überraschend. Da ein Plagiat ausgeschlossen ist, bestätigt sie, zumindest im Bereich der Ideengeschichte, den Gedanken Blanquis von den teils abgewandelten Doppelgängern, die jedermanns Einzigartigkeit unendlich vervielfältigen.

(1986)

Adalbert Stifter

Dichter des Friedens und der Natur

Es ist Anfang September, die Zwischenzeit zwischen Nachsommer und Frühherbst. Die Hitze der Augusttage ist vorüber, die sternklaren Nächte sind merklich kühl geworden, von den Bäumen fallen die ersten Früchte herab. Zwar sind auf den Wiesen und den Rändern der Waldwege schon die meisten Blumen verblüht; doch im Garten, auf den ich blicke, blühen noch einige Stockrosen, Sonnenblumen und Levkojen, vor allem aber Riesengoldruten, Zinnien, Malven und der blaue Borretsch. Und heute, in dieser Stunde, während ich schreibe, ist im neuen Gartenteich die allererste Seerose aufgeblüht. Die Schwalben schwirren über dem Teich und nippen vom Wasser; doch dies ist, wie ich mir sagen ließ, bereits ein Vorspiel zum Abflug, der in den nächsten Tagen stattfinden werde.

Adalbert Stifter kann man zu allen Jahreszeiten lesen, und ich habe das auch schon oft getan. Diesmal habe ich mir, wieder einmal, die Erzählung „Der heilige Abend" vorgenommen. Es handelt sich dabei um die Urfassung der Geschichte, die der Dichter dann unter dem Titel „Bergkristall" in den Band „Bunte Steine" aufgenommen hat.

Ich habe diese Geschichte — in beiden Fassungen — wieder gelesen, um mich schon jetzt auf Weihnachten einzustimmen, um das Fest auf diese Weise, sozusagen antizyklisch, vorwegzufeiern. Dieser Schachzug macht mir Freude, weil ich jetzt ohne verschneite Tannen, Dunkelheit und Eisblumen am Fenster über Weihnachten besser nachdenken kann als im Dezember. Es ist zu befürchten, daß ich kurz vor den Feiertagen nicht die rechte Zeit und Muße finden werde, es zu tun. Vielleicht muß ich dann schon Zeitschriftenbeiträge über den Frühling oder Sommer schreiben oder Aufsätze über irgendwelche Philosophen und Schriftsteller, die in diesen Zeiten ein Jubiläum haben. Aber auch sonst huldige ich gern dem Spiel, mich manchmal mitten im Sommer auf den Winter, mitten im Winter auf das Frühjahr seelisch vorzubereiten. Genauer betrachtet leben wir ja nie bloß in der kalendarischen Zeit, sondern auch im „Einst" — mag dieses nun eine wiedervergegenwärtigte Vergangenheit oder eine vorweggenommene, eine erträumte, ersehnte oder auch befürchtete Zukunft sein.

Weihnachten im September — also beinahe vier Monate vor dem richtigen Fest... Die Lektüre von Adalbert Stifters Erzählung „Der heilige Abend" macht es mir möglich, das Fest schon jetzt zu feiern: allein und in aller Stille, unbeschwert von feiertäglicher Post und von Geschenken, für die ich mich bedanken muß. Bereits in den ersten Sätzen beschwört der Österreicher Stifter die Zeit unmittelbar nach der Wintersonnenwende, die Eigenart des Festes im Reigen des Kirchenjahres:

„So wie in manchen, vorzüglich in protestantischen Ländern der Tag vor dem Geburtsfeste des Herrn der Christabend heißt, so heißt er in vielen katholischen Gegenden, namentlich in den schönen Gauen unseres engeren Vaterlandes, vorzugsweise der *heilige Abend,* so wie der darauf folgende Tag der *heilige Tag* heißt und die dazwischen liegende Nacht den Namen *Weihnacht* führt. Es wird allgemein bekannt sein, daß die katholische Kirche den Christtag mit ihrer allergrößten kirchlichen Feier begeht, ja daß in den meisten ihrer Gemeinden schon die Mitternachtsstunde, als die Geburtsstunde des Herrn, mit prangender Nachtfeier geheiligt wird, zu der die Glocken durch die stille, finstere, winterliche Mitternachtluft laden, und die Bewohner mit Lichtern oder auf dunkeln, wohlbekannten Pfaden aus schneeigen Bergen, an bereiften Wäldern vorbei und durch knarrende Obstgärten zu der Kirche eilen, aus der die feierlichen Töne kommen, und die aus der Mitte des in beeiste Bäume gehüllten Dorfes mit den langen beleuchteten Fenstern emporragt."

Es sind dies echt Stiftersche Sätze, die den auf Genauigkeit bedachten Naturbeobachter verraten, der das, was er sieht, in manchmal etwas lange, umständliche, um nicht zu sagen: pedantisch scheinende Formulierungen zu fassen versucht. Diese Eigentümlichkeit hat Adalbert Stifter schon zu Lebzeiten den Ruf eingetragen, daß er langweilig sei. Eine kleine Schar von Lesern freilich, zu denen auch Nietzsche gehörte, bewundert diese Art dingfrommen und wirklichkeitsandächtigen Schreibens, seine mit so platten Wörtern wie „Realismus" oder gar „Naturalismus" völlig unzureichend gekennzeichnete dichterische Haltung gegenüber den Erscheinungen der Welt. Wer sie als langweilig abtut, dem ist nicht zu helfen. Ich jedenfalls genieße diese Langeweile wie das Glück eines fast nicht mehr irdischen Friedens. Stifter ist in einem uns Modernen kaum mehr recht verständlichen Sinne der Dichter des Friedens. Er ist es nicht so sehr deshalb, weil er immer wieder friedfertige und friedliebende Gestalten beschreibt, weil sich in seinen Werken zahlreiche Aussagen finden, die den Krieg für ein Unglück erklären, für etwas, das dem zu wahrer Menschlichkeit geläuterten Menschen widernatürlich sei: „Noch sind Kriege . . .", seufzt der schönheitsdurstige Maler Albrecht in der frühen Erzählung „Feldblumen"; in der „Narrenburg" fällt das Wort: „Kriegsruhm, dies ekle, blutige Getränk"; im „Gang durch die Katakomben" stellt der Dichter selbst die Frage: „Aber wann wird jene Zeit kommen, in der ein Krieg ebenso ein Unding der Vernunft sein wird wie ein Trugschluß schon heute ein logisches Unding ist?"; und im „Witiko" steht die Mahnung: „Es sollten alle Reiche unseres Erdteils ihre Angelegenheiten gemeinsam schlichten; so würde keines von einem anderen besiegt und keines würde die Beute eines entfernten Feindes."

Doch es sind gar nicht so sehr Stellen dieser Art, denen ich noch manche hinzufügen könnte, die uns dazu berechtigen, Stifter als Dichter des Friedens anzusehen. Schließlich ließen sich auch aus den Werken vieler anderer Dichter aus alter und neuer Zeit ähnliche Zitate anführen. Es geht hier gar nicht um die vordergründige Frage, ob Stifter ein „Pazifist" im politisch-ideologischen Sinne war (ich glaube, daß er es nicht war), oder daß er insbesondere unter dem preußisch-österreichischen Krieg von 1866, der zum Ausscheiden Österreichs aus dem Deutschen

Bund führte, bis zur Verzweiflung litt. Stifter ist vor allem deshalb der Dichter des Friedens, weil, wie Hermann Augustin mit Recht sagt, seine Dichtung der Friede selbst ist. Stifters Dichtung redet nicht nur vom Frieden, sie fordert ihn nicht, sie predigt ihn nicht, sondern: sie *ist* der Friede. Wo andere den Frieden beschwören, verherrlichen oder als Programm aufstellen, da führt Adalbert Stifter den Leser seiner Bücher hinein in einen Frieden, wie ihn kein Politiker und auch kein Friedensapostel zu schenken vermag. Wer sich in das dichterische Universum Stifters hineinbegibt, der wird aufgenommen von einem Frieden, der, weit über den menschlichen Bereich hinaus, die gesamte Schöpfung durchatmet und birgt. Es ist dies wie der Widerschein jenes uranfänglichen Friedens, von dem manche Religionen, darunter auch die christliche, in Bildern und Gleichnissen künden, und den das Weihnachtsfest als eine künftige Möglichkeit den Menschen verheißt. Daß Adalbert Stifter, der Dichter des Friedens, keine sentimentale Natur und kein Idylliker ist, kann dem sorgfältigen Leser nicht entgehen. Ich werde auf diesen Punkt noch zurückkommen.

Weihnachten, das Fest des Friedens, erinnert an die Geburt eines Kindes, und es ist deshalb recht eigentlich das Fest der Kinder. Adalbert Stifter hebt dies in seiner Erzählung „Der heilige Abend" besonders hervor:

„Ebenso bekannt, ja durch alle Länder der Christenheit noch weit bekannter wird es sein, daß man den Kindern die Ankunft des Christkindleins — auch eines Kindes, des wunderbarsten, das je auf der Welt war — als ein heiteres, glänzendes, feierliches Ding zeigt, das auf alle Zeiten fort wirkt, und oft noch spät in den Jahren des Mannes bei trüben, schwermütigen oder rührenden Erinnerungen gleichsam mit den bunten, schimmernden Fittichen durch den öden, traurigen, ausgeleerten Nachthimmel fliegt . . ."

Es ist kein Zufall, daß wir beim Lesen von Adalbert Stifters Werken immer wieder auf das Wort *„Ding"* stoßen. Es taucht bei ihm auch in Zusammenhängen auf, in denen es, jedenfalls auf den ersten Blick, befremdlich wirkt. Würde es ein Schüler so verwenden, dann müßte er damit rechnen, daß sein Deutschlehrer ihm Unbeholfenheit des Ausdrucks ankreidete. Die Ankunft des Christkindes, so sagt der Dichter, wird den Kindern „als ein heiteres, glänzendes, feierliches Ding" gezeigt. In der Erzählung „Zwei Schwestern" erwacht der Gast eines einsam gelegenen Anwesens von den Klängen einer Violine: „Es lag in dem Spiele ein Schmerz und eine Sehnsucht, die so einleuchtend ausgesprochen waren, daß man sah, das sei nicht ein vorgebildetes und vorgespiegeltes Ding der Kunst, sondern das sei aus dem wirklichen, bitteren, erfahrenen Leben hergenommen." Im „Nachsommer" sagt der Erzähler Heinrich: „Die Ehrfurcht vor den Dingen, wie sie an sich sind, war bei mir so groß, daß ich auf das sah, was die Dinge nur für sich forderten und was ihrer Wesenheit gemäß war." An anderer Stelle meint der Freiherr von Risach in demselben Roman: „Wer weiß, wie es mit diesen Dingen ist, und es wird hier wie überall gut sein: Ergebung, Vertrauen, Warten." Es kann aber auch, scheinbar ganz banal, heißen: „Ich hätte das Ding längst vergessen ..." In einem Brief spricht der aus dem Böhmerwald stammende österreichische Dichter von Susanna, dem Mädchen der Weihnachtserzählung, als „zutraulichem hingebenden Ding" — eine vor allem in bäuerlichen Gegenden Österreichs noch heute allgemein verbreitete (und durchaus nicht abschätzig gemeinte) Bezeichnung für junge Mädchen. Es wäre lohnend, einmal über dieses Herzwort Stifters nachzudenken. „Ding" bezeichnet bei ihm keineswegs nur körperliche Gegenstände oder Sachen, sondern noch weit mehr auch Vorgänge, Ereignisse, Gedanken, Verhältnisse, Tätigkeiten, Begriffe oder Ideen. Es wird ihm zum Synonym für das Daseiende überhaupt, für alles dasjenige, das uns die Wirklichkeit in ihrer Vielgestaltigkeit offenbart.

„Der heilige Abend" — und noch weit mehr die unter dem Titel „Bergkristall" erschienene Endfassung — ist eine Weihnachtsgeschichte. Es ist aber auch eine Dorfgeschichte, genauer: die Geschichte von zwei Gebirgsdörfern, die dadurch verbunden sind, daß der Schuhmacher von Gschaid die Tochter des in Millsdorf tätigen Färbers geheiratet hat, die zwei Kindern das Leben schenkt. Die beiden Geschwister, der Knabe Konrad und das jüngere Mädchen Susanna, stehen im Mittelpunkt der Erzählung, die zur Weihnachtszeit spielt: zwischen heiligem Abend und Christtag. Einschränkend muß man jedoch sagen, daß sie im Mittelpunkt stehen durch die menschliche Anteilnahme, die ihre Not erregt: Sie geraten auf der Rückkehr von einem Besuch bei den Großeltern im Nachbarort in einen starken Schneefall, irren vom Weg nach Hause ab und verbringen die ganze Nacht in einer Höhle am Rande eines Gletschers. Erst am nächsten Vormittag werden sie aus eisiger Verlorenheit von einem Hirten und anderen Bewohnern des Dorfes Gschaid gerettet. Der eigentliche Mittelpunkt ist, vor dem Hintergrund der plötzlich verschneiten Landschaft, der hohe Berg mit seinen Eisspalten, Geröllströmen und Höhlen. In der Schilderung elementarer Natur, die den Menschen bedroht, erreicht Adalbert Stifter eine dichterische Eindringlichkeit, wie sie in deutscher Sprache beispiellos ist. Die einleitenden, fast biedermeierlich wirkenden Erörterungen über das Weihnachtsfest und die darauf folgende Charakteristik der beiden Dörfer einerseits und die Darstellung der Umstände, unter denen die Kinder gefunden werden, andrerseits bilden den Rahmen der Binnengeschichte, in deren Zentrum eine Beinahe-Katastrophe steht. Über die Einzelheiten möchte ich mich hier nicht auslassen. Es ist hier keine Nacherzählung oder literaturwissenschaftliche Zergliederung beabsichtigt. Schließlich möchte ich ja mit diesen kurzen Hinweisen einige Leser erreichen, die, vielleicht nach vielen Jahren, vielleicht auch zum erstenmal, zu Stifters „Der heilige Abend", dann auch zu den „Bunten Steinen" und anderen seiner Werke greifen.

Nur auf einen Punkt, der allerdings sehr bedeutsam ist, sei mit Nachdruck noch aufmerksam gemacht. Man hat Adalbert Stifter jahrzehntelang als gemütvollen „Idylliker", als spätromantischen Kleinmaler harmloser Prosabildchen abgetan. Er wurde als Epigone Jean Pauls, als hausbackener Poet von Käfern, Butterblumen und Staubfädenregistern belächelt (leider auch von dem nach Wien übersiedelten großen norddeutschen Dramatiker Friedrich Hebbel). Der seinerzeit bekannte Literaturhistoriker Julian Schmidt warf Stifter sogar „Mangel an sittlichem Ernst" (!) vor, und noch in unserem Jahrhundert hat ihm der marxistische Kulturphilosoph Georg Lukács „beschränkteste

Philisterhaftigkeit" attestiert. Welche Verkennung kommt in solchen Urteilen zum Ausdruck! Wer Adalbert Stifter aufmerksam liest, dem kann doch unmöglich entgehen, daß auch seine harmoniegesättigten Erzählungen ein tragischer Grundton durchzittert und daß das „Sanfte Gesetz", von dem er in der Vorrede zu den „Bunten Steinen" spricht, keine Gewähr für ein erschütterungsfreies Dasein ohne Sturm, Härte und Unerbittlichkeit bietet. Abgründiges und Schmerzlichstes befindet sich dicht neben dem Holdesten und Schönen. Auf düsterem Grund ruhen die humanen Ordnungen. Zerstörerische Leidenschaften bedrohen Maß, Eintracht und die Hegungen gesellschaftlichen Umgangs. Eifersucht, Jähzorn und Selbstmordgedanken sind Motive, die immer wiederkehren. Sogar der im Alter so abgeklärte Risach, der Herr des Rosenhauses im „Nachsommer", bekennt, in jungen Jahren, unmittelbar nach der erzwungenen Trennung von der damals erst etwa siebzehnjährigen Mathilde, mit dem Tod gespielt zu haben: „Ich sah in das dunkle Innere der Schlünde und fragte, ob ich mich hinabwerfen solle. Das Bild meiner verstorbenen Mutter mischte sich in diese schauerliche Vorstellung." Der sanfte Obrist (in der „Mappe meines Urgroßvaters") war in seiner Jugend ein berüchtigter „Spieler, Raufer, Verschwender". Wie sein junger Freund, der Arzt Augustinus, hat auch er einmal daran gedacht, vor der Zeit aus dem Leben zu scheiden. „Anfangs wollte ich ihn ermorden", sagt der „Hagestolz", als er entdeckt, daß sein Bruder von dem Mädchen geliebt wird, das er selber zu ehelichen gedachte. Im „Beschriebenen Tännling" wandert der enttäuschte Hanns mit einer frischgeschliffenen Axt drohend durch den Wald. Die Greuel des Dreißigjährigen Krieges verheeren auch die Burg der beiden Schwestern im „Hochwald": „Die Angst mit breiten schwarzen Flügeln senkte sich auf Tal und Wald." Die Pest führt in „Granit" (und noch mehr in der Urfassung: „Die Pechbrenner") zum Zerbrechen sogar der ehrwürdigsten menschlichen Bindungen. Maßlose Eifersucht droht vorübergehend das Glück des phantasiereichen Malers Albrecht in den „Feldblumen" zu vernichten. Entfremdung und Bruch von Liebesverhältnissen und Ehen kommen, in immer neuen Abwandlungen, im „Kondor", in der „Narrenburg", im „Alten Siegel", im „Prokopus" und im „Waldgänger" vor. Das nachsommerliche Glück des Freiherrn von Risach und seiner Freundin Mathilde ist eine späte Blüte nach einem Leben voll von Mißverständnissen und Umwegen. Ähnlich ist das Los Brigittas (in der gleichnamigen Erzählung), die erst im beginnenden Alter eine herzliche Beziehung zu Stefan Murai findet. Trotz aller Zuwendung kann das unbekannte braune Mädchen aus dem Walde (in „Katzensilber"), das andere gerettet hat, selber nicht heimatlich verwurzelt werden.

Unbegreiflich, daß ein solcher Autor jemals in den Ruf eines vor den Nachtseiten des Daseins die Augen verschließenden Idyllikers geraten konnte! Ein Mann, der eine Zeitlang den Plan gehegt hatte, einen dreibändigen Robespierre-Roman zu schreiben und von dem das Wort stammt: „Wir *alle* haben eine tigerartige Anlage ..." Ein Dichter dieser Art kann unmöglich für die Gefährdetheit der menschlichen Existenz blind gewesen sein, wenngleich er nicht zu denjenigen zählt, die sich wollüstig in der Darstellung des Abartigen, Düsteren und Diabolischen suhlen. Wie sehr er um die unaufhebbare Abhängigkeit und Ausgesetztheit menschlichen Daseins wußte, zeigen auch einige seiner eindrucksvollsten Naturschilderungen. Bereits im „Kondor", der ersten Stifterschen Erzählung, gewahrt die männliche Hauptgestalt das Universum als einen „schwarzen Abgrund, ohne Maß und Grenze in die Tiefe gehend". Eine sengende Dürre sucht das „Heidedorf" heim. Todbringenden Winterfrost schildert die „Mappe". Ein Blitzschlag läßt im „Abdias" das Judenmädchen sehend werden, ein Blitzschlag tötet es. Gewitter und Überschwemmungen gefährden die ahnungslosen Kinder im „Kalkstein". Hagel und Feuersbrunst wüten in der Erzählung „Katzensilber". Man könnte aus Stifters Werk, sagt Emil Merker, ein ganzes „Lesebuch der Wetterkunde" zusammenstellen mit fesselnden, bis ins kleinste wirklichkeitsgetreuen und zugleich dichterisch überwältigenden Darstellungen. Die vielleicht eindrucksvollste steht in der Erzählung „Der heilige Abend" — noch weiter entfaltet in der „Bergkristall"-Fassung:

„Sie blieben nun stehen — aber sie hörten nichts. Sie blieben noch ein wenig länger stehen, aber es meldete sich nichts, nicht ein einziger Laut, auch nicht der leiseste, außer ihrem eigenen Atem, war zu vernehmen — ja in der Stille glaubten sie den Schnee zu hören, der auf ihre eigenen Wimpern fiel, denn was ganz ungewöhnlich war in diesen Gegenden, auch nicht das feinste Lüftchen rührte sich an dem ganzen Himmel. (...) Es schien, als wäre hier eine ungeheuer größere Lichtfülle, als in ihrem Tale, und dennoch konnte man nicht drei Schritte vor sich sehen; alles war, wenn man sich so ausdrücken dürfte, eine einzige weiße Finsternis durch einander, und wegen der gänzlichen Abwesenheit jeden Schattens konnte man keine Dinge als Körper sehen. (...) Das wußten sie wohl schon längst, daß sie auf keinem Wege mehr gingen, weil sie immer Steilheiten, an die der Fuß stieß, auszuweichen hatten, und weil sie unter dem jungen Schnee, in dem sie wateten, keinen erdigen Boden, sondern etwas anderes empfanden, das wie älterer gefrorner Schnee war. (...) Wenn sie stehen blieben, war alles still, unermeßlich still; wenn sie gingen, hörten sie das Rascheln ihrer eigenen Füße und sonst nichts; denn die Massen des Himmels sanken ohne Laut, daß man auf der Erde ordentlich den Schnee wachsen sehen konnte. Sie selber waren so bedeckt, daß sie sich von dem allgemeinen Weiß nicht hervorhoben und sich, wenn sie nun ein paar Schritte getrennt worden wären, einander nicht mehr gesehen hätten. — Endlich gelangten sie wieder zu Gegenständen, es waren riesenhaft große, sehr durcheinander liegende Trümmer, die mit Schnee bedeckt waren, der überall in den Zwischenklüften durchrieselte, und an die sie sich ebenfalls fast anstießen, ehe sie dieselben gewahrten. Wie sie die großen Platten näher ansahen, war es Eis, lauter Eis. (...) Alle waren entweder emporgedrängt und starrten oder lagen über einander, daß sie vorragten und Dächer bildeten, über deren Ränder sich der Schnee hinüberlegte und herabgriff wie lange weiße Tatzen. (...) Sie schoben sich in die Spalten hinein, sie setzten den Fuß auf jedes Körperstück, das oben mit einer weißen Schneehaube versehen war, war es Fels oder Eis, sie nahmen die Hände zu Hilfe und krochen, wo sie nicht gehen konnten, und griffen sich durch die Massen Schnee hindurch, der oft unter ihnen wegbrach und dicht neben dem Auge den schreckblauen Streifen einer Spalte bloßlegte, wo früher das Weiß gewesen war — aber es tat nichts, sie arbeiteten mit ihren leichten Körpern fort, bis sie die Seite des Walles überwunden hatten und oben waren. — Aber das Jenseits, wo es nun sogleich hinabgehen sollte, war nicht da, der Wall hatte kein Jenseits (...) Aber es war Eis, lauter Eis ..."

Diese kleine Leseprobe mag genügen. Sie erweist Adalbert Stifter, der auch selber gemalt hat, als einen großen Dicher, dessen winterliche Naturschilderung an manche Gemälde von Caspar David Friedrich erinnert. Aus dieser Hölle von Schnee und Eis, in der sie „mit dem Starkmute der Unwissenheit" (wie Stifter an einer Stelle sagt) umherirren, werden die beiden Kinder Konrad und Susanna durch ein Zusammentreffen mehrerer günstiger Umstände vor dem Kältetod gerettet.

Als unsentimentaler Dichter, der auch dem Drohenden, Gewaltigen und Ungeheuerlichen der Natur ins Antlitz zu blicken wagt, vermeidet Adalbert Stifter eine formelhafte Deutung der Vorgänge, die die Geschwister vor dem Untergang bewahren. Er sagt an keiner Stelle, daß sich die Rettung einem unmittelbaren Eingreifen Gottes verdanke. Doch er hindert auch keinen Leser daran, in den Ereignissen ein göttliches Walten zu ahnen. Die Natur bedroht die Kinder und läßt sie den Weg verlieren; sie ist es aber auch, die durch das dröhnende Krachen des Gletschereises und das magische Schauspiel des Sternenhimmels die verirrten Geschwister vor dem Einschlafen und damit vor dem Erfrieren bewahrt. Stifter schildert die unerbittliche Natur ohne Beifügung mirakelhafter Requisiten. Die Natur als solche ist wunderbar genug: ein Abgrund von Wundern. Daß die Rettung der Kinder auf ganz natürliche Weise zustandekommt, ändert nichts daran, daß sie wunderbar erscheint und von den Betroffenen als Gnade empfunden wird. Während Konrad und Susanna in einer tiefergelegenen Almhütte gelabt werden, tönt aus dem Tale die Kirchenglocke, „die Wandlung des heiligen Hochamtes verkündend". Das erschöpfte Mädchen sagt später, als es zu Bett gebracht wird: „Mutter, ich habe heute Nacht den heiligen Christ gesehen". Sie hat ihn im milchgrünen Schimmer des Nordlichts gesehen. Die Einwohner des Dorfes Gschaid aber erkannten, daß „alles, alles gut sei".

In seiner verhaltenen Art hat Stifter, der Dichter der Natur, des Friedens und der Kinder, hier vielleicht mehr gesagt, als ihm bewußt war. Die winterliche Landschaft lichtet sich und scheint durchsichtig zu werden für die Weihnachtsbotschaft der Engel an die Hirten von Bethlehem.

Doch man lese Adalbert Stifter selber. Man greife zu der Erzählung „Der heilige Abend" oder gleich zu den gesammelten Werken. Denen, die meinen Rat zum Weihnachtsfest beherzigen, kann es dann ähnlich ergehen wie dem jungen Heinrich Drendorf in Stifters wunderbarem „Nachsommer":

„. . . und die Tiefe der Nacht wurde,
ehe sich die Augen schlossen,
durch die großen Worte eines,
der schon längst gestorben war
und der sie uns in einem Buche hinterlassen hatte,
erhellt, und wenn die Kerze ausgelöscht war,
wurden die Worte in jenes Reich mit hinübergenommen,
das uns so rätselhaft ist
und einen Zustand vorbildet,
der uns noch unergründlicher erscheint."

(1986)

Gérard de Nerval

Ein französischer Morgenlandfahrer auf der Suche nach „Mutter Deutschland"

Gérard de Nerval, der eigentlich Labrunie hieß, ist der subtilste, phantasievollste, aber auch unglücklichste Dichter der französischen Romantik. Er ist zugleich auch der „deutscheste": „Deutschland, unser aller Mutter . . .", das wohl erhabenste Huldigungswort, das je ein Franzose dem östlich gelegenen Nachbarland gewidmet hat, stammt von Nerval. Das mag schon mit seiner Lebensgeschichte zusammenhängen. Sein Vater war Militärarzt in der Armee Napoleons. Er nahm seine Frau und den 1808 geborenen Sohn mit auf die Feldzüge. So kam Nerval bereits als Kleinkind nach Deutschland; hier starb auch seine Mutter. Sie ist im schlesischen Glogau begraben. Leidenschaftlich las der Schüler deutsche Dichter: von Klopstock und Bürger über Goethe und Schiller bis zu Novalis und E. Th. A. Hoffmann. Hölderlin scheint er hingegen nicht gekannt zu haben. Doch mit Heine war er seit etwa 1838 geradezu brüderlich befreundet. Nicht zufällig hat einer von Nervals Reiseberichten die Überschrift „Lorelei". Kaum zwanzig Jahre alt, überraschte er Paris mit seiner Übertragung des ersten Teils von Goethes „Faust". Der Weimarer selbst hat sie gelobt. Eckermann notierte folgendes Goethe-Wort: „Im Deutschen mag ich den ‚Faust' nicht mehr lesen, aber in dieser französischen Übersetzung wirkt alles wieder durchaus frisch, neu und geistreich." Obwohl größtenteils in Prosa übertragen, gilt die Nerval'sche Fassung des „Faust" bis heute als die beste und dichterischste in französischer Sprache. Später hat Nerval mehrmals Deutschland besucht, er war in Sachsen, München und Wien. Ebenso übersetzte er auch den zweiten Teil des „Faust". Die Gestalt der Helena wurde ihm zum visionären Idealbild fraulicher Schönheit. In ihm vermischen sich träumerische Sehnsucht nach der frühverstorbenen Mutter, Reminiszenzen des mittelalterlichen Madonnenkults und seiner unerfüllt gebliebenen Liebe zu einer ahnungslosen Schauspielerin entsprungene Phantasien. Eine Mystik des „Ewig-Weiblichen" durchzieht alle seine Erzählungen. Den Schluß der letzten, die den Titel „Aurelia" hat, fand man in der Tasche des Toten. Der Dichter hatte sich, ununterbrochen an Geldnot, dem Zwang zu journalistischer Kärrnerarbeit und schließlich an Wahnvorstellungen leidend, in einer äußerst kalten Winternacht erhängt. Verspätete Gäste einer Spelunke fanden den Toten, am Gitter eines Abwasserkanals baumelnd, in den frühen Morgenstunden des 26. Januar 1855. Für sie war der Selbstmörder ein in den Armutsvierteln von Paris bekannter Narr, liebenswürdig, wenn er nicht gerade tobte. Von seinem Dichtertum ahnten sie nichts. An der Stelle, an der sie den Selbstmörder entdeckten, steht heute das „Théâtre Sarah Bernhardt". Nervals sterbliche Überreste wurden auf dem Pariser Friedhof Père-Lachaise beigesetzt.

„Deutsch" mutet im Werke Gérard de Nervals auch sein Orientalismus an, seine romantische Hinwendung zum Morgenland. Goethe im „West-östlichen Divan", aber auch Dichter und Schriftsteller wie Friedrich Schlegel, Joseph Görres, Friedrich Rückert und Clemens Brentano wären in diesem Zusammenhang zu nennen. Gérard de Nervals „Reise in den Orient" ist das wichtigste Zeugnis des von Ägypten, dem Libanon und der Türkei faszinierten Franzosen. Er hat diese Länder wirklich besucht (1843). Doch das 1986 im Winkler Verlag — wie bei ihm üblich — in einer hervorragenden Übersetzung (versehen mit gründlichen Erläuterungen, biographischen Angaben und Reproduktionen zeitgenössischer Bilder) erschienene Buch ist weit mehr als der bloße Reisebericht eines „voyageur enthousiaste". Es ist in noch viel höherem Maße ein visionärer Mythos, eine farbenprächtige Odyssee durch ein erträumtes Asien, das für den Dichter der Erdteil des Wunderbaren und Phantastischen ist. Nicht umsonst wurde Nerval zeitlebens von Erscheinungen der sagenhaften

Königin von Saba heimgesucht. Immer wieder schweift er von der erlebten Wirklichkeit seiner Fahrt durch den Vorderen Orient ins Imaginäre und Surreale aus. Neben der Welt der Basare, Karawansereien und Herbergen, die er so anschaulich schildert, bereist Nerval auch ganze Kontinente, die auf keiner Landkarte verzeichnet sind. Natürlich reizen den erotisch leicht entzündbaren und unsteten Poeten auch die Geheimnisse des Harems, die Wonnen türkischer Bäder und die Wollust, sich in einem Boot auf dem Nil hintreiben zu lassen. Der Maler J. A. D. Ingres ließ sich noch in hohem Alter von dem sinnlichen Zauber dieser Seiten des Orients faszinieren. Doch finden sich in Nervals Buch auch erdachte Gespräche mit alttestamentlichen Figuren, Berichte über ägyptische Mysterienkulte und islamische Geheimbünde, Exkurse über magische Künste und esoterische Einweihungsrituale. Besonders hervorgehoben sei die Geschichte des Kalifen Hakem, einer historischen Gestalt des elften Jahrhunderts, auf die sich noch heute die im Libanon verbreitete religiöse Sondergruppe der *Drusen* zurückführt. Nerval läßt Hakem als Haschischraucher auftreten, der sich durch regelmäßigen Rauschgiftgenuß in den Wahn hineinsteigert, daß er Gott sei. Seine Souveränität über alle menschlichen Satzungen will er schließlich dadurch erweisen, daß er seine Schwester heiratet. Das in den beiden Geschwistern pulsierende „göttliche Blut" verpflichte ihn, keine andere Frau zu ehelichen. Durch den im Islam wie im Judentum und Christentum streng verpönten Inzest gedenkt Hakem eine Dynastie von Unsterblichen zu gründen. Aus ihr soll dereinst ein „*dieu definitif*" hervorgehen, der Superlativ der in ihm und seiner Schwester angelegten Göttlichkeit. Doch die Schwester ist, anders als Agathe in Robert Musils „Mann ohne Eigenschaften", über dieses Ansinnen aufs höchste entsetzt. Ihr widerstrebt die Vermählung mit dem Bruder nicht nur aufgrund ihres Gehorsams gegenüber den geltenden religiösen und moralischen Gesetzen, sondern auch aus einem höchstpersönlichen Grund, den sie vor Hakem geheimhält: sie hat bereits einen Geliebten. Es ist derselbe Mann, mit dem der Kalif gemeinsam Haschisch zu rauchen pflegt und dem er auch seine inzestuösen Gelüste anvertraut hat. Hintergründig ist der Umstand, daß die sich dem blutschänderischen Vorhaben widersetzende junge Frau einen Mann liebt, der ihrem Bruder zum Verwechseln ähnlich sieht ... Auch andere Erzählungen Nervals durchzieht das Motiv geschwisterlicher Erotik, wenngleich nicht so kraß wie in der Geschichte vom Kalifen Hakem. Dies gilt vor allem für den märchenhaften Bericht über Balkis, die Königin des Morgenlandes, und Adoniram, den Architekten des salomonischen Tempels zu Jerusalem. Balkis verschmäht die Liebe des Königs der Juden, weil es dem Künstler gelingt, ihr das Bewußtsein zu vermitteln, daß sie beide — Balkis und Adoniram — einer höheren „Rasse" angehören als der glanzvolle Herrscher über Israel. Sie sind Angehörige ein und desselben Stammes, der sich von Kain — dem Ahnherrn aller Empörer und Genies — herleitet, und insofern sind sie auch Geschwister, die eine Ehe mit solchen, die nicht zu den Kainskindern gehören, für eine Mesalliance halten. Der imaginierte Inzest versinnbildlicht bei Gérard de Nerval auch den Traum der Romantik von einer allumfassenden Verschmelzung der Gegensätze, einer integralen Ganzheit eigenen Rechts, die das Privileg einer begnadeten Minderheit sei, die den schöpferischen Künstler wie die königliche Frau umfaßt: den Tempelbaumeister Adoniram und die Herrin von Saba: *„Balkis, esprit de lumière, ma soeur, mon épouse, enfin je vous ai trouvé!"*

So sehr der Orient dem französischen Europaflüchtling als Sinnbild für Erfüllung, Erneuerung und Ganzheit gilt, so sehr ist er sich doch auch bewußt, daß er nicht das Paradies darstellt. Das wahre Heil kann nur schöpferische Phantasie vermitteln. Es gibt keine Erlösung durch Tourismus. Die eigentlichen Weltreisen spielen sich im eigenen Herzen ab. Die Tatsachen sind bloß das Material für eine nach Schöpfung dürstende Illusion. Das erträumte Ziel, das in allen Farben des Morgenlandes funkelt, kann man nicht finden. Man muß es durch künstlerische Gestaltung selber schaffen. Nerval hat es in seinen Dichtungen geschaffen.

Die „Reise in den Orient" ist imgrunde etwas ganz anderes als ein erd- oder völkerkundlicher Tatsachenbericht. Sie ist ein vermittelst kühner Einbildungskraft hervorgebrachtes Kunstwerk, ein Medium dichterischer Wunscherfüllung. Sie ist ein imaginäres Universum, in dem Gérard de Nerval all das findet, was er im Leben so schmerzlich entbehrte: Reichtum, Luxus, Noblesse, Schönheit und Liebe. Hier gibt es Frauen, die sein erotisches Ideal verkörpern, und Freunde, die seinen Ansprüchen an Weisheit, Würde und Ritterlichkeit genügen. Obwohl bisweilen an vergleichbare Berichte von Chateaubriand, Gobineau und Flaubert erinnernd, ist die „Reise" ein aus Sehnsucht, Phantasie und artistischer Präzision gewobener Wandteppich mit Bildern und Gestalten aus der Traumwelt von Tausendundeiner Nacht.

Ein französischer Dichter ist zu entdecken, der wie kein zweiter unter seinen Zeitgenossen in der deutschen Literatur bewandert war. Ein Ägyptenreisender, der, wie er selbst berichtet, auf der Plattform einer Pyramide ausgerechnet einem überhöflichen preußischen Leutnant begegnete, welcher ihm eine Visitenkarte überreichte. Ein Dichter aus Paris, für den der als Heimat des Wunderbaren, Geheimnisvollen und Tiefsinnigen verstandene Orient bereits in Deutschland beginnt. Es ist dies für ihn das Deutschland Paracelsus', Agrippas von Nettesheim, Jakob Böhmes, Goethes und der Romantiker. Was ganze Generationen anticartesianisch gesinnter Franzosen, der Aufklärung Voltaires und der Enzyklopädisten überdrüssig, aufgrund geistiger Wahlverwandtschaft gefühlt haben, das hat Gérard de Nerval einmal mit dem wie Erz klingenden Bekenntnis offen ausgesprochen: „Deutschland, unser aller Mutter..." Der Morgenlandfahrer und Exotist Nerval, der so elend und einsam gestorben ist, gehört zu den Gipfelgestalten deutsch-französischer Geistesbegegnung.

(1986)

Eduard von Hartmann

Der Philosoph des Unbewußten

Eduard von Hartmann, am 23. Februar 1842 als Sohn eines preußischen Artillerieoffiziers in Berlin geboren, wo er auch am 5. Juni 1906 starb, war vor etwa hundert Jahren einer der bekanntesten Philosophen Europas. Seine Werke standen im damals dem russischen Zarenreich einverleibten Polen ebenso in höchstem Ansehen wie in Frankreich. Jules Laforgue, ein französischer Dichter, der eine Zeitlang das höfische Amt eines Vorlesers der Kaiserin Augusta in Berlin bekleidet hatte, verbreitete E. von Hartmanns Ruhm in Paris. „In der Tat, die deutsche Philosophie hatte es ihm angetan, und namentlich Hartmann besaß keinen glühenderen Adepten", erinnert sich Houston Stewart Chamberlain, der Laforgue in den achtziger Jahren des vorigen Jahrhunderts mehrmals begegnet ist. Wladimir Solowjow, der bislang überragendste Philosoph, den Rußland hervorgebracht hat, widmete bereits zu Lebzeiten des deutschen Denkers diesem einen ausführlichen Artikel (mit fünfunddreißig Zeilen Literaturangaben) in der russischen Ausgabe der Brockhaus-Enzyklopädie. Er nennt ihn dort den „populärsten unter den zeitgenössischen Philosophen der metaphysischen Richtung". Sein Hauptwerk „Die Philosophie des Unbewußten", der Versuch einer Synthese von Hegel und Schopenhauer, angereichert mit Schellingschen Motiven, veröffentlichte Hartmann als erst Sechsundzwanzigjähriger; es erschien 1923 in der zwölften Auflage. Noch für Hans Vaihinger, Max Scheler, Artur Drews, Leopold Ziegler, Hugo Ingrisch und Herbert Cysarz war der Rang Hartmanns evident. Es sei erstaunlich, stellt Cysarz in seinem letzten Buch („Individualität", Salzburg-München 1983) fest, wie sehr Hartmann nach dem Ersten Weltkrieg in Vergessenheit geraten sei. Heute gehört der schon in jungen Jahren berühmte Denker zu den völlig Verschollenen der Geistesgeschichte. Die letzten Ausgaben seiner Werke sind vor mehr als einem halben Jahrhundert erschienen; nur in der Wissenschaftlichen Buchgesellschaft (Darmstadt) ist seine zweibändige „Geschichte der Metaphysik” als Reprint erhältlich. Wenn hier kurz auf diesen Zeitgenossen Nietzsches hingewiesen wird, der übrigens auch eine „Kategorienlehre”, „Ästhetik” und „Phänomenologie des sittlichen Bewußtseins” geschrieben hat, dann nicht, um einer Erneuerung seines umfänglichen Systems willen, das wohl endgültig historisch geworden ist und nur noch Ideengeschichtler interessieren mag. Was hingegen eine größere Aufmerksamkeit beanspruchen darf, sind Eduard von Hartmanns zivilisationskritische und geistespolitische Einsichten und Prognosen. Sie erweisen den heute fast unbekannten Philosophen als einen hellsichtigen Diagnostiker, manchmal geradezu als prophetischen Denker.

Hier einige Beispiele für meine Behauptung. Wenn seit den siebziger Jahren allenthalben zu hören ist, daß der Fortschrittsglaube am Ende sei, daß sich in Europa ein fundamentaler Pessimismus ausbreite, daß trotz Wohlstand und Frieden insbesondere große Teile der jüngeren Generation von Zukunftsangst und Melancholie heimgesucht werden, dann scheint dies eine Voraussage Hartmanns aus dem Jahre *1874* zu bestätigen. Er schrieb damals, daß der Optimismus als allgemeine Grundstimmung „immer nur ein Intermezzo” sein werde. Er sei das Privileg gerade aufsteigender und bestimmte Ziele mit Begeisterung verfolgender Völker. Der Pessimismus werde in Zukunft aber nicht nur wiederkehren, sondern sogar noch zunehmen, „da die Menschheit, in je höherem Grade sie die Mittel irdischer Behaglichkeit sich dienstbar macht, desto mehr einsehen muß, wie unmöglich es ist, auf diese Weise die Qual des Lebens zu überwinden und zur Glückseligkeit oder auch nur zur Zufriedenheit zu gelangen”.

Eduard von Hartmann verbindet mit dieser Prognose die grundsätzliche Bemerkung, daß ein gewisser Pessimismus die „unentbehrliche Voraussetzung aller Religiosität” sei. Kein noch so großer zivilisatorischer und wirtschaftlicher Fortschritt könne die religiöse Anlage des Menschen — heute sagt man undeutlicher: „die Sinnfrage" — zum Erlöschen bringen. Die Religion werde vielmehr in eben dem Augenblick besonders aktuell, in dem „die Menschheit alles erreicht hat, was sie an Kultur auf Erden überhaupt erreichen kann — und die ganze jämmerliche Armseligkeit dieser höchsterreichbaren weltlichen Situation überschaut".

Religion als menschheitliches Dauerthema, als humane Grundanlage — diese Annahme bedeutet keineswegs, daß die bestehenden Kirchen und Konfessionen unveränderlich bleiben müssen oder gar mit einem „ewigen" Fortbestand rechnen könnten. So sehr der Philosoph davon überzeugt ist, daß die Religion „der höchste Kulturfaktor der Menschheit, der Mittelpunkt im Geistesleben des Einzelnen und der unentbehrliche Grund der sittlichen Gesinnung" sei, so sehr glaubt er auch daran, daß der „geschichtliche Entwicklungsprozeß der Religion nicht abgeschlossen" sei: „Religiöse Offenbarung ist Inspiration in der Seele des religiösen Genius, ähnlich wie künstlerische oder theoretische Offenbarung Inspiration in der Seele des Künstlers oder Forschers, freilich eingehüllt in mehr oder minder entstellende Zutaten des irrenden menschlichen Bewußtseins" (Grundriß der Religionsphilosophie, 1909, S. V). Auch dazu hat Eduard von Hartmann einige konkrete Aussagen gemacht — wieder im Jahre 1874 —, die heute angesichts unübersehbarer Krisenerscheinungen in der protestantischen Theologie weniger verblüffen als vor mehr als hundert Jahren.

Der moderne „liberale" Protestantismus sei „nichts als das Übergangsstadium vom abgestorbenen echten Christentum zu den modernen Kulturideen, die den christlichen diametral entgegengesetzt sind". Wer denkt dabei nicht an manche lutherische Kirchenmänner, die von Marx, Engels oder auch Ernst Bloch und Sigmund Freud weit mehr angetan sind als vom Herrn des Evangeliums? Ihnen gilt Hartmanns Wort, daß sie „gar keine Ahnung mehr davon haben, was es heißt, religiös und christlich zu sein." Bereits 1869 (Philosophie des Unbewußten, S. 610) hatte er nüchtern festgestellt:

„Sichtbar gewinnen die weltlichen Bestrebungen täglich an Macht, Ausdehnung und Interesse, sichtbar greift der Antichrist weiter und weiter um sich, und bald wird das Christentum nur noch ein Schatten seiner mittelalterlichen Größe sein."

Zwar trachte der „progressive" Protestantismus danach, die gesamte Kirchengeschichte zu annullieren, um dadurch endlich zur ursprünglichen Lehre Jesu zu gelangen. Doch eben *diesen* Jesus will ja der moderne, sich aufgeklärt, kritisch und „emanzipiert" dünkende Christ gar nicht — und *kann* ihn auch gar nicht wollen. Das Christentum, dem er — wenn überhaupt noch — sich anhängt, sei „nichts als ein weißes Blatt" oder „der unbehinderte Raum, um die eigenen Ideen in die Welt zu schicken, ohne jedoch den *Namen* des Christentums fahren zu lassen", das heißt: moderne Ideologien unter christlicher Flagge segelnd. Eben darin liege aber die tiefe Unredlichkeit einer gewissen Theologie, die einerseits die absurdesten Auswüchse des säkularen Zeitgeistes propagiere, andererseits aber auch auf den „Schein der gewahrten geschichtlichen Kontinuität mit dem positiven Christentum" nicht verzichten wolle. Der liberale Protestantismus „setzt sich auf den Stuhl, dem er die Beine absägt, und hält sich mit den Händen an den ganzen, der daneben steht" — der zunehmend niedriger werdende Stuhl ist das Christentum, der andere das, was man jeweils für den neuesten Stand der Wissenschaft hält.

Daß Hartmann keineswegs nur den Protestantismus kritisiert, sondern auch einflußreiche Tendenzen in der katholischen Kirche des zwanzigsten Jahrhunderts ahnungsvoll vorausgesehen hat, beweist sein Wort von der kommenden Verbindung zwischen Jesuitentum und Sozialismus unter sozialeudämonistischem Vorzeichen, also unter dem Banner organisierter kollektiver Beglückung.

Was von einem Christentum zu halten ist, das sich nur noch als rein innerweltliche Organisation der Nächstenliebe oder „Brüderlichkeit" ohne geglaubte transzendente Bindung versteht, hat Eduard von Hartmann mit drastischen Worten gesagt:

„Es ist wahr, die Religion ist kein Haifisch (wie die Inquisitoren glaubten); aber sie ist auch keine Qualle. Ein Haifisch kann doch wenigstens fürchterlich sein, eine Qualle ist immer nur wabblich."

Auch den heute in Westeuropa und Nordamerika grassierenden „Orientalismus", die weitverbreitete Neigung zur kritiklosen Vermischung von Elementen aus den verschiedensten religiösen Überlieferungen Asiens hat E. von Hartmann als Folge einer „Selbstzersetzung des Christentums" vorhergesagt. Wer sich dafür näher interessiert, der sei auf seine zweibändige „Religionsphilosophie" und sein Buch „Das religiöse Bewußtsein der Menschheit" verwiesen. In diesen Werken faßt der deutsche Denker Gott als den zwar geistigen, jedoch unbewußten und unpersönlichen (oder über-persönlichen) Urgrund der Welt auf. Er ist ein werdender Gott. Die Erlösung des Menschen fällt am Ende der Tage zusammen mit der Erlösung Gottes von seinem Leid an der Unvollkommenheit der Welt, an der „Tragik des Weltprozesses". Dies aber bedeutet, so lehrt E. von Hartmann, daß Gott und Mensch solidarisch sind: der erlösungsbedürftige, aber auch erlösungsfähige Mensch erweist sich demjenigen, der tiefer zu blicken vermag, als Mitarbeiter der Gottheit, als entscheidender Faktor der „Gotteserlösung", der „Selbsterlösung Gottes von dem Nichtseinsollenden in ihm". Diese Vorstellungen, in denen sich manche Überlieferungen deutscher Mystik mit Grundgedanken asiatischer Weisheitslehren verbinden, sind zwar im kirchlichen Sinne gewiß nicht rechtgläubig, ja sogar ketzerisch; doch unleugbar sind sie ein Zeugnis dafür, daß E. von Hartmann eine tiefreligiöse Natur war, ein entfernter Verwandter von Scotus Eriugena, Meister Eckhart und Jakob Böhme.

Um so erstaunlicher ist der Realismus dieses über Gott, Welt und Allerlösung grübelnden Philosophen, wenn er sich politischen und gesellschaftlichen Problemen zuwendet, die uns auch heute noch beschäftigen. So urteilt er über die sich zu seinen Lebzeiten erst schüchtern entwickelnde Emanzipation der Frau (die er prinzipiell bejaht), daß sie im Endergebnis auf die „Eingliederung der weiblichen Arbeitskräfte des Mittelstandes in das System der modernen Arbeitsteilung" hinauslaufe — aber auch auf nicht mehr. Über die moralischen Folgen einer sogenannten

Allgemeinbildung, einer als Bürgerrecht verkündeten „permanenten Erziehung" machte er sich keine Illusionen:

„Mit steigender Bildung des Volkes wächst erfahrungsmäßig seine Unzufriedenheit ... Der Unsittlichkeit wird nicht weniger in der Welt; nur die Form, in welcher die unsittliche Gesinnung sich äußert, ändert sich. Der Grad der unsittlichen Gesinnung bleibt ewig derselbe, aber sie legt den Pferdefuß ab und geht im Frack; die Sache und der Erfolg bleiben dieselben, nur die Form wird eleganter."

An sich tragen die wissenschaftlich-technischen Fortschritte nichts zum Glück bei; sie erhöhen allenfalls unsere Bequemlichkeit und steigern nur die Begierde nach noch mehr Luxus: „Es hat sich mit den vermehrten Mitteln nichts weiter vermehrt als die Wünsche und Bedürfnisse und in Folge davon die Unzufriedenheit."

Die eben zitierten Sätze stehen bereits in E. von Hartmanns zuerst 1869 veröffentlichter „Philosophie des Unbewußten".

Bemerkenswert sind auch seine vor etwa hundert Jahren niedergeschriebenen Gedanken über den (marxistischen) Sozialismus. Sie beweisen, daß dieser konservativ eingestellte Philosoph schon Jahrzehnte vor der russischen Oktoberrevolution von 1917 die Ergebnisse solcher Umwälzungen und Sozialexperimente klar vorhergesehen hat. Der Sieg des Sozialismus würde zu einem „jede individuelle Selbstbestimmung vernichtenden System der behördlichen Reglementierung aller privaten Tätigkeit" führen. In letzter Vollendung produziere er einen „absolutistischen Terrorismus ohnegleichen, der notwendig auch mit einer Korruption ohnegleichen verbunden sein würde". Das Resultat wäre „die Umwandlung der Gesellschaft in ein großes Zuchthaus unter der Fronvogtherrschaft der Demagogen". Revolutionen mögen gelegentlich „das glühende Eisen" sein, ohne das ein schwerkranker Organismus nicht geheilt werden kann; doch aberwitzig ist es, in ihnen eine „Universalmedizin" zu erblicken:

„Es ist Torheit der Freiheitsschwärmer, zu wähnen, nachdem eine Kette gebrochen sei, müsse die Menschheit nun positiv freier geworden sein: nein, für jede gebrochene Kette sind ihre

Arme mit tausend neuen Fäden und Stricken umschnürt, die sich immer enger und enger zusammenziehen. Die Leibeigenschaft löst die Sklaverei ab; kaum sind die Fesseln der Leibeigenschaft gesprengt, so schlingt das Kapital seine Netze um die Arme der Lohnarbeiter; am Siechenbette des Kapitals aber lauert schon der sozialistische Terror auf das ihm zufallende Erbe." Ebenso ist er davon überzeugt, „daß die eine Form der Ungleichheit nur zerstört wird, um einer anderen Platz zu machen".

Daß Hartmann trotz seines grundsätzlichen Konservatismus den konservativen *Parteien* nicht unkritisch gegenüberstand, erhellt sein Vorwurf, die politische „Rechte" neige nur zu oft dazu, „unhaltbar gewordene Zustände zu erhalten", während es doch aufs „Aufbauen, eine soziale Reorganisation" ankomme. Erwähnenswert ist in diesem Zusammenhang, daß der deutsche Philosoph ausdrücklich für die staatspolitische Notwendigkeit plädiert, „die gesunden organisatorischen Keime der Sozialdemokratie" fruchtbar zu machen.

Ebenso aktuell ist E. von Hartmann als Anwalt des Elite-Prinzips:

„Alle Kultur hat, solange es eine Geschichte gibt, auf Minderheiten geruht und wird, solange die Geschichte dauern wird, auf Minoritäten ruhen."

„Es liegt im höchsten Interesse des ganzen Volkes, daß eine Aristokratie erhalten bleibt, welche der Erhaltung und Förderung der nationalen Kultur dient."

Eduard von Hartmann, der ursprünglich eine militärische Laufbahn eingeschlagen hatte, auf die er jedoch später wegen eines Kniescheibenleidens verzichten mußte, gehört zu denjenigen Philosophen, die, wie Spinoza, Schopenhauer und Nietzsche, ausschließlich als Schriftsteller und Privatgelehrte gewirkt haben — unabhängig vom Universitätsbetrieb, unabhängig auch von kirchlichen Ämtern. Er ist heute nur noch wenigen bekannt, und noch seltener sind diejenigen, die ihn gelesen haben. Er zählt mit Schopenhauer, Lenau und Hebbel zur pessimistischen Strömung des deutschen Geisteslebens im neunzehnten Jahrhundert. Aber sein Pessimismus ist nicht gleichbedeutend mit Verzagtheit, Resignation und Passivität. Man könnte ihn geradezu einen hochgemuten Pessimisten nennen, der immerhin so optimistisch ist, darauf zu vertrauen, daß dereinst alle Menschen zu einer pessimistischen Sicht der Dinge gelangen werden und eben dadurch zur Erlösung der Welt und Gottes beitragen. In diesem Sinne schrieb er auch den ergreifenden Satz, der sich in dem im Jahre seines Todes erschienenen Buch „Das Problem des Lebens" findet:

„Zugleich mahnt uns die Tatsache des Alterstodes an die andere Einsicht, daß jedes Einzelwesen nicht für sich und um seinetwillen da ist, sondern nur da ist, um sich zum Opfer zu bringen auf dem Altar der Gesamtnatur, deren Sinn wieder im Geistesleben der Gesamtheit liegt."

Als „Philosoph des Unbewußten" lebte er gemäß dem Wort des Dichters Jean Paul, das er selbst einmal zitiert hat: „Ist es nicht ein tröstlicher Gedanke, dieser verdeckte Reichtum in unserer Seele? Können wir nicht hoffen, daß wir *unbewußt* Gott vielleicht inniger lieben als wir wissen, und daß ein stiller Instinkt für die zweite Welt in uns arbeite, indes wir hier bewußt uns so sehr der äußeren hingeben?"

Daß er ein bedeutender Denker, scharfsinniger Beobachter und vielseitiger Ideenarchitekt war, lassen diese vorläufigen Hinweise vielleicht ahnen. Sie haben absichtlich möglichst viel Hartmann selbst zu Wort kommen lassen. Dies ist um so angebrachter, als zur Zeit seine Hauptwerke bestenfalls in Antiquariaten erhältlich sind. Wenigstens eine umfangreiche repräsentative Auswahl aus seinen Schriften wäre ein verlegerisches Ziel, das die Anerkennung aller geistig interessierten Deutschen verdiente. Denn nach wie vor gilt das 1910 ausgesprochene Wort Leopold Zieglers, eines alles andere als kritiklosen Bewunderers E. von Hartmanns:

„Ihn einfach nicht zu kennen geht nicht an. In Hartmanns Weltbild lebt mehr als eine Vergangenheit der Philosophie auf... Es ist immer ein Zeichen vorbildlicher Tapferkeit und Furchtlosigkeit, auf Meinungen und Lehren zu beharren, die einem ganzen Zeitalter wider den Geschmack sind. Daß Hartmann in jeder Hinsicht unnachgiebig, unbeugsam, *hart* und ein

Mann blieb (ein Beispiel, wie wenig zufällig der Name sein kann), war mehr als bloßer Starrsinn, bloßer Hang zum Überlebten und Zurückliegenden. Nur jemand, der vor Menschen, Parteien, Einzelnen und kompakten Vielen keine Furcht kennt, vermag das Leben auszuhalten wie es Hartmann ausgehalten hat. Seinem glänzenden Talente wäre es wahrscheinlich leicht geworden, den Zeitläuften gefällig zu sein und ihren marktschreierischen Gewohnheiten zu schmeicheln. Daß er es verschmäht hat und die Stärke, den Stolz zur vollkommenen Einsamkeit besaß, stempelt ihn — alle möglichen Einwürfe beiseite gelassen — zum singulären Menschen, zum Philosophen, zum Weisen."

(1972, 1986)

Jens Peter Jacobsen

Ein schwermütiger Impressionist aus Dänemark

Dänemark ist zwar ein kleines Land, der kleinste der skandinavischen Staaten, und dennoch hat, innerhalb eines knappen Jahrhunderts, die dänische Dichtung die europäische Weltliteratur dreimal entscheidend bereichert: durch *Sören Kierkegaards* religiöse Existenzphilosophie, die in so hohem Maße das Ergebnis einer durchaus poetischen, sich in lyrischer Prosa, Aphorismen, erfundenen Briefen, Reden und Dialogen aussprechenden Natur ist; durch *Hans Christian Andersens* tiefsinnige und von philosophischem Humor erfüllte Kunstmärchen; und durch die beiden Romane „Marie Grubbe" und „Niels Lyhne", die Novellen und Gedichte von *Jens Peter Jacobsen.* Alle drei waren Dänen; wie so viele Dänen, neigten sie auch zur Ironie, mit der sie ihren Hang zur Schwermut auszugleichen oder abzufangen versuchten. Ungeachtet ihrer dänischen Herkunft fanden alle ihre ersten ausländischen Verehrer vorwiegend im deutschen Sprachraum. Hier sind sie schon seit langem so bekannt, daß man sie meistens kaum mehr als dänische Autoren würdigt, sondern beinahe schon für Deutsche hält.

Verglichen mit Kierkegaard und Andersen ist Jens Peter Jacobsen heutzutage weniger berühmt, obwohl Rilke den „Niels Lyhne" wie die Bibel schätzte und in seine eigenen „Aufzeichnungen des Malte Laurids Brigge" viel von der ihm durch den nordischen Dichter vermittelten Dänemark-Vision eingegangen ist. Erinnert sei auch an Stefan George, der eigens die dänische Sprache erlernte, um einiges von Jacobsens Lyrik ins Deutsche übertragen zu können. Und der österreichische Tonkünstler Arnold Schönberg hat sich in seiner spätromantischen Frühperiode von Jacobsens „Gurreliedern" musikalisch inspirieren lassen.

Jacobsen stammt aus dem nördlichen Jütland. Dort wurde er am 7. April 1847 im Städtchen Thisted als Sohn eines Kaufmanns geboren, dessen Vorfahren Bauern, Fischer und Seefahrer gewesen waren. Die Mutter, an der der spätere Dichter hing und die ihn überlebte, war eine zwar einfache, doch für die musischen Neigungen ihres Kindes aufgeschlossene Frau. Als Schüler zeichnete sich Jacobsen nicht besonders aus. Am liebsten streifte er in freier, von Menschen möglichst unberührter Landschaft herum, wenn er nicht stundenlang, viele Zigaretten rauchend, in einem Kopenhagener Kaffeehaus saß und schweigend die Menschen betrachtete. Von allen Wissensgebieten interessierte ihn nur die Botanik. Dem ohnehin schon von Geburt an schwächlichen und übersensiblen jungen Mann, der anfänglich nicht als Dichter, sondern als Verfasser naturwissenschaftlicher Abhandlungen und Übersetzer Darwins hervortrat, wurde diese Neigung zum Verhängnis. Nachdem er an einem kühlen Spätherbsttag stundenlang, seinem pflanzenkundlichen Eifer folgend, barfuß durch einen kalten Sumpf gewatet war, erkrankte er an einer akuten Schwindsucht. Reisen in den wärmeren Süden — nach Italien, der Provence und der französischen Schweiz — brachten seinem Leiden keine entscheidende Linderung, abgesehen davon, daß er sich nur in seiner Heimat wohlfühlte. Er starb am 30. April 1885 in seinem Geburtsort Thisted im Alter von 38 Jahren.

In seinem kurzen, von langjährigem Siechtum gezeichneten Leben hat Jacobsen ein dem Umfang nach schmales, in seinem Gehalt jedoch bahnbrechendes dichterisches Werk hinterlassen. Es bezeichnet die endgültige Abkehr von einer epigonal gewordenen Romantik, die in Dänemark, noch weit mehr als in Deutschland, schon bald biedermeierliche, bisweilen geradezu spießbürgerlich-triviale Züge angenommen hatte. Jacobsen, schon früh seinem christlichen Kinderglauben entfremdet, wollte, ganz im Sinne der positivistisch-naturalistischen Tendenzen des 19. Jahrhunderts, auch als Dichter sich so weit wie möglich an die sinnfälligen Tatsachen halten. Die Wirklichkeit sollte nicht idealisiert, sondern andächtig belauscht, beobachtet und präzise dargestellt werden.

Doch Jacobsen, dieser so emsig um faktenfrommen Realismus bemühte Naturforscher im Geiste Darwins, war viel zu empfindsamen, ja beinahe schon ätherischen Wesens, um jemals ein dänischer Zola oder Gorki werden zu können. Seiner Abwendung von einer fade, konventionell und kitschig gewordenen Romantik entsprang eine Wortkunst, in der Lyrik wie in der Erzählung, mit so viel Aura, Duft und Fluidum, mit so viel Sinn für feinste atmosphärische und seelische Nuancen und sublime Valeurs menschlicher Stimmungen wie landschaftlicher, häuslicher, tages- oder jahreszeitlicher Erscheinungen, daß man sie unmöglich zum Naturalismus rechnen kann. Eher schon könnte man Jacobsens Poesie als Ausprägung eines spirituellen Impressionismus charakterisieren. Ob er nun einen Regenfall, einen herbstlich flimmernden Garten, die Ausstrahlung eines Wohnzimmers, ein in Rosenblüten wühlendes Mädchen, die Gestalt, das Antlitz, den Teint, die Schultern und das Lächeln einer Frau, das Säuseln des Windes in einer Laube, die keimende Saat auf einem Acker oder den Zauber schildert, den ein bestimmtes Parfum oder ein bloßes Wort, ja schon die Betonung einer Silbe auf einen verliebten Mann auszuüben vermögen — stets erweist sich Jacobsen als ein für feinste Schwingungen und Reize überempfänglicher, sie nüchtern registrierender, aber auch schwelgerisch auskostender Artist, begabt mit einer hochgradigen zerebralen Sinnlichkeit, einem sensualistischen Intellekt, der die Fülle der Eindrücke meisterlich zusammenfügt und ihnen dadurch eine bisweilen fast hypnotische Wirkung verleiht. Durch scheinbar flüchtige Andeutungen vermittelt er dem Leser die unverwechselbare Eigenart eines Menschen, eines Gartens, einer Landschaft. Nebensächlich wirkende Gesten erweisen sich als Zeichen tiefer Wandlungen, sei's, daß eine Liebe aufkeimt oder eine Zuneigung in Haß, Abscheu und Ekel umschlägt. Dieser Dichter, dessen Ehrgeiz es war, ein wissenschaftlich-positivistischer Autor zu sein, erweist sich an manchen Stellen als ein heimlicher Allbeseeler, als ein atheistischer Naturmystiker.

Auch Dinge, die tot zu sein scheinen, haben ihr höchsteigenes Leben, ihre Qual und ihre Lust. Düfte sind weit mehr als chemisch-physiologische Wirkungen; sie haben einen eigenen Willen und unsichtbare Organe. Eine Hand, ein schmaler Fuß verrät unter Umständen mehr Intelligenz oder Gefühl als ein Gesicht. Wenn Jacobsen von blühenden Bäumen, herbstlichen Regenschauern, einem Sonnenuntergang oder auch einer mit ihrer Hand über ihr Haar hinstreichenden Frau spricht, dann kommt es dem Leser bisweilen vor, als hätte er derartiges noch nie erlebt.

Es lohnt sich, Jens Peter Jacobsen zu lesen, seine Novellen („Mogens", „Die Pest in Bergamo", „Ein Schuß in den Nebel", „Frau Fönß"), seine Lyrik und seine beiden Romane „Marie Grubbe" und „Niels Lyhne", von denen der eine zur Zeit der dänischen Renaissance, der andere im 19. Jahrhundert spielt und Entwicklung wie Scheitern eines geistig differenzierten, schwermütigen und nicht sehr lebenstüchtigen Intellektuellen schildert. Jacobsens Dichtung, insbesondere der von Rilke so innig bewunderte „Niels Lyhne", wirkt nicht zuletzt auf den Leser so intensiv, weil der Däne zwar versucht, den Poeten in sich auszuschalten, aber mit jeder Zeile beweist, um wieviel stärker der Künstler, Träumer und Magier in ihm war als der wissenschaftliche Analytiker und atheistische Propagandist. Der Romantiker war in ihm durch keine positivistische Tatsachengläubigkeit zu verdrängen, ja sogar Jacobsens Abkehr von jeder Religion wird zum Quellgrund eines beinah mystischen Atheismus. „Aber das Leben rechnet nicht mit Träumen; es gibt kein einziges Hindernis, das sich aus der Wirklichkeit herausträumen ließe", heißt es im „Niels Lyhne". Daß einer solch illusionslosen und zur Schwermut verführenden Grundstimmung — entgegen allen Theorien und Programmen — dennoch eine Dichtung von so sublimem Reiz zu entspringen vermag, gehört zu den Wundern der Literaturgeschichte. Jens Peter Jacobsen verkörpert das Paradoxon eines Romantikers, geboren aus dem Geist strenger Naturforschung und transzendenzloser Diesseitigkeit, in dem das, was früher einmal religiöser Glaube war, nur noch als poesiestiftende Sehnsucht weiterlebt.

(1985)

Emily Dickinson

Die Sappho aus Massachusetts

Sie entstammte einer einst aus England nach Massachusetts ausgewanderten Puritanerfamilie, die das Lachen nicht kannte und nur Zeitungen las, in denen „nichts Fleischliches" vorkam. Doch sie wuchs in einem der schönen Herrenhäuser Neuenglands auf, überschüttet von der fast animalischen Zuneigung ihrer jüngeren Schwester Lavinia und umgeben von vielen Katzen. Dieses Haus in Amherst und der große Garten, der es umgab, waren ihre Welt. Sie kannte jede seiner Pflanzen, wußte Bescheid über die Fundstellen und Wachstumseigentümlichkeiten der Blumen, Bäume und Sträucher. Als Schülerin gab sie mit einigen Mädchen eine kleine handgeschriebene Zeitung heraus, die „Waldblätter". Ihre witzigen Beiträge fielen auf. Man konnte sie für einen kecken Kobold halten, dessen Possen belustigten. Sie gründete eine Art von Mädchenbund, der die Dramen Shakespeares in „ungereinigter" Fassung las und erörterte. Entgegen der Prüderie der Umgebung beharrte sie auf ihrer Meinung, daß in den Stücken des Theatergenies aus Stratford-upon-Avon nichts Unanständiges stehe. Große Dichtung könne nicht schamlos sein, reinige von allem Schlüpfrigen und Verruchten.

Obwohl sie im Kreise ihrer Gespielinnen gerne gesprächig war, redete sie nie über Privates. So unterhaltsam und ausführlich sie über Bücher, Tiere und Blumen sich äußern mochte, so verschwiegen war sie, wenn es um familiäre Dinge oder ihre höchstpersönlichen Angelegenheiten ging.

Als eine Schönheit konnte man sie nicht ansehen. Aber sie hatte sanftblickende, dunkelbraune, große Augen und rotbraunes Haar, das sie glatt um ihr ovales Haupt zu kämmen pflegte.

Ihr Wesen strahlte etwas Magdliches, Reines und Keusches aus.

Trotz der Lebhaftigkeit, die viele ihrer Briefe bekunden, umhüllte sie eine gewisse Kühle, wie sie einem frühen Märzmorgen eigentümlich ist. Ein Zeitgenosse beschreibt die sanfte, zerbrechlich wirkende Gestalt der lebenslang kränkelnden Frau:

„Ein Schritt wie das Trippeln eines Kindes, und herein glitt eine kleine unscheinbare Frau mit rötlichen Haaren, die wie zwei glatte Bänder ihr Gesicht umrahmten ... Sie kam mir entgegen mit zwei Lilien, die sie mir mit kindlicher Geste in die Hand gab, und sagte: ‚Dies ist meine Einführung', in einer leisen, ängstlichen, atemlosen, kindlichen Stimme, und fügte flüsternd hinzu: ‚Verzeihen Sie, wenn ich ängstlich bin; ich sehe nie fremde Menschen und weiß kaum, was ich sagen soll'."

Es gibt von ihr nur einen Scherenschnitt und zwei Lichtbilder, die sie in jungen Jahren zeigen. Später konnte sie ihre Abneigung gegen Porträts nicht mehr überwinden. Hatte sie schon in ihrer Jugend den Heimatort fast nie verlassen, so zog sie sich, kaum dreißig Jahre alt, völlig zurück. Sie war menschenscheu, ohne deshalb die Menschen zu verachten. Ihr Zimmerchen und der Garten bildeten ihre Welt. Die Häuslichkeit mit ihren alltäglich wiederkehrenden kleinen Ereignissen und Begebenheiten, das Kommen und Gehen der Jahreszeiten, die Rhythmen von Tag und Nacht, die Gezeiten von Traum und Wachen — dies reichte ihr, mehr bedurfte sie nicht. Die zarte Vergänglichkeit blühenden Mohns, der Duft des Hollunderstrauchs, das Gefieder der Wacholderdrossel, eine durch den Nebel watende Wasseramsel — wie reich vermag zu sein, wer darauf achtet und sich daran erfreut.

Was sie anrührte, blühte unter ihren Händen auf. Sie kleidete sich sommers wie winters stets in Weiß. Alle Geselligkeit meidend, blieb sie dennoch durch eifrige Lektüre und einen ausgedehnten Briefwechsel mit der Welt in Verbindung. „Wo gibt's ein Schiff, das wie ein Buch / in alle Welt uns trägt? / Wo ist der Läufer, der die Wucht / bewegter Verse schlägt?", heißt es in einem ihrer Gedichte. Wie Laotse meinte sie, daß der Weise über die Dinge der Erde genügend Bescheid wissen könne, auch wenn er nicht aus der Haustür trete. So lebte sie wie eine Klausnerin in ihrer Eremitage. Man nannte sie scherzhaft die Nonne von Amherst. Auf die Frage nach dem Grund ihres einsiedlerischen Hanges, ihrer Abneigung gegenüber gesellschaftlichen Veranstaltungen erwiderte sie mit lakonischer Heiterkeit: „Das bloße Gefühl zu leben ist mir Freude genug. Leben ist so überraschend und auch erschreckend, daß es für zusätzliche Beschäftigung nur wenig Raum läßt." Sensibel, wie sie war, mied sie tunlichst alle Anlässe, die sie hätten verletzen können. Der Umgang mit ihren eigenen Stimmungen, Gefühlen und Einfällen war ihr genug. Mit Schopenhauer, dessen Schriften sie ganz gewiß nicht kannte, war sie davon überzeugt, daß Stille, Einsamkeit und Abgeschiedenheit die Pflanzschulen innerer Freiheit sind. Ganz selbst sein darf jeder nur, insofern er allein ist. Wer die Einsamkeit nicht liebt, kann auch nicht frei sein. In diesem Sinne lebte sie ihr verborgenes Leben:

Im Haus bemerkte man mich nicht.
Der kleinste Raum war mein;
Geranienstöckchen, Buch und Licht:
So saß ich nachts allein.

So saß ich, fing die Münze auf,
Die ständig niederfällt,
Hob noch den Korb zu mir herauf —
Sonst gab mir nichts die Welt.

Der kirchliche Gottesglaube behagte ihr nicht, für die puritanische Dogmatik brachte sie je älter sie wurde desto weniger Sympathien auf. Sie war deshalb nicht unfromm. Ihre private Religiosität war der des von ihr verehrten Naturmystikers und Neoidealisten Ralph Waldo Emerson verwandt. Dasein als solches erschien ihr als ein einziges Wunder. Das „Übernatürliche" erschien ihr nur als das enthüllte Natürliche. Muß man erst *zu* Gott aufbrechen, wenn, genau betrachtet, alle Wesen ohnehin nur *in* Gott sich ergehen können? In solcher Geborgenheit fühlte sie die geheimnisvolle Freiheit der wahren Kinder Gottes. Hier entsprang ihr metaphysischer Humor.

Einmal in ihrem Leben war sie in einen Collegestudenten leidenschaftlich verliebt gewesen. Doch niemand erfuhr davon, nicht einmal der vergötterte junge Mann. Unverheiratet lebte sie für sich selbst und verließ ab ihrem vierzigsten Lebensjahr das väterliche Grundstück überhaupt nicht mehr.

Sie starb vor hundert Jahren, nach kurzer Krankheit, am 15. Mai 1886. Niemand wußte — vielleicht mit Ausnahme ihres Brieffreundes T. W. Higginson —, daß sie eine Dichterin war: die Sappho Neuenglands, die größte Lyrikerin Nordamerikas, in ihrem Jahrhundert die einzige kongeniale weibliche Entsprechung zu dem Rhapsoden Walt Whitman. Kaum sieben Gedichte waren von ihr zu Lebzeiten in Provinzgazetten veröffentlicht worden, und auch die anonym und gegen ihren Willen. Hin und wieder hatte sie einem Brief einige Verse beigelegt. Sie wiesen unverkennbare formale Mängel, ja sogar orthographische Unrichtigkeiten auf, und waren dennoch konzentrierteste Poesie. Um so größer die Überraschung, als Lavinia in einer Truhe aus Kampferholz weit über tausend handschriftliche Gedichte ihrer verstorbenen Schwester entdeckte. Viele waren reinlich auf sauberes Briefpapier geschrieben, doch noch mehr Verse oder auch nur lyrische Entwürfe und Einfälle standen auf gebrauchten Umschlägen, Rechnungen, Papierservietten, abgerissenen Zeitungsrändern. Die meisten Gedichte haben nur einen Umfang von drei Strophen, sehr viele umfassen nicht mehr als sechs bis acht Zeilen. Verhaltenheit und Ekstase, Nüchternheit und Mystik, Skeptizismus und Überschwänglichkeit kennzeichnen ihren Tonfall; Liebe, Tod und die Rätselhaftigkeit Gottes kommen in ihnen zur Sprache. Ist es Zufall oder Fügung, daß so mancher langgehegter Plan an einem Nachmittag plötzlich stirbt? Ein Wanderer wird nicht beraubt, weil er einige Schritte vom gewohnten Weg abwich. Eine große Liebe bleibt unverwirklicht, weil ein Pferd vor einem Haus angebunden stand, das ein Sehnsüchtiger von fern umkreiste. Wenn die Augen nichts mehr sehen, wie hellsichtig vermag ein vertrauendes, ein glaubensstarkes Herz zu schauen. Manches Licht beginnt erst zu leuchten, wenn Finsternis die Sinne umhüllt. Die klösterlich lebende Dichterin läßt Bienen und Vögel „das Sakrament des Sommers" feiern, sie spricht vom „gelben Lärm" eines Sonnenaufgangs und vergleicht eine wegziehende Regenwolke dem in den Himmel entrückten Propheten Elias. Sie kennt „die gebieterische Niedergeschlagenheit" der Verzweiflung ebensogut wie die Trunkenheit hochsommerlicher Glut und die „tiefe Verantwortlichkeit", die darin sich erfüllt, daß eine Blume blüht.

Es dauerte Jahre, bis sich nach ihrem Tode endlich ein Verleger dazu bereit fand, eine kleine Auswahl dieser Gedichte herauszubringen. Erst mehr als zwei Menschenalter nach ihrem Ableben erschienen umfassendere und zunehmend vollständigere Ausgaben: 1945, 1952 und 1955. Nachgeborene Lyriker, die zur Weltliteratur der Moderne zählen, wie T. S. Eliot, Wallace Stevens und Ezra Pound, haben sowohl die handwerkliche Meisterschaft als auch die geistige Grundhaltung dieser Dichterin bewundert. Sie heißt *Emily Dickinson.* Ihr Stern, den Zeitgenossen verborgen, ist erst in unserem Jahrhundert aufgegangen. Eines ihrer kurzen Gedichte — hier in der Übertragung des Schriftstellers Julius Bab wiedergegeben — hat den Titel „Vermächtnis":

Wenn die Rotkehlchen wiederkommen,
Und ich sollte nicht mehr leben,
Mußt du dem mit der roten Krause
Ein Gedächtniskrümchen geben.

Wenn ich dir nicht danken kann,
Weil ich ja schlief ein,
Weißt du doch: versuchen werd' ich's
Mit meinem Mund von Stein.

(1986)

Vilfredo Pareto

Der „Rechtsintellektuelle" als Aufklärer

Wer in Deutschland versucht, auf die säkulare Bedeutung Vilfredo Paretos hinzuweisen, muß noch immer von der Tatsache ausgehen, daß hier die Entdeckung dieses Sozialwissenschaftlers, Ideologiekritikers und politischen Denkers noch kaum begonnen hat. Während Pareto in der englischsprechenden Welt seit langem als einer der Gründerväter der modernen Soziologie gilt[1], scheint er sogar für die wissenschaftlich und philosophisch interessierten Deutschen umsonst gelebt zu haben. Es gibt hier, anders als im Falle von Karl Marx, Sigmund Freud oder auch Edmund Husserl, keine Partei, Gruppe oder Geistesrichtung, die an seine Gedanken anknüpft und seine Methoden weiterentwickelt. Vergebens sieht man sich nach der vollständigen Übersetzung auch nur eines der Hauptwerke Paretos um. Nur zögernd erscheinen über ihn Aufsätze und Monographien[2]. Wo im akademischen Bereich Paretos überhaupt Erwähnung getan wird, sind die Stellungnahmen meist feindselig und gereizt, günstigenfalls zurückhaltend-kühl. Er gilt fast unangefochten als intellektueller Faschist. Die Antipathien, die dieses Wort auslöst, nötigen den, der Pareto gerecht zu werden bemüht ist, beinahe dazu, um Entschuldigung zu bitten. Sie bringen es auch mit sich, daß man bei einem Gespräch über Pareto im allgemeinen nicht einmal dürftige Vorkenntnisse unterstellen kann. Man muß, bevor man zur Sache gelangt, einen ganzen Wall von Gerüchten, Vorurteilen und auch Verleumdungen durchbrechen. Ist doch Pareto nicht nur die politische Integrität und wissenschaftliche Qualifikation, sondern sogar die geistige Gesundheit abgesprochen worden. „Man muß achselzuckend feststellen", schreibt Leopold von Wiese, „daß die Gesamtheit des Werkes brüchig und ergebnisarm ist"; sein Autor sei ein „Philosoph der Rebarbarisierung".[3] Für den Psychiater Franz Alexander ist der italienische Gelehrte ein krasser Fall der Pathologie, ein „unter neurotischen Zwängen stehender dekadenter Aristokrat".[4] Und von Theodor W. Adorno stammt das böse Wort: „Seit Pareto arrangiert sich positivistische Skepsis mit je bestehender Macht, auch der Mussolinis[5]." Man könnte eine lange Liste derartiger Äußerungen von zum Teil sehr bekannten Männern zusammenstellen; doch werfen bereits die drei angeführten genügend Licht auf die Schwierigkeiten, die in deutschen Landen der objektiven Beurteilung eines Mannes entgegenstehen, der stolz von sich sagen konnte: „Ich bin an keine Partei, an keine Religion und an keine Sekte gebunden, daher besitze ich keine vorgefaßten Ideen über die Phänomene. Noch bin ich an irgendein Land gebunden und daher von den patriotischen Vorurteilen frei, die soviel Verheerungen in den Sozialwissenschaften anrichten. Ich verlange, hoffe und fürchte nichts, und deshalb hält mich auch nichts ab, die Wahrheit zu sagen[6]."

Ich möchte trotz der erwähnten Schwierigkeiten den Versuch wagen, wenigstens in kurzen Linien ein Bild von Pareto zu zeichnen, das etwas anders aussieht als das üblicherweise kolportierte: das Bild eines eminenten politischen Analytikers, Sozialtheoretikers und prognostischen Kopfs, dessen zyklopischer „Trattato di sociologia generale" mit seinen mehr als 2600 Paragraphen zu den scharfsinnigsten Hervorbringungen menschlichen Denkens über Herrschaft, Ideologie und gesellschaftliches Handeln überhaupt gehört[7]. Da hier nicht der Raum ist, sämtliche Theorien Paretos zu behandeln, muß ich mich darauf beschränken, nach einer biographischen Skizze aus dem Gesamtwerk einige zentrale Themen herauszuheben, die mir besonders aktuell erscheinen.

Vilfredo Pareto wurde am 15. Juli 1848 in Paris geboren. Seine Mutter war eine Französin, sein Vater entstammte einer alten genuesischen Patrizierfamilie, die von Napoleon I. das Adelsprädikat erhalten hatte. Um so erstaunlicher ist die Tatsache, daß Pareto, trotz seiner romanischen Herkunft, seine allerersten wissenschaftlichen Arbeiten, die er als noch nicht Großjähriger vorlegte, mit dem Namen „Fritz Wilfrid Pareto" signierte. Ebenso wird von Manon Michels-Einaudi berichtet, daß Pareto seine zweite Frau, eine Französin und Parteigängerin der gegen Deutschland gerichteten Entente während des Ersten Weltkriegs, des öfteren mit der ihr ärgerlichen Behauptung neckte, sein „wahrer Name" sei „Fritz Willy". Auch seine Dissertation, die gedruckt vorliegt, nennt als Verfasser ausdrücklich: „Fritz Wilfrid Pareto". Gottfried Eisermann, der wohl beste deutsche Kenner des paretianischen Werks, stellt dazu fest: „Wem bekannt ist, mit welcher Sorgfalt bei akademischen Examina und Promotionen Personalpapiere geprüft werden, wird geneigt sein, hierin den wahren Namen, den die Familie oder er selbst späterhin italianisiert haben mag, zu erblicken. Im Italienischen ist ,Vilfredo' jedenfalls ein ungewöhnlicher Vorname." Leider ist das standesamtliche Register, in dem Paretos Geburt eingetragen war, schon 1871, während der Unruhen der „Pariser Kommune", durch Brand vernichtet und später nicht mehr erneuert worden. Auch in der Taufmatrikel der zuständigen Pfarrkirche Saint-Etienne-du-Mont, die in der Nähe der Sorbonne im Quartier Latin liegt, findet sich kein Hinweis auf Paretos Rufnamen. Wurde er überhaupt kirchlich getauft? Wie kam er dazu, in jungen Jahren mit einem deutschen Namen zu unterzeichnen? Weshalb stichelte er seine Frau mit dem in scherzhaftem Tone vorgebrachten Bekenntnis, daß er eigentlich „Fritz Willy" heiße?

Wir wissen es nicht und werden vermutlich auch niemals genau rekonstruieren können, welche Bewandtnis es damit hat. So findet sich schon zu Beginn von Paretos Leben, das in so hohem Maße der Klarheit der Vernunft und sorgfältiger Beobachtung der Tatsachen gewidmet war, ein anscheinend undurchdringliches Geheimnis. Es ist dies nur eines unter so manchen Rätseln, die sein Werdegang und Werk dem Forscher aufgibt. Erwähnt sei nur noch, daß Pareto trotz des für einen halb italienischen, halb französischen Südländer merkwürdigen germanischen Vornamens mit dem deutschen Geistesleben keine besonders innigen Beziehungen unterhielt. Aus Hegels „Naturphilosophie" las er gelegentlich in vorgerückter Stunde Freunden vor, um sich und seine Gäste zu schallendem Gelächter über so viel teutonische

Tiefsinnigkeit anzuregen. Für Karl Marx' geistigen Rang war er empfänglich; doch hinderte ihn sein grimmiger Skeptizismus daran, dessen kommunistische Zukunftsvision zu billigen. Bismarcks realpolitisch nüchterne Eigenart bewunderte er hingegen.

Mit etwa elf Jahren kam Pareto aus Frankreich nach Italien. Er studierte am Polytechnikum in Turin und legte 1869 eine Doktorarbeit über die grundlegenden Prinzipien der Theorie der Elastizität fester Körper vor. Nach mehrjähriger Tätigkeit als Ingenieur bei den Römischen Eisenbahnen ließ sich Pareto in Florenz nieder und wurde Generaldirektor einer anderen Eisenbahngesellschaft. Freihandel und Volkssouveränität waren die Ideale des leidenschaftlichen Republikaners; den Militarismus lehnte er zeitlebens ab. 1882 bewarb sich Pareto vergeblich um das Abgeordnetenmandat im Wahlkreis Pistoja-Prato. Ebenso hatte er mit der italienischen Regierung wiederholt Schwierigkeiten, da er deren schutzzöllnerische Politik in Zeitungsartikeln und Reden radikal bekämpfte. In den Mußestunden und insbesondere in vielen schlaflosen Nächten eignete sich der wirtschaftspolitisch interessierte Ingenieur ein enzyklopädisches Wissen an, das die klassische Literatur und Philosophie ebenso umfaßte wie die Werke der Kirchenväter und der großen Historiker. Er las Griechisch und Lateinisch fließend vom Blatt und schrieb eine vergleichende Studie über die Sprache des Apostel Paulus und den attischen Dialekt. Daneben studicrtc er ausgiebig Religionsgeschichte, Mythenkunde, Rechts- und Kulturgeschichte, Reiseliteratur, ferner die Arbeiten von Comte, Darwin, Buckle, Bain und Spencer. Hinzu kam etwa seit 1890 das Interesse an reiner nationalökonomischer Theorie, insbesondere in der Form, wie sie Léon Walras entwickelt hatte. 1893 wurde Pareto Nachfolger von Walras an der Universität Lausanne. Pareto war damals bereits fünfundvierzig Jahre alt und ein Mann, der bis dahin keine wissenschaftliche Leistung öffentlich vorweisen konnte. Von seiner ungewöhnlichen Bildung und Gelehrsamkeit wußten nur wenige Freunde. Erst 1896 erschien als Frucht seiner Lehrtätigkeit der zweibändige „Cours d'économie politique", eine glänzende Darstellung der neoklassischen Wirtschaftswissenschaft, in der sich bereits zwei soziologische Kapitel finden. 1902 folgte das ebenfalls zweibändige Werk „Les systèmes socialistes", die vielleicht bis heute vollkommenste und gründlichste Auseinandersetzung mit den sozialistischen Lehren von Platon bis Karl Marx und Friedrich Engels. 1906 erschien das drei Jahre später auch ins Französische übersetzte „Manuale di economia politica". Diese drei Werke bilden den Ertrag des paretianischen Weges von der reinen, vorgeblich apolitischen, imgrunde jedoch liberalen Wirtschaftstheorie zur Soziologie. Dieser Weg erreichte seinen Abschluß in dem 1916 erschienenen „Trattato di sociologia generale". Pareto war damals fast siebzig Jahre alt. In den Ereignissen des Ersten Weltkrieges und der darauf folgenden Jahre erblickte er „bellissime prove", die schönsten Belege für seine theoretisch gewonnenen Erkenntnisse. Im Dezember 1922, also kurz nach der Ernennung Mussolinis zum Ministerpräsidenten, wurde der Pazifist Pareto zum Vertreter Italiens in der Abrüstungskommission des Völkerbundes und im März 1923 zum Senator ernannt. Er starb am 19. August desselben Jahres auf seinem Landsitz in Céligny am Ufer des Genfer Sees, wo er sich im Jahre 1900 niedergelassen hatte[8].

Was das persönliche Verhältnis Paretos zum Faschismus betrifft, so ist dazu folgendes zu sagen: als er starb, war Mussolini noch nicht einmal ein Jahr an der Macht; seinem Regime fehlten damals noch jene spezifisch totalitären Züge, die später die Bewunderung Hitlers fanden. Mussolini hatte eine Zeitlang Paretos Vorlesungen in Lausanne besucht; er war damals noch radikaler Sozialist und stand in keinen persönlichen Beziehungen zu seinem Lehrer. Daran änderte sich auch nach dem Marsch auf Rom im Oktober 1922 nichts. Pareto selbst war niemals Mitglied der Faschistischen Partei. Er stand der Partei Mussolinis — den er nach einem berüchtigten Briganten mit Vorliebe „Musolino" nannte — bis zur Machtergreifung reserviert, gelegentlich geradezu feindselig gegenüber. Nach der Machtergreifung äußerte er einige anerkennende Worte über das neue Regime, allerdings mit deutlichen Vorbehalten. Diese Vorbehalte liefen darauf hinaus, daß Pareto nur einen pluralistischen, um nicht zu sagen konstitutionellen Faschismus zu akzeptieren bereit war. Er plädierte für eine sowohl starke als auch gemäßigte Regierung und warnte in einem unter der Überschrift „Libertà" kurz vor seinem Tode publizierten Aufsatz die Faschisten vor kriegerischen Abenteuern und einer Einschränkung der Meinungs-, Presse- und Lehrfreiheit. In diesem Zusammenhang sei noch erwähnt, daß von Pareto, der sein kritisches Instrumentarium vorzüglich an den ideologischen Schleiern der „plutokratischen Demokratien" Westeuropas erprobte und, wie er sich ausdrückte, hinter „dem Flittergold der humanitären und ethischen Deklamationen" den Willen zur Macht witterte, dennoch auch folgender Satz stammt: „Die beste Regierung, die heutzutage existiert, und auch die beste von allen, die man bislang beobachten konnte, ist die der Schweiz, besonders in der Form der direkten Demokratie, die sie in den kleinen Kantonen annimmt[9]." Dieser Pareto, der so wenig dem verbreiteten Klischee vom Apologeten des Faschismus entspricht, war imgrunde ein Liberaler, der, je älter er wurde, zwar die Ideologie des Liberalismus als Ideologie durchschaute, doch weiterhin als ein Mann mit freiheitlichen Instinkten die institutionellen Errungenschaften der liberalen Epoche ehrte: Meinungs- und Pressefreiheit, Schutz religiöser, ethnischer und politischer Minderheiten, die Idee von „checks and balances[10]".

In ihrem Kern ist die paretianische Sozialtheorie eine Theorie des menschlichen Handelns. Sie unternimmt eine Neubegründung der Soziologie aus einer fundamentalen Theorie und Analyse menschlichen Verhaltens. Die Wirtschaftswissenschaften bilden nur einen Teil dieser Soziologie, da sie sich überwiegend mit den relativ logischen oder, in der Sprache Max Webers, zweckrationalen Handlungen befassen[11]. Der überwiegende Teil menschlichen Verhaltens hat jedoch nichtlogischen Charakter. Im Mittelpunkt der soziologischen Studien Paretos steht die Analyse nichtlogischer Handlungen und der Nachweis, daß diese unter den menschlichen Tätigkeiten bei weitem vorherrschen. Logisch ist das Verhalten eines Menschen unter folgenden Bedingungen: Motiv seines Handelns ist ein vorsätzlich gefaßtes Ziel; dieses Ziel ist grundsätzlich erreichbar; die angewandten Mittel sind objektiv geeignet, dieses Ziel zu erreichen. Bei einer logischen Handlung stimmt das erreichte Resultat mit dem vom Handelnden verfolgten Zweck überein. Derartige Handlungen finden wir vor allem auf den Gebieten Wirtschaft, Technik und Wissenschaft, zum Teil auch in der Politik und militärischen Strategie. Alle anderen Handlungen nennt Pareto nichtlogisch. Sie haben gemeinsam, daß deren von einem unbeeinflußten Beobachter feststellbares Resultat nicht mit dem vom Handelnden verfolgten Zweck übereinstimmt. Entweder fehlt bei ihnen ein vorsätzlicher Zweck, wie etwa im Falle von Instinkt- und Reflexhandlungen, aber auch von vielen symbolischen oder rituellen Verhaltensweisen. Oder das vom Handelnden angegebene Ziel ist irreal, beziehungsweise menschlicher Kontrolle und Praxis unzugänglich. Oder die vom Handelnden erreichten Ziele stehen in keinem sachlichen Zusammenhang mit den von ihm entwickelten Sinngebungen, Rechtfertigungen oder sonstigen Theorien über die von ihm gesetzte Handlung. Oder die vom Handelnden verwendeten Mittel sind dem an sich durchaus erreichbaren Ziel nicht adäquat, was bei abergläubischen Handlungen der Fall ist, aber auch bei zahlreichen politischen Maßnahmen. In der Antike war der Glaube verbreitet, daß man, um eine glückliche Seefahrt zu haben, vorher einen Hahn opfern müsse. Anarchisten glaubten, die herrschende Klasse durch Attentate beseitigen zu können. Englische Könige übten jahrhundertelang den Brauch der Handauflegung, um dadurch Kranke zu heilen[12].

Pareto begnügt sich nicht damit, aus der Fülle menschlichen Handelns bestimmte immer wiederkehrende Typen herauszuheben; es geht ihm vielmehr darum, die menschlichen Gesellschaften als interdependente Handlungsgroßsysteme zu rekonstruieren. Auch bedeutet für ihn die Feststellung, eine Handlung sei nichtlogisch, kein negatives Urteil. Strikt unterscheidet er zwischen der Rationalität einer Handlung oder dem Wahrheitsgehalt einer Aussage und dem individuellen oder sozialen Nutzen dieser Aktion oder Theorie[13]. Seine Kritik gilt nur jenen, die sich zwar nichtlogisch verhalten, aber zugleich sich und anderen weismachen wollen, sie handelten logisch. Um mit Pareto zu sprechen: „Der Mensch hat eine so starke Neigung, seinen nichtlogischen Handlungen logische Erklärungen anzufügen, daß ihm alles als Vorwand dient, sich dieser Lieblingsbeschäftigung zu widmen[14]." Vielleicht wird schon in diesem Zusammenhang die verbreitete Abneigung gegen den italienischen Analytiker wenigstens teilweise verständlich.

Pareto gehört mit Nietzsche und Freud zu den bedeutendsten Entlarvern der menschlichen Illusionen. So wie die Menschen zu großen Teilen unlogisch handeln, so suchen sie als Theoretiker im allgemeinen nicht die Wahrheit, sondern die Sicherung, Bestätigung und Rechtfertigung vorausgesetzter wertbehafteter Positionen. Sie werden in einem weit größeren Ausmaß, als sie zuzugeben bereit sind, nicht durch rationale Erkenntnisse und Überlegungen, sondern durch Gefühle, Leidenschaften und Triebe in ihrem Sinnen und Trachten bestimmt. Mit Recht stellt Carl Brinkmann fest: „Paretos Soziologie ist der rational-exakte Aufweis der irrationalen Tiefendimension allen sozialen Verhaltens[15]."

Pareto unterscheidet zwischen „Residuen", den wenigstens zum Teil instinktiven und emotional getönten Konstanten und Grundmustern menschlichen Handelns, und „Derivationen", den wechselnden verbalen Maskeraden primärer Bedürfnisse, Wertungen und Verhaltensweisen. Im einzelnen untersucht er die Residuen der Kombination, der Persistenz der Aggregate, des Ausdrucks von Gefühlen durch äußere Akte, der Soziabilität, der Integrität und der Sexualität. Die bedeutendste Rolle spielen in seiner Sozialtheorie die beiden ersten Residuen: das Residuum der Kombination, das die Wurzel aller Neuerungen, des Fortschritts in Wissenschaft und Technik sowie einen wesentlichen Faktor aller entwickelten Zivilisationen bildet, und das Residuum der Persistenz der Aggregate, das man etwa als konservatives Prinzip der sozialen Trägheit und Konformität charakterisieren könnte.

Wie bei den Residuen, den relativ wenig veränderlichen Wurzeln menschlicher Verhaltens- und Ausdrucksweisen, unterscheidet Pareto auch bei den Derivationen, den variableren Behauptungen, Aussagen, Theorien und Ideologien, die menschliches Handeln interpretieren, rechtfertigen und verhüllen, verschiedene Gruppen. Die erste bilden die Derivationen der einfachen Behauptung. Zu ihnen gehören etwa die meisten Sprichwörter und apodiktische Feststellungen, die sich auf bestimmte Tabus beziehen: „Das darf man nicht!" oder „Der Kluge gibt nach!"

Die zweite Klasse umfaßt die Derivationen der Autorität. Dazu Pareto: „Die Griechen fanden alles bei Homer, die Römer bei Vergil, die Italiener vieles bei Dante. Ganz bekannt ist der Fall der Bibel und der Evangelien. Man könnte schwer sagen, was man hier nicht gefunden hätte. Man hat aus ihnen zahlreiche Lehren, auch widersprüchliche, entnommen und mit gleicher Leichtigkeit das jeweilige Für und Wider bewiesen." Daß Pareto auch andere Autoritäten kennt, an die bestimmte Derivationen anknüpfen, um unabhängig davon bestehende Residuen zu rechtfertigen, geht aus den folgenden Sätzen hervor: „Das Automobil genießt den Schutz des Fortschritts, der nahezu ein Gott ist, wie das Käuzchen in Athen den Schutz der Göttin Athene genoß. Die Gläubigen des Fortschritts müssen das Auto respektieren, wie die Athener das Käuzchen respektierten. In unserer Zeit, in der die Demokratie triumphiert, würde das Auto geächtet werden, wenn es nicht den Schutz des ‚Fortschritts' genösse, da es hauptsächlich von reichen oder wenigstens wohlhabenden Leuten benützt wird, und die Kinder der Proletarier oder auch manche erwachsenen Proletarier umbringt. Es nimmt den Kindern der Armen die Möglichkeit, auf den Straßen zu spielen, und füllt die Häuser der armen Bauern und Dorfbewohner mit Staub. Alles das wird dank des Schutzes des Gottes Fortschritt ertragen ... Man geht sogar soweit, diejenigen, die das Auto nicht bewundern, so zu behandeln, wie man in früheren Zeiten die Ketzer behandelte[16]." Diese Ausführungen wurden vor etwa sechzig Jahren niedergeschrieben. Dasselbe gilt für die Sätze über das Ansehen des „Kapital" von Karl Marx: „Die wenigsten deutschen Sozialisten haben es gelesen, selten wie weiße Raben sind die, die es verstanden haben können. Aber die subtilen und dunklen Untersuchungen des Buches wurden von außen bewundert und verschafften ihm Autorität. Diese Bewunderung bestimmte die Form der Derivation ...[17]"

Was hätte wohl Pareto zu dem folgenden Satz gesagt, der sich in einer 1973 veröffentlichten Marburger Habilitationsschrift findet: „Die marxistische Theorie der ‚Geschichte' ist wahr nicht kraft theoretischer Stringenz; sie ist wahr, weil sie die Partei des Fortschritts nicht nur ergreift, sondern in der Arbeiterklasse als ihre Grundlage weiß[18]"? Er hätte dieser „Theorie" wohl einen Ehrenplatz in seiner Galerie der Derivationen der Behauptung und der Autorität zugewiesen.

Die dritte Gruppe von Derivationen wird schließlich gebildet durch die Übereinstimmung mit Gefühlen oder absoluten Prinzipien. Dazu gehören etwa die meisten Berufungen auf metaphysische Ideen oder die Hypostasierungen von aus dem menschlichen Zusammenleben sich ergebenden Ideenkomplexen wie zum Beispiel: „Wille der Nation", „Volksgeist", „wahre Bedürfnisse", „Bestimmung des Menschen", „historische Notwendigkeit", „Gemeinwohl", „Natur der Sache", „öffentliches Interesse". Spinoza sagte: „Wenn zwei gleichartige Individuen sich miteinander verbinden, dann bilden sie ein Individuum, welches zweimal mächtiger ist, als jedes einzelne es früher war. Es gibt also nichts Nützlicheres für den Menschen als den Menschen selbst." Gilt das auch, wendet Pareto ein, wenn es sich um zwei sehr Hungrige mit geringen Nahrungsvorräten oder um zwei Männer handelt, die um die Gunst desselben Mädchens wetteifern?

Zur vierten Gruppe von Derivationen gehören alle „Beweise durch Worte", die „prove verbali", wie Pareto sie nennt. Diese Derivationen spielen bei Politikern und Advokaten naturgemäß eine wichtige Rolle. Bereits die antike Rhetorik liefert dafür gute Beispiele, so etwa Aristoteles: „Wenn man eine Sache begünstigen will, dann muß man die Metaphern aus dem Besten, was es gibt, entnehmen; wenn man schaden will, aus dem Schlechtesten." Orest erschlug Klytämnestra und ihren Buhlen Aigisthos. Für die Erinnyen war Orest der Mörder seiner Mutter, für Pallas Athene hingegen der Rächer seines Vaters. In ähnlicher Weise nennt man ein und denselben Vorgang Standhaftigkeit oder Verstocktheit, Expropriation oder Raub, Exekution oder Mord, internationale Hilfsaktion für ein bedrohtes Land oder imperialistische Aggression, Emanzipation oder Anarchie. Pareto erwähnt in diesem Zusammenhang das Schicksal von Worten wie „Freiheit", „Freidenker", „Humanität" und gewisse pazifistische Derivationen, die darauf hinauslaufen, daß internationale Streitigkeiten durch Verhandlungen gelöst werden sollen, ausgenommen den Fall, daß es für ein Land vorteilhafter sei, die Streitfrage durch militärischen Einsatz zu lösen. Er kommt auch darauf zu sprechen, daß ein Wort allein schon dadurch eine völlig verschiedene Bedeutung erhalten kann, indem man ihm ein Beiwort hinzufügt: „Man unterscheidet dann die wahre Freiheit von der einfachen Freiheit, und zuweilen ist die erstgenannte genau das Gegenteil von der zweiten." So hat jede Zeit ihre Modeworte, von denen niemand weiß, was sie genau besagen; klar ist nur, daß sie eine bestimmte Sache, Haltung oder Maßnahme entweder strahlend oder düster erscheinen lassen sollen. Solche Lichtvokabeln sind heute beispielsweise: kritisch, emanzipatorisch, sozial, demokratisch, ökologisch, dialektisch, revolutionär; ihnen gegenüber stehen Adjektive wie: reaktionär, autoritär, repressiv, positivistisch, konservativ, statisch, formell, unreflektiert. An der äußersten Grenze erweisen sich diese Derivationen als bloße „musica di vocabuli", als reine Wortmusik. Für Pareto haben die meisten politischen, moralphilosophischen und naturrechtlichen Aussagen den Charakter von Derivationen, von Scheinbegründungen oder Scheinrechtfertigungen jeweils schon stillschweigend vorausgesetzter oder erwünschter Einstellungen. Ihre Sophistik ist keinesweigs immer leicht zu durchschauen und die Tatsache, daß noch heute sonst durchaus intelligente und liebenswerte Zeitgenossen den Namen Pareto nicht ohne Entrüstung hören können, erklärt sich wohl auch dadurch, daß niemand sich beliebt macht, der den Menschen zu zeigen beansprucht, wie unlogisch sie sich sogar im Gewande der Aufklärung verhalten.

Die wissenschaftliche Nullität der Derivationen ist für Pareto auch dadurch erwiesen, daß ein und diesselbe in den Dienst völlig verschiedener moralisch-politischer Ziele gesetzt werden kann. So hat man mit naturrechtlichen Argumenten sowohl die Notwendigkeit des Privateigentums als auch die seiner kommunistischen Abschaffung erweisen wollen. Ähnlich wurde die Methode der Dialektik nacheinander dazu benutzt, die preußische Monarchie, die kommunistische Diktatur, die Weltrevolution und den faschistischen Führerstaat als notwendig, vernünftig, fortschrittlich und legitim auszuweisen. Umgekehrt erkannte Pareto nicht minder, daß ein und dasselbe Residuum mit einander widersprechenden Derivationen gerechtfertigt zu werden vermag: „Ein Chinese, ein Mohammedaner, ein calvinistischer Christ, ein Katholik, ein Kantianer, ein Hegelianer, ein Materialist lehnen alle gleicherweise das Stehlen ab, aber jeder gibt für sein Verhalten eine unterschiedliche Begründung. Es sind Derivationen, die ein Residuum, das in allen vorhanden ist, mit einer Schlußfolgerung verknüpfen, die sie alle akzeptieren[19]."

Soweit Paretos Lehre von den Derivationen, die er mit einem gewissen grimmigen Vergnügen an „linken" Mythen erläutert: an einer Gleichheitsdoktrin, die hinterrücks doch wieder neue Hierarchien einführt, indem sie alle gleich, einige aber gleicher sein läßt; einem Internationalismus, der imperialistische Großmachtpolitik tarnt; einem selektiven Humanismus, hinter dessen Wortschleiern die Messer zu Bluthochzeiten gewetzt werden. Diese Beispiele sollten freilich nicht dafür blind machen, daß Paretos ideologiekritische Derivationenlehre sich ebensogut gegen „rechte" oder konservative Doktrinen anwenden läßt, und es ist kaum anzunehmen, daß der Verfasser des „Trattato", hätte er länger gelebt, die hegelianischen, biologistischen und rassenmystischen Derivationen deutscher und italienischer Faschisten oder Nationalsozialisten wie Gentile, Bottai, Evola, Steding, Krieck und Larenz verschont haben würde.

Eine als vorwissenschaftlich angesehene Lehre besagt, daß die menschliche Gesellschaft mit ihren hierarchischen Strukturen und Klassenverhältnissen eine Folge der individuellen Verschiedenartigkeit, der ungleichen Verteilung von Fähigkeiten, Neigungen und Talenten sei. Dies gelte vor allem im Hinblick auf die Begabung, Macht auszuüben, zu herrschen, zu organisieren, zu verwalten und große Massen mitzureißen. Viele seien dazu bestimmt, beherrscht zu werden, wenige nur, zu herrschen. Ich brauche nicht zu erwähnen, daß diese Lehre, die, in unterschiedlicher Formulierung, von Heraklit, Platon, Aristoteles, Thomas von Aquino und auch noch Voltaire vertreten wurde, heute als schlechthin reaktionär gilt. Sie befindet sich auf dem Rückzug vor einer anderen Lehre, die mit dem Namen Marx verknüpft ist. Marx hat niemals beansprucht, die Existenz der Klassen und ihren Kampf untereinander entdeckt zu haben. Mit Recht weist er in seinem berühmt gewordenen Brief an Joseph Weydemeyer vom 5. März 1852 darauf hin, daß bürgerliche Gelehrte längst vor ihm die Geschichte des Kampfes der Klassen und die „ökonomische Anatomie" derselben dargestellt haben. Sein Verdienst bestehe bloß darin, schreibt Marx in dem gleichen Brief, nachgewiesen zu haben, „1. . . . daß die Existenz der Klassen bloß an bestimmte historische Entwicklungsphasen der Produktion gebunden ist; 2. daß der Klassenkampf notwendig zur Diktatur des Proletariats führt; 3. daß diese Diktatur selbst nur den Übergang zur Aufhebung aller Klassen und zu einer klassenlosen Gesellschaft bildet . . .[20]" Mit anderen Worten: im Blick auf die Vergangenheit urteilt Marx nicht anders als „bürgerliche" Forscher oder „rechte" Ideologen. Ausbeutung, Herrschaft, Ungleichheit und Klassenantagonismus sind für ihn nichts Zufälliges, sondern die Konstituenten der bisherigen Geschichte und der Motor des kulturellen Fortschritts, wie dies Marxens Mitstreiter und Freund Friedrich Engels ungerührt im „Anti-Dühring" ausgesprochen hat: „Wir sollten nie vergessen, daß unsere ganze ökonomische, politische und intellektuelle Entwicklung einen Zustand zur Voraussetzung hat, in dem die Sklaverei ebenso notwendig wie allgemein anerkannt war. In diesem Sinne sind wir berechtigt zu sagen: Ohne antike Sklaverei kein moderner Sozialismus[21]." Nicht in seiner Deutung der Vergangenheit, sondern nur im Hinblick auf die Zukunft ist also der Marxismus eine linke Theorie, indem er annimmt, daß der Klassenkampf zur proletarischen Weltrevolution und diese schließlich zur klassenlosen Gesellschaft der Freien und Gleichen ohne Herrschaft, Entfremdung und Repression führen werde. Mittels einer gegenüber Hegel revolutionär umgewendeten Dialektik gelingt es Marx sozusagen, eine rechte Vergangenheitsschau mit einer linken Zukunftsvision zu verbinden.

Dieser Exkurs soll dazu beitragen, die Eigenart der Klassentheorie Paretos, seine Lehre von den politischen und sozialen Eliten zu verdeutlichen[22]. Vorauszuschicken ist, daß der italienische Soziologe den Begriff Elite völlig wertfrei, ohne moralische Nebentöne, definiert. Elite besagt bloß, daß sowohl in der Gesamtgesellschaft als auch in jedem ihrer Untersysteme einige wenige eine Macht über ihresgleichen besitzen, die in keiner Proportion zu ihrer Zahl (und gewöhnlich auch nicht zu ihren Verdiensten) steht. Eine Minorität fällt Entscheidungen, die alle betreffen. An dieser Tatsache könne eine parlamentarische Demokratie ebensowenig ändern wie ein Sozialismus mit noch so menschlichem Antlitz. Es verwundert nicht, daß eine solche Lehre sowohl östlich wie westlich des Eisernen Vorhangs wenig beliebt ist. Sie gilt als zynisch, menschenverächterisch und machiavellistisch. Es scheint jedoch, daß sie die Wirklichkeit besser beschreibt als die Theorien von der Volkssouveränität oder der klassenlosen Gesellschaft. Keineswegs war Pareto deshalb ein Mann, der die „Unterprivilegierten" verachtete oder sich über die Qualitäten der herrschenden Klassen fromme Illusionen machte. Die Weltgeschichte war ihm ein Friedhof von Eliten[23], und er sah keine Gründe, die zu der Vermutung berechtigten, daß in Zukunft das „oligarchische Faktum", wie man es nennen könnte, eine geringere Rolle als früher spielen würde. Im Gegensatz zu Marx leugnete Pareto nicht nur die Möglichkeit einer klassenlosen Gesellschaft; er kritisierte auch dessen Reduktion aller sozialen Konflikte auf den Gegensatz von Kapitalisten und Arbeiterschaft. Er unterschied zum Beispiel zwischen Kapitalisten und Unternehmern und meinte, daß die letzteren in der Regel mit den Arbeitern durchaus auch gemeinsame ökonomische Interessen haben. Pareto liefert keine Rezepte für eine utopische Gesellschaft, die von einer vertikalen Gliederung frei ist. Doch immerhin sagt er deutlich, wie eine funktionsfähige Gesellschaft beschaffen sein muß. Er betont die Notwendigkeit einer relativ freien Zirkulation zwischen den Klassen, also der Chance, daß fähige Elemente aus den Unterklassen in die Elite aufsteigen. Eine herrschende Klasse, die humanitäre Derivationen kultiviere, zugleich aber sich abschließe, bedeute ein Maximum an gesellschaftlicher Labilität. Die abnehmende Stärke einer politischen Elite lasse keineswegs eine Abnahme ihrer Neigung zu Gewalttätigkeit erwarten. Pareto unterscheidet scharf zwischen Stärke und Gewalt, zwischen funktional notwendiger Macht und willkürlicher Brutalität, die oft ein Zeichen von innerer Schwäche sei.

Zusammenfassend können wir Paretos diesbezügliche Ansichten etwa so formulieren: Klassen sind kein historisch-transitorisches Phänomen, sondern notwendige Elemente einer jeden möglichen Gesellschaft. Ihre Entstehung und Wirksamkeit hängt zwar mit Verhältnissen der Ökonomie zusammen, doch vermögen diese allein die vertikale Gliederung der Gesellschaften nicht hinreichend zu erklären. Hinzu kommt die Autonomie menschlichen Machtstrebens und die sich immer aufs neue stellende funktionelle Notwendigkeit von Autoritäten und Kompetenzen, um größere Kollektive überhaupt zu lebensfähigen Systemen organisieren zu können. Herrschende und nichtherrschende Klassen sind insofern keine Folge ökonomischer Ausbeutung, sondern ein politisch-organisatorisches Phänomen, das eine allgemeinmenschliche Wurzel hat. Pareto ist zwar nicht so weit gegangen, konkrete Klassenverhältnisse rassenbiologisch abzuleiten, doch spielen in seinen Analysen psychologische bzw. sozialpsychologische Überlegungen eine erhebliche Rolle. Verschiedene Klassen weisen nach ihm eine verschiedene Verteilung von Residuen auf, und die Individuen unterscheiden sich nun einmal stark voneinander in ihrem Wunsch und ihrer Fähigkeit zu herrschen[24]. Der Kampf um die Macht ist für ihn weder ein Kampf aller gegen alle noch ein Kampf zwischen einer winzigen Elite und einer unterdrückten Masse. Er ist vielmehr in der Regel ein Kampf zwischen zwei konkurrierenden Minderheiten: einer bereits herrschenden, die möglicherweise geschwächt, verbraucht und zu einem Einsatz von Zwangsmitteln unfähig ist, und einer herrschsüchtigen, die die ihr noch fehlende Macht mit Hilfe von demokratischen Derivationen zu ergreifen sucht.

Ich breche an dieser Stelle ab im Bewußtsein, wie wenig diese kargen Andeutungen einen Begriff von dem analytischen Scharfsinn und der Fülle an historischen Belegen zu vermitteln vermögen, mit denen Pareto unter Verzicht auf Appelle und Propaganda seine illusionslose Elitentheorie entwickelt. Ohne Schönfärberei zeigt er, wie regiert wurde und wird; mit welchen Methoden Staaten gegründet, erhalten und zerstört werden; wie hinter sich wandelnden Fassaden konstante Formen von Ausbeutung und Bewirtschaftung von Menschen durch Menschen wiederkehren; auf welche Weisen überlieferte Klassenverhältnisse unterminiert und revolutionäre Kräfte in bestehende Systeme integriert werden; in welchem Ausmaß List, Betrug, Gerissenheit, Korruption und Propaganda neben den gröberen Mitteln Gewalt, Krieg, Plünderung und Mord die politische Geschichte prägen. In solchen düsteren Abschnitten erreichte Pareto eine faszinierende Größe, wie sie unter Sozialwissenschaftlern sehr selten anzutreffen ist. Er wirkt dann stärker als Machiavelli und Nietzsche, zwei ihm in manchen Zügen verwandte Denker, weil er auch dann noch eine gewisse nüchterne Beherrschtheit, eine aristokratische Distanz gegenüber Entrüstung oder Apologie behält, wo ein Thomas Macaulay nicht umhin konnte zu sagen: „Die Prinzipien der Politik sind derart, daß ein Straßenräuber erröten würde, sie seinen Spießgesellen auch nur anzudeuten."

Dennoch hat dieser gnadenlose Analytiker menschlicher Illusionen, dem zumindest im reifen Alter religiöse Bedürfnisse unbekannt geblieben sein dürften, offen ausgesprochen, daß große Politik niemals nur an Interessen und materieller Gewalt sich orientieren könne. Ebenso bedeutsam erscheint ihm das, was er, wie schon vor ihm Tocqueville, „les croyances" nennt, also elementare Glaubungen — wenn dieses ungewöhnliche Wort erlaubt ist —, die nicht logisch abgeleitet und auch nicht auszudefinieren sind, auf die aber ein Volk nur um den Preis der Würdelosigkeit und Dekadenz verzichten könne: „Es gibt in der Geschichte kein großes, starkes und erfolggewohntes Volk", heißt es in einer 1911 erschienenen Schrift, „bei dem man nicht in der Tiefe wirksame Gefühle fände, die sich in einem Ideal, einer Religion, einem Mythos oder einem Glauben offenbaren. Jedes Volk, in dem diese Gefühle schwächer werden, befindet sich auf dem Weg der Dekadenz. Sehr viele kleine Völker sind groß geworden, weil sie den Glauben an sich selbst besaßen. Ein Volk, das diesen Glauben verliert, ist dem Untergang nahe . . . Nichts ist im Leben der Völker so praktisch wie das Ideal[25]." Die Kehrseite zu der in diesen Worten sich ausdrückenden Einstellung bildet Paretos Urteil über sein Hauptwerk: „Wenn ich wüßte, daß mein ‚Trattato' viel gelesen würde, schriebe ich ihn nicht." Denn — „welches Gewicht werden experimentelle Wahrheiten an dem

Tage haben, an dem die Heere angesichts des Todes aufmarschieren[26]?"

Man hat den, der dies schrieb, politisch, moralisch und wissenschaftlich geächtet. Zynismus, Amoralismus, Elitismus und vor allem Faschismus sind die wichtigsten der ihm zugeschriebenen Ruchlosigkeiten. Diese Schelten werden in deutschen Landen seit Jahrzehnten ungeprüft wiederholt, und so gilt von Pareto auch heute noch Audens Wort über den unglücklichen Dichter Weinheber: „Die Jungen verdammen dich ungelesen." Wer sich mit dem vielgetadelten, doch wenig studierten Autor wirklich beschäftigt hat, wird freilich von ihm kaum mehr loskommen. Einmal ist Paretos Lehre, wie Raymond Aron betont, „eine Theorie der Manifestation der menschlichen Natur im sozialen Leben". In ihrem Mittelpunkt steht der Mensch als ein handelndes Wesen, das, getrieben von Interessen, Leidenschaften und Glaubungen, sich niemals damit begnügt, einfach nur etwas zu tun, sondern immer auch Formeln der nachträglichen Rationalisierung und Legitimation, der Selbsttröstung und des Aufschwungs zu idealen Zielen produziert. Als anthropologischer Skeptiker hatte Pareto für die Utopie einer klassenlosen Gesellschaft oder eine als totale Selbstbestimmung verstandene Demokratie nur ein Lächeln übrig. Gleichwohl ist es unzulässig, in Pareto deshalb einen Faschisten, einen Lobredner unkontrollierter elitärer Gewalt und Menschenverachtung sehen zu wollen. An Wahrheit, strenger und nüchterner Wahrheit, interessiert, war er bemüht, die Sozialwissenschaften von der Stufe der Alchemie auf die einer empirisch-rationalen Disziplin zu heben. Es fehlt ihm jeder utopische Impuls, aber dafür sind ihm, gleichsam nebenher, einige erstaunlich treffsichere Prognosen über den künftigen Verlauf des zivilisatorisch-gesellschaftlichen Prozesses gelungen. Es mangelt ihm am deutschen Sinn fürs Absolute, doch nicht am lateinischen Sinn für das Maß und die Grenze, für das Bleibende, sich Wiederholende und Typische im geschichtlichen Wandel.

Pareto, der Sohn eines Italieners und einer Französin, ist dem Geist des Mediterranen verpflichtet, der griechisch-römischen Idee des Seins gegenüber dem Werden. Er geht davon aus, daß es unter der unendlichen Mannigfaltigkeit historischer Ereignisse ein relativ konstantes Element gibt: die condition humaine. So ist Paretos Soziologie mehr als ein Fach neben anderen: ein kaum ausschöpfbares Arsenal menschlicher Selbsterkenntnis. Wer seinen monumentalen „Trattato" liest, durchschreitet einen Palast mit Festsälen, die von antikischer Heiterkeit erfüllt sind, aber auch mit unterirdischen Verliesen, wo einige verdrängte Themen einer ernst zu nehmenden politischen Philosophie und Anthropologie ihrer Entdeckung harren. „Vieles ist ungeheuer und nichts ungeheurer als der Mensch[27]."

Anmerkungen

1) Vgl. Talcott Parsons: Essays in Sociological Theory. Glencoe, Ill. 1954.

2) Zu den bedeutendsten Arbeiten in deutscher Sprache, die der Interpretation und Erschließung von Vilfredo Pareto gewidmet sind, gehören einige Aufsätze und Studien des in Bonn lehrenden Soziologen Gottfried Eisermann, der auch eine schmale Auswahl aus dem „Trattato di sociologia generale" herausgebracht hat. Vgl. Gottfried Eisermann: Bedeutende Soziologen. Stuttgart 1968 (darin die Kap.: „Vilfredo Pareto als Wissenssoziologe" und „Vilfredo Pareto als politischer Denker"); ders: Vilfredo Pareto als Nationalökonom und Soziologe. Tübingen 1961; ders.: Vilfredo Paretos System der allgemeinen Soziologie. Einleitung, Texte und Anmerkungen. Stuttgart 1962. — Hingewiesen sei noch auf den frühen Aufsatz von Ernst Wilhelm Eschmann (s. Anm. 10) und Arnold Gehlens Studie „Vilfredo Pareto und seine ‚Neue Wissenschaft' ", die 1941 in den Blättern für deutsche Philosophie erschienen ist (wiederveröffentlicht in Arnold Gehlen: Studien zur Anthropologie und Soziologie. Neuwied-Berlin 1963, S. 149 - 195). Auf die philosophische Bedeutung des Ideologiekritikers und Weltanschauungsanalytikers Pareto hat Ernst Topitsch wiederholt aufmerksam gemacht.

3) Leopold von Wiese: Vilfredo Pareto als Soziologe. In: Zeitschr. für Nationalökonomie, Bd. 7 (1936), S. 443.

4) Franz Alexander: Irrationale Kräfte unserer Zeit. Stuttgart o. J., S. 82.

5) Vgl. Theodor W. Adorno, Ralf Dahrendorf, Hans Albert u. a.: Der Positivismusstreit in der deutschen Soziologie. Neuwied-Berlin 1969, S. 39. — Ähnlich Georg Lukács: Die Zerstörung der Vernunft. Neuwied 1962, S. 21: „Natürlich gibt es den Fall Mussolini, mit seinen philosophischen Quellen aus James, Pareto, Sorel und Bergson . . ."

6) Vilfredo Pareto: Lettere a Maffeo Pantaleoni. Rom 1960, Bd. 2, S. 281.

7) Von diesem Werk gibt es auf deutsch nur zwei relativ schmale Auslesen, die bereits erwähnte von Gottfried Eisermann und die von Carl Brinkmann herausgegebene Anthologie: Vilfredo Pareto: Allgemeine Soziologie. Tübingen 1955. — 1976 erschien der Band: Vilfredo Pareto, Ausgewählte Schriften. Hrsg. und eingeleitet von Carlo Mongardini (Ullstein, Berlin).

8) Zur Biographie Paretos vgl. die Einleitung von G. Eisermann in: Vilfredo Paretos System der allgemeinen Soziologie, S. 5 ff. und G.-H. Bousquet: Pareto. Le savant et l'homme. Lausanne 1960.

9) Vgl. Pareto: Trattato di sociologia generale. Introduzione di Norberto Bobbio. Milano 1964, Bd. 2, S. 764 (§ 2240, Anm. 1). Vgl. auch S. 709 (§ 2265).

10) Vgl. dazu Raymond Aron: Hauptströmungen des soziologischen Denkens. Köln 1971, Bd. 2, S. 154 ff.; Ernst Wilhelm Eschmann: Moderne Soziologen: Vilfredo Pareto. In: Die Tat. 21. Jg., Jan. 1930, S. 771 - 779, bes. 774 f.

11) Vgl. dazu Gottfried Eisermann: Wirtschaftstheorie und Soziologie. Tübingen 1957, bes. S. 20 ff., und Arnold Gehlen: Soziologie als Verhaltensforschung. In: Zeitschr. f. d. gesamte Staatswissenschaft, 115. Jg. (1959), S. 1 - 12.

12) Vgl. James Burnham: Die Machiavellisten. Verteidiger der Freiheit. Zürich 1947, S. 178 ff.

13) Vgl. Trattato, Bd. 1, S. 40 (§ 73).

14) Ebd. Bd. 1, S. 108 (§ 180).

15) Vgl. Carl Brinkmann: Über Vilfredo Pareto: In: Jahrbuch für Sozialwissenschaft, Jg. 1 (1950), H. 1, S. 3.

16) Vgl. Trattato, Bd. 2, S. 36 (§ 1450), S. 42 f. (§ 1463).

17) Ebd., Bd. 2, S. 14 (§ 1416).

18) Hans Jörg Sandkühler: Praxis und Geschichtsbewußtsein. Fragen einer dialektischen und historisch-materialistischen Hermeneutik. Frankfurt a. M. 1972.

19) Vgl. Trattato, Bd. 2, S. 13 f. (§ 1416).

20) Vgl. Karl Marx — Friedrich Engels: Werke, Bd. 28. Berlin (Ost) 1963, S. 508 f.

21) Vgl. Friedrich Engels: Herrn Eugen Dührings Umwälzung der Wissenschaft (Anti-Dühring). Berlin (Ost) 1960, S. 221.

22) Vgl. Rudolf Hamann: Paretos Elitentheorie und ihre Stellung in der neueren Soziologie. Stuttgart 1964; P. Hübner: Herrschende Klasse und Elite. Eine Strukturanalyse der Gesellschaftstheorien Moscas und Paretos. Berlin 1967; Günter Zauels: Paretos Theorie der sozialen Heterogenität und Zirkulation der Eliten. Stuttgart 1968. — Ergänzend verweise ich auch auf mein im MUT-Verlag, Asendorf 1984, erschienenes Taschenbuch „Elite — Erziehung für den Ernstfall".

23) Vgl. Trattato, Bd. 2, S. 538 (§ 2053): „Le aristocrazie non durano . . . La storia è un cimitero di aristocrazie."

24) Vgl. dazu kritisch Friedrich Jonas: Geschichte der Soziologie, Bd. 3. Reinbek 1969, S. 110 ff.

25) Vgl. Vilfredo Pareto: Le mythe vertuiste et la littérature immorale. Paris 1912, Schluß (deutsche Ausgabe: Neuwied-Berlin 1968).

26) Vgl. Trattato, Bd. 2, S. 147 f. (§ 1580 Anm. 3).

27) Sophokles: Antigone, V. 332 f.

(1973)

Alfred North Whitehead

Mathematiker, Homo religiosus und Entzifferer des Weltprozesses

In der englischsprechenden Welt zählt Whitehead (1861 - 1947) zu den bekanntesten Philosophen unseres Jahrhunderts. Man vergleicht ihn dort im Hinblick auf seine Universalität und Tiefsinnigkeit mit Denkern vom Range eines Aristoteles, Spinoza und Leibniz. Der irische Dichter und Nobelpreisträger W. B. Yeats fühlte sich stark zu ihm hingezogen; ebenso war ihm der große amerikanische Soziologe Talcott Parsons in wissenschaftstheoretischer und methodologischer Hinsicht verpflichtet. Gemeinsam mit Bertrand Russell, der dann ganz andere Wege ging, hatte Whitehead schon vor dem Ersten Weltkrieg das Grundlagenwerk der modernen Logik geschrieben: die fast zweitausend Folioseiten umfassenden „Principia Mathematica". In der amerikanischen Theologie scheint er neuerdings eine Rolle zu spielen, wie sie etwa Thomas von Aquin im christlichen Mittelalter innegehabt hat; erwähnt sei wenigstens der auch ins Deutsche übersetzte „Prozeßtheologe" John B. Cobb.

Im deutschen Sprachraum, überhaupt im festlandeuropäischen Bewußtsein ist hingegen Whitehead immer noch ein fast Unbekannter. Obwohl der Suhrkamp-Verlag im Laufe der letzten Jahre schon drei Hauptwerke des Philosophen in deutscher Sprache herausgebracht hat („Prozeß und Realität", „Abenteuer der Ideen", „Wissenschaft und moderne Welt") und im Reclam-Verlag eine Übersetzung des Bändchens „Die Funktion der Vernunft" erschienen ist, wird Whitehead in der philosophischen und theologischen Diskussion nur wenig genannt. Daran haben auch mehrere Symposien und Tagungen, die seinem Denken gewidmet waren, nichts zu ändern vermocht. 1985 legte der Suhrkamp-Verlag ein weiteres Buch Whiteheads in einer vorzüglichen Verdeutschung vor, das neben dem bereits erwähnten Reclam-Heft zu den verhältnismäßig am leichtesten zu lesenden Arbeiten des britisch-amerikanischen Metaphysikers und Kosmologen gehört: „Wie entsteht Religion?" Der Originaltitel (im Impressum nicht angegeben) des zuerst 1926 erschienenen Buches lautet: „Religion in the Making". Es ist aus vier Vorlesungen in der Bostoner King's Chapel hervorgegangen.

Whitehead geht nicht als dogmatischer Theologe vor, der sich der Autorität einer bestimmten Kirche unterwirft, obgleich der allgemeinchristliche Grundzug seiner Ausführungen unverkennbar ist. Was er vorlegt, ist auch kein Abriß der Religionsgeschichte oder eine Hypothese über die primitiven Wurzeln des religiösen Glaubens der Menschheit, obwohl er gelegentlich historische Beispiele und Vergleiche heranzieht (Buddha und Christus, Paulus und Johannes, Origenes und Erasmus von Rotterdam). Whitehead entwickelt vielmehr eine Art von Philosophie der religiösen Erfahrung, die sich, um es salopp zu sagen, an intelligente Zeitgenossen wendet, denen einerseits die kirchlichen Überlieferungen fremd geworden sind, die sich aber andererseits noch eine gewisse metaphysische Neugier, einen Sinn für die religiöse Dimension des Menschseins bewahrt haben. Insofern können auch Whiteheads Vorlesungen, ähnlich wie die berühmtgewordene Schrift Schleiermachers „Über die Religion" (1799), als „Reden an die Gebildeten unter ihren Verächtern" bezeichnet werden.

Der Philosoph verblüfft den Leser durch überaus eigenwillige Definitionen, die man so in keinem Katechismus, auch in keinem theologischen Handbuch finden kann. Er zwingt dadurch, vieles scheinbar Bekannte und vorgeblich schon Abgetane in einem völlig neuen Licht, in ganz unerwarteten Zusammenhängen zu sehen. Was ist Religion? Whitehead gibt darauf mehrere Antworten, die er dann halb essayistisch, halb systematisch näher erläutert. Religion ist etwa „die Kraft des Glaubens, der die Innerlichkeit reinigt"; ihre höchste Tugend sei deshalb „eine durchdringende Aufrichtigkeit". Eine derartige Umschreibung würde man bei Thomas von Aquin oder auch Luther vergeblich suchen. Es heißt aber auch, Religion sei das, „was das Individuum aus seinem eigenen Solitärsein macht". Sie hat also, jedenfalls in ihren entwickelteren Erscheinungsformen, grundlegend etwas mit der menschlichen Einsamkeit, Vereinzelung, ja Einzigartigkeit zu tun: „Wer niemals solitär ist, der ist niemals religiös." Und an anderer Stelle: „Die großen Religionsentwürfe, wie sie die Vorstellungswelt der zivilisierten Menschheit durchziehen, sind Szenen des Solitärseins: der an seinen Felsen gekettete Prometheus, der in der Wüste grübelnde Mohammed, die Meditationen Buddhas, der vereinsamte Mann am Kreuz. Es gehört zur Tiefe des religiösen Geistes, sich verlassen gefühlt zu haben, selbst von Gott."

Keineswegs ist Religion als solche, versichert Whitehead, notwendigerweise „gut". Er gedenkt ausdrücklich der Greuel, die unter religiösem Vorzeichen verübt wurden: der Menschenopfer, des Aberglaubens, des Fanatismus. Religion könne „die letzte Zuflucht menschlicher Grausamkeit" sein, unter bestimmten Bedingungen jedoch auch „das Hauptinstrument des Fortschritts". Ausgehend von den vier Faktoren oder Aspekten der Religion — Ritual, Gefühl, Glaube und Rationalisierung —, zeichnet der Philosoph ein Bild der evolutionären Stufenfolge des religiösen Bewußtseins. In den jeweiligen Stadien kommt den vier Elementen ein unterschiedliches Gewicht zu: „Zuerst Ritual, dann Gefühl, dann Glaube und zuletzt Rationalisierung". Wenn Whitehead im Zusammenhang mit Religion von Rationalisierung oder Rationalismus spricht, dann denkt er dabei keineswegs, wie man vielleicht annehmen könnte, an bestimmte Erscheinungen der letzten zwei Jahrhunderte oder gar der unmittelbaren Gegenwart. Für ihn sind, verglichen mit den mythischen Stammesreligionen, bereits Judentum, Christentum und Buddhismus in hohem Maße „rationale Religionen". Erst mit ihrem Aufstieg beginne „das Zeitalter der Märtyrer", der völlige Durchbruch der solitären Existenz, der unaufhebbaren Individualität. In diesem entfalteten Zustand hat Religion viel mit „Reisen" zu tun. Auch dies wieder eine der verdutzenden Aussagen, mit denen Whitehead nicht spart. Doch dann denkt man an die Gestalt des „Homo viator", des Apostels, Missionars und Pilgers, an die Wandermönche, den Zug Abrahams aus der Gegend des Euphrats nach Palästina, an den Exodus der Juden aus Ägypten, an die Reisen des heiligen Paulus und vieles andere. Bemerkenswert ist auch die Gegenüberstellung von Buddha und Christus: Buddha hinterließ eine überwältigende Lehre, die auf eine einleuchtende metaphysische Theorie verweist; das Christentum hingegen verweist „auf höchste religiöse Augenblicke in der Geschichte". Buddha gab seine Lehre, um die Welt zu erleuchten; Christus gab sein Leben, um die Welt zu erlösen.

Die moderne Welt habe Gott verloren, sagt Whitehead; aber er fügt auch hinzu: „sie sucht ihn". Wie aber kann man ihn finden? Einen Zugang zu Gott gewinnen wir nur durch die Liebe und nicht durch die Angst, „und zwar mit der Hilfe von Johannes und nicht von Paulus". Der Philosoph fügt jedoch sinngemäß hinzu, daß eine solche „johanneische" Religion alles andere als eine sentimentale Angelegenheit sei. Er warnt vor einem Reduktionismus, der Religion darauf beschränke, bloß angenehme Gefühle und gefällige Verhaltensweisen zu erzeugen. Alle Vereinfachungen religiöser Dogmatik zerschellen an dem Felsen, den das Problem des Bösen darstellt.

Einen Schritt weitergehend, öffnet Whitehead einen Weg aus dem Solitärsein religiöser Existenz zur Gemeinschaft und darüber hinaus zum Kosmos: „Religion ist Welt-Loyalität". Das Universum, lehrt Whitehead, zeige uns zwei Aspekte: physisch verfällt es, doch spirituell entwickelt es sich weiter. Seine Evolution sei ein „Abenteuer". Eines Tages wird das Weltall „ein Gekräusel sein, das sich wohl kaum vom Nichtsein unterscheiden ließe". Doch dieser Untergang ist kein Grund zu verzweifeln. Wo Whitehead hinblickt, sieht er überall Schöpfertum, Erfüllung und Wandlung, nirgends ein absolutes Ende. Die Dogmen der Religion sind „Ansätze, die in der religiösen Erfahrung enthüllten Wahrheiten präzise zu formulieren", stellt der Philosoph fest, der übrigens ein ausgebildeter Physiker und Mathematiker war. „Auf genau dieselbe Weise sind die Dogmen der Physik Versuche, die in der Sinneswahrnehmung der Menschheit freigelegten

Wahrheiten präzise zu formulieren". Doch ein Dogma vermag niemals endgültig zu sein. Auch wenn es „wahr" ist, kann es durch eine falsche Akzentuierung die Wirkung einer Lüge haben. Religionen begehen Selbstmord, wenn sie ihre Inspiration bloß in Dogmen finden. Wahrhaft inspirierend sind in Whiteheads Sicht Geschichte und Intuition. Ein System von Dogmen kann eine „Arche" sein, in der eine Religion sicher auf der Flut der Geschichte hinabtreibt. Aber eines Tages muß sie doch, wenn sie nicht untergehen will, ihre Fenster öffnen und die Taube hinausfliegen lassen, die einen Olivenzweig bringt. Manchmal wird sie sogar gut daran tun, auf dem Berge Ararat an Land zu gehen, um dort Gott einen neuen Altar zu errichten.

Was ist das aber für ein Gott, über den Whitehead zum Teil sehr präzise Aussagen macht? Er definiert ihn als „das wirkliche, aber nicht zeitliche Einzelwesen, durch welches die Unbestimmtheit bloßer Kreativität in eine bestimmte Freiheit umgewandelt wird". Gott schließt „eine Synthese des gesamten Universums" in sich ein. Dadurch ist er auch „das Maß der ästhetischen Konsistenz der Welt". Seine Zweckbestimmung ist „das Erreichen von Wert in der zeitlichen Welt". Anders als für Kant, der Gott als ein Postulat der Moral auffaßte, ist für Whitehead die Gotteserfahrung primär ästhetisch und kosmologisch begründet. Ausdrücklich betont er, daß die Schönheit der Welt, die Würze des Lebens und die Meisterung des Übels in einer vollendeten ideellen Harmonie wurzeln, und diese Harmonie sei eben: Gott. Die Welt ist somit trotz aller Übel das Ergebnis einer ästhetischen Ordnung, und Religiosität bedeute Einsicht in den universalen Zusammenhang, Sinn für die grundlegende Nichtzufälligkeit der Welt und auf ihrer höchsten Stufe die Erfahrung Gottes als des „Gefährten": „Er ist der ideelle Gefährte, der alles Verlorene zu einer lebendigen Tatsache innerhalb seiner eigenen Natur umwandelt. Gott ist in der Welt die unablässige Vision des Weges, der zu den tieferen Realitäten führt. Er ist der Spiegel, der jedem Geschöpf seine eigene Größe enthüllt."

Das ist die imgrunde doch hoffnungsvolle Botschaft des Religionsphilosophen und Kosmologen Alfred North Whitehead, die in eigentümlicher Weise mit manchen Aussagen deutscher

Dichter und Denker übereinstimmt, insbesondere Goethes, Schellings und Gustav Theodor Fechners. Für den Tod — verstanden als absolutes Ende — gibt es in seinem System ebensowenig einen Platz wie für die von Heidegger, im Anschluß an Kierkegaard, als wesentlichen Grundzug unseres Daseins aufgefaßte Stimmung der Angst. Die ersten Sätze seines Büchleins über „Die Funktion der Vernunft" fassen einen wesentlichen Aspekt seiner gesamten Philosophie zusammen:

„Die Geschichte läßt zwei Haupttendenzen im Ablauf der Ereignisse erkennen. Die eine zeigt sich im allmählichen Verfall der materiellen Natur. Mit unmerklicher Unaufhaltsamkeit zerstreut sich die Energie; die Quellen der Naturaktivitäten werden schwächer und versiegen; und sogar ihre materielle Substanz löst sich auf. Die andere, gegenläufige Tendenz offenbart sich im jährlichen Frühlingserwachen der Natur und in der aufwärtsgerichteten Evolution der lebenden Organismen." Dieses insgesamt entwicklungsoptimistische Werde-Seins-Vertrauen gipfelt in der Vision eines durchgotteten Universums, die den Kenner deutscher Geistesgeschichte an die hochgemute Mystik Meister Eckharts, Jakob Böhmes und Angelus Silesius' erinnert:

„Es ist genauso wahr zu sagen, daß Gott beständig ist und die Welt fließend, wie zu behaupten, daß die Welt beständig ist und Gott fließend.

Es ist genauso wahr zu sagen, daß Gott einer ist und die Welt vieles, wie zu behaupten, daß die Welt eine ist und Gott vieles.

Es ist genauso wahr zu sagen, daß Gott im Vergleich mit der Welt höchst wirklich ist, wie zu behaupten, daß die Welt im Vergleich mit Gott höchst wirklich ist.

Es ist genauso wahr zu sagen, daß die Welt Gott innewohnt, wie zu behaupten, daß Gott der Welt innewohnt.

Es ist genauso wahr zu sagen, daß Gott die Welt überschreitet, wie zu behaupten, daß die Welt Gott überschreitet.

Es ist genauso wahr zu sagen, daß Gott die Welt erschafft, wie zu behaupten, daß die Welt Gott erschafft.

Gott und die Welt sind die sich voneinander abhebenden Gegensätze, vermittelst derer die Schöpferkraft ihre höchste Aufgabe erfüllt: die getrennte Vielheit mit ihren gegensätzlichen Verschiedenheiten umzuwandeln in die sich verdeutlichende Einheit kontrastierender Gegensätze ...

Gott und die Welt stehen einander gegenüber und bringen die letzte metaphysische Wahrheit zum Ausdruck, daß strebende Einsicht und physisches Erleben gleichermaßen Anspruch auf Vorrang in der Schöpfung haben. Es können aber nicht zwei Wirklichkeiten auseinandergerissen werden: jede ist alles in allem. Daher verkörpert jedes zeitliche Ereignis Gott und wird in Gott verkörpert. In Gottes Natur ist Dauer uranfänglich und Fluß (Vergänglichkeit) von der Welt abgeleitet; in der Natur der Welt ist Fluß uranfänglich und Dauer von Gott abgeleitet. Darüber hinaus ist die Natur der Welt eine uranfängliche Gegebenheit für Gott; und Gottes Natur eine uranfängliche Gegebenheit für die Welt. Die Schöpfung erreicht die Versöhnung von Dauer und Fluß, wenn sie bei ihrem letzten Ziel angelangt ist, dem des Immerwährenden — der Durchgottung der Welt ...

Beide, Gott und die Welt, bilden füreinander das Instrument des Neuen."

Wer vernimmt nicht in dem erhabenen Orgelklang dieser Koda von Alfred North Whiteheads Hauptwerk „Prozeß und Realität" den Widerhall des metaphysischen Grundakkords von Heraklit und Scotus Eriugena, Nikolaus von Kues und Schelling? Wem die Whiteheadsche Fassung und Auslegung des ozeanischen Werderätsels der Wirklichkeit zu spekulativ erscheint, der möge immerhin das bemerkenswerte dreifache Geständnis dieses vor vierzig Jahren verstorbenen Denkers erwägen: „Der Spekulation Grenzen setzen, heißt Verrat an der Vernunft begehen. — In allem, was ich geschrieben habe, habe ich versucht, gesunden Menschenverstand auszudrücken. — Exaktheit ist ein Schwindel. In der Klarheit liegt eine gewisse Gefahr. Mit diesem Gedanken tröste ich mich immer."

(1986)

Konstantinos Kavafis

„In Alexandria die Barbaren erwartend ...”

Aus nächster Nähe, einem deutschen Exil-Verlag in Amsterdam (der sich insbesondere dem Erbe des Kreises um Stefan George verpflichtet fühlt), aber nach jahrzehntelangen Umwegen, mehr als ein halbes Jahrhundert nach dem Tode des Dichters und bald dreißig Jahre nach dem Ableben des Übersetzers, kam zum ersten Male vollständig gesammelt und meisterhaft verdeutscht das Werk eines sehr fernen Lyrikers zu uns, eines Auslandsgriechen, der zu den Größten nicht nur der neueren griechischen Poesie, sondern der modernen europäischen Weltliteratur gehört: Konstantin Kavafis: Gedichte (aus dem Neugriechischen übertragen von Helmut von den Steinen, Castrum Peregrini Presse, Amsterdam 1985).

Dieser Band ist ein hervorragendes Zeugnis für zweierlei: für die enge, begrenzte Wirkung der Sprache eines zahlenmäßig kleinen Volkes; und für die siegreiche, Zeitalter, Grenzen und Milieus kühn überbrückende Dynamik dichterischer Vision.

Enge, begrenzte Wirkung der Sprache: Konstantin Kavafis (1863-1933), Nachfahre angesehener Familien aus Konstantinopel, wohnte den größten Teil seines Lebens in Alexandria als Beamter der britischen Nilregulierungsgesellschaft, schrieb jährlich einige Gedichte, die er bloß in Eingeweihten bekannten Zeitschriften und als bibliophile, für auserwählte Freunde bestimmte Privatdrucke erscheinen ließ. Erst nach seinem Tode wurden sie in Buchform veröffentlicht. Kavafis war Auslandsgrieche, einer der letzten Nachkommen der vor dem weltgeschichtlichen Auftreten der islamischen Araber und Türken üppig blühenden hellenistischen Ökumene, des seit den Feldzügen Alexanders des Großen weit über die mutterländische Halbinsel sich bis nach Syrien, Persien, ja Indien und über Sizilien, Unteritalien, Südfrankreich und ganz Nordafrika ausdehnenden Griechentums. Stolz auf seine alexandrinische Herkunft, stand er den nationalstaatlichen Bestrebungen seines Zeitalters abständig gegenüber. Als Gräko-Ägypter, der in der Weltstadt des Hellenismus an der Mündung des Nil ins Mittelmeer geboren war und starb, wußte er sich verwurzelt in einem überpolitischen, überstaatlichen, ja kosmopolitischen Allgriechentum, das sich zuvörderst als Kulturträger, Bildungsmacht und halb europäische, halb asiatische Schöpfer- und Mittlerpotenz verstand. Dieser Grieche der Levante schrieb ein artifizielles, koloritreiches Griechisch, das weder der offiziell-puristischen „Katharevussa" noch der volkstümlichen „Demotiki" entspricht. Es ist voll von ungebräuchlichen Wendungen und manchmal sogar grammatisch unzulässigen Konstruktionen, ein bisweilen bizarres Gemisch von antiquarischer Gelehrsamkeit, byzantinischer Preziosität und mundartlich-vulgären Ausdrücken der einst im gesamten Mittelmeerraum verbreitet gewesenen *„Koiné":* der Verkehrssprache der Händler, Seefahrer und Beamten; der Umgangssprache der Literaten, Journalisten und Rhetoren; des Wortschatzes, mit Hilfe dessen die Bewohner Konstantinopels, Alexandrias und Antiochias scherzten und zankten, feilschten und klagten, flüsterten und schrien, beteten und fluchten. Wer von uns versteht schon dieses üppige, an fremden Beimengungen reiche Idiom, das mit dem klassischen Griechisch der humanistischen Gymnasien so wenig gemeinsam hat und das Kavafis mit leicht englischem Tonfall sprach, der ihm den Vorwurf einbrachte, er sei ein überspannter und eingebildeter Sonderling? Im Gefängnis dieser Sprache hinterließ er ein lyrisches Werk, das zwar schon früh die Bewunderung Karl Wolfskehls, Wolfgang Cordans, Ernst Robert Curtius', Stephen Spenders sowie des Malers und Graphikers David Hockney fand, für die meisten Nichtgriechen jedoch ein hieroglyphisches Buch mit sieben Siegeln blieb.

Und dann: der Triumph der poetischen Vision, der dichterisch geprägten Bilder über nationale, sprachliche und kulturelle

Schranken. Einer kam, Helmut von den Steinen, Sohn eines Berliner Völkerkundlers, Schüler des Kultursoziologen Alfred Weber, Reisegefährte des Afrikaforschers Leo Frobenius, ein mit der Welt des mediterranen Ostens Vertrauter, ein vom Genius neugriechischer Poesie Ergriffener, dem wir Übersetzungen von Nikos Kazantzakis, Stratis Myrivilis und Angelos Sikelianós sowie Essays über Platon und die geistige Situation Griechenlands nach dem Zweiten Weltkrieg verdanken. Bereits in den dreißiger Jahren, zu einer Zeit also, als Kavafis außerhalb der Levante noch kaum bekannt war, begann er dessen Gedichte ins Deutsche zu übersetzen. Seine Übertragungen erschienen dann getrennt 1955 (bei Suhrkamp) und 1962 (im Verlag Castrum Peregrini).

Beide Anthologien, seit Jahren restlos vergriffen, sind nun zum erstenmal in *einem* Band zusammengefaßt. Bei der Vereinigung wurden Kavafis' Gedichte in chronologischer Reihenfolge — von 1896 bis 1933 — angeordnet, so wie dies auch bei den bereits seit längerer Zeit vorliegenden griechischen, englischen und holländischen Editionen üblich ist. Durch Helmut von den Steinens übersetzerische Leistung ist der enge Kerker der Sprache gesprengt, der bislang nur von wenigen Kennern lesbare Urtext entziffert, aus einem rätselhaften Namen eine scharf konturierte Gestalt geworden. Wir gewahren hinter den gesunkenen Mauern einen ganzen Kosmos mit neuen Sternbildern und exotischen Formen, die uns von Gnaden der deutschen Sprache urplötzlich nähergerückt sind. Wir wissen, wir können zumindest wissen, daß Konstantin Kavafis, der „letzte Alexandriner", zu den Granden der europäischen Weltdichtung zählt. Wunderbar siegende Kraft poetischer Imagination, die zuerst sich in einer eigenen, unverwechselbaren Sprache von seltsam suggestivem Reiz verkörpert und nun gesamthaft auch im Deutschen Heimatrecht erlangt hat! Wer die Originaltexte kennt, wird nicht zögern, das höchste Lob auszusprechen, das einem Übersetzer gezollt werden kann: Einige der im griechischen Sprachraum berühmtesten Gedichte von Kavafis lesen sich in der vorliegenden Eindeutschung, die aufs strengste den authentischen Sinn bis in jede Nuance sowie die Rhythmen und Reime fast ausnahmslos bis ins minuziöse Detail wiederzugeben trachtet, wie die ursprünglichen Verse.

Kavafis ist ein Geisterbeschwörer, ganz und gar ergriffen vom Eros zur Vergangenheit, zur untergegangenen und doch in kapillarischer Weise bis heute zeugerisch fortwirkenden Antike.Er lebt als Dichter in so hohem Maße in der Welt griechischer Mythologie, Geschichte und Kultur, daß er, obwohl die allermeiste Zeit seines Lebens in Alexandria verbringend, die doch so nahen monumentalen Spuren altägyptischer Kunst und Religion kaum jemals bewußt erfaßt zu haben scheint. Die Pyramiden, die Sphinx, die Sarkophage der Pharaonen kommen in seiner Lyrik nicht einmal am Rande vor. Er kennt und zitiert zwar Homer und Platon, den Tränen der Rosse des Achilleus und der Leichenfeier für den vor Troja getöteten Zeus-Sohn Sarpedon widmet er eindrucksstarke Gedichte; doch geistig-seelisch ist er nicht in der klassischen Antike, nicht im Athen des Perikles, Sokrates und Sophokles beheimatet, sondern in der imaginativ beschworenen Spätzeit des Hellenismus, des sich zu Ende neigenden Altertums, in der Epoche zwischen überreifer, vielfach schon brüchiger heidnischer Antike und frühchristlichem Aufbruch, für die zwei Gestalten repräsentativ sind: der neupythagoreische Wanderprediger Apollonios von Tyana und Kaiser Julian Apostata.

Kavafis ist das völlige Gegenteil eines „Klassizisten". Weder idealisiert er die griechische Blütezeit noch betrauert er den Untergang ihrer Götter, Tempel und Kulte. Die vorchristlichen Gottheiten starben nicht, obgleich ihre Weihebilder zerschlagen wurden, versichert er in einem Gedicht: „Oh Erde Joniens, dich lieben sie immer, / Deiner gedenken ihre Seelen immer. / Wenn über dir ein augustischer Morgen tagt, / Durchfährt deinen Dunstkreis Schauer aus ihrem Leben, / Und manchmal eine ephebische Äthergestalt, / Unfaßbar, mit eiligem Reiseschritt, / Fährt hoch über deinen Hügeln hin."

Immer wieder taucht in den Gedichten des Auslandsgriechen Alexandria auf, die urbane und luxuriöse Metropole, das Paris der Spätantike, der Mittelpunkt weltweiten Handels, westöstlicher Synkretismen und überzivilisierter Raffinesse bis zur Lasterhaftigkeit als selbstverständlicher Lebensform:

Die Stadt, die Lehrmeisterin, Gipfel allgriechischer Sendung,
In jedem Gedanken, in jeglicher Kunst die weise Vollendung.

Und an anderer Stelle:

... Oh Wandrer, du mußt
Alexandrier sein, um nicht zu verdammen. Du weißt von des Schwärmens
Stärke bei uns, von des Lebens Hitze und höchster Lust.

Bisweilen erscheint uns der Dichter als wiederauferstandener Zeitgenosse der Kleopatra, der letzten Ptolemäer und Seleukiden, der mit hypnotischer Eindringlichkeit Feldherren, Künstler, Sophisten, Juwelenhändler, Orakelpriester, Magier und — immer wieder — schöne Jünglingsgestalten aus der Zeit zwischen Alexander und Konstantin dem Großen zum Leben erweckt.

Daß der in der guten Gesellschaft Alexandriens angesehene, immer sehr korrekt gekleidete und eine große Hornbrille tragende Kyrios Kavafis mit seinem dichten grauen Haar, seinen schönen schwarzen Augen und den halb schwermütigen, halb ironisch-mephistophelischen Gesichtszügen ein Gejagter der Homoerotik war, geht nicht nur aus den Erinnerungen mancher Kenner hervor, sondern auch aus Gedichten wie: „Oh komm zurück", „Sehr selten", „Auf den Eingang des Cafés", „Er schwört", „Eine Nacht", „Im Abend", „Das Grab des Iassis", „Denke daran, Leib ...", „Besinnung", „Seit neun Uhr", „Der Nachbartisch" und anderen. Sie feiern, fast durchweg in erinnerndem Rückblick, freimütig und unsentimental Sehnsucht, Verlangen und Wollust gleichgeschlechtlicher Liebe, ohne die düsteren Seiten — Angst, Schuldgefühl und Verlust — auszusparen:

Nah bei eines Tabakladens erleuchtetem
Schaufenster standen sie unter vielen sonst.
Zufällig trafen ihre Blicke ineinander,
Und die widergesetzliche Gier ihres Fleisches
Drückten sie schüchtern mit Zögrungen aus.
Weiter, wenige Schritte auf dem Fußsteig in Unruhe —
Bis sie lächelten, leichte Winke wechselnd.

Und dann noch die zugeschlossene Kutsche...
Diese sinnliche Näherung der Körper:
Die vereinigten Hände, die vereinigten Lippen.

Dieser Lyrik läßt sich in deutscher Poesie, trotz Platen und George, nichts vergleichen. Dennoch wirkt sie auch auf Leser, denen die in ihr zur Sprache kommende Art von Sexualität fremd ist, an keiner Stelle peinlich, obszön oder „pervers". Sie entzieht sich moralischen Urteilssprüchen, weil sie im Grunde schicksalhafte, ja tragische Spannungen festhält. Es ist der Widerstreit von Eros und Thanatos, von ekstatischem Verfallensein an den ewig scheinenden Augenblick lustvoll erfahrener Schönheit und unaufhebbarem Vergänglichkeitsschauer. Kavafis' homoerotische Lyrik bildet einen integralen Bestandteil des Œuvres des Poeten, dessen langes Leben, ungeachtet seiner ihn immer wieder in die Niederungen der Hafenviertel, Vorstadtspelunken und Bordelle treibenden sexuellen Anlage, niemals von einem Skandal überschattet war.

Einen dritten Themenkreis greift der Dichter in seinen die Welt von Byzanz evozierenden Versen auf: die hieratisch-hierarchische Kultur des Oströmischen Reiches, das mehr als ein Jahrtausend, bedrängt von westlichen, nördlichen und südlichen Barbarenvölkern, auf zunehmend zusammenschrumpfendem Raume bis zur Eroberung Konstantinopels durch die Türken anno 1453 bestand. Bemerkenswert ist, daß Kavafis, dessen Vorfahren aus Byzanz stammen, nicht so sehr den christlich-orthodoxen, den kirchlich-theologischen Hintergrund dieses verkleinerten Nachfolgestaates des Alexander-Reiches betont, sondern dessen Prachtentfaltung, Urbanität und die Grenze zur Dekadenz beinahe schon überschreitende zivilisatorische Verfeinerung und Fülle. Er bewundert Ritus und Liturgie der ostchristlichen Frömmigkeit als sublimer Epikureer, genießt die Schönheit der Ikonen und Choräle, den Duft des Weihrauchs und den Prunk priesterlicher Festgewänder. An dogmatischen Aussagen, konziliaren Kontroversen, wie denen über die Dreifaltigkeit, die menschlich-göttliche Natur Christi oder den Rang der heiligen Maria, ist dieser Ästhet ebensowenig interessiert wie an der mönchischen Askese der Säulenheiligen, Eremiten und Väter vom Heiligen Berg Athos. Keine Jenseitshoffnung, kein Gedanke an eine göttliche Vergeltung oder an ein Fortleben nach dem Tode scheint den Byzanz lobpreisenden Dichter bewegt zu haben. Den Asketen Julian Apostata, der das alte, bereits untergangsreife Heidentum als Gegenkirche restaurieren wollte, belächelt er spöttisch durch die Maske eines weltmännischen Christen, der das Leben genießt und allem Theologengezänk abhold ist.

Eines der hintergründigsten und in Griechenland bekanntesten Gedichte von Kavafis hat den Titel „Die Barbaren erwartend". Kaiser, Senat und Hofstaat harren der Ankunft wilder Kriegsvölker. Sie sind bereit zur Kapitulation. Schon hält der Monarch eine Urkunde in Händen, um sie dem Häuptling der Barbaren, dem mit vielen Ehrentiteln geschmeichelt wird, zu überreichen. Die sonst so redseligen Rhetoren haben sich aus dem Staube gemacht, weil die Eroberer bei schönen Sprüchen bloß gelangweilt gähnen. Doch am Ende des Gedichts heißt es:

Und Leute trafen ein aus dem Grenzbezirk
Und sagten, daß es Barbaren nicht mehr gibt.
„Und nun — was ohne Barbaren aus uns wird!
Diese Menschen waren eine Art Lösung."

Der ironische Stoßseufzer am Schluß läßt sich auch als Warnung des kulturgesättigten Poeten byzantinisch-alexandrinischer Abkunft deuten: Es ist töricht, auf eine Erneuerung der Welt durch einen Rückfall in den Primitivismus zu hoffen. Regression ist bloß die Ausflucht vergreister Abtrünniger, die ihrem Erbe nicht gewachsen sind. Es gilt auf der Bahn der Kultur fortzufahren, die Kette der Tradition nicht abreißen zu lassen und auf die durch sein Werk forttönende Stimme des unvergängliche Schönheit enthüllenden alten Dichters zu hören:

Er ist ein Greis. Erschöpft und gebeugt,
Verkrüppelt durch die Jahre und durch Laster,
Schleppt er sich sachte vorwärts auf der Gasse.
Und dennoch, wie er ins Haus tritt, sein Elend
Und Altersgebrechen zu verbergen, bedenkt er

Den Vermögensanteil, der ihm noch bleibt an der Jugend.
Heute sprechen Epheben seine Verse.

Durch ihre Augen, die feurigen, dringen seine Gesichte.
Ihr gesundes, lusterfülltes Gehirn,
Ihr edelgezeichnetes, straffgezogenes Fleisch,
Es wird von Seiner Enthüllung des Schönen erschüttert.

(1985)

Miguel de Unamuno

Baskischer Denker der Hispanität im Zeichen Don Quijotes

Nicht nur einige der tüchtigsten römischen Kaiser — Trajan, Hadrian und Mark Aurel — waren spanischer Herkunft, sondern auch der stoische Philosoph Seneca. Die gesamte spanische Philosophie ist von jeher vom Erbe des Stoizismus durchsäuert. Wenn der iberische Geist nach Osten blickt, dann meistens nach Rom: auf die Metropole der Cäsaren, Päpste und antiken Philosophen, die durchweg Praktiker waren, nicht nur Beamte, Generale, Politiker, sondern auch Lebenskünstler und bisweilen sogar Staatsmänner. Doch diese bis heute sehr lebendige römisch-stoische Tradition kennzeichnet die Seele Spaniens nicht vollständig.

Iberische Mentalität, Philosophie und Kultur sind in ihrer unverwechselbaren Eigenart nur dann zu begreifen, wenn neben dem fortzeugenden Vermächtnis Senecas auch ein spirituelles Erbgut ganz anderer Herkunft mit veranschlagt wird. Seine Herkunft ist verwickelter als die der römischen Geistesströmung. Sie läßt sich keineswegs auf eine einzige nationale, rassische oder historische Quelle zurückführen. Vandalische und westgotische Einflüsse aus der Zeit der Völkerwanderung wirken hier ebenso stark nach wie islamisch-maurisches Erbe und der heroische Mythos der jahrhundertelangen „Reconquista", des kreuzritterlichen Kampfes gegen „Heiden" und „Ketzer". Hinzu kommen die Erfahrungen mit dem bald wieder untergegangenen „atlantischen Weltreich", das die Pyrenäen mit den Anden verband; das Nachwirken jüdisch-mittelalterlicher Spiritualität; die unverminderte Präsenz des baskischen Urgesteins, das von Römern, Westgoten, Franken und Mauren nur überlagert, aber nicht denaturiert werden konnte.

Man kann die beiden Pole der Hispanität, um die berühmte Unterscheidung Nietzsches aufzugreifen, als apollinisch und dionysisch bezeichnen. Um den römisch-lateinischen Brennpunkt scharen sich die Apolliniker und Humanisten Seneca, Baltasar Gracián und Ortega y Gasset — Männer der Weltklugheit, des Maßes und der Vernunft. Dem dionysischen Brennpunkt sind hingegen zugeordnet die spanische Mystik von Ramon Llull, Teresa von Avila und Juan de la Cruz; der aus baskischem Adel stammende Gründer des Jesuitenordens Ignatius von Loyola; die Magie Toledos und der Malerei El Grecos; die phantastisch verwegene Welt des Don Quijote.

Diese andere Seite Spaniens blickt nicht nach Rom, sondern grenzt unmittelbar ans Absolute und Transzendente. Sie öffnet sich bis zur Raserei dem Metaphysischen, dem Abenteuer exzentrischer Subjektivität, den Orgien der Ekstase. Ihre Passion ist Ich-Entgrenzung, visionärer Überschwang, verzückter Taumel. Sie ist nicht der Ordnung und dem Maß verschworen, sondern lechzt nach Entfesselung, Rausch und Anarchie. Der stoische Logos verblaßt vor dionysischem Pathos. Saturnalien des Geistes lassen die ausgeformte und abgezirkelte Systematik verständiger Weltorientierung erzittern. Der Mensch ist primär ein ausschweifendes, ein fieberndes und konvulsivisches Wesen: der geborene Bacchant, der Epileptiker unter den Tieren. Auf dieser Erde im Grunde gar nicht zu Hause, ist er dem Chaos benachbart, magisch angezogen von Krisen, Katastrophen und Weltuntergängen. Der Sinn des Lebens verwirklicht sich in bestimmten Intensitätsempfindungen, die selbstzerstörerisch-explosiv sind. Es erhält sich nur, indem es sich verliert, verschwendet und preisgibt. Es verjüngt sich in vulkanischen Orgasmen, in Erschütterungen, Erdbeben und Kataklysmen. Für dieses Spanien ist das Tragische ein unaufhebbares Wesensmerkmal des Lebens. Seine Absurdität und Paradoxie gilt ihm als kosmisches Gesetz. Der Zwiespalt und Abgrund des Daseins kann nicht aufgehoben, er muß mit Leidenschaft angenommen, ja geradezu forciert werden. Nicht umsonst haben zwei charakteristische Ausdrücke aus dieser tragischen Hemisphäre Spaniens in allen Sprachen Europas Heimatrecht gefunden: *Desperado* und *Donquijoterie*. Der zur äußersten Verzweiflungstat entschlossene Abenteurer und der alle alltäglichen Realitäten schwärmerisch mißachtende, einen aussichtslosen Kampf gegen Windmühlen führende und deshalb zu kläglichem Scheitern verurteilte *caballero de la triste figura*, der Ritter von der traurigen Gestalt, sie sind die beiden extremsten Symbolfiguren spanischer Maßlosigkeit, Tragik und Abgrundnähe. Es ist von hintergründigem Doppelsinn, wenn bereits im Altertum Spanien als *finis terrae*, als das „Ende der Welt" betrachtet wurde.

Der Name des Philosophen Miguel de Unamuno ist noch gar nicht gefallen. Dennoch zielt alles, was bisher gesagt wurde, auf diesen Spanier baskischen Geblüts, der einmal lapidar erklärt hat: „Wir sind zu leidenschaftlich." Von den vier klassischen Kardinaltugenden Klugheit, Gerechtigkeit, Tapferkeit und Mäßigung ist die zuletztgenannte der Rasse Unamunos am fremdesten.

Unamuno, der Dichter-Philosoph tragischen Lebensgefühls, ist der große Gegenspieler Ortega y Gassets, des liberalen Relativisten und Skeptikers aus Madrid. Ortega, in Deutschland viel bekannter als Unamuno, befürwortete eine Europäisierung Spaniens. Aus seiner Sicht mußte sich sein traditionsreiches Land, dem Vorbild Japans folgend, immer mehr „verwestlichen", um mit dem Fortschritt gleichziehen zu können. Ganz anders der 1864 in Bilbao geborene, an der Universität Salamanca lehrende und 1924 von dem Diktator Primo de Rivera auf eine der Kanarischen Inseln (Fuerteventura) verbannte Don Miguel, der dann die französische Grenzstadt Hendaye zum freiwilligen Exil wählte und schließlich die Erhebung General Francos offen begrüßte, um zuletzt auch von dessen Parteigängern unter Hausarrest gestellt zu werden ...

Für Unamuno ist Spanien von Natur aus bereits der „Ferne Westen" Europas, der absolute Okzident, das Abendland des Abendlandes. Wie sollte es sich dann noch „verwestlichen" können? Das angeblich so rückständige Spanien könne nur dann seinem Schicksal und Auftrag treu bleiben, wenn es im Zeitalter weltweiter Nivellierung erst recht in seiner Hispanität verharre, wenn es trotzig „noch spanischer" würde. Spaniens Zukunft, so verkündet Don Miguel mit herausforderndem Ungestüm, liege in seiner Vergangenheit, in jenem „ewigen Spanien", das mittelmeerisch, ozeanisch und metaphysisch ausgerichtet sei. Was haben denn Descartes, Hume, Kant oder Bertrand Russell den Spaniern zu sagen? Nicht der Geist des Vernünftelns, Zweifelns und Kritisierens nährt die Flamme des Lebens, sondern ein verrückter Glaube, eine durch keine Dialektik anfechtbare Bereitschaft zum Wagnis. Das Dasein läßt sich nicht ausdiskutieren. So etwas können nur deutsche Professoren glauben, die damit einer sentimentalen Häresie verfallen sind. Das Leben ist kein rationales „Problem", sondern ein irrationales Geheimnis, eine Kaskade von Mysterien. Spanien hat es nicht nötig, sich zu „europäisieren". Hingegen tut es Europa not, sich zu hispanisieren. Das unter der trüben Asche aufklärerischer Trivialitäten verkümmernde Feuer Europas kann nur dann wieder zur herrlichen Weißglut eines den Erdkreis erleuchtenden Fanals emporlohen, wenn es sich der ozeanischen Zugluft transatlantischer Hispanität aussetzt. Die Europäer bedürfen geistig, politisch und religiös einer Reanimation, die ihnen nur der erfrischende Atem des Meeres zu schenken vermag, von dessen Küsten einst Kolumbus und die Konquistadoren in die Neue Welt aufgebrochen sind.

Was Unamuno dem „Westen" vorwirft, der für ihn gar keiner ist, was er als Krankheit des Abendlandes diagnostiziert, das ist sein Mangel an metaphysischem Feingefühl, seine reflektierte Impotenz des Herzens, sein Defizit an Selbstbewußtsein, Glaubenskraft und Entscheidungsmut. Europa leidet an seiner krämerischen Verschlossenheit gegenüber den Winken des Absoluten. Es hat sich's bequem in einem hämisch kalkulierenden Verhältnis zur Wirklichkeit eingerichtet. Es siecht an einer perversen Wasserscheu vor allem Fordernden, Passionierten und Kategorischen. Deshalb herrscht hier jener leicht muffige Geruch von schlechtgelüfteten Krankenzimmern. Europa fehlt der pulsierende Anhauch der Lüfte aus den größten planetarischen

Räumen: der Meerwind, die Inspiration einer sich zu weiten Perspektiven emporschwingenden Geistigkeit.

Miguel de Unamuno meint dies alles vorrangig existentiell, spirituell und metapolitisch. Wenn er, dem „Westler" Ortega y Gasset widersprechend, imperativisch für ein Europa plädiert, das sich hispanisiert oder zumindest für die Geisteswelt Spaniens durchlässiger ist, dann heißt das auch: Verschleudert nicht das Erbe Pascals, Hamanns, Kierkegaards, Dostojewskijs, Nietzsches! Besinnt euch auf diese überragenden Einzelgänger, Antisystematiker und Märtyrer der Transzendenz! Sie sind, in einem metaphysischen Sinn, Spanier in der Diaspora, Exilspanier, Geister vom Geist der Hispanität, wie Unamuno sie mit so hinreißendem Schwung beschwört. Spaniertum ist nicht unbedingt eine Angelegenheit der Geburt, Staatsbürgerschaft oder Muttersprache, sondern eine bestimmte ethische Haltung, ein gewisser Sinn für die „letzten Dinge", die Gnade einer entschiedenen „Musikalität" für das Metaphysische. Schließlich war ja auch Unamuno selbst ein Baske „mit Haut und Haar", wie er stolz von sich bekannte. Gleichwohl ließ er sich prägen von der wunderschönen kastilischen Universitätsstadt Salamanca, wo er antike und spanische Literaturgeschichte lehrte. Er schuf sein persönlichstes Werk, indem er das berühmteste, das nationalste aller spanischen Bücher kommentierte: Cervantes' „Don Quijote". Don Miguels eigensinnige Cervantes-Deutung, die den Ritter von der traurigen Gestalt beinahe als Christusfigur eines fünften Evangeliums nachzeichnet, ist ein Selbstbekenntnis, eine verschlüsselte Autobiographie dieses leidenschaftlichen Basken, der einmal von sich sagte: „Vor allem und über alles bin ich Spanier" und „Mein hauptsächlichstes Bemühen ist es immer gewesen, meine Mitmenschen zu beunruhigen."

Wer will bestreiten, daß Europa eine Hinwendung zum Genius Spaniens, wie ihn Unamuno deutet, bitter not tut? Wem das alles spanisch vorkommt, der lese einige Bücher des Philosophen Don Miguel, der auch ein eminenter Lyriker, Dramatiker, Erzähler, Romancier, Essayist und im ganzen gesehen der größte spanische Schriftsteller des 20. Jahrhunderts war.

Es sind vor allem drei kultur-, religions- und geschichtsphilosophische Werke, die die Essenz des Denkens Unamunos enthalten. Schon ihre Titel sind einprägsam und signifikant: „Das Leben Don Quijotes und Sancho Pansas", „Das tragische Lebensgefühl" und „Die Agonie des Christentums".

Alle drei Bücher sind schon in den zwanziger Jahren ins Deutsche übersetzt worden. Anders als die Schriften Ortega y Gassets sind sie seit langem vergriffen. Ihre verlegerische Wiederentdeckung — möglichst in Taschenbuchausgaben — ist mein Wunschtraum am 50. Todestag Miguel de Unamunos. Er starb am 31. Dezember 1936 in Salamanca. Ein Kapitel des Buches über das tragische Lebensgefühl hat die Unterschrift „Hunger nach Unsterblichkeit". Sie bezeichnet das zentrale Motiv von Unamunos Denken. Unsterblichkeit ist das Maximum von Gesundheit. Die Vernunft mag Gott bezweifeln und an der Welt verzweifeln, doch kann sich ein Herz, das noch nicht völlig verfettet oder versteinert ist, mit weniger als der Unsterblichkeit begnügen? Wodurch ich nicht unsterblich bin, was soll mir das? Sind wir nicht geboren, um uns zu verewigen? Was hast Du heute für Deine unsterbliche Seele, den erlösungsbedürftigen Gott in Dir, getan? Das ist die heute wie ehedem unerhörte, für Atheisten wie Theologen gleichermaßen skandalöse Donquijoterie des seiner „logique du coeur" folgenden Spaniers Miguel de Unamuno. Sein Landsmann Antonio Machado sagte von ihm: „Er kündete die Glorie jenseits des Todes."

(1986)

John Cowper Powys

Mythenschöpfer und Vorläufer der „Postmoderne"

An einen englischen Schriftsteller ist zu erinnern, den einige herausragende Leser, zu denen in Deutschland Hans Henny Jahnn und Alfred Andersch gehörten, mit Dostojewskij und David Herbert Lawrence verglichen haben. Der Autor heißt *John Cowper Powys* und lebte von 1872 bis 1963. Henry Miller nannte ihn sein „erstes lebendes Vorbild". Wie Nietzsche, Sohn und Enkel einer Pastorenfamilie, lehnte er sich schon früh gegen die ihm zugemutete Pfarrerslaufbahn auf. Zu den Ahnen von Powys zählt übrigens der sprachgewaltige metaphysische Barockdichter John Donne. Seine Großmutter väterlicherseits stammte aus der Schweiz. Die Urgroßmutter mütterlicherseits kam aus der Hamburger jüdischen Familie Livius. Als ältestes von elf Kindern, von denen die meisten ebenfalls literarische, künstlerische oder wissenschaftliche Neigungen pflegten, wurde John Cowper Powys, ebenfalls wie Nietzsche, eine Zeitlang Lehrer, bevor er seine „Odyssee als Philosoph" begann. Er schuf kein System, sondern er kommentierte andere Denker: Spinoza, Schopenhauer und Spengler, vor allem aber den ihm geistesverwandten Nietzsche. Kommentieren ist nicht der richtige Ausdruck für das, was er vierzig Jahre lang landauf, landab als philosophiehistorischer Rhapsode oder Barde unternahm. Nachdem er sich vorübergehend mit Haut und Haaren einem Metaphysiker oder auch Dichter ergeben und dessen Werk völlig assimiliert hatte, hielt er über ihn Vorlesungen. Er sprach ohne eine einzige Notiz über seine höchstpersönliche Ergriffenheit von einem Denker und dessen Werk. Er stellte aktuelle Bezüge her, blies den Staub abgelagerter spitzfindiger Glossen hinweg, erfüllte tote Spekulationen mit dem Feuer seiner Imagination. Indem er andere darstellend erläuterte, fand er sich selbst, schuf er sich sein höchst eigenes geistiges Universum. Die dem Dichter atemlos lauschenden Zuhörer glaubten, dem Schauspiel einer öffentlichen Seelenwanderung beizuwohnen. Nicht John Cowper Powys schien vor ihnen über irgendeinen Philosophen oder Dichter zu sprechen, sondern sie sprachen aus ihm! Er war bloß ihr Sprachrohr, Medium und Wiederbeleber. Die ihn noch erlebt haben, erfuhren ihn als eine Art Hexe von Endor, verglichen ihn mit dem wandelbaren Gott Proteus, der stets, wenn man ihn fassen will, zwischen den Händen wie Meerschaum zerrinnt, um alsbald wieder in anderer schillernder Gestalt aufzuerstehen. Noch der Greis, der sich nach Wales zurückgezogen und sich ganz in die keltischen Mythen von Merlin und Artus hineingelebt hatte, ja eine von ihren Gestalten geworden war, erschien manchen Besuchern wie eine orientalische Gottheit, die mit unzähligen Köpfen und unzähligen Händen unzählige Geschichten ersann und niederschrieb, von denen etliche bis heute nicht einmal in englischer Sprache publiziert worden sind. Schon Zeitgenossen fiel es schwer, von Powys zu sprechen, ohne auf mythische Bilder zurückzugreifen. Dabei wird es wohl auch bleiben.

J. C. Powys, der in seiner Jugend Zauberer zu werden gewünscht hatte, gelang es im Bereich der Literatur, diesen Traum zu verwirklichen. Als Redner, Essayist, Ideenhistoriker, Erzähler und Romancier erwies er sich als verblüffender Geisterseher, Hexenmeister, Totenbeschwörer, Inszenator und Regisseur okkulter Dramen. Mit einer ungehemmten Phantasie stellte dieser britische Orpheus untergegangene Zeitalter wieder her, schuf er aus den verschiedensten Elementen mit metaphysischem Humor und fabulierender Abenteuerlust neue, ungeahnte und geheimnisreiche Welten.

Er tut dies auch in seinem episodenreichen Roman „*Wolf Solent*“, den viele für sein bestes Buch halten. Nachdem die deutsche Übersetzung jahrzehntelang vergriffen war, hat sie der Zsolnay-Verlag 1986 in einer preiswerten Neuausgabe vorgelegt.

Das Buch hat nichts von seiner ursprünglichen Frische eingebüßt. Im Gegenteil: obwohl schon vor etwa sechzig Jahren geschrieben, liest es sich wie das Werk eines genialen Neulings, der einen „Aussteiger" der achtziger Jahre dichterisch — und nicht bloß dokumentarisch, reportagehaft oder sozialkritisch — darzustellen unternimmt. Viele Motive, die J. C. Powys' „Wolf Solent" durchziehen, kommen dem Leser erstaunlich aktuell vor: Unbehagen an der Technik, Leiden am Lärm der Städte, Sehnsucht nach unverschandelter Natur, Abkehr von einem konventionellen Christentum, Hinwendung zu Mythos, Mystik und Magie, Faszination durch Spuren mittelalterlicher oder sogar vorgeschichtlicher Vergangenheit. Dabei ist die nackte Geschichte, wenn man sie sozusagen mit umgedrehtem Operngucker betrachtet, überaus einfach, ja abgedroschen: Ein junger Mann kehrt aus der Großstadt in die Provinz zurück, nimmt dort eine Stelle als Ghostwriter bei einem greisen spleenigen Gutsherrn an und lernt gleichzeitig zwei Mädchen kennen, von denen er Gerda heiratet, obwohl er sich von allem Anfang an auch zur Buchhändlerstochter Christie hingezogen fühlt. Doch schließlich ist ja auch der abstrakte Inhalt von Adalbert Stifters epischem „Nachsommer" in einem Satz wiederzugeben. Künstlertum gibt sich nicht in der Originalität des Themas kund, sondern in der Art und Weise seiner dichterischen Gestaltung. So ist es auch bei J. C. Powys. Ähnlich wie die unscheinbar vertrocknete Jericho-Rose sich in feuchter Luft zu einem blühenden Wunder entfaltet, so auch unter dem inspirierten Anhauch eines visionären Schriftstellers diese an sich so banale Geschichte eines männlichen Schwächlings zwischen zwei wesensverschiedenen Frauen.

Obwohl sich die Begebenheiten ganz auf dieser Erde ereignen, in der südenglischen Grafschaft Dorset, so weisen sie dennoch von der ersten bis zur letzten Seite einen esoterischen Zug auf. Geheimnisvolles spielt hinein. Die Rinde des Alltäglichen und Normalen durchbrechen Protuberanzen aus einem ekstatischen Innenraum. Der Somnambulismus schweifender Liebe wittert hinter spießbürgerlicher Vorderseite Abgründe von Unzucht, Raserei und Perversion. Anglikanische Wohlanständigkeit verbirgt nur dürftig heidnisch-vorchristliche Zwangsvorstellungen. Manches unscheinbare Mittelstandshaus erweist sich als Fluchtburg längst für überwunden gehaltener Götzendienerei und abergläubischer Übungen. Berufliche Arbeit und tagtäglicher Trott vermögen mitnichten die Räusche einer abenteuernden Phantasie auszunüchtern. Die Verzückungen einer zigeunernden Einbildungskraft deuten auf eine Transzendenz, die exzentrisch zur Banalität kleinstädtischen Daseins ist. Das Mysterium ist auch dann nahe, wenn es sich entzieht und verbirgt. Es wird meist nur angedeutet, als Stimmung, Wink oder Tagtraum flüchtig vergegenwärtigt, und wirkt eben dadurch um so bannender, bisweilen mit einer beinah hypnotischen Kraft. Da begegnet uns die wollüstig träge Steinmetz- und Leichenbestatterstochter Gerda, in der etwas steckt, „das Helena von Troja gehabt haben muß": „Ihre Schönheit war so verblüffend, daß sie in einem Augenblick alle gewöhnlichen menschlichen Beziehungen zu zerstören schien". Ihre Freundin und Rivalin ist die magere, androgyn wirkende Christie Malakite, die im Alltag eine langweilige Quäkerstochter zu sein scheint, aber in manchen Augenblicken an eine Priesterin der Göttin Diana erinnert, „die man in irgendeinem heiligen Ritus gestört hatte". Während die eine, ganz elfisches Elementarwesen, den Gesang der Amsel täuschend nachzuahmen vermag, liest die andere in ihrer Mansarde Spinoza, Leibniz und Hegel. Sie liest sie jedoch nicht, weil sie etwa an einer philosophischen Doktorarbeit schreibt. Sie ist nicht einmal an der möglichen Wahrheit der Systeme interessiert. Was sie zu ihnen hinzieht, ist ein gewisser Duft, eine bestimmte Atmosphäre, eine die Einbildungskraft zum Schmelzen bringende Aura. Leibniz' Monadologie oder Hegels absoluter Idealismus sind für Christie imaginäre Reisebücher, spirituelle Land- und Seekarten, ja geradezu phantastisch erdichtete Erdteile mit je eigentümlicher Geologie, Witterung, Planzenwelt und Fauna. Ein junger, an Verfolgungswahn leidender Verseschmied opfert insgeheim Weihrauchstäbchen vor dem Standbild des tibetischen Regengottes Mukalog. Der verschrobene adelige Gutsherr, der jahrelang an der skandalösen Geheimgeschichte eines nach außen hin biederen Provinznestes schreibt und dafür mit mephistophelischem Eifer ständig nach pikanten Anekdoten und Histörchen sucht

— ist er vielleicht ein seniler Wüstling, Päderast und Leichenschänder, ein Verwandter von Unholden wie Heliogabalus-Algabal, Gilles de Rais und Marquis de Sade? Schließlich die Hauptgestalt, der nicht sehr willensstarke und träumerische, aber eben deshalb nicht unsympathische Wolf Solent: für den oberflächlichen Betrachter ist er bloß ein Volksschullehrer und Winkelliterat, doch hinter diesem Inkognito lebt ein von der Beseelung des Weltalls überzeugter Naturmystiker, der beim Einschlafen die Evolution des Kosmos zeitrafferartig rekapituliert und ständig in Trance versinkt. Die gewöhnlichste Landschaft erregt ihn mehr als die geistreichste Gesellschaft. Geld, Ruhm und Erfolg lassen ihn gleichgültig. Was ihm das Leben kostbar macht, sind einzig „gewisse Empfindungen", mystische Intensitätserlebnisse, die durch völlig belanglos scheinende Kleinigkeiten vermittelt werden können: den Anblick einer sich räkelnden Katze, der moosigen Wurzeln eines Kastanienbaums oder auch des Spitzbartes eines Kollegen, das Winseln des Nordwinds in den Telegrafendrähten oder den imitierten Amselgesang Gerdas.

Ketzer, Apostaten oder vom Christentum überhaupt nicht berührt wordene „letzte Heiden" sind fast alle Figuren des Romans, nicht nur der einem asiatischen Idol Räucherwerk darbringende Jason Otter. Wolf Solent meint einmal: „Christus ist verschieden von Gott. Erst wenn Gott tot ist, wird Christus als das erkannt werden, was Er ist." Sein schrulliger Arbeitgeber sagt zu ihm: „Ich wurde als Anglikaner erzogen und werde als Anglikaner sterben. Das heißt aber nicht im geringsten, daß ich an die christliche Religion glaube. Ich liebe den *Altar;* er ist das einzige absolut befriedigende Objekt des Gottesdienstes, das in unseren degenerierten Tagen übriggeblieben ist." Und Christie bekennt dem sie besuchenden Wolf: „Ich mag es nicht, wenn die Dinge gar zu menschlich werden. Das ist wahrscheinlich der Grund dafür, daß ich die Bibel nicht ertragen kann. Ich liebe es, in Teile der Natur zu entfliehen, die lieblich und kühl sind, unberührt und frei."

John Cowper Powys ist ein Meister der Evokation; auf fast jeder der 700 Seiten seines Buches gelingt es ihm durch die Beschwörung von Stimmungen mit unzähligen Valeurs zu bezaubern. Er versetzt den Leser in eine Welt, die ganz diesseitig, ja prima vista geradezu von niederziehender Trivialität ist. Doch die Grafschaft Dorset erweist sich dank Powys' mythopoetischer Erfindungskraft und parapsychologischen Feingefühls zugleich als Einbruchsstelle okkulter Kräfte und Bühne rätselhafter Begebenheiten. Sie wird zum Mysterientheater, durchsichtig für sonst verschlossene Wirklichkeiten, durchlässig für kosmische Einflüsse oder auch Überbleibsel frühgeschichtlicher Weltalter.

„Wolf Solent" ist, wie man sieht, ein reich orchestrierter Weltanschauungs- oder Ideenroman, aber kein ödes Thesenstück. Er ist auch ein hochgradig erotischer Roman, das Hohelied der Verzückungen geschlechtlich-übergeschlechtlicher Liebe, aber kein Sexroman. Im Gegenteil: Über diesem eminent sinnlichen, die subtilsten Abstufungen und Schwingungen menschlicher Empfindsamkeit zur Sprache bringenden Buch liegt der Zauber einer undefinierbaren Keuschheit. Powys' Buch ist darüber hinaus auch ein Aussteiger-, ein Ehe-, ein Heimat- und ein okkulter Roman. Es ist, nicht zuletzt, auch eine Art von verschlüsselter Autobiographie, ein Bekenntnis, eine faszinierende Hinführung zu Powys' eigener Weltschau und Seelenwelt, die heute in so hohem Maße *„postmodern"* anmuten. Powys, von dem „Times Literary Supplement" um 1960 etwas voreilig gesagt hatte, daß sein Ruhm nun ein für alle Male gesichert sei, verdient aus manchen Gründen, auch im deutschen Sprachraum wiederentdeckt zu werden. Er verdient es ebenso wie der um fast eine Generation jüngere Charles L. Morgan (1894-1958), dessen Romane noch in den fünfziger Jahren vielbewundert und weitverbreitet waren, mittlerweile aber vollständig vergriffen und, zu Unrecht, vergessen sind. Ähnliches gilt für den um eine weitere Generation jüngeren Franzosen Julien Gracq. Charles L. Morgan, Julien Gracq und John Cowper Powys haben manches gemeinsam. Sie sind durchweg „metaphysische", für das Übersinnliche und Geheimnisvolle offene Autoren. Wer den Roman „Wolf Solent" gelesen hat, wird sich gewiß wünschen, daß in nicht allzu langer Zeit weitere Werke von J. C. Powys in ebenso guten Übersetzungen vorliegen mögen. Dies gilt nicht nur für seine von einem magisch-paganen Pantheismus erfüllten Romane, sondern auch für seine profunden und anregenden ideengeschichtlich-philosophischen Essays und schonungslosen Lebenserinnerungen. In ihnen stellt sich uns der eigenwillige Brite als ein ebenso vielschichtiger wie betont antibürgerlicher Einzelgänger vor, dessen Nahrung im Alter vorwiegend aus Milch und Keksen bestand und der seine Bücher meist im Bett schrieb. Im bescheidenen, ja kärglichen Haushalt, den seine geistig anspruchslose Gefährtin Phyllis führte, fehlte jeglicher Komfort, allzuoft sogar das Lebensnotwendige, wie Bettwäsche, Decken und ausreichende Heizmöglichkeiten. Aber an der Wand seines Arbeitszimmerchens hing ein katholischer Rosenkranz. Powys schätzte Mystik, Liturgie und Volksfrömmigkeit des alten Katholizismus, dessen Demolierung durch das Zweite Vatikanische Konzil erleben zu müssen, ihm ein gütiges Geschick ersparte. „Heidnische" Anwandlungen und seine „Verteidigung der Sinnlichkeit" — so der Titel eines seiner Essays — schlossen nicht aus, daß manche Besucher in ihm die Verkörperung einer *anima naturaliter Christiana* vermuteten. Sein Sohn, den er liebte, wurde später katholischer Priester. Vor allem aber war John Cowper Powys lebenslänglich ein Träumer, dessen undogmatische und manchmal etwas sonderliche Religiosität seiner hypertrophen Einbildungskraft entsprang. Frömmigkeit, wie sie ihm gegeben war, hat wenig mit kirchlichen Glaubenssätzen und theologischen Unterscheidungen zu tun, sehr viel aber mit Phantasie, Staunen und Traumfähigkeit. Nicht von ungefähr nannte er einmal, befragt nach dem größten Dichter, den Chinesen Tschuang Tse und zitierte seine Verse: „Einst träumte mir, ich sei ein Schmetterling, glückselig von Blüte zu Blüte fliegend. Als ich erwachte, war ich wieder Tschuang Tse. Jetzt weiß ich nicht: Träumte ein Mensch, daß er ein Falter wäre, oder träumt nun ein Falter, daß er ein Mensch sei?"

(1986)

Theodor Däubler

Nordlicht-Ekstatiker aus Triest

Zu seinen Lebzeiten bestand kein Zweifel, daß Theodor Däubler (1876-1934) dem deutschen Expressionismus zuzurechnen sei. Er gehört zu den repräsentativsten Autoren, die in der literaturgeschichtlich epochalen Lyrik-Anthologie „Menschheitsdämmerung", herausgegeben von Kurt Pinthus, vertreten sind. Der Dichter selbst meinte gelegentlich, der Franzose Arthur Rimbaud und er seien eigentlich die einzigen echten Expressionisten. Und in der Tat finden sich bei ihm so charakteristische Wortbildungen, Ausdrücke und Formeln wie „Lichtangebinde", „Der Morgen verjünglingt", „Der Flieder verinnigt uns Frühlingsgedanken", „Baumbräutigam", „er-sternte Menschen", „Schneerätseltiere", „mondhold", „Sternenbrüste", „Die Nacht ist eine Mohrin, eine Heidin!", aber auch so einprägsame Bilder wie „Im Baum ist noch das letzte Gottverlassensein erwacht" oder „In Blüten wird die liebliche Besinnung hold und rein" oder „Man kann nicht die Armen entfernen, / Du wirst sie mit Demut besternen". Dies alles ist zweifellos expressionistisch, erweist Däubler als einen schöpferischen, wortgewaltigen und eindrucksvollen Erneuerer barocker deutscher Sprachkunst.

So unterschiedliche Geister wie Hugo von Hofmannsthal, Gerhart Hauptmann, Wieland Herzfelde, Werner Helwig, der politische Publizist Moeller van den Bruck, der Bildhauer Ernst Barlach und der erst 1985 verstorbene Staatslehrer und Verfassungsrechtler Carl Schmitt zählten zu seinen Bewunderern. Künstler vom Range eines Otto Dix und Wilhelm Lehmbruck haben ausdrucksstarke Bildnisse des Dichters geschaffen.

Däubler hinterließ in mehreren Fassungen ein mytho-kosmologisches Versepos „Das Nordlicht", das rund dreißigtausend Verse umfaßt. Sein Grundgedanke ist ebenso einfach wie grandios: Die aus der Sonne entstandene Erde findet nach einer äonenlangen, gewaltigen Odyssee wieder zu ihrem Licht-Ursprung zurück. Das Leben der Pflanzen und Tiere sei bereits eine der wichtigsten Stationen auf dem Wege zur Heimkehr, die kein Untergang sei, sondern ekstatische Vergeistigung, Rettung, Verklärung. Das Polarlicht deutet der Dichter als irdisch-himmlischen Bürgen für diesen heilsgeschichtlichen Vorgang universalen Ausmaßes. Theodor Däubler ist Visionär, Gnostiker und Prophet des Lichtes, das er als kosmische Urkraft auffaßt und mit dem Geist gleichsetzt. „Ich bin der Glaube an die Macht der Sonnen", lautet ein Vers aus seinem „Nordlicht"-Epos, das mit der beinah biblisch klingenden Zeile schließt: „Die Welt versöhnt und übertönt der Geist." Däubler steht somit in der „illuministischen" Tradition der abendländischen Geistesgeschichte; er ist Licht-Metaphysiker ganz und gar, Träumer eines allumfassenden „Sonnenreiches". Elemente der Vorsokratiker, Platons und der Neuplatoniker, Einflüsse der Mystik, Gnosis und christlicher wie außerchristlicher Esoterik verbinden sich mit Nachwirkungen Dantes, Giordano Brunos und der deutschen Romantik zu einer phantastischen Weltschau, die sich erstaunlicherweise mit den Ergebnissen der fortgeschrittensten modernen Physik vielfach berührt.

Vor dreißig Jahren hat Friedhelm Kemp eine große, mehr als neunhundert Seiten starke Däubler-Edition im Kösel Verlag herausgegeben. Ihr ließ Kemp 1984 eine gemeinsam mit Friedrich Pfäfflin bearbeitete biographische Dokumentation folgen (Marbacher Magazin 30). Doch beide Veröffentlichungen haben dem licht-trunkenen Hymniker und Symphoniker planetarischer Erlösung kaum neue Freunde, Bewunderer und Leser beschert. Leider! Man frage doch einmal einen Studenten oder auch Professor der Germanistik nach Theodor Däubler! Sie wissen nicht, wer er war, so wenig sie wissen, wer Alfred Mombert, Karl Wolfskehl, Ludwig Derleth, Erwin Guido Kolbenheyer, Rudolf Kassner, Rudolf Pannwitz und Otto zur Linde waren ... Ihre

Werke sind wie ausgelöscht aus dem Bewußtsein der Deutschen. Sie existieren nicht einmal für die literaturhistorischen Seminare der Bundesrepublik, und so wissen die -zigtausend Germanistikstudenten unseres Landes sehr viel über Brecht, vielleicht auch noch einiges über Rilke, doch überhaupt nichts über die eben erwähnten kraftvollen und eigenständigen Dichter, die teilweise noch bis weit über die Mitte unseres Jahrhunderts gelebt, geschrieben und veröffentlicht haben. Ein solcher defizitärer Zustand wäre in Frankreich, Italien oder auch in der Schweiz undenkbar. Ganze Kontinente deutscher Dichtung sind vergessen, verschollen, dem allgemeinen Bewußtsein nicht präsent, ja sogar denen unbekannt, die dazu berufen wären, die Literatur unseres Volkes zu erforschen, zu deuten und zu vermitteln.

Vor kurzem hat *Harald Kaas* (Jahrgang 1940), der schon durch eigene Gedichte, Hörspiele und Erzählungen aufgefallen ist, eine mit einem kongenialen Nachwort und einer Bibliographie versehene Däubler-Auswahl herausgebracht: „Der sternhelle Weg und andere Gedichte". Sie vergegenwärtigt nicht nur den überschwänglichen Kosmiker, der die Mysterien des Lichtes psalmodierend lobpreist, sondern auch den orphisch begeisterten Italien- und Griechenlandfahrer, der Dante, Michelangelo und Jacopo Bellini feiert, aber gelegentlich beinah volksliedhaft schlichte Töne findet, wie etwa in „Dämmerung", „Weine nicht, Jungfrau Marie" oder „Schwäbische Madonna". Der in Triest geborene und in St. Blasien im Schwarzwald verstorbene Poet ist in einem imaginierten Orient und in der mittelmeerischen Welt ebenso zu Hause wie in deutschen Landschaften. Er beschwört die Küsten Hellas' und die heiligen Bezirke Babylons mit der gleichen Kraft, wie er des Nordens Fichte, Buche, Birke und Efeuranke besingt: „Warum erscheint mir immer wieder / Ein Abendtal, sein Bach und Tannen?"

(1985)

Fritz von Herzmanovsky-Orlando

Ein altösterreichischer Phantasus

Zu Lebzeiten war Fritz von Herzmanovsky-Orlando ein Unbekannter. Nur eine als Privatdruck erschienene Erzählung und den Roman „Der Gaulschreck im Rosennetz" sah er mit eigenen Augen vorliegen. 1928 veröffentlicht, waren 1934 vom „Gaulschreck" bloß 228 Exemplare verkauft. Die meisten Käufer des Buches kannten einander beim Namen. Kurz darauf machte der Verlag Pleite. Materielle Sorgen plagten den gescheiterten Autor allerdings nie.

1877 in Wien als Sohn einer alten, im Staatsdienst geadelten Beamtenfamilie geboren, hatte er Architektur studiert und einige Jahre in einer Denkmalskommission sowie in einem Ingenieurbüro gearbeitet, um seit 1916 mit seiner Frau Carmen als Privatier ganz seinen Neigungen zu leben. Er wohnte abwechselnd in Meran, am Gardasee, im Salzkammergut, in Wien. Durch Immobilienbesitz in Deutschland und das Patent an einer kriegswichtigen Erfindung war er so reich, um jeden beruflichen Zwang abwerfen zu können. Er zeichnete und malte; interessierte sich für Okkultismus, Archäologie und Geheimgesellschaften; stand sowohl mit Alfred Kubin und Friedrich Torberg als auch mit dem „völkischen" Sektierer und „Rassenmystiker" Jörg Lanz von Liebenfels (eigentlich Adolf Josef Lanz) in Verbindung; und begann schließlich auf einer alten Schreibmaschine zu schreiben — planlos, wie unter einem höheren Diktat stehend, um das Geschriebene kaum mehr zu überarbeiten. Er starb 1954 auf seinem Schloß Rametz bei Meran.

Erst nach Herzmanovsky-Orlandos Tod brachte Friedrich Torberg eine vierbändige Ausgabe seiner Werke heraus. Torberg hat nie einen Hehl daraus gemacht, daß es sich bei seiner Edition um eine Bearbeitung handle. In einem Brief an Carmen Herzmanovsky-Orlando vom März 1956 rechtfertigte er dieses Vorgehen: „Ich bin mit voller künstlerischer Verantwortung und, wie ich glaube, mit nicht ganz untauglichen Mitteln darum bemüht, den Geist des Originals nicht nur zu wahren, sondern ihm zu einer so präzisen Geltung zu verhelfen, wie sie dem unbekümmert drauflos produzierenden Schöpfer des Originals, eben infolge seiner Unbekümmertheit, nicht durchwegs gelingen konnte."

Wie immer man zu Torbergs Bearbeitung stehen mag, so müssen auch ihre Kritiker zugestehen, daß wir ohne sie wahrscheinlich bis heute überhaupt nichts von Herzmanovsky-Orlando wüßten. Torberg ist es gelungen, diesen Autor wenigstens postum zur Geltung zu bringen. Ihm verdanken wir die erste Begegnung mit dem phantastischsten österreichischen Prosaschriftsteller des zwanzigsten Jahrhunderts. Seine barock blühende Fabulierfreude, seine Neigung zu einem grotesken Humor, sein Sinn für das Bizarre, Skurrile und Anekdotische sind in der heutigen Literatur, von Herbert Rosendorfer einmal abgesehen (er ist ein Herzmanovsky-Fan), ohne Gegenstück.

Dreißig Jahre nach Herzmanovskys Tod begann der Salzburger Residenz-Verlag in Verbindung mit dem ehrwürdigen „Brenner-Archiv" eine zehnbändige Ausgabe sämtlicher Werke des Autors herauszubringen, die sich auf das gesamte im Nachlaß erhaltene Material stützt.

Der zweite Band mit dem Roman „Rout am Fliegenden Holländer" kommt einer Neuentdeckung gleich. Der Text ist doppelt so lang wie die einst von Torberg veröffentlichte und von ihm in hohem Maße veränderte Fassung. Wie alle Werke Herzmanovskys spielt auch „Rout am Fliegenden Holländer" in einem imaginären Altösterreich vor dem Ersten Weltkrieg. Die Inspiration verdankt der Dichter einem Sommeraufenthalt auf der damals noch zu Österreich-Ungarn gehörenden (heute jugoslawischen) Adriainsel Brioni. Vorauszuschicken ist, daß der Dichter im alten, 1918 zerfallenen Österreich nicht nur eine europäische Großmacht sah, sondern auch eine mythische Potenz. Für ihn war das antike Heidentum auch nach fast zweitausend Jahren Christentum nicht endgültig untergegangen. Der große Pan und die anderen Götter schienen ihm noch nicht tot zu sein. Mehr als alle anderen Länder Europas hielt Herzmanovsky-Orlando das vom Bodensee bis nach Siebenbürgen, vom Riesengebirge und der Hohen Tatra bis nach Triest und zur Herzegowina sich erstreckende Reich der Habsburger für ein Refugium des griechisch-römischen Altertums und seiner Mythen. Die Donaumonarchie als Nachfolgestaat des Imperium Romanum, dessen Vielfalt und Schlamperei den antiken Göttern, Genien und Dämonen, dem Mystischen, Numinosen und Wunderbaren überhaupt bessere Überlebensbedingungen bot als jede andere Kulturlandschaft...

Eine alte veneto-dalmatinische Adelsfamilie, Dandolo-Treo, haust völlig verarmt in den Trümmern ihres Palastes, umgeben von verwitterten Renaissance-Gemälden und antiken Götterstatuen. Nur ein Besitz ist ihr verblieben, der Scoglio Pomo, ein Lehen aus der Zeit der mittelalterlichen Kreuzzüge. Doch niemand weiß, wo sich diese Insel befindet. Einem sonst wenig beachteten Vetter wird in einer Vision, die mit einem Donnerschlag endet, die Lage des Eilands kundgetan. Ein geschäftstüchtiger Verwandter, Michelangelo III., Freiherr von Zois, genannt Edelstein, verwandelt die Insel binnen kurzem zum mondänsten Kurort ganz Südosteuropas. Die Crème der Gesellschaft der Habsburger Monarchie findet sich dort ein, und ebenso kommen die absonderlichsten Figuren aus anderen europäischen Ländern zur Erholung. Sie haben Namen wie Charles Borromée Howniak, Sherlock Drummsteak Rabenseifner, Bébé Klipcera, Professor Giekhase, Meliboeus Hemmbamm, Maximilian zu Eschenlohe und Escamillo Schindelarsch. Am Rande tauchen auch historische Figuren auf: Kaiser Franz Joseph, der italienische Dichter Gabriele d'Annunzio und der britische Botschafter Lord Goschen, der von 1905 bis 1908 in Wien akkreditiert war.

„Rout am Fliegenden Holländer" weist wesentliche Züge eines Schlüsselromans auf. Er inszeniert das menschliche Verwirrspiel, das sich Leben nennt, in all seinen Absonderlichkeiten auf der Bühne des untergehenden altösterreichischen Vielvölkerstaates mit seinen Eitelkeiten, Narreteien und Kuriositäten. Zumindest ein kleiner Kreis von Eingeweihten wird unter den verschiedenen grotesk verzerrten Figuren eine Reihe von Freunden und Bekannten des Dichters erkennen. Einige Hinweise liefern der editorische Bericht und die Erläuterungen am Schluß des Bandes, die hundert Seiten umfassen.

Doch auch der mit den zeitgeschichtlichen und biographischen Zusammenhängen unvertraute Leser wird von diesem phantastischen Roman entzückt sein, sofern er nur einen Sinn für das hat, was Herzmanovsky-Orlando „Realität im Schwebezustand" nennt. So absurd und unglaubwürdig die Szenen auch scheinen, so sehr hat der vermeintliche Nonsens doch auch tiefere Bedeutung. Der Leser wird immer wieder auflachen, vor allem im ersten Drittel des Buches, bis er schließlich zu ahnen beginnt, daß hinter der wilden Komik eine abgründige Melancholie steht, ein seltsamer Ernst, eine Trauer um den Menschen und die Vergeblichkeit seiner Schöpfungen. Das barock verspielte Spektakel gewährt Einsichten in dämonische Tiefen, in die Höllenkreise der menschlichen Natur. Da wird Gegenwärtiges mit längst Vergangenem, Nahes mit Fernem, Historisches mit Mythologischem wunderbar verquickt. Alle Gestalten sprechen zwar deutsch, aber je nach ihrer Herkunft ein böhmisches, ungarisches, englisches oder wienerisches — ein „austriakisches" Deutsch. Alles ist durchweht von Lust an der Sprache, am Wortspiel, an der Vermischung des Heterogensten. Herzmanovsky-Orlando ist ein fabulierender Enzyklopädist, ein furioser Satiriker, ein brillanter Ironiker und manchmal auch ein Poet von lyrischer Kraft und magischer Bildhaftigkeit, der an Jean Paul, Ferdinand Raimund, Peter Altenberg und Wolf von Niebelschütz denken läßt und auch das Preziöse und Manierierte, ja sogar das Kitschige schalkhaft bewußt als Stilmittel gebraucht:

„Prunkvolles Sonnenlicht lagerte über Dalmatien. Wie ein Riesenspiegel von Saphir blaute die wogende See, beryllfarbig die Säume an den Küsten, in langen Zügen von schwanenweißen Schaumkronen durchfurcht. Wie goldfarbene Marmorschnitzereien erhoben sich da und dort Inseln mit purpurnen

Schatten der Berge und Klüfte, vom Opalgeäder der Brandung erfaßt.

Des Meeres poseidonischer Duft war leicht vermischt mit den Wohlgerüchen des Rosmarins und der würzigen Kräuter, die auf den Inseln und den steilen Alpenmassen wuchsen, die hinter dem Küstensaum leuchteten.

Verwunderlich ist's, daß ein so betriebsamer Kontinent wie Europa solch ein märchenhaft verträumtes Küstenland überhaupt haben kann. Nirgends spürt man das Verglühen Venedigs, ja, des antiken Rom und der Turbanzeit so stark wie hier ..."

Vor diesem elysischen Hintergrund inszeniert Herzmanovsky-Orlando mit höchster Virtuosität eine turbulente Groteske, die in einer makabren Apokalypse endet ...

Mehr sei nicht verraten. Wer die ersten sieben Seiten gelesen hat, wird das Buch bis zu Ende lesen, höchstwahrscheinlich auch den „Gaulschreck im Rosennetz" nochmals vornehmen und mit Spannung zu weiteren Bänden dieses Apokalyptikers mit Narrenkappe greifen.

(1984)

Othmar Spann

Das Ganze im Blick haben
Ein deutscher Universalphilosoph aus Österreich

Er war nationalbewußt, in Österreich erblickte er wie selbstverständlich ein deutsches Land, ja einen Bergfried des Deutschtums gegenüber dem Osten. Als Hitler im März 1938 seine Heimat dem Reiche „anschloß", trank er, wie Freunde glaubhaft überliefern, aus Freude eine Flasche Champagner. Doch Othmar Spann, von dem hier die Rede ist, war zwar ein „großdeutscher" Patriot, doch zu keiner Zeit seines Lebens ein „Nazi". Die Rassenlehren Hitlers und Alfred Rosenbergs verwarf er als primitiven, menschenverächterischen und geistwidrigen biologischen Materialismus. Volk war ihm keine zoologische Kategorie. Er faßte es als eine auf gemeinsamer Überlieferung beruhende geistige Gemeinschaft auf. Spann dachte sehr hochsinnig vom Volkstum, aber er verabsolutierte es nicht, wie die Worte aus einem 1920 in Brünn gehaltenen Vortrag beweisen:

„Jedes Volkstum soll trachten, das Höchste der Menschheit in sich zu erbilden und auf seine Weise darzustellen. Diese einzig echte Art von Weltbürgertum kann also gerade nur auf völkischer Grundlage aufgebaut werden. — Auch ist das Volkstum nicht das Letzte. Es wird überhöht von dem geschichtlichen Kulturkreise, in dem es lebt, in dem es Glied ist, bei uns dem christlich-abendländischen Kulturkreise, dessen schöpferisches führendes Glied das deutsche Volkstum von jeher — besonders in philosophischer Hinsicht — war."

Doch nicht nur durch dieses sowohl entschiedene als auch differenzierende Bekenntnis geriet Spann in Gegensatz zum „Dritten Reich". Ebenso stieß ihn die wahnwitzige Judenfeindschaft der nationalsozialistischen Führer ab. Diese erkannten ihrerseits, daß das Denken des Wiener Philosophen alles andere als parteigemäß war, und bekämpften ihn deshalb schon früh. Bereits 1930, also drei Jahre vor Hitlers „Machtergreifung", griff Rosenberg in seinem „Mythus des 20. Jahrhunderts" — dem ideologischen Hauptbuch der NSDAP — den „Universalismus" Othmar Spanns an, weil dieser aufgrund seiner Philosophie die Religion über die Rasse, auf die allein es doch ankomme, zu stellen gewagt hatte.

Spann war kein totalitärer, sondern ein Polaritäts-Denker. Einer seiner zentralsten Begriffe lautet *„Gezweiung"*. Mit ihm kennzeichnet er die alles Leben durchwaltende Polarität, die jeder Vereinzelung vorausgeht, ohne sie jedoch zu ersticken. „Gezweiungen" sind die Beziehungen Mann-Frau, Mutter-Kind, Lehrer-Schüler, Meister-Geselle, aber auch die „Urgezweiung" von Geist und Materie, die wechselseitig aneinander sich entfalten im Prozeß von Ausgliederung, Umgliederung und Rückverbundenheit.

Eine solche anspruchsvolle Philosophie mit universalistisch-ganzheitlicher Perspektive und ausgesprochen föderalistisch-genossenschaftlichen politischen Konsequenzen mußte fast unvermeidlich mit dem Nationalsozialismus zusammenstoßen — obwohl Spann den Konflikt nicht bewußt gesucht hatte. Bereits einen Tag, nachdem Hitler in Wien triumphal einmarschiert war, wurde Othmar Spann von der Gestapo verhaftet, nach München gebracht und dort im Wittelsbacher Palais wochenlang verhört. Man beschuldigte ihn, geheime und umstürzlerische Verbindungen zum Vatikan zu unterhalten und gegen die Reichsregierung zu intrigieren. Alle diese Vorwürfe waren, wie sich später herausstellte, aus der Luft gegriffen. Gleichwohl ließen es die Nationalsozialisten nicht zu, daß der in ganz Europa angesehene Gelehrte weiterhin als Professor an der Wiener Universität wirkte. Vielmehr sollte er zuerst nach Ostpreußen deportiert werden. Dann milderte man die gegen ihn getroffenen Maßnahmen, indem man ihn auf seinen abgeschieden gelegenen Landsitz im Burgenland verbannte. Eine glanzvolle akademische Laufbahn war damit beendet, die Spann von Frankfurt am Main (wo er in J. Klumkers „Zentrale für private Fürsorge" tätig war) über die Technische Hochschule in Brünn an die Wiener Universität geführt hatte, an der er seit 1919 als ordentlicher Professor der Nationalökonomie und Gesellschaftslehre wirkte (obgleich er sich im Laufe der Jahre immer mehr zum Philosophen berufen fühlte). Nicht nur Spann hatte unter dem willkürlich über ihn verhängten „Berufsverbot" zu leiden; auch alle seine Schüler wurden von den deutschen Universitäten entfernt. Spanns Bücher wurden zwar nicht offiziell verboten, doch von 1939 bis zum Untergang des Hitler-Reiches konnte der Philosoph keine neuen Werke mehr veröffentlichen. Einer der bedeutendsten Verehrer Spanns in Deutschland war übrigens der nationalkonservative politische Schriftsteller Edgar Julius Jung, der zu den ersten Opfern der Bluthochzeit des 30. Juni 1934 (des angeblichen „Röhmputsches" und der gewalttätigen Abrechnung mit wirklichen oder auch nur vermeintlichen Hitler-Gegnern) gehört.

Man hätte nun glauben dürfen, daß Spann nach dem Zusammenbruch von 1945 rehabilitiert worden wäre. Doch er blieb weiterhin ein Verfemter, den man, soweit wie möglich, totschwieg und zum Schweigen verurteilte. Andere, die im Vergleich zu ihm geistige Knirpse waren, verdrängten ihn aus dem akademischen Raum. Spann war ein viel zu unabhängiger und vornehmer Denker, um sich aus Karrieresucht an dem allgemeinen Spiel wechselseitiger politischer Bezichtigungen und Reinwaschungen zu beteiligen. Er war allen Parteien unbequem. Die Sozialisten und ebenso die in den allerersten Nachkriegsjahren in Österreich recht einflußreichen Kommunisten (die die Rote Armee, welche den Osten des Landes beherrschte, zum Protektor hatten) verziehen ihm seinen kompromißlosen Antimarxismus nicht, während die Katholiken ihm seine „großdeutschen" Sympathien und die Ablehnung des „Ständestaats" à la Dollfuß und Schuschnigg vorwarfen. Die „Liberalen" mochten ihn ohnehin nicht, weil er nie einen Hehl daraus gemacht hatte, daß er die „Ideen von 1789" — die Französische Revolution und ihre Folgen — für ein geistespolitisches Unglück hielt. Überdies witterten manche in ihm einen „Klerikalen", obwohl er das niemals war. Spann war zwar ein religiöser, nicht aber ein für kirchenpolitische Zwecke sich engagierender Mensch. Den einen war er zu „römisch", den andern zu „protestantisch" oder sogar ketzerisch. So entledigte man sich seiner, indem man ihm einen „unbeschränkten Urlaub zu Forschungszwecken" zubilligte und ihn dadurch weiterhin von der Universität fernhielt. Am 8. Juli 1950 starb er in Neustift bei Schlaining im Burgenland.

Mißverständnisse, Voreingenommenheit, aber auch schlichte Ignoranz haben dazu geführt, daß dieser einst so berühmte wie umstrittene Denker außerhalb Österreichs nur noch wenigen bekannt ist. Ein bekannter neudeutscher Politologe meinte unlängst arrogant, Spanns Lehren seien „heute keinen Pfifferling mehr wert". Wenn damit gemeint ist, daß die Grundintentionen des vor bald hundertzehn Jahren geborenen Philosophen allen maßgebenden Tendenzen unserer Zeit widersprechen, dann enthält dieses hochmütige Urteil einen Kern von Wahrheit. Auch Spann selbst mag sich wohl zu den „Besiegten des Zweiten Weltkriegs" gezählt haben, als im Westen die liberale Demokratie, im Osten der Marxismus zum Siege gelangt war — also zwei Bewegungen, für die er nie etwas übrig gehabt hatte. Gleichwohl zeigt sich immer mehr, daß viele seiner Thesen, die auf progressive Gemüter so ärgerniserregend wirken, überaus plausibel sind.

Das gilt auch für den umstrittenen Satz, daß „das Ganze" mehr als die Summe seiner Teile sei, mit dem bekanntlich eine alte aristotelische Lehre erneuert wird, aus der viele freilich nur den Nazi-Slogan heraushören wollen: „Du bist nichts, dein Volk ist alles." Heute spricht man zwar gelegentlich verschämt nicht von „Ganzheit", sondern von „System", „Totalphänomen" oder „Biosphäre", doch das ändert nichts daran, daß ein universalistischer Ansatz zu den unabdingbaren Voraussetzungen sowohl der Ökologie als jeder brauchbaren Langfristplanung gehört. Churchman, einer der Pioniere von „Operations Research", fordert sogar, obwohl er kaum jemals etwas von Spann gehört haben mag, eine „Ethik für Gesamtsysteme". Es kommt nur darauf an, diese Ganzheiten nicht zu vergötzen, und eben dies hat Spann in seinen besten Augenblicken durchaus vermieden, so, wenn er betont, daß ungeachtet der logischen (nicht zeitlichen) Priorität des Ganzen dieses kein eigenes Dasein neben den Gliedern habe.

Ebenso evident ist Spanns angeblich antidemokratische These, daß im Staat „die Besten" regieren sollen, daß also die Aristokratie die vorzüglichste Regierungsform sei. Schwer läßt sich vorstellen, daß ein einsichtiger Mensch wünschen könnte, die Schlechtesten mögen die Angelegenheiten des Staates leiten. Die Schwierigkeit liegt nur darin, mit welchen Methoden und nach welchen Maßstäben festgestellt werden soll, wer zu den Besten gehört. Der Demokrat vertraut darauf, daß Parteiwettbewerb, Wahlen und Mehrheitsprinzip anderen Formen von Führerauslese überlegen seien. Darüber kann man diskutieren, doch grundsätzlich schließen Demokratie und Aristokratie einander nicht aus.

Aktuell ist auch ein dritter Gedanke Othmar Spanns: Staatliche Gemeinwesen sind mehr als bloße Zweckverbände; sie sind unaufhebbar auf ethische Überzeugungen und inspirierende religiös-philosophische Grundsätze angewiesen.

Was Spanns „ständestaatliche" Vorstellungen betrifft, die kaum etwas mit dem „austrofaschistischen" Ständestaat in Österreich von 1934 bis 1938 gemeinsam haben, so haben diese ihrem Urheber den Vorwurf eingetragen, er erstrebe eine Rückkehr ins Mittelalter. Der Sozialdemokrat Otto Bauer meinte einmal boshaft, Spann repräsentiere die Flucht der durch die Inflation verelendeten bürgerlichen Intelligenz in einen romantisch verklärten Feudalismus. Inzwischen können wir allenthalben eine Renaissance ständestaatlicher Ideen feststellen, sei es unter dem marktwirtschaftlichen Vorzeichen der „Sozialpartnerschaft", sei es unter rätedemokratisch-gewerkschaftspolitischer Flagge. Österreich ist heute unter einem sozialistischen Bundeskanzler in weit höherem Maße ein „Ständestaat" als zu Lebzeiten Othmar Spanns, und die Bundesrepublik ist auf dem besten Wege dazu. Fraglich ist nur, ob die Resultate die Hoffnungen rechtfertigen, die Spann einst auf den Ständegedanken gesetzt hat.

Linke Kritiker haben dem Schöpfer des Universalismus oft vorgeworfen, er sei ein „Arbeiterfeind". Das ist er niemals gewesen — er war ein Feind des Marxismus, und dies ist etwas ganz anderes. Spann hat die moderne Gewerkschaftsbewegung durchaus bejaht und in der Institution des Kollektivvertrags einen Meilenstein auf dem Wege zu einer Ständebildung zwischen Arbeitgebern und Arbeitnehmern gesehen.

Überhaupt wird, wer sich in die Schriften dieses elitären Idealisten vertieft, dessen System zu den seltenen Beispielen einer umfassenden „konservativen Theorie" gehört, keinem herzlos kalten Menschenverächter begegnen. „Gott hat nichts zu seinem Fußschemel gemacht", hat Spann einmal gesagt. Niemand ist überall der Erste, niemand überall der Letzte. Dahinter steht der Krongedanke Adam Müllers: Jeder Mensch ist Haupt eines Standes und Glied eines Standes, zugleich *primus* und *minister*. Hinter Müller aber steht Goethe: „Der geringste Mensch kann komplett sein", — ein „Ganzer". Dazu paßt auch, daß Spann seinen Wiener Studenten immer wieder die Lektüre von Grillparzers Novelle „Der arme Spielmann" empfohlen hat.

Stellt man die Frage, was von seinem Werk noch gültig ist, so ist vor allem zu bedenken, daß Othmar Spann in erster Linie Philosoph war, und zwar ein in der großen idealistischen Tradition von Platon, Leibniz, Fichte, Hegel und Schelling stehender Metaphysiker. Hier liegt der Grund seiner momentanen Unzeitgemäßheit, aber auch die Chance seiner Wiederkehr.

In jüngster Zeit mehren sich die Zeichen einer Wiederkehr Othmar Spanns, des wohl größten philosophischen Systemdenkers, den Österreich — abgesehen vielleicht von dem heute fast vergessenen Priester-Philosophen *Anton Günther* (1783 - 1863), einem Zeitgenossen der Romantik — bis heute hervorgebracht hat. Man könnte ihn geradezu als einen späten Nachfahren der großen Barockarchitekten bezeichnen, die uns im süddeutsch-österreichischen Raum so wunderbare Bauwerke weltlicher wie kirchlicher Art hinterlassen haben. Im Geiste eines nichts auslassen, nichts unterschlagen, nichts absolut verwerfen wollenden Universalismus versuchte dieser faustische Philosoph das Gefüge der Wirklichkeit begrifflich zu rekonstruieren. So schuf er im Laufe seines Lebens ein keinen Bereich der Welt vernachlässigendes System, eine geradezu kathedralische „summa", deren Geschlossenheit, Weite und spekulative Energie an Leibniz und die großen metaphysischen Würfe des Deutschen Idealismus gemahnen. Natur-, Religions-, Geschichts- und Sozialphilosophie, Kategorienlehre, Anthropologie, Ästhetik, Psychologie, Logik, Volkswirtschaftslehre, Soziologie, Philosophiegeschichte, Philosophie der Mystik — nichts fehlt. Die Gesamtausgabe seiner Werke, zwischen 1963 und 1979 erschienen, umfaßt samt dem biographisch-geistesgeschichtlichen Ergänzungsband 21 Bände mit mehr als 9000 Seiten.

Allenthalben ist neuerdings die Rede von „ganzheitlicher Medizin", „ganzheitlicher Umweltpflege" und „ganzheitlicher Unternehmensführung", doch wer weiß schon, daß es auch eine „Ganzheitsphilosophie" gibt? Wie aktuell und zeitgemäß Othmar Spann ist, beweisen etwa seine Gedanken über unsere Pflicht, die *„Wirtlichkeit der Welt"* zu erhalten — womit er das uns heute unheimlich bedrängende ökologische Thema schon lange vor dem Ersten Weltkrieg zur Sprache gebracht hat. Othmar Spann war nicht nur in seiner Freizeit ein leidenschaftlicher Gärtner, sondern überhaupt ein sehr naturverbundener Autor, der fast alle seine Werke in ländlicher Stille schrieb. Schon Jahrzehnte vor den alarmierenden Anzeigen des „Club of Rome" und dem Auftreten der „Grünen" in der Politik hat dieser Konservative betont, daß die Humusfrage, das Problem der Wasserversorgung, insbesondere auch die Möglichkeit, Abwässer zur Humusgewinnung zu verwenden, von zukunftentscheidender Bedeutung sind. Oft sagte er, die Gewinnung von Humusstoffen aus den Abwässern der Städte sei für das zu Ende gehende zwanzigste Jahrhundert ebenso wichtig (und kapitalintensiv) wie im neunzehnten Jahrhundert der Bau der Eisenbahnen. Aktuell sind desgleichen seine überaus bedenkenswerten Äußerungen über die Bedeutung der kleinen sozialen Einheiten, über Dezentralisierung, Föderalisierung und die Gefahren des Kultes des Gigantischen und Kolossalen. Ebenso zeitgemäß ist das, was er über Standort und Leistung einer gesunden Landwirtschaft im Rahmen einer lebenswerten modernen Gesellschaft ausführt. Wegweisend ist

Spann auch als religiöser Denker, der, ungeachtet seiner christlichen Grundüberzeugung, offen für die großen Weisheits- und Erlösungslehren der außereuropäischen Welt war und in der Mystik die wahre „Urreligion" erblickte.

Für einen erklärten Antimetaphysiker, der wähnt, sich ausschließlich an das sinnlich Wahrnehmbare zu halten, mag ausgemacht sein, daß Spanns Denken überholt sei. Sein System erscheint ihm etwa als „Begriffsdichtung". Es fragt sich nur, ob nicht auch strenge Erfahrungswissenschaft immer wieder eine Grenze erreicht, an der sie gezwungen ist, zumindest experimentell, auf aus solchen Begriffsdichtungen entlehnte Grundsätze, Vermutungen und Richtlinien zurückzugreifen. Was ist „Ganzheit"? Besteht die Gesellschaft aus grundsätzlich isolierten Individuen oder sind diese nur durch gesellschaftliches Miteinander (das keineswegs harmonisch zu sein braucht) das, was sie sind? Wie verhalten sich Freiheit und Ordnung, „Ausgliederung" und „Rückverbundenheit", „Sein" und „Sollen" zueinander?

All diese Probleme, mit denen Spann gerungen hat, sind Fragen, die sich immer wieder jedem Denkenden stellen. Sie können vorübergehend verdrängt und vergessen werden, aber nicht veralten. Othmar Spanns denkerischer Rang erweist sich auch darin, daß er imstande ist, allen grundlegenden philosophischen Standorten einen bestimmten Platz innerhalb der von ihm am Maßstab zunehmender Rückverbundenheit (und das heißt letztendlich: Versenkung in die Wirklichkeit) errichteten Systematik zuzuweisen. Er verneint nicht die von ihm kritisierten Philosophien, sondern nimmt sie in bedingter Weise auf, läßt sie im Hinblick auf eine je bestimmte Stufe des Seins als berechtigte Erkenntnis gelten. Die Stufenfolge Empirismus, Rationalismus, Apriorismus, subjektiver Idealismus, ontologischer Idealismus, Mystik beruht darauf, daß jede dieser Richtungen jeweils in tiefere Schichten vordringt als die ihr vorangehende. Nichts wird von Spann von vornherein verdammt; auch noch die Irrtümer anerkennt er als Bruchstücke der Wahrheit, als bloß einseitig formulierte, voreilig verallgemeinerte oder unvollständig ausgesprochene Wahrheiten.

Erwähnt sei auch noch, daß für den Ästhetiker, den das Geheimnis der Schönheit bedenkenden *Kunstphilosophen* Othmar Spann Kunst mehr als bloßer Schmuck, Zierrat oder entbehrlicher Luxus bedeutet. Er erblickt in ihr eine Lebensmacht, ja die Mitte des Lebens. Sie ist „eine Urgabe des Menschen", weil Eingebung (Inspiration), Form und Gestaltung weit über den Bereich der Künste im engeren Sinn des Wortes zu den Grundanlagen humaner Existenz gehören.

„Ohne eine gewisse Schönheit kann das Leben nicht lange bestehen", sagt Thomas von Aquin. Dies ist auch die Botschaft Othmar Spanns, der in seiner Kunstphilosophie folgende Arten des Schönen unterscheidet: das Mystisch-Schöne, das Frohlockend-Schöne, das Tragisch-Schöne, das Unholdisch-Schöne und (wenngleich nur indirekt oder andeutungsweise) das Magisch-Schöne. Als Beispiel für das Mystisch-Schöne können vielleicht Dantes „Göttliche Komödie", die russische Ikonenkunst und die gotischen Flügelaltäre gelten. Das Frohlockend-Schöne tritt uns in vielen Werken Mozarts, manchen Gedichten Goethes oder auch Puschkins entgegen. Als höchste Erscheinungsformen des Tragisch-Schönen mögen die Dramen Sophokles', Shakespeares, Kleists und Schillers genannt sein. Beim Unholdisch-Schönen haben wir es mit der paradoxen Erfahrung zu tun, daß uns in vollkommener künstlerischer Gestaltung etwas gefällt, was uns im Alltag abstoßen oder sogar mit Grauen erfüllen würde. Denken wir etwa an Gestalten der Mythologie wie Medusa mit ihrem Schlangenhaupt, die Faune und Satyrn, auch an die Teufels- und Dämonendarstellungen der christlichen Kunst, an die Bilder von Hieronymus Bosch, Francisco de Goya, Honoré Daumier, Alfred Kubin, Max Ernst und mancher Expressionisten und Surrealisten. Als magisch-schön wirken auf uns etwa die Hervorbringungen prähistorischen und primitiven Kunstschaffens, handle es sich nun um solche der Kreter, Sumerer, Indianer, Skythen oder gewisser Negerstämme.

Spann war jedoch nicht nur ein Philosoph, der über das Wesen der Kunst und des Schönen tief nachzudenken verstand, sondern auch selber ein kunstliebender, ein überaus musischer Mensch. Er verehrte und las immer wieder die deutschen Klassiker, empfahl seinen Studenten aber auch eindringlich, die großen österreichischen Dichter zu lesen, insbesondere Grillparzers Novelle „Der arme Spielmann" sowie Adalbert Stifters Romane „Der Nachsommer" und „Witiko". Spann war seit 1906 mit einer Dichterin von Rang verheiratet, die ihn um viele Jahre überlebte: Erika Spann-Rheinsch (1880 - 1967). Sie war eine ebenso kluge wie eigenständige Frau, deren lyrisches Schaffen („Schöne Welt", „Trutznachtigall", „Paracelsus und seine Jünger", „Buch der Einkehr", „Frohe Wanderschaft", „Gestalt und Geheimnis") ihr so angesehene Auszeichnungen wie den Ebner-Eschenbach-, Schiller- und Bauernfeldpreis einbrachte. Sie verfolgte die wissenschaftliche Tätigkeit ihres Mannes mit großem Verständnis und beeinflußte zweifellos auch seinen sprachlichen Stil. Von den Musikern aber war ihm, obwohl er auch Bach, Händel, Gluck, Beethoven, Schubert und Bruckner schätzte, *Mozart* der allerliebste. Mozarts Kunst erschien ihm überirdisch in des Wortes schönster Bedeutung, ja als Gottesbeweis. Ihr widmete er einen Essay, der im siebenten Band der Spann-Werkausgabe veröffentlicht ist: „Wo Mozarts Kunst das Irdische darstellt, geschieht es auf himmlischem Grunde; wo sie das Himmlische darstellt, geschieht es ungezwungen und gleichsam natürlich; wo sie aber das Unterirdische sprechen läßt, spürt man das unauflösliche Dunkel der Welt und den strafenden, über Schrecken thronenden Gott. Mozart zeigt die himmlische Heiterkeit, die keiner wahren Trübung fähig ist. Er zeigt sie nicht als Silberblick des Morgenhimmels, sondern als das, was *immer* da ist, als Blut des Lebens, als Atem des Geistes ..."

Es muß doch etwas an diesem Philosophen daran sein, der auf der Grundlage eines von religiösem Idealismus und von Schönheitssinn geprägten Systems so vieles vorhergesehen und analysiert hat, was uns heute bedrängt und bewegt. Wer diesen Denker unmittelbar kennenlernen will, der kommt nicht umhin, sich mit seinen Werken selbst vertraut zu machen, zu denen diese Bemerkungen nur hinführen wollen. Wer mit Spanns Gedankenwelt noch wenig bekannt ist und überdies eine gewisse Scheu vor als extrem schwierig geltenden philosophischen Arbeiten hat, dem empfehle ich als Erstlektüre das *„Gespräch über Unsterblichkeit.*

Betrachtungen zweier Krieger im Felde", postum als Band 20 der Gesamtausgabe 1965 erschienen und nach wie vor im Buchhandel erhältlich.

Othmar Spann könnte (vielleicht auf Umwegen und in anderer Weise, als er es sich gedacht hat) jene metaphysische Glut wieder anfachen, die wohl in jedem Menschen steckt, doch unter der Asche alltäglicher Selbstverständlichkeiten, angelernter Vorurteile und konventionellen Geredes nur zu oft zu verlöschen droht. In diesem Sinne ist wohl auch das Bekenntnis Spanns zu verstehen:

„Wer Geschichte begreifen und nicht an den Fürchterlichkeiten des Geschehens scheitern will, die nur zu handgreiflich an der Oberfläche liegen, der muß an den Geist glauben. Keine Wunde, die er nicht zu heilen vermöchte, kein Dunkel, das er nicht zu lichten, kein Irrtum, den er nicht zu berichtigen, kein Verlauf, den er nicht größer und schöner zu wiederholen imstande wäre, kein Sieg, den er nicht übertrifft. Der Geist kennt keine Erschöpfung, keine Vernichtung; sein Ziel ist, wie der Ursprung, nichts weniger als die Ewigkeit."

„Seht um euch, ihr seid von Wundern umgeben.

Die Welt um euch ist voller Wunder, aus Gewohnheit und Verstörung durch falsche Lehren seht ihr sie nicht.

Habt ihr die Wunder einmal erblickt, so versteht ihr, daß ohne sie weder ein Seelenleben noch ein Naturleben noch auch nur ein stoffliches Sein und Geschehen möglich wäre ... Unter all den Wundern, die wir betrachten, sind die größten: das Erkennen und Gestalten. Denn ohne sie wären Wissenschaft und Kunst nicht möglich! Wissenschaft und Kunst sind es, die zusammen mit dem Glauben und mystischen Innewerden des Göttlichen den Menschen erst über das bloß Naturhafte, Stoffliche, Dumpfe und Stockige zu der unendlich hohen Würde des Geistes hinausheben.

Darum ist die Kunst wie der Herrlichkeit Gottes so der Größe des Menschen Spiegel, und die Philosophie der Kunst der magische Spiegel ihrer Wunder."

(1985)

Clemens Holzmeister

Architekt des Herrgotts und Kemal Atatürks

Man hat ihn einen „Expressionisten" genannt, er selbst bezeichnete sich als „Romantiker", doch recht eigentlich läßt er sich keiner der einflußreichen Schulen und Bewegungen des 20. Jahrhunderts zurechnen. Gewiß ist nur eines: der am 27. März 1886 geborene und in hohem Alter, am 12. Juni 1983, verstorbene Österreicher Clemens Holzmeister zählt zu den größten, den eigenwilligsten und vielseitigsten Architekten unseres Zeitalters. Er schuf ein überwältigendes Œuvre — Bauten für die Öffentlichkeit: dem Kult, der staatlichen Selbstdarstellung, dem wohnungsbedürftigen und kunstsinnigen Einzelnen dienende Gebilde kosmosbejahenden Ordnungswillens und ausdrucksstarker Sachlichkeit. Von der Volksschule in Marbach an der Donau (1913) über den zweistufigen und festungsartig anmutenden Bau des Wiener Krematoriums (1922/23) und zahlreiche Regierungspaläste in Ankara bis zum Alten und Neuen Festspielhaus in Salzburg und dem Entwurf für ein Friedensdenkmal auf dem Berg Sinai und ein Weltheiligtum „Cosmogral" (1977) spannt sich der Bogen seines unermüdlichen Schaffens. Ein Zug ins Monumentale, zur großen festlichen Gebärde, ja zum Pathos zeichnet seine Bauten aus. Den reinen Funktionalismus des Bauhauses, die Exzesse des architektonischen Brutalismus hat er nie mitgemacht. Ebensowenig teilte er den sozialpolitischen Messianismus eines Le Corbusier. Er bekannte einmal: „Ich habe nie architektonisches Wollen zu Programmen geformt: einem inneren Gesetz unbewußt folgend, habe ich gebaut und gezeichnet, und ich hoffe, daß ich dieser inneren Stimme immer treu geblieben bin."

Obwohl von historistischen Neigungen frei, lernte er zeitlebens von den großen Werken der Vergangenheit. Er ließ sich von ihnen anregen und begeistern; nicht aber ahmte er sie nach. Das barocke Erbe Österreichs wirkt in ihm ebenso nach wie die kühle Schlichtheit der josephinischen Baukunst. Imperiales Umfassen großer Räume zeichnet ihn nicht weniger aus wie der demütige Einbezug der gewachsenen Umwelt in neue Planungen. Je nach der Aufgabe und der greifbaren Landschaft knüpfte er an volkstümlich-regionale Traditionen an, schuf er Formen von bäuerlicher Kraft, repräsentativer Feierlichkeit, mönchischer Kargheit oder orientalisch-byzantinischer Magie: Kirchen wie die in Merchingen im Saarland, St. Adalbert in Berlin, Maria-Grün in Hamburg-Blankenese, St. Martin in Nürnberg, St. Petrus in Mönchengladbach oder Christkönig in Kleve; Kapellen und Pfarrzentren in ländlichen Gegenden; Kathedralen in Brasilien und Syrakus (Sizilien); das Schlageter-Denkmal in Düsseldorf; das Palais Atatürk und das türkische Parlament in Ankara; Rundfunk-, Botschafts- und Bankgebäude, Offizierskasinos, Landhäuser, Theater, Schulen und Grabanlagen.

Holzmeisters Architektur gebührt die heute vielfach so verschlissene Kennzeichnung „menschlich" zu Recht. Sie steht ihr zu, obwohl ihr Schöpfer sich niemals einer Ideologie „sozialen Engagements" verpflichtet fühlte. Das spezifisch Menschliche seiner Bauten verdankt sich nicht einer Theorie humanitaristischer Allbeglückung oder revolutionärer Weltveränderung; es leitet sich her von einer existentiellen Grundhaltung, die Herbert Muck in den bündigen Satz zusammenfaßte: „In der Welt Holzmeisters hat der Herrgott noch seinen Platz." Er hat seine vielen Kirchen so gestaltet, „daß die Bedrückten, die Zweifelnden in ihnen eine Hilfe finden und mit Gott sprechen können", wie der österreichische Bundespräsident Kirchschläger 1981 anläßlich der Feier des 95. Geburtstages von Holzmeister sagte. Der Gott dieses überragenden Baumeisters scheint ein alpenländisch-barocker Gott zu sein, der Licht, Freude und kosmische Harmonie ausstrahlt und sich in Salzburg und Tirol, aber auch in den sonnenüberfluteten Weiten Brasiliens und der Türkei weit mehr zu Hause fühlt als in der Öde nachkonziliarer Entsakralisierung.

Viele Ehren und Auszeichnungen wurden diesem Baukünstler zuteil, der auch zahlreiche Bühnenbilder gestaltet hat — so für Beethovens „Fidelio", Raimunds „Verschwender", Mozarts „Don Giovanni" und Grillparzers „Bruderzwist in Habsburg". Er lehrte an der Akademie der Bildenden Künste in Wien, der Technischen Hochschule in Istanbul und an der Düsseldorfer Akademie, empfing den Nordsternorden des schwedischen Königs, das Große Verdienstkreuz mit Stern der Bundesrepublik Deutschland, das Komturkreuz des päpstlichen Silvesterordens und das Große Goldene Ehrenzeichen mit dem Stern der Republik Österreich, war Ehrendoktor verschiedener Universitäten und Ehrenbürger etlicher Städte und legte noch 1976 — zu seinem 90. Geburtstag — eine umfangreiche, mit zahlreichen photographischen Dokumenten, aber auch vielen Zeichnungen und Aquarellen ausgestattete Selbstbiographie vor: „Architekt in der Zeitenwende".

Von den Hunderten von Bauten, die Clemens Holzmeister im Laufe von mehr als siebzig Jahren entworfen hat, ist kaum einer zerstört oder auch nur verändert worden. Anders als so viele Schlüsselbauten der Moderne, die, einer nach dem andern, abgebrochen oder bis zur Unkenntlichkeit entstellt wurden, steht sein umfangreiches Werk unvermindert aktuell und haltbar vor uns. Es wird auch noch in kommenden Jahrhunderten zu den Menschen sprechen, weil seine Sprache nicht übersetzt zu werden braucht, um verstanden zu werden.

(1986)

René Guénon

Vermittler der Urtradition

Sein Name taucht in keinem der gängigen philosophischen Nachschlagwerke auf, die doch sonst noch den letzten Epigonen berücksichtigen. Ebenso fehlt er im vierzehnbändigen „Lexikon für Theologie und Kirche" und im Brockhaus, obwohl Reinhold Schneider, André Gide, Leopold Ziegler, Frithjof Schuon und Ursula von Mangoldt sich mit Nachdruck für ihn eingesetzt und seinen geistigen Rang bezeugt haben. Trotz seiner Unbekanntheit gehört *René Guénon* zu den überragenden Philosophen und zu den tiefsinnigsten religiösen Denkern unseres Jahrhunderts. Wenn Guénon von der modernen Philosophie und Theologie totgeschwiegen wird, dann ist dies nicht verwunderlich. Denn sein Standort liegt abseits des Weges neuzeitlicher Vernunftautonomie und experimenteller Faktenforschung. Er ist aber deshalb auch nicht „irrationalistisch", weil der Gegensatz von Rationalität und Sentimentalität selber zur Signatur der Moderne gehört. René Guénons Auffassung unterscheidet sich somit abgrundtief von der Denkweise eines Karl R. Popper oder auch Jean-Paul Sartre. Ebensowenig verstand er sich, obwohl über enorme orientalistische Kenntnisse verfügend und in der Ideenwelt der Hindus, der Taoisten und Dantes gleicherweise bewandert, als geistesgeschichtlichen Schriftsteller. Er war Philosoph in vorsokratischem Sinne: ein Nachfolger Heraklits, Pythagoras' und Empedokles'. Mit Jakob Böhme, Joseph de Maistre und der Mystik Meister Eckharts verband ihn mehr als mit Descartes, Locke oder Kant; ja, er war sogar ein Antipode des modernen Rationalismus, den er als Abtrünnigkeit, als Verrat an der großen metaphysischen Überlieferung empfand. *„Die Krisis* *der Neuzeit"* lautet denn auch der Titel eines der zwei Bücher von ihm, die ins Deutsche übersetzt wurden. Das andere heißt *„Der König der Welt"*. Guénon entfaltet darin unter Heranziehung der verschiedensten Völkerüberlieferungen die mystische Idee eines übersinnlichen Zentrums, das die Welt regiert und im Innersten zusammenhält. Es ist hierarchisch-sakraler Natur, also durchaus metapolitisch und übergesellschaftlich zu verstehen. Seine Namen und Symbole sind sehr verschieden. Die Inder heißen es Manu. Im Alten Testament repräsentiert es der geheimnisvolle Priesterkönig Melchisedek. Bei den Kelten gehört Merlin zu seinem Umkreis. In der deutschen Dichtung zielt Wolfram von Eschenbachs „Parzival" auf diese Mitte, den heiligen Gral. Desgleichen sind die Tempelritter und später die Rosenkreuzer Statthalter jenes kosmokratischen Prinzips. Auch an die Legende von dem „Reich des Presbyters Johannes", den Berg Qaf der islamischen Esoterik, die griechischen „Inseln der Glückseligen", das mythische Land der Hyperboreer wäre in diesem Zusammenhang zu denken. Wenn man, wie hier, in unzulässiger Verkürzung referiert, mag dergleichen sehr phantastisch oder überspannt klingen. Doch wenn man Guénon selbst liest, wirkt alles sehr einleuchtend, ja geradezu denknotwenig. Es geht ihm ja nicht um profane Fakten im Sinne moderner Geschichtswissenschaft, sondern um die Freilegung metaphysischer Symbole, denen eine Wirklichkeit eigener Art zukommt, die aber in bestimmten Sternstunden (von den Griechen *„Kairos"* genannt) auch in die empirische Welt hineinstrahlen. Man sieht, daß nicht „Aufklärung" Guénons Parole war, sondern „Erleuchtung". Über bloße „Information" stellte er die „Initiation". Anders als im verstandesmäßigen Denken fallen in der geistigen Schau Subjekt und Objekt zusammen. Deshalb gibt es hier keinen Irrtum, sondern allenfalls Meinungsverschiedenheiten infolge mangelhafter Deutung. Eben dies ist der den modernen Geist so herausfordernde Grundgedanke René Guénons: metaphysische Erkenntnis ist nicht nur möglich, sondern auch untrüglich. In der Metaphysik gibt es keine Hypothesen, sondern nur Gewißheiten. Sie ist keine „Wissenschaft", die sich ständig ändert, sondern im Kern unwandelbare „Gnosis". Ihr Thema ist das

Universale, Überindividuelle und absolut Jenseitige. Zugleich sieht sie der Radikal-Traditionalist Guénon als primordiale „Urlehre" an, die sich, wie dies etwa bei den Indern durch die Veden der Fall ist, einer ursprünglichen, in „illo tempore" gegebenen Offenbarung verdankt. Sie ist kein Ergebnis begrifflich-diskursiver Rationalität, sondern Selbstmitteilung des Absoluten, das den vernehmlich gestimmten Menschen ergreift und durchdringt. Metaphysik ist Urtradition oder spirituelle „Archäologie" im tiefsten Sinne und deren treue Auslegung. Das von der katholischen Kirche geprägte mittelalterliche Abendland hatte an diesem metaphysischen Krönungsschatz noch teil; seine grundsätzliche Abwendung von der Asien mit Europa verbindenden Weisheit („philosophia perennis") begann erst mit der Neuzeit.

René Guénon, am 15. November 1886 in Blois als Sohn eines Archtitekten geboren, hat seine Metaphysik und ihre praktischen Konsequenzen in etwa dreißig Büchern dargelegt. Philosophie, wie er sie verstand, ist nicht bloß Theorie, sondern Lebensform, „réalisation métaphysique". Diese Haltung verbindet den Franzosen mit den Weisheitslehren Asiens: dem Hinduismus, dem Taoismus, dem islamischen Sufitum. Guénon, katholisch erzogen, hat sich zuerst in der okkultistischen Szene von Paris umgesehen und ließ sich auch in einige Geheimbünde, Logen und theosophische Zirkel aufnehmen, um bald darauf zu einem unbestechlichen Kritiker der modernen Pseudo-Esoterik und des Spiritismus zu werden. 1912 nahm ihn ein altehrwürdiger, auf eine ununterbrochene Tradition sich stützender Sufiorden auf. Jahrzehntelang lebte er unter dem Namen „Abdel Wahed Yahia" verborgen in Kairo. Er hatte kein Telefon, und seine Adresse gab er niemandem bekannt. Briefe empfing er postlagernd. Neben vielen anderen Sprachen beherrschte er auch die arabische vollständig. Die Einheimischen hielten den grazilen, schnurrbärtigen Mann mit dem ausgemergelten Gesicht für einen der ihren. Guénon kleidete sich auf traditionell islamische Weise, indem er Burnus und Turban trug. Er war mit einer Ägypterin, der Tochter eines Scheiks, glücklich verheiratet, die zwei Söhnen und zwei Töchtern das Leben schenkte. Die Kinder erhielten arabische

Namen: Khadija und Leila hießen die Mädchen, Achmed und Abdel Wahed die Knaben. In Kairo ist René Guénon am 7. Januar 1951 gestorben. Sein letztes Wort war: „Allah". Er wurde nach moslemischem Ritus in einem Mausoleum auf dem Friedhof von Darassa am Rande Kairos begraben. Der Scheik Abu Bakr Siradsch ad-Din, ein bedeutender Sufi, nahm an der Bestattung teil. Julius Evola bekannte damals öffentlich: „Für Guénon gibt es kaum einen Ersatz. Er hat viele beeinflußt; ich weiß aber von keinem, der auf demselben Niveau sein Werk fortsetzen könnte. Die Sache ist für mich unheimlich, da ich nicht denken kann, daß er schon alles gegeben hat, was er geben konnte, um Licht in diese trübe Zeit zu bringen."

René Guénon wird man nicht gerecht, wenn man ihn für einen Vorläufer der unzähligen Pseudo-Gurus, Zen-Snobisten und Morgenland-Nostalgiker unserer Zeit hält. Seine Hinwendung zum Hinduismus und schließlich zum Islam mißversteht, wer darin nur orientalisierende Romantik erblickt. Er fand in der Esoterik dieser Religionen elementare Wahrheiten, die unabhängig von konfessioneller Dogmatik gültig seien. Ihre Urgedanken sind, wie er in erhellenden Analogien nachzuweisen trachtete, auch der Kabbala der Juden, der altchinesischen Weisheit und der Dante'schen Esoterik vertraut. Sie sind auch im orthodoxen Christentum enthalten, hier allerdings nur virtuell und infolge der nachmittelalterlichen Entwicklung verdrängt, verketzert oder vergessen. Guénon hat niemals einen Übertritt europäischer Christen zum Islam oder zu einer andern asiatischen Religion propagiert. Vielmehr haben durch die Lektüre seiner auf jede billige Apologetik verzichtenden Werke viele zweifelnde Christen wieder zu ihrem Glauben zurückgefunden. Er vermied es, seinen persönlichen Weg als spirituelle Norm anzusehen. Niemals beanspruchte er ein „Meister" zu sein, und deshalb hat er auch keine persönlichen Schüler angenommen. Guénon beschränkte sich darauf, als Deuter, Vermittler und Ausleger der meisten Weltreligionen zu wirken. Er tat dies jedoch nicht als Religionshistoriker, sondern als Metaphysiker, der von der inneren Einheit aller großen Überlieferungen der Menschheit überzeugt war. Man kann ihn als „Traditionalisten" im umfassendsten Sinne des Wortes bezeichnen: als einen Religionsphilosophen, der davon überzeugt war, daß es in den wirklich entscheidenden Dingen keine Neuerungen gibt, sondern ein Urwissen, das immer gilt. Fortschritt ist, in solcher Sicht, nur möglich als immer tieferes Eindringen in dieses Wissen, das uns durch Mythen, Symbole, Riten und Weisheitslehren überliefert wird. Traditionalist ist Guénon auch insofern, als er sich nicht bloß auf literarische Zeugnisse stützt, sondern der mündlichen Überlieferung von eingeweihten Meistern an ausgewählte Schüler eine zentrale Rolle einräumt. Dies ist seine Idee einer „integralen Tradition", im doppelten Sinne des Wortes integral: zum einen, weil sie eine Ganzheit darstellt, zu der sich alle religiösen und kulturellen Lehren der Völker wie Glieder verhalten; zum andern, weil diese von wenigen Wissenden treuhänderisch bewahrte Ganzheit imgrunde unzerstörbar und ewig ist. Wie man sieht, bedeutet solcher Traditionalismus etwas ganz anderes als bequemes Festhalten an zu bedingten Reflexen gewordenen Gewohnheiten. Ebensowenig darf man ihn mit den theologischen Auffassungen des Erzbischofs Marcel Lefèbvre gleichsetzen. Eher erinnert Guénons hochgemute Auffassung von Tradition an das Augustinus-Wort: „Bewahrung ist beständige Schöpfung."

Hundert Jahre nach seiner Geburt, mehr als dreißig Jahre nach seinem Tode, sind René Guénons Bücher „Introduction Générale à l'Etude des Doctrines Hindoues", „L'Esotérisme de Dante", „La Métaphysique Orientale", „Le Roi du Monde" und „Le Symbolisme de la Croix" (um nur diese zu nennen) nicht nur in Frankreich in zahlreichen Auflagen verbreitet, sondern auch ins Englische, Spanische, Portugiesische, Schwedische und Italienische übersetzt. In Paris erscheinen laufend neue Arbeiten über ihn, auch Doktordissertationen und Habilitationsschriften. 1984 brachte Pierre-Marie Sigaud im Verlag „L'Age d'Homme" (Lausanne) einen über 300 Seiten starken illustrierten Sammelband mit Essays, Dokumenten, kritischen Würdigungen und Bibliographien heraus: „René Guénon. Les Dossiers." In Lateinamerika, insbesondere in Argentinien und Chile, aber auch in Italien, der Schweiz und im Elsaß formieren sich Zellen und

Gruppen metaphysikoffener Konservativer, die in René Guénon einen Träger und Interpreten ältester religiöser Überlieferungen verehren. Der seit Jahren in der Bundesrepublik Deutschland wohnende argentinische Schriftsteller J. C. Forcat kann geradezu als Prophet dieser Richtung angesehen werden. Ihr Einfluß ist wachsend, ebenso wie der des Italieners Julius Evola und des Indoamerikaners Ananda Kentish Coomaraswamy, zweier mit dem Franzosen wesensverwandter Denker. Das Schweigen des öffentlichen Kulturbetriebs konnte nicht verhindern, daß Guénons Werke eine geistig hochstehende Leserschaft in aller Welt gefunden haben und von ihm eine tiefe, wenngleich verborgene Strahlkraft ausgeht. Nur in Deutschland scheint die Stunde für René Guénons Einbürgerung noch nicht geschlagen zu haben. Die flink herbeigeredete „Postmoderne" hat bislang nichts daran geändert, daß dieser strenge Denker nur wenigen einzelnen bekannt ist, die sich an seine in klassischem Französisch gehaltenen Werke halten, die auch dann noch gültig sein werden, wenn die Massen der heute kursierenden okkultistischen und aftermystischen Literatur längst vergessen sind. Denn Guénons „Nein" an die Zeit entspringt nicht konjunkturellem Unbehagen oder situationsbedingter Gereiztheit, sondern seiner Verwurzelung in einer Sphäre, die sich vertikal zur flüchtigen Gegenwart verhält. Es verdankt sich, um Reinhold Schneider das Wort zu geben, „dem gelassenen Mut eines Mannes, der sich zur geistigen Schau der tragenden Mitte erhoben hat".

(1986)

Franz Rosenzweig

Jüdisch-deutscher Bibelübersetzer und Philosoph des „Sterns der Erlösung"

Geboren am Weihnachtstag des Jahres 1886 in Kassel, entstammt Franz Rosenzweig einer wohlhabenden jüdischen Familie, die jedoch der Religion der Vorfahren schon so weit entfremdet war, daß sie sich in erster Linie dem Deutschtum verbunden fühlte. Wenn die Eltern nach außen hin dennoch an ihrem Judentum festhielten, dann weniger aus innerer Bindung, sondern aufgrund eines gewissermaßen aristokratischen Herkunftsstolzes. Sie hätten die meist mit Karrierevorteilen verbundene Konversion zum Christentum — die Taufe, wie Heine einmal sagte, als *Billet d'entrée,* als Eintrittskarte zur liberalen Zivilisation — als Abtrünnigkeit und Desertion empfunden. Als sein Vetter Hans Ehrenberg sich taufen ließ (er wurde später ein bedeutender evangelischer Theologe), verteidigte Rosenzweig jedoch diesen Schritt gegenüber seinen unmutigen Eltern mit den Worten: „Es ist doch sehr schön, daß es eine Möglichkeit gibt, wenigstens nachträglich und mindestens für seine Kinder zu einer Religion zu kommen, wenn man durch frühere Versäumnisse eine solche vorenthalten bekommen hat ... Es wäre völlig ausgeschlossen gewesen, daß Hans Jude geworden wäre. Christ dagegen kann er werden." Das ist ein hintergründig kritisches Wort, überaus aufschlußreich für den geistig-religiösen Substanzverlust des weitestgehend „liberalen", seiner eigenen Ursprünge verlustig gegangenen Judentums der Zeit vor dem Ersten Weltkrieg.

Nach dem Besuch des humanistischen Gymnasiums in Kassel, studiert Franz Rosenzweig seit 1905 in Göttingen, München und

Freiburg im Breisgau Medizin bis zum Physikum; dann wechselt er zur Geschichte und Philosophie um. Zu seinen Lehrern gehört der große Historiker Friedrich Meinecke, dessen Werke „Die Entstehung des Historismus" und „Weltbürgertum und Nationalstaat" zu den bleibenden Leistungen deutscher Geschichtsschreibung gehören. Für Meinecke, Rosenzweigs Doktorvater, ist der wahre Historismus gleichbedeutend mit geschichtlichem Bewußtsein und nichts anderes als „die Anwendung der in der großen deutschen Bewegung von Leibniz bis zu Goethes Tod gewonnenen Lebensprinzipien auf das geschichtliche Leben".

Rosenzweig scheint sich mit Haut und Haaren dieser geistigen Welt zu verschreiben. 1914 verfaßt er seine Schrift „Das älteste Systemprogramm des deutschen Idealismus. Ein handschriftlicher Fund", die 1917 in den Sitzungsberichten der Heidelberger Akademie der Wissenschaften veröffentlicht wird. In ihr gelangt Rosenzweig zu dem Schluß, daß ein kurzes, aber inhaltlich schwerwiegendes Manuskript Hegels aus dem Frühsommer 1796 in Wirklichkeit von dem damals erst einundzwanzigjährigen Schelling stamme. Hegel habe bloß den Text einer Schellingschen Urschrift, die wohl unwiederbringlich verloren gegangen ist, abgeschrieben. Wenngleich die Autorschaft bis heute umstritten ist, so steht nicht zuletzt dank Rosenzweigs scharfsinnigen geistesgeschichtlichen Forschungen grundsätzlich fest, daß das „Systemprogramm" Schellings spätere philosophische Entwicklung weit mehr vorwegnimmt als die Hegels. Da der junge Hölderlin sowohl mit Hegel als auch mit Schelling befreundet war, finden sich vermutlich auch auf ihn zurückgehende Einflüsse in diesem bedeutsamen Dokument, das auf knapp drei Seiten in visionärer Weise und mit hinreißendem Schwung eine integrale Synthese von Philosophie, Religion und Kunst als höchstes Ziel der Menschheit skizziert. Die entscheidenden Sätze lauten:

„Zuletzt die Idee, die alle vereinigt, die Idee der *Schönheit*, das Wort in höherem platonischem Sinne genommen. Ich bin nun überzeugt, daß der höchste Akt der Vernunft, indem sie alle Ideen umfaßt, ein ästhetischer Akt ist, und daß *Wahrheit und Güte nur in der Schönheit verschwistert sind* — der Philosoph muß ebensoviel ästhetische Kraft besitzen als der Dichter ... Die Philosophie des Geistes ist eine ästhetische Philosophie. Man kann in nichts geistreich sein ... ohne ästhetischen Sinn ... Die Poesie bekommt dadurch eine höhere Würde, sie wird am Ende wieder, was sie am Anfang war — *Lehrerin* der Menschheit ... Zu gleicher Zeit hören wir so oft, der großen Haufen müsse eine *sinnliche Religion* haben. Nicht nur der große Haufen, auch der Philosoph bedarf ihrer. Monotheismus der Vernunft und des Herzens, Polytheismus der Einbildungskraft und der Kunst, dies ist's, was wir bedürfen!"

Ich unterbreche an dieser Stelle kurz das Zitat aus dem von Franz Rosenzweig zutage geförderten Hegel-Manuskript, das höchstwahrscheinlich Schelling zum Urheber hat, um an ein Wort Goethes (er hat es mehrmals abgewandelt) zu erinnern, das ein Widerhall des zuletzt angeführten Satzes zu sein scheint. Das ist auch lebensgeschichtlich ohne weiteres möglich, denn etwa zwei Jahre nach Abfassung des *„Systemprogramms"* kam Schelling an die Universität Jena, wo er mit Goethe, der sein Mentor war, freundschaftlich verkehrte. Der Goethesche Aphorismus steht in den „Maximen und Reflexionen" und lautet: *„Wir sind naturforschend Pantheisten, dichtend Polytheisten, sittlich Monotheisten."* In der frühromantischen Skizze, die Schellings Genius verrät, ist vom „Monotheismus der Vernunft und des Herzens" und vom „Polytheismus der Einbildungskraft und der Kunst" die Rede — nur der Pantheismus fehlt seltsamerweise, obwohl der junge Schelling, in weit höherem Maße als der alte Goethe, ein in der Nachfolge Giordano Brunos und Spinozas fort- und vordenkender Künder dieser „heimlichen Religion der Deutschen" (Friedrich Schleiermacher) war.

Das von Franz Rosenzweig erstmals vorgelegte „Systemprogramm" fährt fort:

„Zuerst werde ich hier von einer Idee sprechen, die, soviel ich weiß, noch in keines Menschen Sinn gekommen ist — wir müssen eine *neue Mythologie* haben, diese Mythologie aber muß im Dienste der Ideen stehen, sie muß eine *Mythologie der Vernunft* werden. Ehe wir die Ideen ästhetisch, d. h. mythologisch machen, haben sie für das *Volk* kein Interesse und umgekehrt ehe die Mythologie vernünftig ist, muß sich der *Philosoph* ihrer schämen ... Ein höherer Geist, vom Himmel gesandt, muß diese neue Religion unter uns stiften, sie wird das letzte, größte Werk der Menschheit sein."

In dieser Geisteswelt bewegt sich der junge Franz Rosenzweig: in der titanisch himmelstürmerischen Aufbruchstimmung des Deutschen Idealismus, der von einer „neuen Mythologie" träumt, die jedoch nicht perverser Selbstentmündigung im Zeichen irrationalistischer Geistfeindschaft dienen soll, sondern einer befreienden Versöhnung von Sinnlichkeit und Vernunft, von Religion und Ästhetik, von Güte und Weisheit in einem höheren Dritten. Rosenzweig liebt und verehrt vor allem Lessing, Goethe, Kant und Schelling. Von seinen Zeitgenossen schätzt er Heinrich Mann weit mehr als dessen Bruder Thomas Mann. Vor allem aber fühlt er sich zu dem Religionssoziologen, Wirtschaftshistoriker und Wissenschaftstheoretiker Max Weber hingezogen. Hegel hingegen lehnt er in zunehmendem Maße ab, obwohl ihm sein erstes großes Buch gewidmet ist, die aus seiner Dissertation hervorgegangene Monographie „Hegel und der Staat" (München 1920).

Als der Erste Weltkrieg ausbricht, meldet sich der knapp siebenundzwanzigjährige Gelehrte freiwillig an die Front, zuerst als Krankenpfleger, dann bei der Feldartillerie. Franz Rosenzweig kommt als Mitglied des deutschen Heeres in die verschiedensten Kampfgebiete: nach Belgien, Frankreich, Polen und auf den Balkan. Er wird mit dem Eisernen Kreuz und mit dem Verdienstkreuz des mit den Mittelmächten Deutschland und Österreich-Ungarn verbündeten Zaren von Bulgarien ausgezeichnet. Als einer von acht Millionen kämpft der deutsche Jude Franz Rosenzweig tapfer für die Sache des Deutschen Reiches. Als der Krieg zu Ende geht, Kaiser Wilhelm II. abdankt und Deutschland Republik wird, schreibt Franz Rosenzweig in einem Brief:

„Ich finde mich noch gar nicht zurecht. Ich habe ja zu Anfang des Kriegs meine Kühle bewahrt, aber jetzt greift es mir ans Herz. Ich habe eben 1914 nie an eine Niederlage geglaubt, immer nur höchstens an ein Hubertusburg, also ein Nichtsiegen ... Zu machen ist sicher nichts mehr, und das Heldentum der Franzosen, nach einem Sedan noch weiterzukämpfen, können wir uns wohl nach viereinviertel (und solchen) Jahren nicht mehr zumuten. Daß wir alles verlieren, was zu verlieren ist, ist sicher. Auch die Hohenzollern rechne ich als einen reinen Verlust . . . Was tue ich mit bedeutenden Scheidemännern? (eine Anspielung auf den, wie Rosenzweig, 1865 in Kassel geborenen sozialdemokratischen Politiker, der am 9. November 1918 die Republik ausgerufen hatte. G.-K. K.) Bedeutend bin ich selber. Ich will einen *König.*"

Rosenzweig ist, wie man sieht, von hohem Selbstbewußtsein erfüllt: „Bedeutend bin ich selber." Weil er um seinen geistigen Rang weiß, hat er es nicht nötig, sich dem politischen Zeitgeist und ideologischen Tendenzwenden anzudienen. Seiner Mutter schreibt er schon als Student:

„Ich habe schon gezeigt, daß ich arbeiten kann. Ich bin nicht wie so viele andre auf den Augenblick und auf seinen Erfolg angewiesen; ich kann warten; und wer sich das leisten kann, hat — meine ich — die Pflicht dazu — natürlich nur wenn sein Warten kein Sitzen, sondern ein Gehen ist."

„Es wird Kriege geben, wie es noch keine auf Erden gegeben hat", hatte bereits Nietzsche gesagt. Auch Franz Rosenzweig ahnt bereits früh, daß das zwanzigste Jahrhundert ein kriegerisches Säkulum sein werde: das Zeitalter globaler — nicht bloß nationaler — bewaffneter Zusammenstöße, die eine Mutation des traditionellen Krieges darstellen: „Wir stehen nicht vor einem Krieg, sondern vor einer Epoche von Kriegen, und europäisch gesehn sind wir sogar schon drin." Der „künftige Weltkrieg" werde eine „neue organisatorische Form" haben, und eben deshalb „wird er nicht mit einem Chock beendigt sein, sondern mindestens zwei, wahrscheinlich drei Kriege enthalten." Diese Sätze stehen schon 1912 in einem Brief an Hans Ehrenberg. Auch sonst finden sich in Franz Rosenzweigs Schriften und Briefen erstaunliche politisch-metapolitische Aussagen, die ganz und gar nicht zu dem mit meist negativen Vorurteilen behafteten Zerrbild eines jüdischen Intellektuellen passen. Karl Thieme hat darauf besonders aufmerksam gemacht. Derselbe Mann, der auch einen unter „sozialer" Flagge segelnden Konservatismus als „unsittlich" verurteilt, äußert sich nicht minder kritisch über einen utopisch-revolutionären Progressismus. Das ist bemerkenswert angesichts der sowohl von Juden wie Nichtjuden, Philosemiten wie Antisemiten seit langem hervorgehobenen Tatsache, daß viele der namhaftesten Führer und Ideologen des modernen Sozialismus und Kommunismus jüdischer Herkunft waren: Karl Marx und Moses Heß, Ferdinand Lassalle und Rosa Luxemburg, Eduard Bernstein und Max Adler, Leo Trotzki und Julius Martow, Otto Bauer und Georg Lukács, Abram Moisejewitsch Deborin und Herbert Marcuse, Rudolf Hilferding und Ernst Bloch, um nur diese zu nennen. Um so auffälliger ist Franz Rosenzweigs betont revolutionskritische Haltung, seine unbeirrbare Absage an sozialutopische Weltveränderungsdoktrinen. Im dritten Band des „Sterns der Erlösung" steht der kennzeichnende Satz:

„Alle Tyrannen des Himmelreichs, statt das Kommen des Reichs zu beschleunigen, verzögern es eher, indem sie ihr Nächstes ungeliebt lassen und nach dem Übernächsten langen."

Bereits der Dreiundzwanzigjährige hatte geschrieben:

„Wir wollen nicht revolutionieren, sondern nur den Schritt tun, der heute grade an der Zeit ist..."

Und vier Jahre später:

„Ich habe längst gelernt, daß man bei allem Geforderten weniger leistet als beim Ungeforderten. Denn alles Fordern möchte das Ende vor den Anfang haben. Und die ganze Kunst des Lebens steckt wohl darin, in jedem Augenblick immer das Nächste, immer nur den Anfang zu wollen und das Ende — Gott befohlen sein zu lassen (im redensartlichen und im ernsthaften Sinn der Redensart)... Das rächt sich *immer*, wenn man sich das Nächste, was vor einem steht, zum bloßen Mittel für das, was nachher kommen soll, erniedrigt. Man muß das Nächste tun, als gäbe es weiter gar nichts. Schon das Übernächste gehört uns nicht mehr an... In unsern ‚Erwartungen' betrügen wir uns immer. Hoffen mögen wir allenfalls. Aber weder erwarten noch fürchten."

Franz Rosenzweig hat das dräuende Verhängnis, das auf Europa zukam, mit einer von militaristischer Verherrlichung wie von pazifistischer Panik gleich weit entfernten Gefaßtheit vorhergesehen. Im Ersten Weltkrieg fand er endgültig zu den verschüttet gewesenen Quellen des Judentums zurück. Er will überlieferungstreuer Jude sein *und* zugleich ein besserer Deutscher als so viele andere seiner Stammesgenossen, die, ihren eigenen Traditionen unheilbar entfremdet, sich kritiklos willfährig dem deutschnational-liberal-progressiven Zeitgeist anpassen. Der einunddreißigjährige Frontsoldat schließt einen Brief an eine deutsch-jüdische Dame mit den bekenntnishaften Worten:

„. . . Ihr Franz Rosenzweig, Deutscher *und* Jude, und nun allerdings nach freier Wahl und Entscheidung mit dem *Schwergewicht* (mag auch die *Masse* noch auf dem Ersten ruhen), mit dem Ton des persönlichen Willens auf dem *Zweiten*. . ."

Diese Wende fand ihre monumentale philosophisch-theologische Bezeugung in einem dreiteiligen Buch, das zu den bedeutendsten Hervorbringungen europäischen Existenzdenkens gehört: *„Der Stern der Erlösung"*. Es ist zum größten Teil in den Schützengräben des Weltkrieges verfaßt worden und 1921 erschienen. Dieses Buch bezeichnet die Rückkehr Franz Rosenzweigs vom Gott der Philosophen des Deutschen Idealismus zum Gott Abrahams, Isaaks und Jakobs. Der deutsche Jude Franz Rosenzweig erteilt allen eine Absage, die von einem „neuen Mythos" träumen; er wird zum Hörer des Wortes Gottes, das die Patriarchen, Propheten und Psalmisten seines Volkes überliefert haben. Gott ist für Rosenzweig keine metaphysische Abstraktion, moralische Forderung oder kosmologische Hypothese. Weder gleicht er dem unbewegten Beweger oder dem sich denkenden Denken des Aristoteles noch dem „Absoluten" Hegels. Es ist der Gott, der spricht: „Es ist nicht gut, daß der Mensch allein sei." Es ist der Gott, der in der Kühle des Abends Adam anredet: „Wo bist du?" Es ist der Gott, zu dem sein Volk beten kann und der seinem Volke die dereinstige Erlösung verheißen hat. Es ist der Gott, der sich als des Menschen unausdenkliches *Du* erweist. Es ist der Gott, der den *Menschen* braucht. Gott *braucht* den Menschen, um sich ihm zu offenbaren, nachdem er ihn einmal erschaffen hat. Er hat ihn erschaffen durch sein *Wort:* indem er ihn heraufrief, anrief und beim Namen nannte. Der biblische Gott — *Jahwe* — ist kein in seliger Autarkie narzißtisch sich selbst feierndes Himmelswesen, sondern ein in höchstem Maße dialogischer Gott, der sich mitteilt und mit dem „auserwählten Volk" einen „Bund" abschließt: die *berit* (so der hebräische Ausdruck für Bund) mit Israel.

Gott spricht. Er spricht den Menschen an, ja er bringt ihn hervor, indem er ihn nennt, sich mit ihm unterredet und ihm seine Satzungen verkündet. Das Wort Hölderlins

Viel hat von Morgen an,
Seit ein Gespräch wir sind und hören voneinander,
Erfahren der Mensch

hat eine biblische Tiefendimension, die Franz Rosenzweig im „Stern der Erlösung" so umschreibt:

„Und die Sprache ist wahrhaftig die Morgengabe des Schöpfers an die Menschheit und doch zugleich das gemeinsamte Gut der Menschenkinder, an dem jedes seinen besonderen Anteil hat, und endlich das Siegel der Menschheit im Menschen. Sie ist ganz von Anfang. Der Mensch wurde zum Menschen, als er sprach; und doch gibt es bis auf diesen Tag noch keine Sprache der Menschheit, sondern die wird erst am Ende sein."

Gleichzeitig mit einigen anderen jüdischen wie nichtjüdischen Denkern — dem Österreicher Ferdinand Ebner (1882-1931), dem Franzosen Gabriel Marcel (1889-1973), dem zum Christentum übergetretenen deutschen Juden Eugen Rosenstock-Huessy (1888-1973) und dem in Wien geborenen Juden Martin Buber (1878-1965) — wird Franz Rosenzweig, „Deutscher *und* Jude", durch seine Hinwendung zur Bibel zum Entdecker und Bedenker des *Du.* Man darf im Hinblick darauf getrost von einer „kopernikanischen Wende" der philosophischen Anthropologie sprechen. Der Solipsismus — der theoretische Ausgang vom subjektiven und vermeintlich autonomen Ich als dem allein Seienden — ist damit überwunden. Max Scheler wird die Quintessenz des neuen Denkens in dem elementaren Satz zusammenfassen: „Die ‚Du-heit' ist die fundamentalste Existenzkategorie des menschlichen Denkens." Die Wirklichkeit des Du ist der des Ich vorgegeben, sie hat einen ontologisch höheren Rang und für den unverbildeten (im besten Sinne des Wortes „naiven")

Menschen erkenntnistheoretisch eine höhere Evidenz als das eigene einsame Ich. Auch der teuflischste Egoist, der alles für sich selbst will und sein gieriges Ich für den Mittelpunkt des Weltalls hält, ist, sofern nicht völlig wahnsinnig, in der Praxis des Lebens gezwungen, die Wirklichkeit des „anderen Ich" — und damit des Du — anzuerkennen.

Der ganze „Stern der Erlösung" ist eine weitgespannte und versonnene Auslegung dessen, was Rosenzweig in einem Brief knapp formuliert hat:

„. . .das eigentlichste Wunder, das meine ich, entsteht gar nicht im Ich, sondern . . . *mein Ich entsteht im Du.* Mit dem Du-sagen begreife ich, daß der Andere kein ‚Ding' ist, sondern ‚wie ich'. Weil aber demnach ein *Anderer* sein kann wie ich, so hört das Ich auf, das einmalige ‚Transzendentale' ante omnia festa zu sein und wird *ein* Ich, *mein* Ich und *doch* kein Es. Mit dem ersten Du ist die Schöpfung des Menschen fertig . . ."

Wenngleich auch einige seit langem wenig gelesene deutsche Denker, insbesondere J. G. Hamann, F. H. Jacobi, Friedrich Schlegel, L. Feuerbach und Immanuel Hermann Fichte (der Sohn des bekannteren Johann Gottlieb Fichte), zu den Wegbereitern dieser Wendung gehören, so bedurfte es offenbar des Weltkrieges, um die göttlich-menschliche Wirklichkeit der Ich-Du-Thematik voll in den Blick zu rücken. Unabhängig von Martin Buber, mit dem er später befreundet war, gelangte Franz Rosenzweig in den Schützengräben der Balkanfront zu einer Lebenshaltung, die von der Erfahrung der konkreten menschlichen Existenz ausgeht und in der *Sprache* die wesentlichste Form des Verhältnisses zwischen Gott, Mensch und Welt gewahrt. Im „Stern der Erlösung" beschwört er das zum *Wir* sich erhebende Ich-Du-Verhältnis angesichts des dialogischen Gottes, der sein Volk anspricht und sich ihm mitteilt:

„Es gibt kein Warten, kein Sich-Verkriechen hinter die Geschichte. Der einzelne wird unmittelbar gerichtet. Es steht in der Gemeinde. Er sagt ‚Wir' . . . Im gemeinsamen Hören wurde die Vorbedingung des gemeinsamen Lebens geschaffen. Die Gemeinschaft wurde bei einem gemeinsamen Namen gerufen, und indem sie auf ihn hörte, war sie da. Nun konnte sie sich gemeinsam an den Tisch des Lebens setzen. Aber das gemeinsame Mahl vereinte die Gemeinschaft immer nur zu den Stunden, wo es eingenommen wurde. Und es vereinigte immer nur die Gemeinschaft, die es vereinigte. Zum Mahl kommen immer nur die Geladenen. Dem Wort kann folgen, wer es hört. Zum Mahl nur kommen, wer geladen ist — eben wer das Wort gehört hat..."

Auch der „Stern der Erlösung" ist eine Einladung zu einem Mahl, die — obwohl bald siebzig Jahre nach seinem ersten Erscheinen — bislang nur ganz wenige gehört haben. Anders als Ernst Blochs „Prinzip Hoffnung" ist das Hauptwerk dieses jüdisch-deutschen Denkers niemals populär gewesen. Der Berliner Essayist und langjährige Alleinherausgeber der „Neuen Deutschen Hefte", Joachim Günther, stellt zu Recht fest: „Franz Rosenzweig ist bei uns noch immer ein Geheimtip. In Deutschland ist er so gut wie vergessen, wenn nicht selbst das schon zuviel gesagt ist, weil ‚vergessen' ein vorangegangenes Bekanntsein voraussetzt." Was Gershom Scholem 1931 — zehn Jahre nach Erscheinen des „Stern der Erlösung" — gesagt hat, ist immer noch gültig: das Werk gehöre „zu jener Gattung sonderbarer Bücher, deren Bedeutung vom Moment des Erscheinens an zwar durchaus unumstritten war, von dem eine heilende und synthetische Macht still aber spürbar ausging, die jedoch auf eine geheimnisvolle Weise die Auseinandersetzung mit ihren fundamentalsten Gehalten zugleich zu provozieren und unmöglich zu machen schienen."

Die wenigen Leser, die Rosenzweig gefunden hat, kennen einander fast alle persönlich, sofern sie noch leben. Sie bilden, Juden wie Nichtjuden umfassend, eine Art von unsichtbarer Loge, beinahe einen Geheimbund, einen solchen freilich, von dem kaum etwas zu befürchten ist. Beim gemeinsamen Lesen von Büchern kann sich auch Zuneigung der Lesenden füreinander einstellen. Nicht immer muß die Lektüre so tragische Folgen zeitigen wie bei Paolo Malatesta und Francesca da Rimini, die gewaltsamer Tod hinwegraffte: „An diesem Tage lasen wir nicht weiter" (Dante: Divina Commedia, Inferno 5, 138). Was mich betrifft, so sind mir die überaus seltenen Rosenzweig-Leser, denen ich begegnen durfte, durchweg sympathisch gewesen. Unter den drei oder vier, die ich kenne, steckt kein einziger Schulphilosoph. Einer von ihnen ist der nach Israel ausgewanderte Politikwissenschaftler Julius Izhak Löwenstein, der 1925 in Heidelberg bei Karl Jaspers und Edgar Salin promoviert hat; ein anderer der in Luzern lebende Rechtsanwalt Rudolf Zihlmann.

Dem Neugierigen, der noch überhaupt nichts von Franz Rosenzweig kennt, aber sich scheut, den umfangreichen „Stern der Erlösung" als Einstieg zu wählen, kann ich „Das Büchlein vom gesunden und kranken Menschenverstand", bereits 1921 geschrieben, aber erst postum 1964 erschienen (Neuausgabe 1984) als erste Lektüre empfehlen. Es ist ein Versuch, die Grundgedanken des Hauptwerks in vereinfachter Form darzulegen.

Erstaunlicher als der auf den ersten Blick ein wenig biedermeierlich klingende Titel ist die schriftstellerische Form des Büchleins. Rosenzweig schreibt je ein doppeltes Vorwort und Nachwort: „An den Kenner" und „An den Leser". Den ersten wehrt er ironisch ab; dem zweiten macht er Mut. Der Haupttext ist in zehn Kapitel gegliedert, die bewußt an ein Krankheitsgeschehen und dessen Heilung erinnern. Sie haben Überschriften wie „Der Anfall", „Diagnose", „Die Kur". Am Schluß wird der Patient „zurück in den Beruf" entlassen.

Nach Rosenzweig sind wir alle Patienten, soweit wir den Verstand gebrauchende, vielmehr mißbrauchende und im üblichen Sinne „philosophierende" Menschen sind. Unter Philosophieren versteht er das vom Leben abgehobene, im schlechten Sinne des Wortes „idealistische" Spekulieren in Begriffen und Abstraktionen.

Heilung sei nur möglich, wenn der Leser dazu gelange, drei fundamentale „Vorgegebenheiten" vor allem Denken zu akzeptieren. Diese Vorgegebenheiten sind: *Welt, Mensch* und *Gott.* Diese drei „Urgebirge" sieht der kranke Menschenverstand nicht mehr. Erst wenn sie aus dem Nebel hervortreten, könne man auf einen Gesundungsprozeß hoffen. Die Therapie ist gleichsam eine geistige Naturheilkunde, die sich grundsätzlich von der akademischen Philosophie mit ihren Medikamenten „Kritizin" und „Mystikol" unterscheidet. Das alles klingt ein wenig verspielt, mag von Ferne an die humoristischen Schriften Gustav Theodor Fechners erinnern, ist jedoch völlig ernst gemeint.

Auch in Rosenzweigs „Stern der Erlösung" spielt dieselbe „Dreifaltigkeit" von Welt-Mensch-Gott — nur dort in der Reihenfolge ihrer „Größenordnung" — eine zentrale Rolle. Was geschieht, wenn die „Welt" aus dem Fluß der Wirklichkeit herausgehoben wird? Rosenzweig: „Die Welt ist Etwas — das heißt, sie ist nicht Nichts, sie ist aber auch nicht Alles, sondern es gibt noch anderes." Wir sprechen von „Weltanschauung", doch tatsächlich begegnen uns immer nur „Weltteile". Jenes andere, das der Welt äußerlich anhängt und beweist, daß die Welt nicht „Alles" sei, ist nach Rosenzweig sowohl der Mensch als auch Gott.

Wie kommt aber der Mensch dazu, der doch unbestreitbar auch „Weltteil" oder „Weltbürger" ist, einen Unterschied zwischen sich und der Welt zu behaupten? Die traditionelle Antwort der idealistischen Philosophie lautet, daß dieser Unterschied im menschlichen „ich denke" bestehe. Eben diese Antwort bekämpft Rosenzweig leidenschaftlich. Sein Ansatz ist nicht das Denken, sondern die Sprache. Die Sprache aber ist nicht ein Teil der Welt, sondern „das Siegel des Menschen". Das Wort gibt der Welt und ihren Dingen die Namen. Wo ein Wort erklungen ist, hat der Mensch das Zeichen seiner Anwesenheit gesetzt. Das Wort *bezeichnet* die Welt, es ist jedoch *nicht ein Teil der Welt.*

Wie aber gelangt Rosenzweig zu Gott? Nachdem er die Weltunabhängigkeit des Wortes und damit des Menschen abgeleitet hat, fragt er, ob die Sprache nur menschlichen Ursprungs sein könne. Um diese Frage negativ zu entscheiden, greift Rosenzweig auf alle Argumente der von Pascal bis zu Kierkegaard reichenden Denkrichtung zurück, welche die Nichtigkeit, Verworrenheit und Wesenlosigkeit des bloßen Menschenwortes betont: „Das Wort des Menschen allein tut's freilich nicht, wenn nicht zum Wort des Menschen, dem stets mit jedem neuen Munde wieder ersten Wort das stets und vom ersten Augenblick an letzte Wort käme, das Wort Gottes." Als gedankliches Zwischenglied von beiderlei Wort dient ihm der Name und in dem Namen wieder die Anrede, der persönliche Zuspruch oder Anruf.

Rosenzweig kennzeichnet den hier nur sehr verkürzt wiedergegebenen Gedankengang mit einem kavalleristischen Vergleich als einen „Sprunggarten des Denkens". Insofern kann man auch Rosenzweig zu den existenzphilosophischen Denkern unseres Jahrhunderts zählen. Was ihn von diesen jedoch unterscheidet, ist sein Humor, das Fehlen jenes typisch „existenzialistischen" Trübsinns, der bis weit in die fünfziger Jahre hinein von so vielen Kathedern doziert wurde, bis er von der sinistren Verdrossenheit des neudeutschen Seminar-Spätmarxismus abgelöst wurde. Der gesunde Menschenverstand, so wie Rosenzweig ihn versteht, benützt keine vorgefaßten Begriffe und bewegt sich auf keine vorbestimmten Ziele zu. Auch Gott ist für ihn, wie er während der Arbeit am „Büchlein" seiner Mutter schrieb, keine Gegebenheit vor aller Erfahrung. Es käme gar nicht darauf an, „ob man an den ‚lieben Gott' glaubt, sondern nur, ob man seine fünf Sinne aufschließt und die Tatsachen sieht — auf die Gefahr hin, daß sogar der liebe Gott darunter vorkommt . . ."

Im ersten Teil des „Büchleins" ist bildlich von der Lähmung des Verstandes die Rede. Nur wenige Wochen nach dem Abschluß dieser Schrift ergriff den Autor selber dann eine höchst unmetaphorische körperlich-nervliche Lähmung, die ihn in sieben Jahren zu völliger Bewegungsunfähigkeit, zum Verstummen und schließlich zum Tode am 9. Dezember 1929 führte. Er starb in Frankfurt am Main, ohne das dreiundvierzigste Lebensjahr vollendet zu haben. Seine letzten Schriften hatte er bloß durch tonlose Bewegungen der Lippen und Mienen seiner Frau Edith und dem Freund Eugen Rosenstock-Huessy „diktiert". Freunde wie Martin Buber und Lambert Schneider bezeugen, daß Rosenzweig seine Krankheit wie ein Held bestanden hat. Das Leiden und die Art, wie er es ertrug, wurden zu einer existentiellen Bürgschaft für sein Denken. Derlei kann man nur von sehr, sehr wenigen Gestalten der Philosophiegeschichte sagen.

Die Stunde ist gekommen, das Lebenswerk dieses überragenden jüdischen Denkers deutscher Zunge endlich zu entdecken und das briefliche Bekenntnis Rosenzweigs zu verifizieren, er glaube, sein Entschluß, als Jude zu leben, habe aus ihm „keinen schlechteren, sondern einen besseren Deutschen gemacht. Unsere Arbeit wird uns von Deutschland höchstens postum honoriert, aber darum tun wir sie doch, solange wir sie in Deutschland tun, für Deutschland."

Zu dieser „Arbeit für Deutschland" gehört nicht zuletzt auch seine Übersetzung des Alten Testaments, die, als er starb, bis zum dreiundfünfzigsten Kapitel des Propheten Jesaja gediehen war, also bis zu jenem Abschnitt von dem Leiden des Gottesknechtes, die Jesus beim letzten Abendmahl auf sich selbst bezogen hat. Erst 1961 — vier Jahre vor seinem eigenen Tode — konnte Martin Buber diese Bibelübertragung vollenden. Als Gott die Welt schuf, wie sah es da auf Erden aus? Luther übersetzt den zweiten Vers des ersten Kapitels des Buches Genesis so: „Und es war finster auf der Tiefe; und der Geist Gottes schwebte auf dem Wasser." Rosenzweigs Eindeutschung ist von expressionistischer Wortgewalt:

Finsternis allüber Ab-Grund;
Braus Gottes brütend allüber den Wassern.

So konnte nur einer übersetzen, der glücklich war, in zwei „geliebten Sprachen" — der deutschen und der hebräischen — beständig leben zu dürfen: der deutsche Jude Franz Rosenzweig, der einmal hochgemut die Erwartung aussprach:

„Der ‚Stern' wird wohl einmal und mit Recht als ein Geschenk, das der deutsche Geist seiner jüdischen Enklave verdankt, angesehen werden."

Er meinte damit nicht eine bestimmte neudeutsche Illustrierte, sondern sein Buch „Der Stern der Erlösung".

(1987)

Immanuel Velikovsky

Endzeit währt ewig

Velikovsky, Jahrgang 1895, russischer Jude, Mediziner, Psychoanalytiker, Kosmologe, Universalhistoriker und Polyhistor, einer der Mitbegründer der Hebräischen Universität in Jerusalem, von 1939 bis zu seinem Tode (1979) in den USA lebend, gehört neben dem Schweizer Adrien Turel zu den faszinierendsten Außenseitern des Wissenschaftsbetriebs unseres Jahrhunderts. Die übliche Arbeitsteilung und Spezialisierung mißachtend, breitet er in seinen Büchern astronomische, tiefenpsychologische, religionsgeschichtliche, meteorologische und paläontologische Einsichten und Betrachtungsweisen aus. Von seinen Fans für den Nobelpreis vorgeschlagen und mit Einstein verglichen, von vielen Universitätsgelehrten als Aufschneider und Spinner abgetan, mehren sich mittlerweile die Zeichen dafür, daß diesem Störenfried und Querkopf tatsächlich einige wissenschaftliche Volltreffer gelungen sind. Das einstige Lächeln der verärgerten Experten über den angeblichen Dilettanten ist einer Haltung gewichen, die man als Mischung aus Verlegenheit, Neugier und Ratlosigkeit bezeichnen kann. „Wenn Velikovsky recht hat, sind wir anderen alle verrückt", bekannte bereits vor einigen Jahren einer der führenden amerikanischen Astronomen.

„Das kollektive Vergessen" ist das letzte Buch dieses vielseitigen Autors, postum im Jahre 1982 erschienen und seit 1985 auch in deutscher Sprache vorliegend (Umschau Verlag, Frankfurt). Es ist sozusagen das intellektuelle Testament des Archäologen und Prognostikers, des Seelenforschers und Katastrophentheoretikers, in dem er nochmals die Ergebnisse und Leitgedanken seiner jahrzehntelangen Studien zusammenfaßt.

Worum geht es? Die insgesamt sieben Kapitel des Bandes, in denen Velikovsky die Bahnen der Planeten Mars und Venus untersucht, C. G. Jung und Shakespeare als Eideshelfer heranzieht, die Bibel und griechische Mythen auf ihren dokumentarischen Wert hin überprüft, der merkwürdigen Rhythmik mittelalterlicher Seuchen und neuzeitlicher Kriege nachgeht, die Endzeiterwartungen christlicher Sekten und die möglichen Motive des Massenselbstmords von „People's Temple"-Anhängern im Urwald von Guayana (1978) sowie anderer schauerlicher Ereignisse unserer Zeit erörtert, stehen ganz im Zeichen einer bestimmten durchgehenden Idee: Nicht nur ist alles *vergänglich*, sondern darüber hinaus auch in höchstem Maße *bedroht*. Endzeit ist immer, die Katastrophe der Normalzustand, der Weltuntergang eine ständige Möglichkeit. Die gesamte Erdgeschichte entziffert Velikovsky als eine sich steigernde Abfolge von Sintfluten, interstellaren Zusammenstößen und planetarischen Verwüstungen. Das Chaos lauert dauernd vor der Tür. Velikovsky polemisiert nicht ohne Pathos, aber auch mit einem großen Aufwand an überzeugenden Belegen gegen jenes weitverbreitete kosmische Provinzlertum, das blind für die außermenschlichen Grundlagen und Faktoren der Geschichte ist, seien diese nun geologischer, meteorologischer oder astronomischer Art. Geschichte ist weit weniger das „Werk" des Menschen als dem modernen Bewußtsein lieb sein kann; in hohem Maße ist sie nicht Schöpfung und Tat des Menschen, sondern Widerfahrnis, Heimsuchung und Ergebnis kosmischer Gesetzmäßigkeiten. Planetarische Zusammenstöße, Kometenabstürze, fatale Änderungen der Atmosphäre, des Klimas und des Erdmagnetismus — dies alles gehört, wenngleich weitestgehend aus der üblichen Historie verbannt, zu den Bedingungen und Voraussetzungen unserer Geschichte; sie wird davon weit mehr geprägt als durch Könige, Revolutionäre oder politische Ideologien. Und all dies ist — wenn man dem Autor glauben darf — keineswegs passé, liegt durchaus nicht viele Millionen Jahre zurück, sondern ist ganz und gar „Gegenwart". Es geschah vor zweieinhalb- bis dreitausend Jahren (also in weltgeschichtlicher Perspektive erst „gestern") und kann sich bereits morgen wieder ereignen. Sintflut, Sodom und Gomorrha, Gog und Magog, Gehenna, die babylonische Sprachverwirrung, die ägyptischen Sieben Plagen, Moses' Zug durch das Rote Meer und andere Geschehnisse, von denen das Alte Testament berichtet, wollen nicht bloß symbolisch verstanden sein. Eine solche Auslegung sei bereits der Versuch, elementare frühgeschichtliche Erfahrungen zu verharmlosen und zu verdrängen. Vielmehr erinnern all diese Berichte an Vorgänge, welche die Menschheit vor gar nicht so langer Zeit erst erschütterten und an den Rand des Abgrunds trieben. Nun aber gibt es im Menschen einen elementaren Drang: er will nicht wahrhaben, wie gefährdet er ist, auf welch zerbrechlichen Grundlagen er sein Dasein zu fristen verdammt ist, und so verdrängt er die sein Selbstgefühl beleidigenden Erinnerungen an planetarische Katastrophen, von denen alle großen religiösen Überlieferungen der Menschheit Zeugnis ablegen. Indem er sie verdrängt, gerät er jedoch in Gefahr, selber nicht nur zum Opfer, sondern auch unbewußt zum Vollstrecker neuer weltweiter Verwüstungen zu werden. Das kollektive Vergessen führt zu irrationalen Verhaltensweisen, zu psycho-sozialen Epidemien, in denen sich die undurchschaute und verdrängte Vergangenheit grausam rächt. Spuren und Vorboten kollektiven Wahnsinns entdeckt der Autor allenthalben.

Jedenfalls: Velikovsky ist ein aufrüttelnder, ein in Untergängen aller Art bewanderter Spurensicherer, eine erregende Mischung von Cuvier, Sigmund Freud und einem alttestamentlichen Propheten.

(1985)

E. M. Cioran

Ein rumänischer Nietzsche im Pariser Exil

Der Rumäne E. M. Cioran, geboren am 8. April 1911 in Siebenbürgen (das damals zur ungarischen Hälfte der Habsburgermonarchie gehörte), seit fünf Jahrzehnten im sechsten Arrondissement von Paris, nahe der Place de l'Odéon, als Einsiedler lebend, ist der einzige ebenbürtige Nachfahre Nietzsches in unserer Zeit. Wie Nietzsche der Sohn eines protestantischen Pastors war, so entstammt Cioran einer orthodoxen Priesterfamilie. Steht hinter jenem die Gestalt Luthers, so wurzelt dieser in der Welt von Byzanz, der griechischen Kirchenväter und der spätantiken Gnosis. Wie Nietzsche ist auch Cioran ein furioser Kritiker sowohl des biblisch fundierten Christentums als auch seiner säkularisierten Ableger: des Fortschrittsglaubens, des Utopismus und sämtlicher heilsgeschichtlichen Erlösungslehren. Er kritisierte all dies schon vor Jahrzehnten, lange bevor das Gerede vom möglichen Untergang der Erde, vom Ende der Emanzipation und von der Sinnkrise zur Mode geworden war. Er tat es überwiegend in Aphorismen, gelegentlich auch in Essays, bisweilen auch in ganz knappen Aperçus und lapidaren Sentenzen. Sie sind gesammelt in durchweg schmalen Bänden mit suggestiven Titeln wie: „Lehre vom Zerfall", „Syllogismen der Bitterkeit", „Dasein als Versuchung", „Der Absturz in die Zeit", „Vom Nachteil, geboren zu sein", „Die verfehlte Schöpfung", „Gevierteilt" und „Der zersplitterte Fluch".

Diese Bücher erweisen Cioran als einen leidenschaftlichen, ja extremen Denker. Alles, was er sagt, verdankt sich Augenblicken der Erregung, der Unausgeglichenheit, ja des Paroxysmus. Obwohl in der gesamten Geistesgeschichte bewandert und ein eifriger Leser, vibriert jeder Satz vom Pathos eigenen Erlebens: „Man sollte nur Bücher schreiben, um Dinge zu sagen, die man niemandem anzuvertrauen wagt.” Sein Stil ist polemisch, herausfordernd, bisweilen die Grenze zum Skandalösen und Blasphemischen überschreitend. Doch zugleich sagt er das Schockierende so feingeschliffen, formvollendet, in meisterlich gefügten Sätzen, mit einem ausgesprochenen Sinn für rhetorische Eleganz und rhythmische Finessen. Radikalität des Fragens, provozierende Streitbarkeit, Lust am Paradoxen verbindet sich mit literarischer Brillanz, die sich mit jener der französischen Moralisten und Nietzsches messen kann. Eine eigentümliche hypnotische Wirkung geht von diesen Schriften aus. Cioran überzeugt weniger durch Argument als durch eine gewisse unnachahmliche Gebärde, eine bestimmte Aura des Stils, die Raffinesse seiner funkelnden Prosa. In einem Satz sagt er mehr als andere in dicken Wälzern.

Ohne Zweifel: Cioran ist ein Philosoph; aber man darf dabei nicht an einen Philosophieprofessor denken. Weder ist er ein Systembauer von der Art der Spinoza, Kant oder Hegel, noch begnügt er sich mit bloßer Sprachanalyse. Er gehört zu den Außenseitern, ist ein Verwandter von Gestalten wie Pascal, Kierkegaard, Leo Schestow und — noch einmal! — Nietzsche. Mit ihnen verbindet ihn seine Exzentrik, seine Neigung zum Unbedingten, zum Paradoxen. Alles, was katastrophal und kaputt ist, zieht ihn an: „Das wahre, einzige Pech: das Licht der Welt zu erblicken.” In immer neuen Ansätzen umkreist dieser Spezialist für Untergänge das Fiasko unseres Geborenseins: „Nicht geboren zu sein. Schon der Gedanke daran — welches Glück, welche Freiheit, welche Weite!” Das größte Unglück, das wahre Übel liegt nicht vor uns, sondern hinter uns: der Skandal der Geburt. Der Fluch, vom Rande Europas nach Paris verschlagen worden zu sein und alle Hauptwerke in einer fremden Sprache verfaßt zu haben, erscheint in dieser Sicht bloß als Chiffre einer tieferen Entfremdung und Absurdität: „Mensch zu sein, ist weniger natürlich als zu sein schlechthin.” Sogar der Teufel stellt für uns eine empfehlenswertere Zuflucht dar als unsere Mitmenschen. Mit feinschmeckerischer Wollust widmet sich E. M. Cioran der für ihn unwiderleglichen Tatsache, daß der Mensch ein Bankrotteur von Anbeginn ist, ein Reinfall des Kosmos,eine metaphysische Pleite. Religionen, Ideologien, Utopien sind nichts als Versuche, diese condition humaine illusorisch zu verschleiern. Nur einige wenige Ausnahmen läßt er gelten: Laotse, den Stoiker Mark Aurel und vor allem Buddha. Sie kann er nicht genug preisen, um dann doch wieder zu bekennen, daß er ihnen nicht folgen könne: „Die größte Leistung meines Lebens besteht darin, noch am Leben zu sein. Ich kämpfe nicht mit der Welt, ich kämpfe mit einer viel größeren Macht: mit meiner Weltmüdigkeit.". Er vergleicht sich einmal einem Anarchisten, der ein Attentat vorbereitet, dann aber unterwegs anhält, um das Alte Testament oder einen Ketzer um Rat zu fragen: „Man lebt nur dadurch, daß man sich weigert, von seinem Leiden erlöst zu werden."

Man könnte meinen, daß ein Autor, der wie besessen über den Schiffbruch des Daseins meditiert — „Sein heißt in der Klemme sein" — und das Prinzip Nicht-Hoffnung verherrlicht, ein griesgrämiges und sauertöpfisches Monster sein müsse. Doch das ist Cioran ganz und gar nicht. Obwohl Pessimist, geht von seinem Denken eine undefinierbare Heiterkeit aus, die sich in unzähligen Bonmots niederschlägt: „Schlaflosigkeit ist die einzige Form von Heldentum, die mit dem Bett vereinbar ist." Oder: „Es tut wohl zu denken, daß man sich töten kann. Kein Thema ist beruhigender: sobald man sich ihm nähert, atmet man auf." Der Skeptiker erweist sich zugleich als Mystiker: „Diese Spur von Licht in jedem von uns, die von jenseits unserer Geburt herrührt, sie gilt es zu bewahren, wenn wir uns mit jener fernen Klarheit wieder verbinden wollen, von der wir nie wissen werden, warum wir von ihr getrennt wurden."

E. M. Cioran ist ein in die Ewigkeit verliebter Humorist, ein lächelnder Melancholiker, der sich auf die liebenswürdige Kunst versteht, auch noch die traurigsten Dinge auf charmante Weise auszusprechen. Dieser bisweilen als „Nihilist" verkannte Außenseiter und Einzelgänger ist eine moderne Diogenes-Gestalt. Er verkörpert, auch wenn er närrisch zu sein scheint, den Typus des antiken Weisen, der frei ist, weil er die Wonnen der Einsamkeit und Bedürfnislosigkeit entdeckt hat. Was die Mächtigen, die

Funktionäre, die Betriebsamen und Lehrstuhlinhaber entbehren, steht ihm reichlich zur Verfügung: er hat Zeit, weil er nicht mit der Zeit gegangen ist. Er vollendete am 8. April 1986 sein 75. Lebensjahr.

(1986)

Lettland als Raum der Poesie

„Was ewig ist, kann schweigen ..."

Das Lettische gehört zu den ältesten heute noch lebenden Sprachen Europas. Gemeinsam mit dem Litauischen und dem ausgestorbenen Alt-Preußischen bildet es den baltischen Zweig der indoeuropäischen Sprachfamilie. Es wird von etwa zwei Millionen Menschen gesprochen, die überwiegend in Lettland leben. Lettland war zwischen 1918 und 1940 eine unabhängige Republik, der flächenmäßig größte der drei baltischen Staaten. In der Hauptstadt Riga waren noch 1938 etwa 14 Prozent der Einwohner Deutsche, früher waren es weit mehr. Wie die beiden übrigen baltischen Staaten, Estland und Litauen, wurde auch Lettland von der Sowjetunion besetzt und, nach deutschem Zwischenspiel, 1944 endgültig annektiert.

Die Zwischenkriegszeit, als sich Lettland nationaler Selbständigkeit erfreute, war eine Epoche literarischer und kultureller Blüte. Stellvertretend für manche andere Dichter seien Anna Brigadere, Zinaida Lazda, Janis Rainis, seine Frau Aspazija und Peteris Ermanis genannt. Von denen, die nach der Sowjetisierung Lettlands ins Exil gegangen waren, erreichte im deutschen Sprachraum vor allem Zenta Maurina (1897 - 1978) einen verhältnismäßig hohen Bekanntheitsgrad. Über 150 000 Letten leben im Exil, davon etwa ein Zehntel in der Bundesrepublik. In Münster in Westfalen befindet sich ein lettisches Gymnasium, wo selbstverständlich auch die Erinnerung an die lettische Literatur wachgehalten wird.

Doch wer weiß sonst schon Bescheid über die Dichtung dieses kleinen und zunehmend zwangsweise russifizierten Volkes, das nach jüngsten Meldungen nahe daran ist, im eigenen Lande zu einer Minderheit zu werden? Wer von denen, die sich für Nicaragua, El Salvador, Namibia oder auch einen eigenen „Palästinenser"-Staat lautstark engagieren, wäre auch nur einmal auf den Gedanken gekommen, zur Abwechslung einmal „Freiheit für Lettland" zu fordern?

Die beiden letzten Anthologien lettischer Poesie in deutscher Sprache sind 1924 und 1960 erschienen. Seither hat sich die lettische Lyrik erstaunlich entwickelt — sowohl in Lettland selbst als auch im Exil. Die Sprachlosigkeit nach dem Aderlaß von 1944/45 ist überwunden. Es mehren sich die Zeugnisse einer poetischen Imagination und Produktivität von Rang, die sich dem parteiamtlich verordneten „Sozialistischen Realismus" halb melancholisch, halb lächelnd entzieht. Landschaftliches und Stimmungen der Tages- und Jahreszeiten; Privates, in dem zugleich das allen Ideologien widerstehende Humanum aufscheint, etwa Heimweh, Sehnsucht, das Gefühl der Verlorenheit oder der Wunsch nach Einsamkeit; schöpferischer Rückgriff auf Märchen, Sage und Legende; gelegentlich auch ironische Spitzen gegen das Banausentum kommunistischer Bürokratie — dies sind die immer wiederkehrenden Motive in den von Edith Zuzena-Metuzala ausgewählten und übersetzten Gedichten der im Maximilian Dietrich Verlag (Memmingen) erschienenen Anthologie „Lettische Lyrik". Einzig Aleksandrs Čaks (1901 - 1950) gehört der älteren Generation an; die anderen sieben sind zwischen 1924 und 1933 in Lettland geboren. Auffällig ist, wie auch in den Gedichten sowjetlettischer Herkunft mehrmals die Zerstörung der Landschaft durch eine seelenlose Technik beklagt wird. Da heißt es zum Beispiel: „Durch Beton, Asphalt, Maschinen — und Hochhäuserböden, durch Formeln und Computerzahlen hindurch müssen ihre bloßen Füße die Erde erreichen" und: „Erde, Himmel und mittendrin tönt rauh eine Planierraupe . . ." (Ojars Vacietis), „Auto, jedem sein Auto, blauen Benzinrauch, Gequiek wie ein Schwein auch . . ." (Aleksandrs Čaks), „Wenn du im öden, kahlen New York eintriffst, wirst du mit uns einig sein: man muß es bewalden!" (Gunars Salinš), „In der Ventilationsluke döst ein toter Sperling . . ." (Imants Ziedonis), „Oft scheint es vielleicht besser, / in New York von Riga zu träumen, / als in Riga über

New York zu dichten", dichtet Valda Dreimane. „Noch besteht die schwarze Zeit — der düstere Streifen zwischen dem Weißen und Grünen. / Noch kein Grün, nur seine entfernte Ahnung ist in der Luft", lauten zwei Verse von Vizma Belševica. „Mir gefällt eine Landschaft, die nicht arbeitet, sondern ruht . . .", beginnt eine Strophe von Astride Ivaska. „Die Kartoffeln blühen. / Und die Knollen unten / haben ihre Blüten nie gesehen. / Leben auch wir hier nicht so / wie Maulwürfe?" fragt herausfordernd Imants Ziedonis.

Ob ein Autor außerhalb seines Volkes bekannt oder unbekannt ist, besagt wenig über seinen künstlerischen Rang und die existentielle Aussagekraft des von ihm geschaffenen Werkes. Dies gilt vor allem für die Dichter kleiner Völker, deren Sprache außerhalb ihres Siedlungsraumes nur von wenigen verstanden wird. Würden z. B. Shakespeare, Cervantes und Puschkin in dem Maße zur Weltliteratur gehören, wie dies heute der Fall ist, wenn sie etwa in ungarischer, tschechischer oder albanischer Sprache geschrieben hätten? Ob und wie weit die Poesie kleiner Völker bekannt wird, hängt weitestgehend von den Übersetzungen ab. Doch wie selten sind gute Übertragungen, und auch dann noch bleibt oft, wie schon Goethe wußte, das Beste unübersetzt. Die Herausgeberin dieser neuen Anthologie kennzeichnet in ihrem leider etwas zu kurz geratenen Vorwort diese Problematik mit den treffenden Worten: „Um schriftstellerische Werke von einer Sprache in die andere zu übertragen, muß man in beiden Sprachen leben. Wissenschaftliches kann man übersetzen, Dichtungen aber muß man wie eine Widerspiegelung in tiefen, stillen Wassern behandeln: beides zugleich — Landschaft und Abbild."

Edith Zuzena-Metuzala hat die von ihr selbst umrissene Aufgabe in einer Weise gelöst, daß man bei den meisten Gedichten des Bandes beinahe vergißt, daß es sich nicht um den Urtext handelt. Lettische Poesie spiegelt sich in den Wassern deutscher Sprache. Eine Leistung, die sich würdig an die liebevolle Mittlertätigkeit Johann Gottfried Herders vor zweihundert Jahren anschließt, der als erster die Deutschen auf die Eigenart und den Rang der Lyrik des baltischen Raumes aufmerksam gemacht hat.

„Lettische Lyrik" — nach fast einem Vierteljahrhundert der erste Sammelband dieser Art in deutscher Sprache! — ist ein Buch, dem man wünscht, daß es nicht nur in die Hände von Spezialisten und Experten gelangt. Denn es ist kein „schwieriges" Lyrikbuch. Es überfordert den Leser weder durch eine bloß additive Fülle noch durch elitäre Eigenwilligkeit. Die meisten Beiträge sind, anders als so viele moderne poetische Hervorbringungen, durchaus nicht „esoterisch" im abschätzigen Sinne des Wortes. Sie halten vielmehr Erfahrungen und Stimmungen fest, die von jedem nicht völlig abgestumpften Zeitgenossen grundsätzlich nachvollzogen werden können. Der Leser lernt nicht nur den lyrischen Genius eines kleinen Volkes kennen, das uns trotz seiner räumlichen Nähe in beklagenswerter Weise so fremd geworden ist; er findet vieles in dichterische Formeln gebannt, was er dumpf und undeutlich wohl schon oft empfunden haben mag. Man kann in dieser Sammlung einfach blättern, ohne von einem sowieso unerreichbaren Anspruch auf Komplettheit erdrückt zu werden. Sie enthält eine ganze Reihe von Gedichten, bisweilen auch Strophen oder einzelnen Versen, die im Gedächtnis haften bleiben wie uralte Volkslieder oder auch Bruchstücke von Zaubersprüchen: „Winde drohen, Winde schlagen. Riga schweigt. / Gleichgültigkeit? Stumpfsinn? Feigheit? / . . . Was ewig ist, kann schweigen" (V. Belševica) oder: „Fahre, / Glücklich ist nur, wer dem Glück alles hingeben kann; / Ein anderes Glück gab es nie, und wird es auch niemals geben, / Solange die Sonnenblumen noch blühen" (Arija Elksne) oder: „Kein Gehen / himmelwärts, / ohne die Wurzeln / in die Erde zu treiben" (Ojars Vacietis) oder: „Das Stummsein des Widerspruchs zwischen der schwarzen Wurzel / Und der Blüte, die nach der Sonne strebt. / Ich hänge an Nägeln. Das Kreuz blutdurchtränkt. / Ich glaube, daß der Glaube nur Ketzern gegeben ist" (V. Belševica).

(1984)

Abenteuer des Essayismus

Dankrede bei der Verleihung des Adenauerpreises für Literatur am 28.6.1986 in München

Margot Prinzessin von Sachsen-Meiningen in herzlicher Verehrung gewidmet

Einen Roman habe ich nie geschrieben, nicht einmal eine Erzählung oder Novelle kann ich vorweisen. Es gibt auch keine Theaterstücke und Gedichtbände von mir. Und die Tagebücher, die ich seit meiner Wiener Schulzeit führe, sind weder veröffentlicht noch für eine spätere Publikation bestimmt. Dennoch gelte ich als Autor, sogar als auszeichnungswürdiger, der heute dankbar seinen dritten Literaturpreis entgegennehmen darf: den Konrad-Adenauer-Preis für Literatur.

Man hat ihn mir für meine *Essays* verliehen, für meine geistesgeschichtlich-biographischen Essays, die nunmehr gesammelt in den drei Bänden „Europa: Seine geistigen Quellen in Porträts" vorliegen; und großmütigerweise halten manche wohlwollende Kritiker auch meine Einleitungen zu fast siebzig „Initiative"-Bänden — erschienen im Herder-Verlag — für Früchte essayistischer Produktivität.

Was aber ist ein Essay? Jedenfalls etwas, wofür man, anders als in Frankreich oder in den englischsprechenden Ländern, in der Bundesrepublik Deutschland nur selten einen Literaturpreis erhält. Romane, Erzählungen, Dramen, Gedichte — sie gelten weithin als seriöse, als ehrenwerte Literatur. Sie gehören zum klassischen Kanon, lassen sich den traditionellen Gattungen einfügen. Der Essay hingegen gilt als Mischprodukt, als formlos, als unreine Form. Schon die Versuche, für ihn ein deutsches Wort zu finden, sind unbefriedigend: „Aufsatz" klingt zu schulmeisterlich, „Abhandlung" zu akademisch, „Reflexion" zu philosophisch, „Bemühung" zu geziert, „Fragment" zu romantisch, „Entwurf" zu bescheiden — und „Versuch" zu allgemein. So haben wir uns daran gewöhnt, das Fremdwort „Essay" zu benützen, das wir englisch schreiben, aber französisch aussprechen. Es kommt übrigens aus dem nachklassischen Latein, von *exagium*, das dann im spätgriechischen *hexagion* weiterlebte, und Prüfung oder Probe bedeutet. Aus dieser Wurzel stammen dann die italienischen, englischen, französischen Ausdrücke: *saggio, essay, essai.* Der Essay als Probe — als Kostprobe, als kleines Gebilde, von dessen Beschaffenheit man auf die Geistesartung eines Menschen schließt. Der Essay aber auch als Versuch, in dem einer nicht nur etwas prüft, sondern sich selbst an einer Sache erprobt. In diesem Sinne gibt es auch, woran Ludwig Rohner mit Nachdruck erinnert hat, „Essays avant la lettre". Manche zählen bereits Platon zu den Ahnherren des Essayismus, nehmen in seinen Dialogen, insbesondere im „Symposion" (Gastmahl), essayhafte Elemente wahr. Francis Bacon beruft sich auf das Vorbild eines Römers, nämlich Senecas. Der Essay versteckt sich bisweilen auch hinter einem Brief, einer Meditation, einem imaginären Gespräch, einem Vortrag. Ebenso finden sich in Reisebeschreibungen, Länderkunden, Geschichtswerken, Memoiren, Tagebüchern und manchen Romanen — etwa bei Joris-Karl Huysmans, Robert Musil und Hermann Broch — latente, embryonale oder larvierte Essays. Vielleicht ist auch Adalbert Stifters berühmtes Vorwort zu den „Bunten Steinen" ein Krypto-Essay. Doch was haben diese vielen Hervorbringungen gemeinsam? Kann man sie einer umfassenden Definition unterordnen?

Da fällt mir die bekannte Geschichte vom Elefanten ein, über den Angehörige verschiedener europäischer Nationen zu schreiben aufgefordert werden. Der Engländer behandelt das Thema unter der Überschrift: „Memoirs of my Big Game Hunting"; der Franzose erörtert das Problem „L'éléphant et ses amours"; und der Deutsche verfaßt einen Traktat: „Der Elefant. Erster Band:

Begriffsbestimmung, methodologische und didaktische Vorfragen sowie wissenschaftstheoretische Begründung der sozialen Relevanz einer dialektisch-materialistischen Elefantologie in kritisch-emanzipatorischer Absicht".

Nun, der Essay ist weit schwieriger zu bestimmen als der Elefant. Die Anekdote lehrt jedoch, daß jeder Versuch, ihn endgültig und vollständig zu definieren, ins Uferlose und in die Lächerlichkeit führt. Für den gesunden Menschenverstand ist wohl immer noch die knappe Formel von Dr. Samuel Johnson zumindest als erste Annäherung brauchbar. Johnson lebte im achtzehnten Jahrhundert und war selber ein bedeutender Essayist. Seine Definition, etwas frei übersetzt, lautet: „ein beliebiger Einfall, kein methodisch geordneter und streng durchgeführter Aufsatz". Aber das kann schon zu Mißverständnissen und Verwechslungen führen, da diese Worte auch den Aphorismus, ein Aperçu oder Bonmot, unter Umständen sogar ein Epigramm kennzeichnen. Deshalb wird man etwas umständlicher sagen müssen: ein Essay ist ein verhältnismäßig kürzeres, jedoch in sich geschlossenes und stilistisch vortreffliches Stück Prosa, locker komponiert, aber ästhetisch anspruchsvoll, in dem sich jemand eher spielerisch als pedantisch, eher assoziativ als systematisch, eher anschaulich und subjektiv als abstrakt und erschöpfend über ein Thema seiner Wahl äußert.

Vom Feuilleton unterscheidet sich der Essay dadurch, daß er beim Leser regelmäßig gewisse Grundkenntnisse, eine mehr oder minder breite Allgemeinbildung und ein elementares Interesse am behandelten Gegenstand voraussetzt. Der Essayist ist — seit Montaigne und Francis Bacon — immer sehr belesen, er beruft sich gern auf andere Schriftsteller, liebt Anspielungen und genießt es auch zu zitieren. Anders der Feuilletonist, der mit dem Essayisten sonst manches gemeinsam hat: etwa den persönlichen Akzent, die Betonung des Individuellen („Wie ich es sehe ..."), die Beliebigkeit des Themas, den Verzicht auf erschöpfende Gründlichkeit, die Neigungen zum Impressionistischen, Experimentellen, Kombinatorischen, zum Spiel mit Einfällen, Mutmaßungen und Intuitionen. Auch vom Umfang her unterscheiden sich Feuilleton und Essay nicht grundlegend — es gibt kurze Essays und verhältnismäßig lange Feuilletons —; wohl aber bestehen Differenzen hinsichtlich des Temperaments und der Zielrichtung. Anders als der Essayist, der sich an ein kleineres, mehr exklusives Publikum von Amateuren und Dilettanten (an „Liebhaber" im klassischen und anspruchsvollen Sinne des Wortes) wendet, schreibt der Verfasser von Feuilletons für einen ungleich größeren Leserkreis, der meistens weniger informiert und belesen ist. Deshalb verzichtet der Feuilletonist auf Zitate und Anspielungen; er bemüht sich, seine Bildung zu verbergen, um die Leser, an die er sich wendet, nicht abzuschrecken, um sie für das Thema überhaupt erst zu interessieren. Mehr als der subtilere Essayist muß er manchmal auch vereinfachen, entweder vergröbern oder pointieren.

Der Essay darf keine Predigt sein, kein Manifest oder Programm; hingegen ist er oft, nach einem Wort von Herman Grimm, so etwas wie eine Vorrede zu ungeschriebenen Büchern. Bisweilen enthält er mehr Substanz und Anregungspotential als voluminöse Abhandlungen. Der Essay muß anregend sein, dies vor allem; er soll aber nicht aufregen. Hektik ist ihm wesenswidrig. Er darf sich nicht mit einem Leitartikel verwechseln. Die Sprache des Plakats wie des Katechismus sind ihm entgegengesetzt. Bildung ist sein Element. Er verdankt sich dem Gespür, daß der feinere, der feinfühligere Mensch nicht nur Zeitgenosse der Gegenwart ist, daß er in einer Überlieferung steht. Das mag schon mit der aristokratischen Abkunft des Essays zusammenhängen. Montaigne und Francis Bacon — die beiden Väter des Essayismus — sind Adelige gewesen, weltläufige Männer, gebildete Gentlemen. Eine gewisse konservative Grundhaltung ist mit dem Essay auch dann verbunden, wenn er subversive, gesellschaftskritische Ansichten darlegt.

Einige der bedeutendsten Essayisten gehören zu den Meistern konservativen Denkens. Ich erwähne so verschiedene Autoren wie Friedrich Schlegel und Adam Müller, Jacob Grimm und Hermann Grimm, Heinrich von Treitschke und Jacob Burckhardt, Arthur Schopenhauer und Friedrich Nietzsche, Josef Hofmiller und Theodor Haecker, Georg Quabbe und Ernst Robert Curtius; aus der englischen Welt seien wenigstens genannt: Carlyle,

Kardinal Newman, Hilaire Belloc, Chesterton, T. S. Eliot, George Santayana, Russell Kirk. Von meinen österreichischen Landsmännern, die ich bewundere und immer wieder lese, sei wenigstens an Rudolf Kassner, Hugo von Hofmannsthal, Egon Friedell, Otto Stoessl und Franz Blei erinnert.

Der Essayist darf alle menschlichen Empfindungen ansprechen, mit Ausnahme des Fanatismus. Prophetische Allüren und ideologische Rechthaberei sind ihm wesensfremd. Er darf ins Gewissen reden, aber nicht billig moralisieren. Er soll witzig, unterhaltsam und anregend sein, aber nicht vorlaut und schrill. Der geborene Essayist ist, um es im Bilde zu sagen, ein Spaziergänger oder Wanderer; er marschiert nicht in Kolonnen. Er kann eigenwillig, darf sogar etwas schrullig sein, doch er muß sich dabei die Fähigkeit bewahren, menschliche Sympathien zu erregen. Denn der eigentliche Charme des Essays besteht eben darin, daß der aufmerksame Leser, auch der nicht indiskrete, ihn allemal als Spiegelung einer unverwechselbaren Persönlichkeit zu betrachten genötigt ist. Der Verfasser — sein Temperament, seine Sensibilität, seine Menschlichkeit — ist mindestens so bedeutsam wie der von ihm behandelte Gegenstand.

Mehr als eine Skizze oder ein Entwurf, weniger als eine Monographie oder Summe, ist der Essay ein schillerndes, ein irisierendes, ein paradoxes, nicht recht einzuordnendes, weil sehr verschiedene Bereiche miteinander in Verbindung bringendes Genre. Hierin erinnert er an den Eros, so wie ihn Platon zeichnet: halb irdischen, halb himmlischen Wesens, ein Kind der Armut und des Reichtums, einmal hier zu Hause, dann wieder dort. Niemals vollständig zu definieren, ist der Essay daher immer wieder des Unernstes, des Mangels an Reputation und Gediegenheit, bisweilen sogar der Ketzerei verdächtigt — immerhin standen Montaignes Essays seit 1676 auf dem Index der verbotenen Bücher der katholischen Kirche —, von der Schwierigkeit, ja Unmöglichkeit, Essayismus als way of life in totalitären Diktaturen zu pflegen ganz zu schweigen. Der Essay ist nur möglich in relativ freien Gesellschaften, in Gesellschaften jedenfalls, die ihren Bürgern bestimmte Freiräume zugestehen und den Menschen nicht völlig in Beschlag nehmen. Er ist aber auch nur möglich, wenn sich Einzelgänger finden, die jenseits von aktuellem Journalismus und doktrinärer Systematik einen gewissen Sinn für das Spielerische, Lockere, Unmethodische kultivieren, entzückt und fasziniert von dem Abenteuer staunender Subjektivität, bewegt von der Freude zu fragen, zu entdecken, sich überraschen zu lassen, abseits der breiten Bahnen dem nachzugehen, was Emerson „considerations by the way" nennt. Im glücklichsten Fall entstehen dann Gebilde wie die Essays des Montaigne. Nietzsche sagt von ihm das große Wort: „Daß ein solcher Mensch geschrieben hat, dadurch ist wahrlich die Lust, auf dieser Erde zu leben, vermehrt worden."

Nun, ich bin kein Montaigne, doch in gewisser Weise sind alle Essayisten seine Kinder, Enkel, Vettern und Freunde. Ich erkenne mich in ihm wieder, so vertraut sind mir manche seiner Stimmungen, Gedanken, Überlegungen. Für den Essayisten gibt es ein Zwiegespräch mit den Toten. Die meisten, imgrunde sogar alle meiner Essays verdanken sich diesem Dialog. In manchen dieser Versuche scheint es mir gelungen zu sein, die eine oder andere Gestalt der europäischen Geistesgeschichte auch für andere — für den mitwirkenden, den sympathetischen Leser — vernehmlich zu machen. Ich weiß das aus vielen Zuschriften. Es gibt auch hierzulande Menschen aller Altersstufen — vielleicht sogar mehr, als wir ahnen —, die sich vom individuellen, persönlichen Ton des Essays angesprochen fühlen und durch seine Aussage einen Zugang zu sonst verschüttet gebliebenen Bereichen der geistigen Welt finden. Ich danke Ihnen, den leitenden Herren der Deutschland-Stiftung, auch im Namen dieser unbekannten Leser und Freunde für die Auszeichnung, die Sie mir für mein essayistisches Schaffen verliehen haben. Mögen Sie dadurch, über die mir persönlich erwiesene Ehre hinaus, mit dazu beitragen, einer kulturpolitisch etwas stiefmütterlich behandelten Literaturgattung — zwischen der Wissenschaft und der Dichtung schwebend, beheimatet im reizvollen Grenzgebiet von gelehrter Forschung, lyrischer Subjektivität und historischer Vergegenwärtigung — im deutschen Sprachraum zu jener Respektabilität zu verhelfen, die sie anderswo schon seit langem genießt.